Sebastian Feldhusen
Ute Poerschke (Hg.)

Theorie der Architektur
Zeitgenössische Positionen

Bauverlag
Gütersloh · Berlin

Birkhäuser
Basel

Die Reihe *Bauwelt Fundamente* wurde von Ulrich Conrads 1963 gegründet und seit Anfang der 1980er-Jahre gemeinsam mit Peter Neitzke herausgegeben. Verantwortlicher Herausgeber für diesen Band: Günther Fischer

Gestaltung der Reihe seit 2017: Matthias Görlich
Gestaltung der Grafik auf dem Umschlag: Sebastian Feldhusen

Library of Congress Cataloging-in-Publication data
A CIP catalog record for this book has been applied for at the Library of Congress.

Bibliografische Information der Deutschen Nationalbibliothek
Die Deutsche Nationalbibliothek verzeichnet diese Publikation in der Deutschen Nationalbibliografie; detaillierte bibliografische Daten sind im Internet über http://dnb.dnb.de abrufbar.

Dieses Buch ist auch als E-Book (978-3-0356-1458-9) und E-PUB (ISBN 978-3-0356-1454-1) erschienen

Der Vertrieb über den Buchhandel erfolgt ausschließlich über den Birkhäuser Verlag.

bau verlag

Gedruckt auf säurefreiem Papier, hergestellt aus chlorfrei gebleichtem Zellstoff. TCF ∞

Printed in Germany
ISBN 978-3-0356-1451-0

9 8 7 6 5 4 3 2 1
www.birkhauser.com

This book was made possible by the generous support from the Penn State Department of Architecture and a Faculty Research Grant from the Penn State College of Arts and Architecture.

Bauwelt Fundamente 161

Herausgegeben von

Elisabeth Blum
Jesko Fezer
Günther Fischer
Angelika Schnell

Eduard Führ zu Ehren

Inhalt

Über das Buch 9
Sebastian Feldhusen und Ute Poerschke

Eduard Führ im Gespräch 15

Begriffe, Diskurse, Ideen

Semiotische Aspekte architektonischer Symbole in der neueren Architekturtheorie 24
Claus Dreyer

Die Anfangsgründe der Architekturtheorie bei Hegel 40
Hans Friesen

Philosophy and the Task of Architecture 72
Karsten Harries

Expanding the Expanded Field 97
Robert Miller

„Bei einer solchen Materie steht einem Stilisten der Verstand still!“ Von der Elastizität der Theorie 120
Ákos Moravánszky

Wohnen mit Zukunft: Anmerkungen zur Re-Urbanisierung des Wohnens ... 133
Fritz Neumeyer

Einmal mehr und immer wieder ... die Frage nach dem Wissen des Architekten: das Pytheos-Syndrom 150
Werner Oechslin

Conceptual History and Architectural Theory 158
Ute Poerschke

Dinge, Räume, Bauten

Die Introversion der Architektur. Zur Aktualität Giedions 178
Gerd de Bruyn

Vorüberlegungen zu einer Theorie der Architektur als Raumsinn
und Raumkritik 188
Sebastian Feldhusen

Intellektualität der Wahrnehmung oder Wovon die Architektur spricht.
Grundlinien einer Theorie der Sichtbarkeit der Architektur 213
Jörg H. Gleiter

Szenische Architektur 234
Roland Günter

Die Form der Stadt. Ein methodischer Vorschlag 246
Vittorio Magnago Lampugnani

Ein halbes Jahrhundert Nachdenken über Städtebau – wie weiter? 262
Thomas Sieverts

Bauen und Wohnen in der Stadt 275
Bernhard Waldenfels

Praktiken, Erfahrungen, Aneignungen

Um die Ecke 290
Hannes Böhringer

Proto-Architektur 299
Achim Hahn

Das Haus im Bild. Die Rolle der Fotografie in
der Architekturtheorie 339
Jürgen Hasse

Forschende Geste. Zeichnen mit der Hand – eine Methode der Architekturforschung 361
Alban Janson

Eyes That Do Not See: or *Surveying* as a Way of Practicing Architectural Theory 376
David Leatherbarrow

Architectural Theory as Meditative Thinking 390
Alberto Pérez-Gómez

Network Theory: The Personal is Political 397
Alexandra Staub

Hermeneutiken des Architekturgebrauchs. Zur Sichtbarkeit des Lebens 410
Kirsten Wagner

Autoren 437
Abbildungsnachweise 441
Index 442

Über das Buch

Sebastian Feldhusen und Ute Poerschke

„In der Zeit, als ich ein Treppenwitz war, habe ich im Lexikon nachgeblättert, was es mit dem Wort Treppe auf sich hat: Die erste Stufe der Treppe heißt Antritt, die letzte Stufe Austritt. Die waagerechten Stufen zum Drauftreten sind seitlich in die Treppenwangen eingepasst. Und die Freiräume zwischen den einzelnen Stufen heißen sogar Treppenaugen. Von den Bauteilen der hydraulischen, ölverschmierten Maschinen kannte ich die schönen Wörter: Schwalbenschwanz, Schwanenhals, der Halt der Schrauben hieß Schraubenmutter. Und genauso verblüfften mich die poetischen Namen der Treppenteile, die Schönheit der technischen Sprache. Treppenwangen, Treppenaugen – also hat die Treppe ein Gesicht. Ob aus Holz oder Stein, Beton oder Eisen – wieso bauen die Menschen selbst in die sperrigsten Dinge der Welt ihr eigenes Antlitz hinein, geben totem Material die Namen vom eigenen Fleisch, personifizieren es zu Körperteilen. Wird den Spezialisten der Technik die schroffe Arbeit erst erträglich durch versteckte Zärtlichkeit?“[1]

Herta Müller beschreibt eine Treppe, widmet sich ihren Bestandteilen und fragt sich, was die Bezeichnungen der Bestandteile bedeuten. Liest man den Textausschnitt im Zusammenhang des gesamten Texts, erfährt man, dass Müller aus ihrem Büro verdrängt wurde, weil sie, zu Zeiten Nicolae Ceaușescus, nicht mit dem rumänischen Geheimdienst, der *Securitate*, kollaborieren wollte. Deshalb wurde ihr Büro von heute auf morgen zum Arbeitsplatz eines ihrer Kollegen. Um aber ihre Tätigkeit als Übersetzerin in einer Maschinenbaufabrik weiter ausüben zu können, arbeitete sie fortan in einem Flur der Fabrik, auf einer Treppe. Dort saß sie und übersetzte die Beschreibung von Maschinen, während sie, wie sie es formuliert, zum „Treppenwitz“ wurde.

Nimmt man diesen Text als einen Ausgangspunkt zum Nachdenken über Architektur, kann man zum Beispiel das subjektive und intersubjektive Erleben von Dingen und Räumen thematisieren. Man kann aber auch fragen, ob Müller überhaupt über eine Treppe und deren Bedeutung spricht: Beschreibt sie, wie Architektur als Mittel gebraucht wird, um Schikanen zu realisieren und zu organisieren? Oder steht die Architektur als Metapher für Schikanen, die Menschen, die in einer Diktatur leben, täglich erfahren? Oder beides zugleich? Es ist aber auch möglich, sich mit Müllers Gedanken über die „Spezialisten der Technik“ auseinanderzusetzen, die „schroffe Arbeit“ machen. Sind damit auch Architekten gemeint? Schließlich könnte man sich die Frage stellen, ob Müllers Text überhaupt als ein Beitrag zur Theorie der Architektur aufgefasst werden kann, da es sich bei ihm, so könnte man anmerken, um einen literarischen Text handelt, der seinen eigenen Wirkungsbereich hat und nicht zum Kanon architekturtheoretischer Texte gehört, wie auch immer man diesen Kanon versteht.[2]

Wenn man also diesen Text als einen Ausgangspunkt zum Nachdenken über Architektur nimmt, ist es möglich, ihn auf völlig verschiedenen Ebenen zu befragen. Gibt es unter diesen Fragen solche, die prioritär bearbeitet werden sollten? Wenn ja, welche Gründe sprechen dafür und wie geht man dabei vor? Um auf solche und weitere ähnliche Fragen eine Antwort zu finden, wird man darüber nachdenken müssen, was es heißt, über Architektur nachzudenken. Eduard Führ würde ein solches Nachdenken vermutlich als eine wissenschaftstheoretische Reflexion auffassen. Sie gehört für ihn, neben der Auseinandersetzung mit dem Entwerfen, Planen und Bauen von Architektur, der Analyse, Interpretation und Bewertung von Form, Funktion und Bedeutung realisierter Architektur sowie der Beschäftigung mit historischen, gesellschaftlichen und politischen Dimensionen von Architektur zu den Betätigungsfeldern einer „Theorie der Architektur“.[3]

Für Führ geht „Theorie der Architektur“ über „Architekturtheorie“ hinaus. Außerdem ist „Theorie der Architektur“ für ihn keine klar abgegrenzte Disziplin, sondern ein Gespräch über Architektur, und zwar eines, zu dem prinzipiell jeder etwas beitragen kann. Diese weite Definition von „Theorie der Architektur“ hat zur Folge, dass Beiträge aus der Anthropologie, Architektur- und Kunstgeschichte, Literatur und Literaturtheorie, Musiktheorie, Philosophie, Psychologie, Soziologie und anderen Künsten und Wissenschaften im Nachdenken über Architektur ebenso ernst genommen werden müssen wie Äußerungen von Architekten. Eines der wenigen Auswahlkriterien ist, dass ein Beitrag – mehr oder weniger – argumentativ abgesichert sein muss, da dieses eine Bedingung ist, um ein an der Sache orientiertes Gespräch führen zu können, das Erkenntnis zum Ziel hat, welche auch immer das im Einzelfall sein mag.[4]

In diesem Sinn möchte das vorliegende Buch ein Gespräch, genau genommen viele kleine Gespräche zur Architektur fördern, indem 23 zeitgenössische Beiträge zur Theorie der Architektur gemeinsam veröffentlicht werden. Der Begriff der „Architektur", der in dem skizzierten Verständnis von „Theorie der Architektur" vertreten und in den Beiträgen deutlich wird, schließt dabei nicht nur Gebäude jeder Art ein. Der Architekturbegriff umfasst auch Dinge und Räume von Disziplinen wie Innenarchitektur, Landschaftsarchitektur, Stadtplanung, Städtebau und Regionalplanung. „Architektur" wird hier also als Rubrum architektonisch gestalteter Dinge und Räume aufgefasst, bei denen nur im Einzelfall darüber entschieden werden kann, ob und inwiefern der Begriff „Architektur" für das, was untersucht wird, treffsicher ist.

In ähnlicher Weise findet sich in jedem Beitrag nicht nur ein individuelles Verständnis von „Architektur", sondern auch eines von „Theorie". Während der Konzeption des Buchs haben wir die Autoren gebeten, über Methoden, Gegenstände und Ergebnisse ihres eigenen Arbeitens zu schreiben, sodass am Ende – so war unsere Annahme – eine kleine Übersicht über die verschiedenen Methoden, Gegenstände und Ergebnisse aktueller Untersuchungen zur Theorie der Architektur entsteht. Es zeigte sich, dass die Autoren jeweils einen der Aspekte in den Vordergrund stellten, und zwar am häufigsten denjenigen der Gegenstände, wohingegen die Methoden und Ergebnisse durch den Text deutlich werden sollten und vom Leser erst bewusst gemacht werden müssen. Insofern steht ein Buch über Untersuchungsmethoden zur Architekturtheorie, wenn dieses überhaupt gelingen kann, weiterhin aus.

Das Ordnen von Texten in Textsammlungen, wie der vorliegenden, stellt bereits eine Interpretation dieser Texte dar. So ist jedes Ordnen ein Vorgriff auf die jeweiligen Texte, der über die ursprünglichen Motivationen der Autoren hinausgeht. Man könnte zum Beispiel die Beiträge danach ordnen, aus welcher Disziplin die Autorin oder der Autor eines Beitrags kommt, sei es Architekturtheorie und -geschichte, Philosophie oder Anthropologie, Architekturpraxis oder Ingenieurwissenschaft.[5] Eine andere Möglichkeit bestünde darin, die Beiträge nach ihren erkenntnistheoretischen Modellen zu ordnen, zum Beispiel nach hermeneutischen, phänomenologischen oder semiotischen Untersuchungen.[6] Eine weitere Möglichkeit – und diese haben wir gewählt – ist, die Texte nach den Untersuchungsgegenständen zu ordnen: Werden Begriffe, Diskurse oder Ideen untersucht? Oder Dinge, Räume und Bauten? Oder geht es um Praktiken, Erfahrungen und Aneignungen? Ohne noch weitere Ordnungsmöglichkeiten anzuführen, möchten wir die Leser auffordern, ihre eigenen Ordnungen und somit Interpretationen zu finden. Dabei wird man feststellen, dass es in jeder Ordnung auch Beiträge gibt, die sich einer eindeutigen Zuordnung verweigern. Und es sind vielleicht gerade diese Beiträge, die am vielfältigsten ein interdisziplinäres Gespräch zur Architektur anregen.

Der Band ist Eduard Führ gewidmet. Führ setzt sich seit Jahrzehnten für eine Theorie der Architektur ein, in der die heute vielzitierte interdisziplinäre Zusammenarbeit weniger lautstark gefordert, sondern intensiv praktiziert wird. Dabei bedeutet „Interdisziplinarität" bei Führ nicht Aufweichen von etablierten Disziplinen, sondern schlicht die Zusammenarbeit unterschiedlicher Disziplinen, die ein gleiches oder ähnliches Thema im Bereich der Architektur im Blick haben. Von dieser Zusammenarbeit zeugen viele Ausgaben von *Wolkenkuckucksheim. Internationale Zeitschrift zur Theorie der Architektur*. Führ hat diese Zeitschrift vor über zwanzig Jahren gegründet, und er gibt sie bis heute mit heraus. Nicht verschwiegen werden soll, dass dieser Band in einem Jahr erscheint, in dem Eduard Führ 70 Jahre alt wird. Wir hoffen, dass dieses Buch zur Theorie der Architektur in seiner thematischen Breite etwa dem entspricht, was Führ als Grundlage für Gespräche zur Architektur gelten lassen würde. Und wir hoffen, dass viele an diesen Gesprächen teilnehmen werden.

Bibliografie

de Bruyn, Gerd und Stephan Trüby (2003) (Hrsg.): *architektur_theorie.doc. Texte seit 1960.* Basel, Boston und Berlin: Birkhäuser Verlag.

Führ, Eduard (2005): „Zur Theorie der Architektur als Wissenschaftstheorie und Wissenschaftspraxis." In: *Wolkenkuckucksheim, Internationale Zeitschrift zur Theorie der Architektur.* 9. Jahrgang, Nummer 17, www.cloud-cuckoo.net/openarchive/wolke/deu/Themen/042/Fuehr/fuehr.htm, ohne Seitenangabe (1. Juni 2017).

–, (2009): „Die Kunst des Konjunktivs. Plädoyer für eine selbstbewusste Theorie der Architektur." In: *Wolkenkuckucksheim, Internationale Zeitschrift zur Theorie der Architektur.* 13. Jahrgang, Nummer 25, www.cloud-cuckoo.net/journal1996-2013/inhalt/de/heft/ausgaben/208/Fuehr/fuehr.php, ohne Seitenangabe (1. Juni 2017).

Gleiter, Jörg H. und Ludger Schwarte (2015): „Architektur und Philosophie". In: Dies. (Hrsg.): *und Philosophie. Grundlagen. Standpunkte. Perspektiven.* (= ArchitekturDenken 8). Bielefeld: Transcript Verlag, S. 9–18.

Hauser, Susanne, Christa Kamleithner und Roland Meyer (2011) (Hrsg.): *Architekturwissen. Grundlagentexte aus den Kulturwissenschaften. Bd.1: Zur Ästhetik des sozialen Raumes* (=Architekturen 1). Bielefeld: Transcript Verlag.

–, (2013) (Hrsg.): *Architekturwissen. Grundlagentexte aus den Kulturwissenschaften. Bd. 2: Zur Logistik des sozialen Raumes.* (= Architekturen 2). Bielefeld: Transcript Verlag.

Hauser, Susanne und Julia Weber (2015) (Hrsg.): *Architektur in transdisziplinärer Perspektive. Von Philosophie bis Tanz. Aktuelle Zugänge und Positionen.* (= Architekturen 23) Bielefeld: Transcript Verlag.

Hays, Michael (1998) (Hrsg.): *Architecture Theory Since 1968.* Cambridge, MA und London: MIT Press.

Lampugnani, Vittorio Magnago, Ruth Hanisch und Ulrich M. Schumann (2004) (Hrsg.): *Architekturtheorie 20. Jahrhundert. Positionen, Programme, Manifeste.* Berlin: Hatje Cantz Verlag.

Mallgrave, Harry Francis (2005) (Hrsg.): *Architectural Theory: Volume I – An Anthology from Vitruvius to 1870.* Malden, MA: Blackwell Publishers.

Mallgrave, Harry Francis and Christina Contandriopoulos (2008) (Hrsg.): *Architectural Theory: Volume II – An Anthology from 1871 to 2005.* Malden, MA: Blackwell Publishers.

Moravánszky, Ákos (2003) (Hrsg.) *Architekturtheorie im 20. Jahrhundert: Eine kritische Anthologie.* Wien und New York: Springer Verlag.

Müller, Herta (2009): *Jedes Wort weiß etwas vom Teufelskreis.* Nobelvorlesung vom 7. Dezember 2009. www.nobelprize.org/nobel_prizes/literature/laureates/2009/muller-lecture_ty.html (1. Juni 2017), ohne Seitenangabe.

Nesbitt, Kate (1996) (Hrsg.): *Theorizing a New Agenda. An Anthology of Architectural Theory 1965–1995.* New York: Princeton Architectural Press.

Neumeyer, Fritz (2002) (Hrsg.): *Quellentexte zur Architekturtheorie.* München: Prestel Verlag.

Sykes, Krista (2010) (Hrsg.): *Constructing a New Agenda. Architectural Theory 1993–2009.* New York: Princeton Architectural Press.

Anmerkungen

1 Auszug aus der Vorlesung von Herta Müller, die sie 2009 anlässlich der Verleihung des *Nobelpreises für Literatur* in Stockholm hielt. (Müller 2009).
2 Unterschiedliche Verständnisse eines solchen Kanons zeigen sich zum Beispiel in Neumeyer 2002, de Bruyn und Trüby 2003, Moravánszky 2003, Lampugnani, Hanisch und Schumann 2004, Hauser, Kamleithner und Meyer 2011 und 2013 sowie Hauser und Weber 2015. Als englischsprachige Publikationen können zum Beispiel Nesbitt 1996, Hays 1998, Mallgrave 2005, Mallgrave und Contandriopoulos 2008 sowie Sykes 2010 angeführt werden.
3 Vgl. Führ 2005.
4 Vgl. Führ 2009.
5 Vgl. Hauser und Weber 2015.
6 Vgl. hierzu die Ausführung von Gleiter und Schwarte 2015 in ihrer Einleitung zu *Architektur und Philosophie. Grundlagen. Standpunkte. Perspektiven.*

Eduard Führ im Gespräch

Sebastian Feldhusen: Wie sind Sie zur Theorie der Architektur gekommen?

Eduard Führ: Ich habe mich an der neu gegründeten Ruhr-Universität in Bochum eingeschrieben, im Kern Kunstgeschichte studiert, aber zudem alle Fächer belegt, die mich interessierten, vor allem Philosophie, aber auch Wahrnehmungspsychologie, Soziologie und ein wenig Jura. Wie viele damals – es war die Zeit Willy Brandts, und man spürte eine Aufbruchsstimmung – habe ich in der Breite studiert, mich politisch informiert, weitergebildet und an der Verbesserung der Welt beteiligt. Man hat sich mit den unterschiedlichsten methodischen Herangehensweisen theoretisch auseinandergesetzt, sie politisch bewertet und versucht, die so gewonnenen Ansätze und Erkenntnisse für die Kunstgeschichte fruchtbar zu machen. Max Imdahl, Bernhard Kerber und Bernhard Waldenfels haben mein Studium stark beeinflusst und dazu beigetragen, dass ich Inhalte von Bildern und die Funktionen von Gebäuden im Kontext mit ihren formalen Gestaltungen sah und sie in ihre jeweiligen weltlichen und gesellschaftlichen Bedeutungen einordnete. Deshalb habe ich mich gegen Ende meines Studiums auf das Funktionelle der Architektur konzentriert und meine Dissertation dazu geschrieben. Ich bin dann nach einem Umweg über die Denkmalpflege Assistent bei den Architekten an der *Hochschule der Künste* in Westberlin, wie die heutige *Universität der Künste Berlin* damals hieß, geworden, mit dem Auftrag, den Zusammenhang von gebauter Umwelt und kultureller Identität zu erforschen. Ich habe mich in der Architektur zudem sehr für den Vorgang des Entwerfens interessiert. Während des Beitritts der Länder der DDR zur Bundesrepublik wurde ich nach Cottbus an die *Hochschule für Bauwesen* gerufen und erhielt dort schließlich den Lehrstuhl *Theorie der Architektur*, wie ich ihn in Abgrenzung zur *Architekturtheorie* bezeichnet wissen wollte, den ich dann von den Lehrinhalten und personell stets interdisziplinär ausgerichtet habe. In der Phase des Aufbruchs der neuen Bundesländer, der Gründung der neuen *Brandenburgischen Technischen Universität Cottbus* und der Verbreitung des Internets konnte 1996

Wolkenkuckucksheim als internationale Zeitschrift zur Theorie der Architektur gegründet werden.

Ute Poerschke: Also mit *Architekturtheorie* verbindest du die klassische Herangehensweise, sich mit überlieferten Autoren auseinanderzusetzen?

Eduard Führ: Ja, ich halte auch sie für erforderlich – und ich möchte hier ausdrücklich das ausgezeichnete Werk von Hanno-Walter Kruft hervorheben – aber sie konzentriert sich zu sehr auf klassische Autoren und Themen. Und ich habe auch heute immer noch das Gefühl, dass man die überlieferten Grenzen weiter aufbrechen muss.

Sebastian Feldhusen: Heißt das, jede Disziplin, die etwas zur Architektur sagt, liefert einen Beitrag zur Theorie der Architektur, darunter zum Beispiel auch die Anthropologie, die Philosophie oder die Soziologie?

Eduard Führ: Ja, und nein. Nicht jede Äußerung zur Architektur ist auch gleich Theorie der Architektur. Man muss schon ins Grundsätzliche der Architektur gehen. Zugleich muss man sich davor hüten, die Architekturtheorie durch scharf ausgegrenzte Ersatzdisziplinen zu substituieren, also statt Architekturtheorie etwa nun Soziologie zu betreiben. Was man aber tun muss, ist, die Disziplingrenzen aufbrechen.

Ute Poerschke: Du hast Hanno-Walter Kruft genannt, für mich ist er eher ein Historiker, weil er die Theorien, eine nach der anderen, historisch, behandelt. Kannst du sagen, wo Geschichte aufhört und Theorie anfängt?

Eduard Führ: Es kommt auf die Begriffe von „Geschichte“ und von „Theorie“ an. Kruft schreibt eine solitäre Geschichte der Architekturtheorien, losgelöst von ihren jeweiligen gesellschaftlichen Situationen, wie es zum Beispiel Reinhard Bentmann und Michael Müller exemplarisch in ihrem Buch über die *Villa als Herrschaftsarchitektur* – um einen weiteren Klassiker zu nennen – gemacht haben. Dabei hat Kruft einen bestimmten Architekturbegriff: Architektur ist Baukunst, nicht der Alltag der Architektur, weder das Funktionale noch der Gebrauch spielen bei ihm eine entscheidende Rolle. „Theorie“ versteht er als vertextlichtes Produkt des Denkens und Schreibens von Architekten. Und eigentlich denkt Kruft „Theorie“ immer im Plural, als Theorien. Theorien und ihre geschichtlichen Kontexte kann man zwar voneinander isolieren, aber eigentlich kann man sie nur im Kontext verstehen.

Aber es gibt unterschiedliche Arten von Theorie: Theorie als Methode und Theorien als formulierte Ergebnisse, vorbewusste Alltagstheorien und elaborierte Wissenschaftstheorien, explizite und implizite Theorien, Interpretation und Kritik, Thesen, Spekulationen und Voraussagen und so weiter. Ebenso hat sich in den letzten fünf Jahrzehnten eine ganze Palette von unterschiedlichen Verständnissen von Geschichte – Gesellschaftsgeschichte, Kulturgeschichte, Alltagsgeschichte, Herrschaftsgeschichte, Wirtschaftsgeschichte, *Intellectual History* und andere – herausgebildet und dann noch unterschiedliche Arten der Beziehungen von Theorie und Geschichte. Darüber nachzudenken ist „Theorie" im Singular: Theorie als Methode und damit gleichermaßen auch als Kritik.

Der Konnex der Theorie mit der Geschichte hört da auf, wo es um Reflexion des Grundsätzlichen geht, also um die Frage, was ist denn eigentlich „Architektur", was könnte sie sein, unabhängig von den bisherigen Architekturverständnissen.

Sebastian Feldhusen: Verstehen Sie die Theorie der Architektur als Architekturphilosophie?

Eduard Führ: Auch hier ist Theorie als Methode verlangt: Was heißt Philosophie? Suche nach Wahrheit, nach Weisheit? Kenntnis der Autoren der Philosophiegeschichte? Elaborierte Denkstile? Wissenschaftstheorie? Ist Architekturphilosophie Ästhetik, Kunstphilosophie? Ist Architekturphilosophie das Eingreifen der Philosophen in die Herstellung der Dinge des Alltags, wie Ludwig Wittgensteins Entwurf des Hauses für seine Schwester? Ist Architekturphilosophie systematisierendes und reflektierendes Denken der Bauherren, Nutzer und Architekten vor dem Entwerfen, beim Entwerfen? Oder ist Architekturphilosophie Entwurf einer Architektur, die die Menschen beim Betrachten, bei der Nutzung, bei der fachlichen Analyse zum Denken bringt?

Architekturphilosophie erscheint mir bisweilen wie „Architektur, die nicht gebaut wurde", als Transzendierung der Materialität des Gebäudes, als Idealisierung und Entfernung aus der Praxis. Ich meine, Architekturphilosophie macht dann Sinn, wenn man das Philosophieren als Nachdenken, Kritik, Reflexion und Theorie im Medium der Architektur versteht, also bei der

Architektur bleibt. Philosophie ist hier eine Hilfswissenschaft, nicht die Königsdisziplin der Architektur.

Ute Poerschke: Ist Architektur dann nicht eigentlich immer Theorie, ist Architektur also Geisteswissenschaft?

Eduard Führ: Wenn man Sinn von Material, Erkennen von Entwerfen, Kunst von Technik und von Wissenschaft, Denken von Handeln, Praxis von Theorie, Anwendung von Abstraktion – wie im neunzehnten Jahrhundert – trennt, dann ist Architektur keine Geisteswissenschaft. Wenn man aber die vielen grenzauflösenden, wissenschaftstheoretischen Ansätze im zwanzigsten Jahrhundert, etwa der Epistemologie, der Phänomenologie, der Wissenschaftssoziologie, des Strukturalismus und des Poststrukturalismus, verfolgt, so muss man festhalten, dass Architektur – sowohl das Machen als auch die Sache (als Solitär wie in seinen diachronen, synchronen, räumlichen und lebensweltlichen Kontexten) als auch dessen visuelle, praktische und kognitive Aneignung – ein körperlich-kognitiver Vorgang zur sinnhaften Situierung in einer materialen Welt und zur Systematisierung der Situierung und der dazugehörenden Prozesse ist, und dann ist sie ebenso Geisteswissenschaft wie sie Technik und Naturwissenschaft ist.

Ute Poerschke: Du kritisierst hier also grundsätzlich den Begriff der Geisteswissenschaft und den Begriff der Ingenieurwissenschaft?

Eduard Führ: Ja, die die Trennung der Wissenschaften und Künste begründenden Verständnisse aus dem neunzehnten Jahrhundert und deren Fortführung.

Sebastian Feldhusen: Aber wenn man ein Haus baut, dann wird man nicht sagen, dass man Theorie der Architektur gemacht hat, sondern Architektur. Und wenn man einen Text schreibt?

Eduard Führ: Sie spielen in der Frage mit dem Wort „machen“. Wenn man baut, „macht“ man natürlich Architektur; dabei versteht man „machen“ im Sinne von „to make“, also als realisierendes Herstellen. Allerdings hat man auch Theorie der Architektur „gemacht“, indem man zunächst das Gegebene analysiert, es dann kognitiv verarbeitet, in Wissenssysteme eingebunden, diese transformiert, Probleme gefunden und gelöst und Formen sowie eine funktionale Organisation gefunden hat. Auch das ist ein „Machen“, aber eher im Sinne von „betreiben“, „to pursue“.

Ute Poerschke: Was ist eigentlich der Gegenstand der *Theorie der Architektur*? Diese Frage verfolgen wir auch in dem hier vorliegenden Buch: Begriffsdiskurs, Wissenschaftstheorie, Selbstreflexion der Architekten, Entwurfstheorie, Entwurfsanalyse, Werkanalyse, Phänomenologie der Architektur, Theorie des Wohnens? – Was ist dein Ansatz?

Eduard Führ: Ich kann mich eurem Konzept anschließen.

Sebastian Feldhusen: Damit hängt die Frage zusammen, ob und wo für disziplinäre Grenzen existieren, ich meine solche zwischen Innenarchitektur und Hochbau, Landschaftsarchitektur und Städtebau, Raumplanung und so weiter?

Eduard Führ: Ich finde, die Ausdifferenzierung der Disziplinen im neunzehnten Jahrhundert hat eine Fülle von elaborierten Methoden, von neuen Erkenntnissen und von neuen Entwurfszielen gebracht. Das ist gut. Schlecht ist die *solitäre* Abgrenzung der Herangehensweisen zu eigenständigen Disziplinen. Innen-, Hochbau- und Landschaftsarchitektur, Städtebau und Raumplanung sind hierarchische und zugleich offene und interaktive Bereiche im Gesamtsystem „Architektur". Ein Gebäude ohne Innenausbau ist noch nicht fertig; es steht im urbanen oder ländlichen Kontext, ohne den es nicht sein kann. Offen ist diese Beziehung, weil Innenarchitektur oder landschaftsarchitektonischer Zusammenhang den Sinn des Gebäudes mitkonstituieren, modifizieren oder ihm entgegenspielen.

Sebastian Feldhusen: Und wie sieht es mit den disziplinären Grenzen in der Theorie der Architektur aus? Wenn die Grenzen gelockert werden, birgt das doch auch Gefahren, oder? So wird beispielsweise häufig kritisiert, dass ein Text, den ein Philosoph verfasst hat, aus dem Zusammenhang der gesamten Schrift, des Œuvres der Philosophen und der Philosophiegeschichte gerissen wird. Hierfür sind Martin Heidegger und Gaston Bachelard prominente Beispiele.

Eduard Führ: Ja, diese Gefahr besteht. Ich habe neulich einen etwa 15-seitigen Text über einen italienischen Architekten gelesen, dessen eigentlich angesehenem Autor es gelungen war, jeweils in einem Halbsatz (gefühlt) Verweise auf 50 – eigentlich alle – großen Philosophen und Geistesgrößen des neunzehnten und zwanzigsten Jahrhunderts unterzubringen. Das zeugt weder von Respekt für die Architektur noch für die Philosophie und ihre Denker. Man muss lernen – in Seminaren oder wie auch immer –, Texte genau und ernst zu nehmen, sie auch philosophiehistorisch zu bewerten und sie in das Œuvre der Autoren und in die zeitgenössischen Diskussionen zu stellen. Und Architekten können schließlich auch etwas in die Philosophie einbringen: Alltagserfahrung, technisches Wissen, Kontextwissen, geschichtliches Wissen.

Ute Poerschke: Um noch einmal auf Soziologie, Philosophie und Geschichte zurückzukommen: In allen diesen Disziplinen gibt es eigene Methoden, die auch sehr ausgeprägt sind. Findest du, dass die Architekturtheorie und auch die Architektur an sich versäumt haben, sich ihre eigenen Methoden bewusst zu machen? Oder anders gefragt, worin siehst du die ureigenen Methoden der Architektur und der Architekturtheorie?

Eduard Führ: Es gibt auch in der Architektur *ureigene* Methoden: *Ureigen* ist die Datierung von Bauten und ihre Genealogien, *ureigen* ist die stilgeschichtliche Zuordnung als „gotisch" oder „barock". *Ureigen* ist auch die formale Analyse einer Gebäudefassade in Bezug auf mögliche Proportionssysteme, *ureigen* ist die Zuordnung zu einer Typologie, *ureigen* ist die Analyse der Ordnung der Zimmer und ihrer Erschließung auf die darin realisierte Vorstellung des Zusammenwohnens oder -arbeitens. Allerdings nimmt man mit der Ureigenheit immer eine subjektive Definition der Disziplin und des disziplinären Gegenstandes vor, Architektur als Genealogie von Objekten, die auseinander hervorgehen und sich entwickeln, Architektur als sinnlich-kulturelle Haltung einer Generation oder Epoche, Architektur als formale Kunst, Architektur als typologische Lösung von Bauproblemen, Architektur als Funktion. Ich denke im Moment über ein Verständnis von Architektur als Medium nach, etwa im Sinne von Max Imdahls „Ikonik". Ich weiß nicht, ob man das auf die Architektur übertragen kann. Wenn ja, dann wäre es auch eine *ureigene* Methode, die formale Ordnung der Zimmer und Räume mit deren Gebrauch, die Bildlichkeit der Architektur mit deren Zweckmäßigkeiten zusammenzusehen und so den jeweiligen Sinn und die spezifische Qualität der Architektur festzustellen. Aber es wäre ein spezifisches, subjektbezogenes Architekturverständnis.

Ute Poerschke: Wie kommst du eigentlich zu einem Thema? Hast du Vorlieben? Suchst du immer wieder neue Themen oder Gegenthemen? Oder wechselst du gezielt die Felder und Ebenen? Schreibst du zunächst etwas über die Medialität der Architektur und anschließend dann etwas über die Berliner Mauer?

Eduard Führ: Ich würde einerseits sagen, das fällt mir nach Aktualität so zu. Andererseits plane ich seit nunmehr fast 40 Jahren, eine *Theorie der Architektur* zu schreiben. Als ich Ende der 1970er-Jahre meine Dissertation schrieb, habe ich gedacht, ich muss nach Abschluss eine berufliche Position finden, auf der ich die Vorstellung von Architektur, die ich in meiner Dissertation mithilfe von Bruno Tauts Schriften skizziert hatte, ausarbeiten kann. Ich hatte auch die Positionen, fand aber zunächst manches andere wichtig, zum Beispiel, von den Architekten mehr über das Machen von Architektur zu lernen und während der „Wende" dann auch an der Etablierung einer in das Entwerfen integrierten Architekturlehre und am städtebaulichen Umbau in den neuen Bundesländern mitzuwirken. Vor Kurzem musste ich unbedingt ein Buch über den „umstrittenen" Architekten Cäsar Pinnau schreiben – der eigentlich nur so genannt worden war, um jeder Kritik von vornherein den Wind aus den Segeln zu nehmen –, um deutlich zu machen, dass sich die Architekturwissenschaft nicht an der Nase herumführen lässt. Jetzt liegen noch zwei Projekte auf dem Tisch. Aber dann! Dann soll es doch um den Text gehen, den ich nach meiner Dissertation schreiben wollte. Oder es gibt ein neues dringendes Projekt …

Ute Poerschke: Das klingt wie eine Selbstermahnung.

Eduard Führ: Nein, gar nicht! Eigentlich mache ich mich damit ein wenig über mein Denken nach der Promotion lustig. Man kann als junger Mensch keine Architekturtheorie schreiben, die eng bei der Architektur ist. Man kann als junger Wissenschaftler vielleicht ein abstraktes Theoriegerüst skizzieren, das Fleisch der Theorie muss aber über die Zeit in der Auseinandersetzung mit den vielen konkreten Aspekten und Problemen der Architektur entwickelt werden. Aber man muss ein Ziel haben, das das Tun orientiert. Klar formuliert kann es aber erst werden, wenn man es erreicht hat. Das klingt ein wenig nach Bruno Taut und seinem Vorschlag für die Bebauung der Alpen. Diese Assoziation ist mir aber recht.

Sebastian Feldhusen: Letzte Frage: Wenn man Texte von Ihnen kennt, dann geht es oft um Ambivalenzen und Indifferenzen. Warum?

Eduard Führ: Mein Wusch ist eigentlich immer, auch über einen gedruckten Text hinaus in Diskussion mit der Leserschaft zu kommen. Ich möchte Texte schreiben, die den Lesern und Leserinnen nicht als fertige und in sich abgeschlossene Produkte dargereicht werden. Letztendlich möchte ich, dass sie mit mir zusammen weiterdenken.

Begriffe, Diskurse, Ideen

Semiotische Aspekte architektonischer Symbole in der neueren Architekturtheorie

Claus Dreyer

Der Symbolbegriff hat in der europäischen Architekturtheorie eine längere Geschichte, die ihrerseits auf Traditionen der theoretischen Auseinandersetzung mit dem Symbol in der europäischen Geistesgeschichte beruhen[1], und die bisher noch nicht zusammenhängend dargestellt und untersucht worden sind. Die unterschiedlichen Verwendungen und Bedeutungen des Begriffs in der Vergangenheit sind ebenso vielfältig wie sein Gebrauch in der Gegenwart. Meistens besteht eine offensichtliche Abhängigkeit von anderen wissenschaftlichen Disziplinen wie Philosophie, Semiotik, Kunst- und Literaturwissenschaft oder Psychologie, die aufzuklären und semiotisch zu rekonstruieren wären. Ob sich dabei vergleichbare Konzepte zeigen würden, muss zumindest so lange fraglich bleiben, wie es keine allgemeine architekturtheoretisch relevante Symboltheorie gibt, an der die verschiedenen vorliegenden Ansätze kritisch geprüft werden könnten.[2] Auch im Folgenden kann ein solcher verallgemeinernder Ansatz nicht geleistet werden. Es sollen aber drei besonders einflussreiche Symbolkonzeptionen aus der neueren Architekturtheorie dargestellt und im Hinblick auf ihre erklärende Kraft für jüngste Entwicklungen in der Architektur diskutiert werden.

Der Symbolbegriff bei Christian Norberg-Schulz

Christian Norberg-Schulz hat in seinem architekturtheoretischen Hauptwerk *Logik der Baukunst*[3] der Konzeption von Architektur als Symbol eine zentrale Stellung eingeräumt und versucht, diesen Ansatz ausführlich zu begründen. Er greift dabei auf Positionen aus diversen anderen wissenschaftlichen Disziplinen zurück, um sein Modell architektonischer Symbolisierung zu entwickeln. Ausdrücklich bezieht er sich dabei auch auf die Semiotik, die er in der Version von Charles W. Morris[4] rezipiert hat.[5]

In einem zur *Logik der Baukunst* ergänzenden Aufsatz[6] geht er aus von der Feststellung, dass es Architektur mit der Produktion und Rezeption von speziellen technisch-artifiziellen und funktionalen Objekten zu tun habe, deren „ausdrucksvolle Formen" so beschaffen sind, dass sie „höhere Gegenstände manifestieren, die mit einem Wertsystem verknüpft sind"[7]. Die „höheren Gegenstände" und das mit ihnen verknüpfte Wertsystem gehen über die physischen und physiologischen Funktionen eines Architekturobjekts hinaus und artikulieren vor allem psychologische und geistige Positionen, sodass der Mensch die Wirklichkeit der gestalteten Umwelt als „sinnvoll erleben kann"[8]. Diese „höheren Gegenstände" können „wissenschaftlich, philosophisch, ideologisch und religiös sein: Zusammen bilden sie, was wir als Kultur bezeichnen"[9]. Solche Gegenstände sind selten rein und meistens „vermischt", weshalb sie von Norberg-Schulz als „Zwischengegenstände"[10] bezeichnet werden, die „bedeuten, dass wir die Dinge in Übereinstimmung mit ihrem Sinn (Wert) in einem weiteren Zusammenhang erleben"[11], der letztlich das ausmacht, was wir als Kultur bezeichnen. Das „Verlangen nach Identifikation mit einer Kultur"[12] wird als ein psychologisches und geistiges Grundbedürfnis angesehen, das auch durch die Architektur befriedigt werden muss, wenn sie ihrer Verantwortung für die menschliche Existenz gerecht werden will.

Für die Konkretisierung und Artikulierung kultureller Gegenstände hält Norberg-Schulz besonders symbolische Formen für geeignet, weil sie den vermischten Charakter dieser Gegenstände sinnfällig ausdrücken können. „Es ist also wesentlich, die Zwischengegenstände zu symbolisieren, eine Aufgabe, die am besten vom Kunstwerk befriedigend gelöst wird. Das Kunstwerk ist eben fähig, Faktoren in einer Synthese zu verbinden, die keinen gemeinsamen Nenner haben."[13] Soweit Architektur als Kunst aufgefasst werden kann, ist sie Teil des „Symbolmilieus"[14], in dem sich eine Kultur darstellt und ausdrückt, und zu dessen Pflege und Weiterentwicklung sie beitragen soll.

Die Art und Weise, wie architektonische symbolische Formen beschaffen sind, wird von Norberg-Schulz mit Rückgriff auf Piagets entwicklungspsychologische Theorie der Symbolisierung erklärt. Symbole entstehen durch verallgemeinernde Zusammenfassung von Erlebnissen und Erfahrungen im Umgang mit Dingen zu „höheren Gegenständen", in denen Eigenschaften aus verschiedenen Erfahrungs- und Erlebnisbereichen so geordnet und verdichtet werden, dass sie „zueinander passen"[15] und eine unauflösliche Einheit eingehen, die als „Sinn" verstanden werden kann. Das Kriterium des „Passens" ist die „strukturelle Ähnlichkeit" oder die „Isomorphie" zwischen den verknüpften Eigenschaften[16], die allerdings einen gewissen Grad der Abstraktion voraussetzt. „Die psychologischen Bedürfnisse sind also auch am zweckmäßigsten behandelt durch eine Abstraktion ihrer physischen Korrelate. Während die Handlungsstruktur aus einem System von ‚Aktionsstätten' besteht, bildet die psychologische Struktur ein System von ‚Bedeutungsstätten'. Einige davon sind so grundlegend, dass wir Namen dafür haben wie das Wort *Heim*."[17]

In der Architektur besteht für Norberg-Schulz die Aufgabe der Symbolisierung darin, ein Bauprogramm so in eine „passende" architektonische Form zu übersetzen, dass eine „strukturelle Ähnlichkeit" zwischen Form und Aufgabe entsteht, die als sinnvolle Aussage verstanden werden kann. Das Finden oder Herstellen einer solchen „semantischen Relation"[18] zwischen Form und Inhalt oder Bedeutung ist für Norberg-Schulz der zentrale Vorgang des architektonischen Entwurfsprozesses, der über die Qualität einer Lösung entscheidet. „Die architektonische Form kann sich aber nicht damit begnügen, eine additive Zusammenstellung von Teilen zu sein. Als eine Konkretisierung einer Lebenssituation muss sie integriert sein. Das ist das eigentliche Problem der Synthese. Eine Synthese kann nicht durch eine logische Kombination von Faktoren zustande kommen, sondern nur durch eine schöpferische Handlung."[19]

Zwei Klassen von Formen können bei Norberg-Schulz der architektonischen Symbolisierung zugrunde liegen: die „abbildenden" oder ikonischen und die „konventionellen"[20], die scheinbar voneinander unabhängig sind, aber doch in der Architekturgeschichte eine enge Verwandtschaft miteinander haben. „Wir verstehen, dass ein architektonisches Symbolsystem aus konventionellen Zeichen besteht, die von ikonischen Formen abstrahiert sind. Die Zeichen bilden einen Teil der Kulturtradition und können für neue formale Struktu-

ren verwendet werden. Diese Strukturen repräsentieren mehr oder minder komplexe Bauaufgaben und sind somit ikonische Zeichen auf höherer Stufe."[21] Damit hat Norberg-Schulz sein Konzept von der grundsätzlichen „strukturellen Ähnlichkeit" zwischen Form und Inhalt im architektonischen Symbol mit der Geschichte und der Tradition der Bauformen versöhnt: „Das *Symbolmilieu* ist durch konventionelle Elemente gesättigt, deren Organisation eine strukturelle Ähnlichkeit aufweist mit der Struktur der höheren Gegenstände, die in der betreffenden Aufgabe enthalten sind."[22] In der schöpferischen Synthese muss der Architekt versuchen, die strukturelle Ähnlichkeit zwischen Form und Aufgabe mit konventionellen Zeichen des kulturellen Kontextes zu finden oder kreativ herzustellen.
In der folgenden Abbildung hat Norberg-Schulz sein Konzept der architektonischen Symbolisierung veranschaulicht[23]; es zeigt den Übergang von der funktionalen Struktur der Bauaufgabe „Kloster" über eine symbolische Form zum architektonischen Symbol. (Abb. 1)

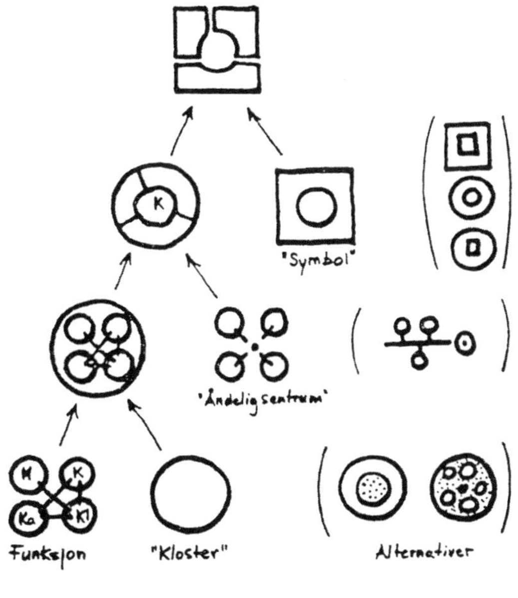

Abb. 1: Christian Norberg-Schulz: Entwicklung eines architektonischen Symbols

Damit hat Norberg-Schulz eine späte theoretische Grundlage für die Formensprache des architektonischen Funktionalismus geliefert (*form follows function*), der die klassische Moderne in der Architektur weitgehend geprägt hat. Mit der Betonung des konventionellen Charakters des „Symbolmillieus" zeigt er jedoch sein Gespür für den sich ankündigenden Paradigmenwechsel in der architektonischen Zeichensprache, der zu einem völlig anderen Konzept des architektonischen Symbols führen wird.

Der Symbolbegriff bei Robert Venturi

Dieser Paradigmenwechsel wird von dem amerikanischen Architekten Robert Venturi mit seinem einflussreichen Buch *Learning from Las Vegas*[24] markiert, das nicht zufällig den Untertitel *The Forgotten Symbolism of Architectural Form* hat. Hierin unterzieht er zunächst die damals zeitgenössische moderne Architektur einer grundlegenden Kritik, die vor allem auf die elitäre abstrakte Formensprache zielt. Diese sei zwar künstlerisch ambitioniert, interessant und „heroisch", aber nur für Fachleute lesbar und verständlich. Er fordert dagegen die Verwendung alltäglicher, konventioneller und praktischer Formen, die für jedermann zugänglich und nachvollziehbar sind[25].
Solche bedeutungsvollen Formen, die er durchgängig „Symbole" nennt, findet er vor allem in der Welt der Werbung und der öffentlichen Reklame, daher auch der programmatische Titel seiner Polemik: „Learning from Las Vegas". Aber auch die tradierten Motive und Muster der alltäglichen und der historischen Architektur können ein reichhaltiges Repertoire liefern: „Old words with new meanings."[26] Dabei hält er einen großzügigen Umgang mit den symbolischen Formen der Baugeschichte für möglich: „Richness can come from conventional architecture. For 300 years European architecture was variations on a Classical norm – a rich conformity. But it can also come through an adjusting of the scale or context of familiar and conventional elements to produce unusual meaning."[27]
Venturis besonderes Interesse liegt aber bei den Zeichen der kommerziellen Werbungs- und Reklamearchitektur, wie sie an großen Straßen, auf Plätzen

und vor Unterhaltungspalästen zu finden sind, zum Beispiel Bilder, Tafeln, Displays, Kioske, Lichtinstallationen. Sie entsprechen den Wahrnehmungsgewohnheiten einer Konsum- und Erlebnisgesellschaft, die auf leicht verständliche und schnell veränderbare Information angewiesen ist: „Billboards are almost right."[28] Hinter dieser Nähe zum Kommerziellen verbirgt Venturi sogar ein soziales Anliegen: Die Architektur soll praktisch, vertraut, kostengünstig, „ugly and ordinary" aussehen[29], nur dann kann sie von dem „Normalverbraucher" verstanden und in Besitz genommen werden.

Besonders einflussreich ist Venturis Unterscheidung zwischen zwei Arten von Architektur geworden, die in einem Widerspruch zueinander stehen: Einmal gibt es Gebäude, die ein Symbol *sind*, und dann gibt es Gebäude, die Symbole *verwenden*[30]. Im ersten Fall handelt es sich um Architektur, bei der das Programm, die Raum- und die Baustruktur in einer expressiven und bedeutungsvollen Gesamtform gleichsam „physiognomisch" artikuliert und ausgedrückt werden[31]. Zu diesem Typ gehört für Venturi nahezu die gesamte klassische moderne Architektur, sofern sie dem Anliegen folgt, keinerlei konventionelle Formen und Ornamente zu verwenden und aus den Funktionen des Bauprogramms eine möglichst logische und prägnante Form zu entwickeln, die entsprechend „rein" und originell ist. Zu Venturis Spott, der sich auch darin äußert, dass er diese Art von Gebäuden nach einem krassen Beispiel als „sculptural ducks" bezeichnet[32], haben sich gerade aus dieser Intention neue ornamentale Großformen entwickelt, indem jedes besonders originelle Gebäude selbst zu einem gebauten Ornament wird[33]. Andererseits hat gerade dieser architektonische Typ eine Tradition entwickelt, die als monotoner „Funktionalismus" oder „Internationaler Stil" einen weltweiten Siegeszug angetreten hat, bevor sie nach vielfältiger Kritik, und nicht zuletzt der von Venturi, sich einer fundamentalen Revision unterzog.

Dem anderen Typ von Architektur gilt Venturis ganze Zuwendung: der Architektur, die Symbole verwendet, um zu informieren, zu kommunizieren, sich zu schmücken und zu dekorieren. Er bezeichnet diesen Typ nach einem markanten Beispiel als den „decorated shed"[34]. Diese Architektur besteht aus einem praktischen, effizienten und technisch perfekten „Behälter" sowie aus einem speziellen Zeichenträger, an dem Symbole aller Art appliziert und revidiert werden können: historische, kontextuelle, konventionelle, kommerzielle oder artistische Symbole. Ein solcher Zeichenträger ist sehr häufig die Fassade eines Gebäudes, es können aber auch seine anderen externen und internen „Schauseiten“ und Formelemente sein. Sogar historische Gebäudetypen wie die gotische Kathedrale oder der italienische Renaissance-Palazzo werden von Venturi als „decorated sheds“ analysiert[35], sodass er glaubt, sich auf eine lange Tradition berufen zu können.

Die architektonischen Symbole können sich in dieser Verwendung ändern und völlig verwandeln, ganz wie es die jeweiligen Konventionen, Motivationen und Präferenzen erfordern: Die Kunst des Architekten besteht in der geistreichen Auswahl und Mischung der Symbole und ihrer Vereinigung zu einem komplexen und widersprüchlichen Ganzen[36], das als bedeutungsvoll interpretiert werden kann. „Why do we uphold the symbolism of the ordinary via the decorated shed over the symbolism of the heroic via the sculptural duck? Because this is not the time and ours is not the environment for heroic communication through pure architecture. Each medium has its day, and the rhetorical environmental statements of our time – civic, commercial, or residential – will come from media more purely symbolic, perhaps less static and more adaptable to the scale of our environment. The iconography and mixed media of roadside commercial architecture will point the way, if we will look.“[37] Die folgende berühmte Zeichnung veranschaulicht diese Konzeption auf plakative Weise.[38] **(Abb. 2)**

Abb. 2: Robert Venturi: Recommendation for a Monument

Es dürfte klar geworden sein, dass Venturis Symbol-Konzeption zu der von Norberg-Schulz in einem diametralen Gegensatz steht: Fast könnte man sagen, dass Norberg-Schulz mit seinem Symbol-Kriterium der „strukturellen Ähnlichkeit“ die Basis für die „Architektur *als* Symbol“ geliefert hat, die von Venturi als „sculptural duck“ verspottet und abgelehnt wird. Venturis Konzeption der konventionellen und alltäglichen Zeichen als Symbole aber ist zu einer tragenden theoretischen Säule vor allem für die amerikanische architektonische Postmoderne der 1960er- und 1970er-Jahre geworden, auch wenn dort weniger die Zeichensprache der Reklame als die Methode des Zitierens und Montierens von Motiven aus dem Fundus der Baugeschichte zur herrschenden Praxis wurde.

Der Symbolbegriff nach der Postmoderne bei Daniel Libeskind

Seit dem Ende der 1980er-Jahre wurde die Praxis der Verwendung historischer Zitate und konventioneller Zeichen zunehmend kritisiert und als „geschwätzig“ und beliebig verurteilt. Die Bedeutungstiefe und Kommunikativität der architektonischen Symbole wurde angezweifelt und die unvermeidlichen Säulen zum Symptom des Verfalls erklärt[39]. Eine neue architektonische Formensprache begann durch ambitionierte Projekte die Aufmerksamkeit zu erregen und wurde unter der Bezeichnung „Dekonstruktivistische Architektur“ zunehmend zum Gegenstand von Ausstellungen und theoretischen Untersuchungen[40]. Auffallend war die Absage an jede konventionelle Symbolik und allen ornamentalen Schmuck. Dagegen dominierte eine expressive, dynamische und gestenreiche Formensprache, die sich mit ihrer irregulären montageartigen Zusammensetzung jeglicher herkömmlichen Kategorisierung entzog und unter dem Rubrum „Dekonstruktivismus“ zunächst nur notdürftig erfasst werden konnte.
Inzwischen hat dieser architektonische Ansatz sich weiter ausdifferenziert und zu einer Reihe von sehr unterschiedlichen Erscheinungen geführt, die nicht mehr unter einer einzigen Kategorie zu fassen sind[41]. Einer der besonders beachteten Architekten dieser Richtung ist Daniel Libeskind, der mit

seinem *Jüdischen Museum* in Berlin (1989–1998) weltweit für Aufsehen gesorgt hat. Er hat selbst immer wieder zu seinen Arbeiten Stellung genommen und auch darüber hinaus zum Denken über Architektur Beiträge geleistet: Sein grundsätzlicher Ansatz ist, dass Architektur eher ein geistiges Konstrukt als ein physisches Objekt ist[42].

In einem Aufsatz mit dem Titel *Symbol und Interpretation*[43] umschreibt er die symbolische Funktion der Architektur, die seinem eigenen Ansatz zugrunde liegt und die er auch für zukünftige Architektur einfordert. Er geht dabei davon aus, dass eine aktuelle Architektur aufgrund der desaströsen geschichtlichen Erfahrungen mit den alten Ordnungsvorstellungen und Illusionen über die rationale Beherrschbarkeit der Welt ihre vertrauten Formen und Motive aufgeben muss, um der Aufgabe, eine „Korrelation zwischen der Struktur des Lebens und ihren Verkörperungen in der Welt“[44] herzustellen, noch gerecht werden zu können. Stattdessen komme es darauf an, sich zu öffnen für das, was unter der scheinbar geordneten Oberfläche liegt: „Unordnung, das Willkürliche, geboren aus dem Wahn der über ihre Grenzen hinausgedrängten Ordnung, entdeckt – durch ein merkwürdiges Paradoxon – ihre eigene Logik; eine Struktur, die gleich einer unzugänglichen und geheimen Wahrheit in den verlockenden Tiefen des Chaos präfiguriert ist.“[45]

Diese im Verborgenen schlummernden „präfigurierten“ Möglichkeiten gelte es aufzuspüren und durch architektonische Formen so erlebbar zu machen, dass sie Wirklichkeit werden können. Der Architektur kommt demnach also eine antizipatorische Funktion zu, die durch Rückgriff auf konventionelle oder gar historische Zeichen nur verstellt wird; vielmehr müsse die „poetische Komplexität von Architektur“[46] entwickelt werden. „Dieser Ansatz ist bestrebt, die tiefere Ordnung zu erforschen, die nicht allein in sichtbaren Formen, sondern auch in unsichtbaren und verborgenen Quellen verankert ist, die die Kultur selbst – das Denken, die Kunst, die Literatur, den Gesang und die Bewegung – speisen. Er betrachtet Geschichte und Tradition als einen Körper, dessen Erinnerungen und Träume sich nicht einfach rekonstruieren lassen. Ein solcher Ansatz versucht nicht, das Sichtbare auf einen Gedanken und Architektur auf eine bloße Konstruktion zu reduzieren. Eine derartige Orientierung erkennt in ihren Methoden die Intensität der

Erfahrung – ihre ‚opake Transparenz' – an und bezeugt sie in ihren Intentionen."[47]

Architektonische Formen, die diese Intention einlösen können, sind symbolische Formen: Sie besitzen die „opake Transzparenz", die das Nicht-Sichtbare und Werden-Wollende erscheinen lassen können: „Wie immer wir auch die Architektur repräsentieren, sei es als Idee, Materie, Energie oder die ewige Wiederkehr der gleichen Urformen, wir dürfen nicht vergessen, dass Objekte, die uns erscheinen, bereits auf einer primordialen und nicht-figurativen Ebene enthüllt worden sind. Es kann nichts völlig Figuratives in dem Sinne geben, dass Bedeutung in den Symbolen, die sie vermitteln, eingeschlossen bleibt. Wenn wir Architektur als etwas begreifen, das einen symbolischen Charakter hat, dann haben wir uns bereits auf ein sowohl grundlegenderes als auch ursprünglicheres Gebiet begeben; in eine Sphäre, in der die Bedeutungsentscheidungen und -interpretationen durch die Geschichte bereits in Gang gesetzt sind."[48] Die geschichtliche Dimension der symbolischen Bedeutung wird hier ganz anders verstanden, als in den vorhergehenden Konzepten: Sie ist nichts statisch Abgeschlossenes, sondern ein Prozess, der in unserem kulturellen Gedächtnis immer schon in Bewegung und vor allem auf Zukunft hin offen ist.

Zeichen, die als Symbole diesen Ansprüchen gerecht werden können, werden einen singulären Charakter und eine expressive Gestik haben, so wie die bizarren Raumformen von Libeskind: „Um kreative architektonische Interpretation aus dem Griff – und der Treue zu – kleinlicher und umständlicher Konzentration auf Rhetorik (Form um der Form willen) und besonders aus der gegenständlichen Darstellung der Vergangenheit (Historismus-Eklektizismus) zu befreien, streben wir eine projektive Poesie der Architektur an. Wir sehen in dieser Phänomenologie des Raums die polymorphe, veränderliche Traumsubstanz der Architektur – den fragilen und präzisen Kern des Verständnisses und der Erfindung."[49] **(Abb. 3)**

Ein solches architektonisches Symbol hat Libeskind in seinem *Jüdischen Museum* in Berlin zu realisieren versucht und den Prozess der Formfindung und -erfindung ausführlich dargestellt[50]. Auch hier geht es ihm darum, einen Teilbereich des „Nicht-Sehens-Ungesehenen"[51] ins Sichtbare zu heben, „um

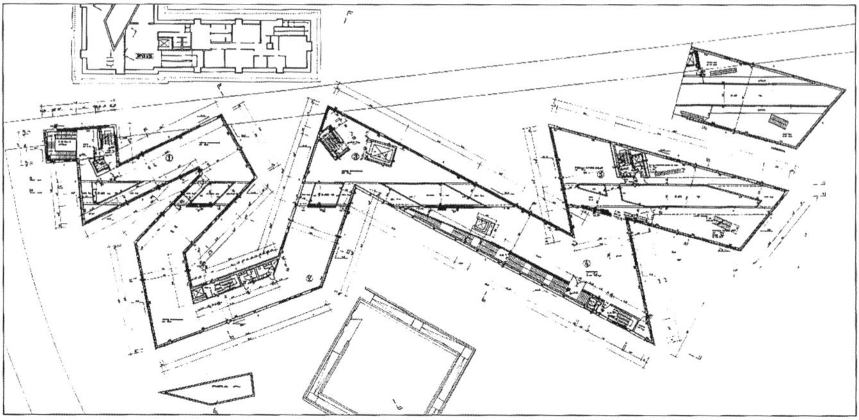

Abb. 3: Daniel Libeskind: Jüdisches Museum Berlin, Grundriss

einer Hoffnung und dem gemeinsamen Erleben einer inneren Vision auf die Sprünge zu helfen“[52]. Die bizarr geknickten, gekippten und miteinander verschachtelten Baukörper bilden im Inneren ein labyrinthartiges Gefüge von Räumen, die durch irreguläre Öffnungen an unterschiedlichsten Positionen belichtet werden. Dem liegt ein kompliziertes und beinahe paradoxes Programm von historisch-lokalen Bezügen, Namenslisten ermordeter Juden, ikonografischer Ansätze, musikalischer Anspielungen und gestisch-linearer Motive zugrunde, das in einem kreativen Akt zu der vorliegenden Raumkomposition verdichtet wurde. Dabei spielt die entstehende „Leere“ eine besondere Rolle: „Der neue Erweiterungsbau ist konzipiert als ein Emblem, ein sinnbildliches Zeichen, in dem sich das ‚Nicht-Sichtbare‘ als ein leeres ‚Unsichtbares‘ offenbart hat. Die Idee ist also sehr einfach: das Museum soll um eine Leere herum aufgebaut werden, die durch das Gebäude verläuft, eine Leere, die vom Publikum erfahren werden soll.“[53]

Diese Leere wird von zwei übergeordneten Linienmotiven durchdrungen, die mit starker Geste sowohl die Gesamtstruktur wie auch die einzelnen Baukörper bis hin zu den schlitzförmigen Öffnungen prägen. „Die Linien zeigen sich selbst als getrennt voneinander, so dass sich die Leere, die sich mitten durch das Kontinuierliche hindurchzog, nach außen materialisiert als das, was zerstört wurde, oder vielmehr als der Überrest oder das Residuum autonomer

Struktur. Dies nenne ich die ‚entäußerte Leere' (‚voided void'). Eine Leere, die selbst entleert wurde. Eine Dekonstruktion, die selbst dekonstruiert wurde. Fragmentierung und Verlagerung kennzeichnen den Zusammenhang des Ganzen in diesem Unterfangen, denn das Ganze wurde ‚demontiert', um zugänglich zu werden, sowohl funktional als auch intellektuell."[54] Dass mit dieser ge- und zerstörten Leere an den *Holocaust* und den dadurch hinterlassenen Verlust erinnert werden soll, kann ebenso offensichtlich begriffen werden wie der Hinweis, dass dieses architektonische Zeichen die „Bewahrung des Opfers"[55] symbolisiert: „Die Opfergabe, die die schützende Nachtwache über nicht vorhandenen Sinn ist"[56], und vielleicht gerade dadurch eine neue Sinndimensionen eröffnet.

Wir haben im Vorangegangenen drei Symbol-Konzeptionen der neueren Architekturtheorie kennengelernt:
Erstens das Symbol als kulturell etabliertes Zeichen „struktureller Ähnlichkeit" zwischen Bauaufgabe und Bauform bei Norberg-Schulz als Leitbild für die architektonische Moderne, das unter semiotischer Perspektive als „ikonisches Zeichen" charakterisiert werden kann. Eine aktuelle Variante dieses Konzepts könnte die *Elbphilharmonie* von *Herzog & de Meuron* in Hamburg sein, in deren geschwungener Dachlandschaft musikalische Klangwellen und Meereswellen anscheinend „strukturell ähnlich" zum Bauprogramm abgebildet werden. **(Abb. 4)**
Zweitens das Symbol als „konventionelles Zeichen" bei Venturi als Leitbild für die architektonische Postmoderne, das unabhängig vom architektonischen Zeichenträger mannigfaltige Botschaften vermitteln kann und unter semiotischer Perspektive in der konventionalistischen Symboltheorie verankert ist. Ein aktuelles Beispiel für dieses Konzept kann der Entwurf für das *Museum des 20. Jahrhunderts* in Berlin, ebenfalls von *Herzog & de Meuron*, sein, das als archetypischer „Schuppen" für die Kunst angesehen werden kann, der auf seine informative Dekoration noch wartet (die als Karikatur im Internet schon vielfältig zu finden ist). **(Abb. 5)**
Drittens das Symbol als „singuläres Zeichen" bei Libeskind als Leitbild für „dekonstruktivistische Architektur", das sich selbst transzendiert und in

Abb. 4: Herzog & de Meuron: Elbphilharmonie, Hamburg

Abb. 5: Herzog & de Meuron: Museum des 20. Jahrhunderts (Entwurf), Berlin

Abb. 6: Herzog & de Meuron: Medienzentrum BTU Cottbus

metaphysische Bedeutungsdimensionen vorstößt; es wäre unter semiotischer Perspektive als „konnotatives Zeichen“ zu charaterisieren[57]. Als aktuelle Variante für dieses Konzept kann man das *Informations-, Kommunikations- und Medienzentrum der BTU Cottbus-Senftenberg*, ebenfalls von *Herzog & de Meuron*, ansehen, das allerdings keine „dekonstruktivistischen“ Züge aufweist, sondern hinter seiner singulär gekrümmten Glashülle mit den aufgedruckten kryptischen Textschichten ein geheimnisvolles Innenleben verspricht, das in seiner „opaken Transparenz“ nur erahnt werden kann (vor allem bei Dunkelheit, wenn das Gebäude von innen erleuchtet ist). (Abb. 6)

Alle drei Symbol-Konzeptionen entsprechen einschlägigen Ansätzen in der langen Geschichte der europäischen Symboltheorien und müssten deshalb in einem größeren theoriegeschichtlichen Zusammenhang erörtert und kritisch befragt werden. Ihre Leistungsfähigkeit im Rahmen der neueren Architekturtheorie, die hier nur angedeutet werden konnte, ist offensichtlich nachweisbar und lässt die Vermutung zu, dass die verschiedenen Symbol-Konzeptionen auch in zurückliegenden Entwicklungsphasen der Architektur eine tragende Rolle gespielt haben könnten und das auch bei zukünftigen Weiterentwicklungen tun werden. Dabei könnte sich zeigen, dass die These von „Architektur als symbolischer Kunstform“ eine gute Grundlage hätte[58].

Bibliografie

Betsky, Aaron (1990): *Violated Perfection*. New York: Rizzoli.

Burkhardt, Armin (1996): „Geballte Zeichen: Das Symbol und seine Deutungen". In: *Zeitschrift für Semiotik*. 18. Jahrgang, Nummer 4, S. 461–482.

Cassirer, Ernst (1973): *Philosophie der symbolischen Formen* [1923–1929]. Drei Bände. Darmstadt: Wissenschaftliche Buchgesellschaft.

Dreyer, Claus (1979): *Semiotische Grundlagen der Architekturästhetik. Untersuchungen zu Hegels Ästhetik und Architekturtheorie*. Stuttgart: Dissertation.

—, (2003): „Semiotische Aspekte der Architekturwissenschaft: Architektursemiotik". In: Roland Posner u. a. (Hrsg.): *Semiotik. Ein Handbuch zu den zeichentheoretischen Grundlagen von Natur und Kultur*. Dritter Teilband. Berlin und New York: Verlag Walter de Gruyter, S. 3234–3278.

Fischer, Günther u. a. (1987): *Abschied von der Postmoderne. Beiträge zur Überwindung der Orientierungskrise* (= Bauwelt Fundamente 64). Braunschweig: Vieweg Verlag.

Johnson, Philip und Mark Wigley (1988): *Deconstructivist Architecture*. New York: The Museum of Modern Art.

Libeskind, Daniel (1995): *Kein Ort an dieser Stelle*. Dresden: Verlag der Kunst.

—, (1997): „Between the Lines". In: *Architectural Design*. 9. Jahrgang, Nummer 10, S. 58–63.

Morris, Charles W. (1972): *Grundlagen der Zeichentheorie. Ästhetik der Zeichentheorie* [1938]. Übersetzt von Roland Posner und Jochen Rehbein. München: Hanser Verlag.

Norberg-Schulz, Christian (1963): *Intentions in Architecture*. Oslo: Universitätsforlaget.

—, (1967): „Intention und Methode in der Architektur". In: *Der Architekt*, 15. Jahrgang, Nummer 6, S. 218–225.

—, (1968): *Logik der Baukunst*. Übersetzt von Joachim Neugröschel. Gütersloh: Bertelsmann.

Nöth, Winfried (2000): *Handbuch der Semiotik*. Stuttgart: J. B. Metzler Verlag.

Pochat, Götz (1983): *Der Symbolbegriff in der Ästhetik und Kunstwissenschaft*. Köln: DuMont Buchverlag.

Todorov, Tzvetan (1995): *Symboltheorien* [1977]. Übersetzt von Beat Gyger. Tübingen: Max Niemeyer Verlag.

Venturi, Robert (1966): *Complexity and Contradiction in Architecture*. New York: The Museum of Modern Art.

Venturi, Robert, Denise Scott Brown und Steven Izenour (1977): *Learning From Las Vegas. The Forgotten Symbolism of Architectural Form* [1972]. Cambridge, MA: MIT-Press.

Anmerkungen

1 Vgl. Todorov 1995 [1977], Pochat 1983 und Burkhardt 1996.
2 Vgl. dazu den Versuch bei Dreyer 1979, Hegels Theorie der Architektur als „Symbolischer Kunstform" semiotisch zu rekonstruieren.
3 Norberg-Schulz 1968 [1963].
4 Morris 1972 [1938].
5 Norberg-Schulz 1968 [1963], S. 54–56.
6 Norberg-Schulz 1967.
7 A. a. O., S. 220.
8 A. a. O., S. 221.
9 Ebd.
10 Norberg-Schulz 1968 [1963], S. 28–30.
11 Norberg-Schulz 1967, S. 221.
12 Ebd.
13 Ebd.
14 Ebd.
15 A. a. O., S. 222.
16 Ebd.
17 Ebd.
18 Norberg-Schulz 1968 [1963], S. 173–175.
19 Norberg-Schulz 1967, S. 223
20 Norberg-Schulz 1968 [1963], S. 174–176.
21 Norberg-Schulz 1968 [1963], S. 176.
22 A. a. O., S. 178.
23 Norberg-Schulz 1967, S. 224.
24 Venturi, Brown und Izenour 1977 [1972].
25 A. a. O., S. 102.
26 A. a. O., S. 102–104.
27 A. a. O., S. 130.
28 A. a. O., S. 6.
29 A. a. O., S. 85–87.
30 A. a. O., S. 87.
31 A. a. O., S. 7, 90–92.
32 A. a. O., S. 130.
33 A. a. O., S. 10.
34 A. a. O., S. 87–89.
35 A. a. O., S. 105–107.
36 Vgl. hierzu Venturi 1966.
37 Venturi, Brown und Izenour 1977 [1972], S. 130–131.
38 A. a. O., S. 156.
39 Vgl. Fischer u. a. 1987.
40 Vgl. Johnson und Wigley 1988.
41 Vgl. den Versuch von Betsky 1990.
42 Vgl. Libeskind 1995.
43 A. a. O., S. 216–218.
44 A. a. O., S. 217.
45 A. a. O., S. 218.
46 A. a. O., S. 223.
47 Ebd.
48 A. a. O., S. 323–324.
49 A. a. O., S. 224.
50 A. a. O., S. 76–78.
51 A. a. O., S. 84.
52 Ebd.
53 A. a. O., S. 85.
54 A. a. O., S. 87.
55 A. a. O., S. 88.
56 Ebd.
57 Vgl. die Übersicht bei Nöth 2000, S. 178–179.
58 In Ergänzung zu Cassirer 1923–1929.

Die Anfangsgründe der Architekturtheorie bei Hegel

Hans Friesen

In der Kulturgeschichte des achtzehnten und neunzehnten Jahrhunderts fallen insbesondere drei Philosophen auf, die sich intensiv mit der Ästhetik auseinandergesetzt und damit musterbildende ästhetische Theorien entworfen haben: nämlich Alexander Gottlieb Baumgarten, Immanuel Kant und Georg Wilhelm Friedrich Hegel. Der zuletzt Genannte hat sich in seinem System der Künste auch ausführlich mit der Geschichte und Theorie der Architektur beschäftigt. Diese Sicht der Architektur gewinnt heute erneut an Bedeutung. Die traditionelle Architekturgeschichte als „Stilgeschichte" lässt vieles offen. Außerdem wird sie der komplexen Verflechtung der Architektur in den Zusammenhang der gesamten Kultur nicht gerecht. Mit Hegel lässt sich eine Theorie der Architektur gewinnen, in der die Perspektive der Stilgeschichte mit derjenigen einer Kultur- oder Geistesgeschichte der Architektur erweitert werden kann. Damit lässt sich ein angemesseneres Verständnis von Architektur in der Geschichte der morgen- und abendländischen Welt beziehungsweise der heutigen Welt erzeugen. Aber das ist nicht alles. Ich möchte in diesem Aufsatz versuchen, auf die Aktualität von Hegels Betrachtung der Architektur aufmerksam zu machen. Diese Aktualität ergibt sich zum einen aus Versuchen, von Hegel ausgehend auf ein lebensweltlich orientiertes Verständnis von Architektur zu gelangen, und zum anderen aus Versuchen, neue Dimensionen einer philosophisch-wissenschaftlich orientierten Architekturtheorie zu erarbeiten.

Hegel ist häufig als Begründer der philosophisch-wissenschaftlichen Betrachtung der Kunstgeschichte bezeichnet worden.[1] Er führte in seinen Vorlesungen über Ästhetik, die er von 1820/21 bis 1828/29 wiederholt an der Berliner Universität gehalten hat, die Geschichte als neue Dimension zur Betrachtung und Bestimmung der Künste ein.[2] Hier besteht ein grundlegender Unterschied zu Kants Ästhetik, der sich mit Fragen der Kunst und ihrer Geschichte nicht befasst hat. Hegel dagegen zieht die Geschichte der Kunst ausdrücklich in Betracht. In seiner Beschäftigung mit der Kunst dominiert die Rekonstruktion der wechselhaften Beziehung zwischen Form und Inhalt, also zwischen sinnlicher Erscheinung und geistigem Gehalt des Kunstwerks. Zudem bezieht sich seine Ästhetik systematisierend auf die Geschichte der Kunst, die, zumindest in der von Heinrich Gustav Hotho herausgegebenen Druckfassung, als eine dialektische Entwicklung interpretiert wird. So konnte Hegel in seiner historischen Rekonstruktion aufweisen, dass die Kunst schon in der Vergangenheit eine Entwicklung bezüglich der Konstellation des Verhältnisses zwischen Form und Inhalt vollzogen hat. Damit kommt er zu der Auffassung, dass sich der Gegensatz von sinnlicher Erscheinung und Idee aufhebt und zum Erreichen des Höchsten, zur adäquaten Versinnlichung des Geistigen führt, schließlich jedoch dieses Höchste der abendländischen Kultur auch wieder verlässt.

Von dieser Auffassung Hegels ausgehend, habe ich zum besseren Verständnis seiner Theorie ein schematisches Abbild, ein sogenanntes Wellen- oder Phasenmodell entwickelt, das ich im Folgenden etwas ausführlicher erläutern möchte. **(Abb. 1)**

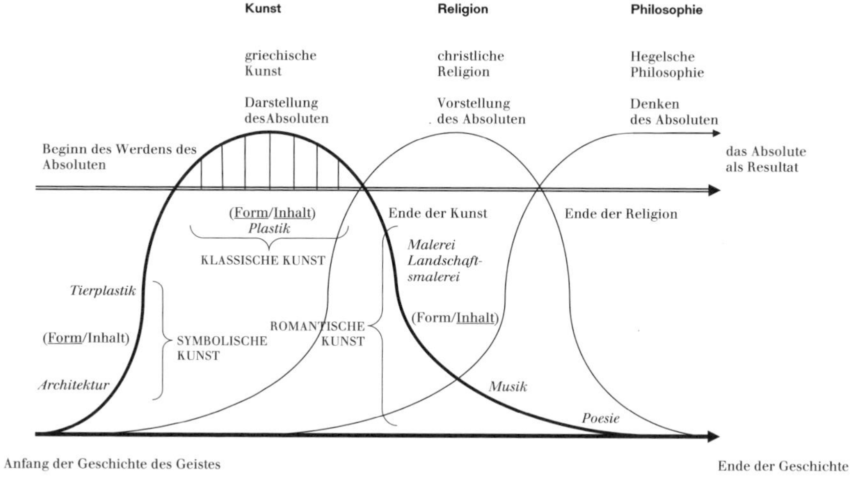

Abb. 1: Hegels Konzeption des absoluten Geistes, dargestellt als Wellen- oder Phasenmodell

Hegel unterscheidet drei Kunstformen, in denen sich die Geschichte der Kunst von einer Etappe zur nächsten zwar auf eine stets höhere Stufe hin weiterentwickelt, aber dennoch nicht als linearer Fortschrittsprozess gedeutet werden kann. Die Stellung der Kunst ergibt sich in diesem Modell aus dem jeweiligen Verhältnis von Form (Materialität, Gestalt) und Inhalt (geistiger Gehalt), wobei sich im Kurvenverlauf die folgenden Entwicklungsstadien ergeben: Am Anfang, in der Kunst Babyloniens, Indiens und Ägyptens, hat die Form ein deutliches Übergewicht gegenüber dem Inhalt des Werkes. Später, in der Kunst der griechischen Antike, wird das Absolute durch die Einheit von Form und Inhalt im Werk erreicht. Darauf folgen das Verlassen des Absoluten der Kunst und das Erreichen des inhaltsbetonten Werkes. Die einzelnen Stadien, die in der geschichtlichen Entwicklung der Kunst durchlaufen werden, können nach Hegel zusammenfassend als Erstreben, Erreichen und Verlassen des Absoluten beschrieben werden. Auf die erwähnten Stadien der einzelnen Kunstformen werde ich im Folgenden näher eingehen.

Die symbolische Kunstform

Für Hegel ist der Anfang der Kunst in der Architektur wiederzufinden, und zwar in der „symbolische[n] Architektur“ Indiens, Babyloniens und Ägyptens. Das Beispiel der *Cheops-Pyramide* von Gizeh zeigt, wie sehr der Inhalt noch von der äußeren Form verdeckt wird. Der gewaltige Bau verbirgt den eigentlichen Gehalt dieses Werkes, welcher in der intimen Geschlossenheit des Königsgrabes liegt. Das Symbolische darf hier nun aber keinesfalls im Sinne eines bloßen Zeichens verstanden werden, sondern dient als Ausdruck eines Inhalts. Und der Inhalt muss in diesem Zusammenhang als das religiöse Verständnis oder die Weltanschauung dieser Stufe der Entfaltung des Geistes verstanden werden. Allerdings gelingt es in der orientalischen Kunstform noch nicht, einen angemessenen Ausdruck des geistigen Inhalts im Symbol zu erzielen. Durch das Übergewicht der Form im Verhältnis zum Inhalt entsteht eine ungeheuer reiche Symbolik. Allerdings gibt es weder auf dieser Stufe noch auf einer späteren die Möglichkeit, sie vollends zu erfassen. Hegel spricht daher von einem Reichtum der Symbolik, der uns verwirrt. Das Fazit Hegels ist nun, dass der Reichtum des Symbolhaften beispielsweise der Pyramiden auf die Unvollkommenheit dieser Werke hindeutet. Hegel führt das auf die Unfähigkeit der Ägypter zurück, eine Einheit aus Äußerlichkeit und Gehalt im Bauwerk zu erzeugen. Auch die *Sphinx* ist keine eindeutige Darstellung. Die Figur nimmt sowohl tierische als auch menschliche Wesenszüge an. Auch hier verhüllt die Form den Inhalt, welcher dem Betrachter nur indirekt über die Symbolik nahe gebracht wird und aus diesem Grunde ihren Rätselcharakter nicht abschütteln kann.

Die klassische Kunstform

Gegenüber der orientalischen Kunst ist die griechische, so Hegels These, nicht mehr symbolisch. Für Hegel bleibt das Symbolisieren „als Grundtypus ganzer Kunstwerke" ganz deutlich eine „untergeordnete Gattung" (I, S. 369), deren Formen bei klassischen oder romantischen Werken nur nebenbei, als „Schmuck und Beiwerk" legitim sind. Dem Symbolischen steht das Klassische als die „schlechthin angemessene Einheit von Inhalt und Form" (I, S. 391) gegenüber. In der griechischen Kunst, insbesondere in der griechischen Bildhauerkunst findet eine vollendete Versöhnung der sinnlichen Erscheinung mit der Idee statt. Die skulpturale Menschendarstellung in der klassischen Kunstform konkretisiert die Idee in der menschlichen Gestalt. Beispiele dafür sind der *Diskuswerfer* von Myron oder der *Apollo von Belvedere*, dessen Beschreibung durch Johann Joachim Winckelmann von Hegel sehr geschätzt wurde. Die Idee zieht sich hier vollends durch die sinnliche Erscheinung der menschlichen Gestalt, der äußeren Form. Geist und Materie bilden eine Synthese. Hegel beschreibt das folgendermaßen: „Die Skulptur im allgemeinen faßt das Wunder auf, daß der Geist dem ganz Materiellen sich einbildet und diese Äußerlichkeit so formiert, daß er in ihr sich selber gegenwärtig wird und die gemäße Gestalt seines eigenen Inneren darin erkennt." (II, S. 362) Somit erscheint der geistige Gehalt der Skulptur nicht mehr abstrakt, sondern ist für den Betrachter mehr oder weniger „direkt" verständlich und darum von aller Symbolik befreit. Hegel bestimmt diese Kunstform als das Erreichen des Ideals, des Absoluten: Es ist „die Vollendung des Reichs der Schönheit. Schöneres kann nicht sein und werden." (II, S. 127–128) Es gibt für Hegel jedoch noch Höheres. Dies findet er in der romantischen Kunstform.

Die romantische Kunstform

Die Einheit des klassischen Ideals löst sich in der romantischen Kunstform wieder auf „und zerfällt in die gedoppelte Totalität des in sich selber seienden Subjektiven und der äußeren Erscheinung, um den Geist durch diese Trennung die tiefere Versöhnung in seinem eigenen Elemente des Inneren erreichen zu lassen". (II, S. 128) Zu den romantischen Künsten zählen die Malerei, die Musik und die Poesie des christlichen Abendlandes. Die Innerlichkeit des Geistes wird in diesen Künsten zwar das zentrale Objekt der Darstellung, aber die „in sich unendliche Subjektivität" der geistigen Existenz ist „unvereinbar mit dem äußerlichen Stoff". In ihrem letzten Stadium zerfällt die romantische Kunst in „prosaische Objektivität" und „Subjektivität". In ihrer Zufälligkeit widersetzen sich beide Seiten der Vermittlung: „Auf der einen Seite geht die Kunst zur Darstellung der gemeinen Wirklichkeit als solcher, zur Darstellung der Gegenstände, wie sie in ihrer zufälligen Einzelheit und deren Eigentümlichkeiten da sind, über und hat nun das Interesse, dieses Dasein zum Scheinen durch die Geschicklichkeit der Kunst zu verwandeln; auf der anderen Seite schlägt sie im Gegenteil zur vollkommenen subjektiven Zufälligkeit der Auffassung und Darstellung um, zum Humor, als dem Verkehren und Verrücken aller Gegenständlichkeit und Realität durch den Witz und das Spiel der subjektiven Ansicht, und endet mit der produktiven Macht der künstlerischen Subjektivität über jeden Inhalt und jede Form." (II, S. 198) Für Hegel ist hiermit das Ende der romantischen Kunstform erreicht. Dieses Ende ist gleichzusetzen mit dem Ende der Kunst überhaupt: „Dadurch erhalten wir als Endpunkt des Romantischen überhaupt die Zufälligkeit des Äußeren wie des Inneren und ein Auseinanderfallen dieser Seiten, durch welches die Kunst selbst sich aufhebt und die Notwendigkeit für das Bewußtsein zeigt,

sich höhere Formen, als die Kunst sie zu bieten imstande ist, für das Erfassen des Wahren zu erwerben." (II, S. 142)
Die Entwicklung bewegt sich insgesamt betrachtet von der Natur zum Geist, also in Richtung einer zunehmenden und endgültigen Vergeistigung. Aber auch in diesem Bestreben stellt Hegel eine zeitliche Einteilung der Entwicklung fest, die von verschiedenen Formationen des Geistes getragen wird: nämlich Kunst, Religion und Philosophie. Alle drei Formationen haben einen gemeinsamen Gegenstand: nämlich das Wahre, das Göttliche oder das Absolute. Nur stellen sie dies auf unterschiedliche Weise dar: In der Kunst erscheint es verkörpert im sinnlichen Gegenstand des Kunstwerkes, in der Religion als Vorstellung des Göttlichen in der Andacht vor dem christlichen Bild und in der Philosophie als Einheit von Gegenstand und Vorstellung, das heißt als zu sich selbst gekommener Begriff.

Die systematische Funktion von Kunst, Religion und Philosophie

Hegel betrachtet den Geist als eine Gegebenheit, die sich aus der Natur in die unendliche Freiheit des begreifenden Denkens erhebt. Die Kunst begreift er in diesem Entwicklungsprozess als den ersten geschichtlichen Versuch des Menschen, eine Form der Selbstversöhnung zu finden, das heißt der Rückkehr des sich in die materielle Welt entäußerten Geistes zu sich selbst. Die Kunst genügt der Entwicklung des Geistes aber bald nicht mehr als geeignetes Ausdrucks- und Entfaltungsmittel. So wird die Religion als ein neues Medium benötigt. Walter Jaeschke hat sich mit diesem Entwicklungsgang des Geistes vor allem im Zusammenhang mit Hegels Religionsphilosophie intensiv beschäftigt: „Hegels Kunst- und Religionsphilosophie ist von ihrem Beginn in Jena an eine Philosophie des Absoluten – eines Absoluten, das sich zwar in Kunst und Religion darstellt und sich in ihnen weiß, aber in ihnen nicht aufgeht. Deshalb ist sie von Anfang an Theorie des Endes der Kunst wie auch des Endes der Religion."[3]
In der Religion geht es, ebenso wie in der Kunst, um das Erstreben, Erreichen und Wiederverlassen des Absoluten. Kunst und Religion verlieren im Hegel'-

schen System ihre Funktion der Bewusstmachung des Absoluten, sobald der Geist durch sie hindurchgegangen ist: „Die Geschichte der Kunst kulminiert in Griechenland, wo deshalb die Kunst eine der Religion überlegene Form der Wahrheitserkenntnis bildet; die Religionsgeschichte kulminiert im Christentum, in dem deshalb die Kunst etwas Sekundäres bleibt."[4] Als letzte Phase oder Stufe in der Entwicklung des Geistes gibt Hegel die Philosophie an, weil nur hier die Erkenntnis, auf der wahre Versöhnung beruht, errungen werden kann. Walter Jaeschke hat auch darauf hingewiesen, dass nach Hegel diese letzte Stufe einerseits „nicht nur von der Religion der schönen Kunst und dem Christentum, sondern von der Religion überhaupt verschieden" ist, andererseits dennoch als „neue Religion"[5] bezeichnet werden muss. Kunst, Religion und Philosophie haben insofern nicht nur eine gemeinsame Dimension und Aufgabe, sondern bilden zugleich einen geschichtlichen Entwicklungsgang, in dem der Geist immer mehr zum Bewusstsein seiner selbst und damit zur wahren Versöhnung gelangt.[6] In der Welt der Philosophie geht es um eine Suche nach Wahrheit, um ein Bewusstmachen der Idee des Absoluten, das völlig losgelöst von jeder Begrenzung der Sinnlichkeit und Materie ist. Somit wird für Hegel erst in der Philosophie, das heißt in der Reinheit des Denkens, die absolute Höchstform des Geistes erreicht, indem er zum Begriff seines eigenen Wesens kommt.

Die Einteilung der Künste

Die Kapitel von Hegels Ästhetik, die sich mit der Einteilung der Künste befassen, kommen – in den Nachschriften der Berliner Vorlesungen ebenso wie in der Druckfassung Hothos – immer auf dieselbe Dreiteilung in eine symbolische, eine klassische und eine romantische Kunstform zurück. Das symbolische Kunstwerk kann eine genaue Übereinstimmung von Inhalt und Form nicht erreichen, sondern stellt nur einen Versuch dar, die innere Bedeutung in sich selbst zu zeigen. Deshalb ist es nach Hegel die Aufgabe dieser Kunstform, aus dem Objektiven, also der äußeren Naturumgebung, wenigstens eine „schöne Kunstumschließung des Geistes" herzustellen und zu versuchen, den

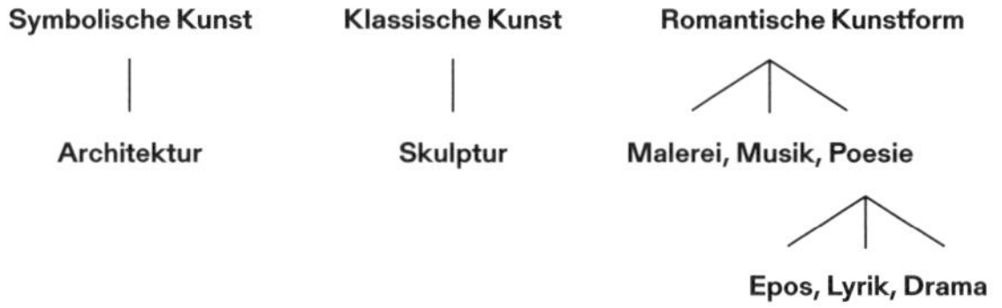

Abb. 2: Die Kunstformen bei Hegel

inneren geistigen Gehalt anzudeuten. Die klassische Kunstform nun stellt diese Kongruenz zwischen Inhalt und Form vollständig her, der Inhalt findet hier seine angemessene Form. Die romantische Kunstform erweitert die vorhergehende um die Subjektivität des Menschen und macht diese zum neuen Inhalt, der eine entsprechende Form in Malerei, Musik und Poesie findet. Nach diesen Ausführungen teilt Hegel die Künste gemäß ihrer jeweils höchsten Bestimmung ein. (Abb. 2)

Zur Architektur, die ihre höchste Bestimmung in der ersten Kunstform seines Systems, das heißt der symbolischen, findet, sagt Hegel Folgendes: „Erstens steht als der durch die Sache selbst begründete Anfang die Architektur vor uns da. Sie ist der Anfang der Kunst, weil die Kunst in ihrem Beginn überhaupt für die Darstellung ihres geistigen Gehaltes weder das gemäße Material noch die entsprechenden Formen gefunden hat und sich deshalb in dem bloßen Suchen der wahren Angemessenheit und in der Äußerlichkeit von Inhalt und Darstellungsweise begnügen muß. Das Material dieser ersten Kunst ist das an sich selbst Ungeistige, die schwere und nur nach den Gesetzen der Schwere gestaltbare Materie; ihre Form sind die Gebilde der äußeren Natur, regelmäßig und symmetrisch zu einem bloß äußeren Reflex des Geistes und zur Totalität eines Kunstwerkes verbunden.“ (II, S. 258–259)

Die Einteilung der Architektur

Die Einteilung der Architektur entspricht der Einteilung der epochalen Kunstformen. Es wird zwischen einer selbstständig symbolischen Architektur, einer klassischen Architektur und einer romantischen Architektur unterschieden. Die Architektur steht jedoch nicht nur in der systematischen Ein-

teilung an erster Stelle, sondern auch in der zeitlichen Existenz der einzelnen Künste. Diese Auffassung darf Hegel zufolge jedoch nicht mit den bekannten Entstehungsgeschichten seiner Zeit bewiesen werden, denn diese würden uns die Ursprünge einer Sache meistens sehr bildlich vor Augen führen. So werde beispielsweise für den Ursprung der Malerei etwa die Geschichte eines Mädchens erzählt, das den Schatten des schlafenden Geliebten im Sand nachzeichnet. Oder im Falle der Architektur spreche man häufig von einer ersten Höhle. Solche Geschichten sind für Hegel weder historisch belegt, noch geben sie eine befriedigende Antwort, da sie sich mit dem „Begriff der Kunst" nicht befassen. Hegel sagt hierzu: „Wir haben nun den Anfang aus dem Begriff der Kunst so festzustellen, daß die erste Aufgabe der Kunst darin bestehe, das an sich selbst Objektive, den Boden der Natur, die äußere Umgebung des Geistes zu gestalten und somit dem Innerlichkeitslosen eine Bedeutung und Form einzubilden, welche demselben äußerlich bleibt, da sie nicht die dem Objektiven selber immanente Form und Bedeutung ist. Die Kunst, der diese Aufgabe gestellt wird, ist [...] die Architektur, welche ihre erste Ausbildung früher gefunden hat als die Skulptur oder Malerei und Musik." (II, S. 267)
Eine Hütte, die als Wohnung dient, oder ein Tempel, der einer Gottesstatue Unterkunft gibt, seien zwar nahe liegende Vermutungen, könnten aber keine Antwort auf die Frage nach dem Beginn der Baukunst geben, da sowohl die Hütte als auch der Tempel nur Mittel sind, die einen Zweck, ein Bedürfnis voraussetzen. Diese Bedürfnisse sind jedoch solche, deren Befriedigung die Kunst nicht beschäftigt, denn sie setzen eine Teilung an den Anfang: „Auf der einen Seite steht der Mensch, das Subjekt, oder das Bild des Gottes als der wesentliche Zweck, für welchen auf der anderen Seite die Architektur nur das Mittel der Umgebung, der Hülle usf. liefert." (II, S. 268) Diese Zweiteilung kann nach Hegel jedoch nicht den Anfang der Baukunst darstellen; es muss deshalb einen Punkt geben, an dem diese noch nicht vorhanden ist. Am Anfang der Baukunst gibt es Bauwerke, die selbstständig für sich stehen und keinem anderen Zweck dienen, also „ihre Bedeutung [...] in sich selber tragen." (II, S. 269) Im Gegensatz zur Skulptur jedoch können diese ersten Bauwerke ihre Bedeutung nur auf symbolische Weise reproduzieren. Hegel bezeichnet diese Baukunst als eine „unorganische Skulptur", die „für sich selbst

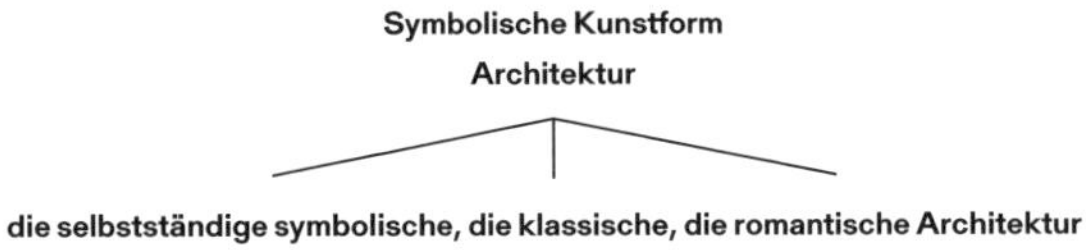

Abb. 3: Architektur als symbolische Kunstform bei Hegel

daseiende Gebilde auftürmt". (II, S. 270) Beispiele dafür finden sich vor allem in der Architektur des Morgenlandes.

Auf der zweiten Stufe in der Einteilung der Architektur ist ein Gebäude nicht mehr nur Selbstzweck, sondern dient nun einem anderen Zweck. Das heißt: Architektur wird zur Umschließung, nach Hegels Auffassung für die individuelle Menschengestalt der Götter, und diese erhalten auch „ein der Bedeutung derselben analoges architektonisches Gehäuse". (II, S. 270) Es ist hier die Rede von der klassischen Baukunst der Griechen.

In der dritten Phase, Hegel nennt sie die romantische Architektur, gehen die beiden Momente der beiden vorhergehenden Phasen eine Synthese ein: Die Gebäude sind zwar einerseits nur die Umschließungen, die einem bestimmten Zweck dienen, machen sich aber gleichzeitig in ihrer Ausgestaltung wieder frei davon. Das Hauptbeispiel hierfür ist der gotische Dom des christlichen Abendlandes.

Resümierend sagt Hegel: „Die Architektur […] ist die Kunst am Äußerlichen, so daß hier die wesentlichen Unterschiede darin bestehen, ob dies Äußerliche an sich selbst eine Bedeutung erhält oder als Mittel behandelt wird für einen ihm anderen Zweck oder sich in dieser Dienstbarkeit zugleich als selbstständig zeigt." (II, S. 271) **(Abb. 3)**

Die Einteilung der selbstständigen, symbolischen Architektur

Hegel sagt: „Das ursprüngliche Interesse geht darauf, die ursprünglichen objektiven Anschauungen, die allgemeinen wesentlichen Gedanken sich und anderen vor Augen zu bringen." (II, S. 273) Unter diesen „ursprünglichen objektiven Anschauungen" versteht Hegel die ersten Gedanken, die die Menschen überhaupt dazu veranlassten, sich zu einer Gemeinschaft zusammenzufinden, ein Volk zu werden. Und diese Gedanken verlangten nach einer Äußerung, das heißt einer Darstellung nach außen hin. Diese kann sich zum Beispiel in der Anhäufung einer Masse ausdrücken. Solche Bauwerke sind allerdings abstrakt und in sich selber unbestimmt, das heißt einer in sich konkreten und wahrhaft geistigen Gestalt noch nicht fähig; sie sind nur um ihrer selbst willen vorhanden, das heißt aus keinem anderen Zwecke da. Ein solches Bauwerk ist also ein „selbstständiges Symbol eines schlechthin wesentlichen, allgemeingültigen Gedankens“, wie Hegel sagt. (II, S. 273) Christian Norberg-Schulz hat sich diese Auffassung beispielsweise in seinem Buch *Vom Sinn des Bauens*[7] zu eigen gemacht. Ihm zufolge sollte Architektur überhaupt als sinnträchtige, symbolische Form begriffen werden. Die selbstständigen Symbole, von denen Hegel spricht, sind jedoch nicht zu verwechseln mit Zeichen, wie zum Beispiel dem Kreuz oder dem Kriegsmahnmal, denn deren Bedeutung kommt nicht aus ihnen selbst heraus, sondern wurde vielmehr nach einer bestimmten Vorstellung in sie hineingelegt. Solche Zeichen sind austauschbar und somit nicht selbstständig. Eine Einteilung der orientalischen Architektur ist nicht wie die der klassischen oder auch die der romantischen Architektur durchzuführen. Denn sie beschränkt sich nicht auf eine bestimmte Form. Daher muss man Hegel zufolge eine weitere Unterteilung vornehmen: So gibt es zunächst Bauwerke, in denen sich die Vereinigung einer Nation widerspiegelt; und da eine solche Vereinigung oft mit einer gemeinsamen religiösen Anschauung zusammenhängt, gilt es, diese darzustellen. „Man kann in dieser Hinsicht sagen, daß ganze Nationen sich ihre Religion, ihre tiefsten Bedürfnisse nicht anders als bauend oder doch vornehmlich architektonisch auszusprechen gewußt haben. [...] Es sind Werke, deren Erbauung das ganze Wirken und Leben der Nationen zu bestimmten Zeiten ausmacht.“ (II, S. 274)[8]

Architekturwerke, zur Vereinigung der Völker erbaut

Als erstes Beispiel für diese Architektur wird uns der legendäre *Turmbau zu Babel* genannt. Die gemeinsame Bauanstrengung im Land der beiden Ströme

Euphrat und Tigris nennt Hegel das „Sich-objektiv-Werden" einer „aufgelösten früheren und die Realisation einer neuen erweiterten Einigung". (II, S. 276) Er meint damit, dass sich hier zum ersten Mal die Gesellschaft von der kleinen Einheit der Familie oder Sippe löste und zu einer größeren, einer nationalen Einheit zusammenfand. Der Turmbau ist das Symbol, das diese Vereinigung andeutet: „Die Gesamtheit der damaligen Völker hat daran gearbeitet, und wie sie alle zueinandertraten, um dies eine unermeßliche Werke zustande zu bringen, sollte das Produkt ihrer Tätigkeit das Band sein, das sie durch den aufgewühlten Grund und Boden, durch die zusammengefügte Steinmasse und die gleichsam architektonische Bebauung des Landes – wie bei uns es Sitte, Gewohnheit und die gesetzliche Verfassung des Staats tun – aneinanderknüpfte." (II, S. 276)
Ein weiteres Beispiel für diese Art von Bauwerken stellt der *Turm des Belus* dar. Hier wurden acht Türme übereinandergestellt, die unteren sieben sind massiv, nur der achte oberste stellte einen kleinen Tempel dar. In diesem Tempel wird jedoch kein Götterbild aufbewahrt. Es steht vielmehr am Fuße außerhalb des Turms, der in einer größeren Anlage einen Mittelpunkt bildet. Da die Verehrung des Gottes außerhalb dieses Turms stattfindet, ist dieser *Turm des Belus* ebenfalls zu den frühen Bauwerken der selbstständigen symbolischen Baukunst zu rechnen. Jedoch wird hier bereits deutlich, dass es nicht mehr nur um Vereinigung geht, sondern dass es sich um eine Art Heiligtum handelt. Die Bedeutung der Zahl sieben in der Welt des alten Orients – es sind sieben massive Quader – lässt Hegel annehmen, dass hiermit die sieben damals bekannten Planeten gemeint sind.

Architekturwerke, zwischen Baukunst und Skulptur schwankend

Mit einer Konkretisierung der Bedeutung der Baukunst schreitet auch eine Konkretisierung der Form einher. Auf diesem Weg wird die Architektur von der Skulptur beeinflusst, wie die nachfolgenden Beispiele zeigen werden. Zum einen stand die Verehrung der Fruchtbarkeit an wichtiger Stelle in der Welt der alten Hochkulturen. Der Kult um diese „Lebenskraft der Natur"

(II, S. 279) zeigte sich meistens in der Darstellung der animalischen Zeugungsglieder, also Lingam im indischen Kulturbereich und Phallus im griechischen Kulturkreis. Diese waren zunächst mehr oder weniger nur Schmuck, der bei den entsprechenden Festen getragen wurde. Wie Hegel aus der Überlieferung Herodots berichtet, habe Melampos diesen auch beim Fest zu Ehren des Dyonisos in Griechenland eingeführt. Im Laufe der Zeit wurden daraus dann große Bauwerke, anfangs noch massiv, später innen ausgehöhlt und als Hülle dienend. Letzteres kennt man, wie Hegel berichtet, vor allem in Indien. Aus diesen turmartigen Gebilden entwickelten sich im Laufe der Zeit die ersten Pagoden. In Ägypten hingegen finden sich *Obelisken*, deren geometrische Formen nicht aus der irdischen Natur entliehen sind, sondern Sonnenstrahlen darstellen sollen. Diese riesigen skulpturalen Bauwerke beherbergten keinen besonderen Zweck in ihrem Inneren, sondern standen für sich als selbstständiges Symbol, dem ägyptischen Sonnenkult entsprechend. Das gilt ebenso für die sogenannten *Memnonen*, kolossale sitzende menschliche Figuren, die durch ihre Größe wie ein Bauwerk wirken, obwohl sie eigentlich der Skulptur zuzurechnen sind. Allerdings wurden diese *Memnonen* auch in massenhafte Reihen gestellt und erhielten Hegel zufolge damit die Bestimmung, Architektur zu sein. Ähnlich wie die *Memnonen* stehen für die frühe Architektur auch die ägyptischen *Sphinxen*, die entweder ebenfalls kolossal als einzelne von ungeheurer Größe oder genau wie die *Memnonen* in großer Anzahl beieinanderstehen. Auf der einen Seite ähnelt eine einzelne *Sphinx* einem skulpturalen Werk, während endlose Aneinanderreihungen derselben für Hegel einen architektonischen Eindruck vermitteln. Ein weiterer Schritt in der Entwicklung der Architektur in diesem frühen Stadium sind ägyptische Tempelbauten. Es handelt es sich hierbei um große Labyrinthe, die teilweise in die Erde eingegraben oder auch mit Mauern umschlossen sind. Ein Hauptcharakteristikum dieser Architektur ist das Fehlen von Dächern, Toren und Gängen. Diese Tempelbezirke sind häufig auch eine anscheinend unendliche Anhäufung von Säulen. Hegel spricht von „ganzen Wäldern von Säulen, Werke vom größten Umfange und innerer Vielseitigkeit, die für sich in selbstständiger Wirkung, ohne zur Behausung und Umschließung eines Gottes oder der anbetenden Gemeine [zu] dienen". (II, S. 283) Diese Säulen dienen also nicht

dem Zweck, ein Dach zu tragen, sondern sprechen durch ihre Formen oder stellen eigentlich nichts anderes als Bücher dar. Durch das Einhauen von Schriftzeichen und Bildwerken kann man lesend durch diese Säulenwälder gehen, die Architektur selbst ist hier das Medium der Mitteilung.
Diese Bauwerke jedoch sprechen auch durch ihre spezielle symbolische Anordnung oder durch die Anzahl einzelner Bauteile. So werden beispielsweise die Tage eines Jahres, die zwölf himmlischen Zeichen, die sieben Planeten, die großen Perioden des Mondlaufes und weiteres (II, S. 285) beschrieben und dargestellt. Es lässt sich also feststellen, dass hier, trotz der Komplexität einer solchen Anlage, noch eine Verwandtschaft der Architektur zur Skulptur besteht, aber man auch noch weit von einer Behandlung der Bauteile im Sinne der klassischen Architektur entfernt ist. Das selbstständige symbolische Bauwerk der Ägypter sucht Hegel zufolge noch nach einer dem „Geiste gemäßen Gestalt“: „Das Selbstbewußtsein ist noch nicht zur Frucht gereift, noch nicht fertig für sich, sondern treibend, suchend, ahnend, fort und fort produzierend, ohne absolute Befriedigung und deshalb ohne Rast.“ (II, S. 286)
Ein anderes typisch ägyptisches Bauwerk ist das *Labyrinth*, das durch seine Anordnung von Gängen, Kammern und Sälen die Himmelskörper und deren Positionen wiedergeben sollte. Hier waren die Wände allesamt mit Hieroglyphen beschrieben, jedoch enthielten diese Labyrinthe auch Gemächer. Als Beispiel führt Hegel hier das Labyrinth unweit des Sees Möris an, das ausführlich von einem Augenzeugen, nämlich Herodot, beschrieben worden ist, worauf sich Hegel beruft. Hierin hätten sich allein 3000 Gemächer befunden, nämlich 1500 im oberen Geschoss und ebenso viele im unteren. Dieses Bauwerk besitzt für Hegel nun einen wirklich neuen Aspekt für die Baukunst, durch ihre Kammern und Säle nähert es sich nämlich dem Haus. Während das untere Geschoss in seiner Bedeutung noch allein dem Symbolischen verpflichtet war, hier waren Grabkammern und Kammern für das heilige Krokodil untergebracht, lässt sich durch die Existenz der Gemächer im oberen Geschoss eine erste Annäherung zur klassischen Baukunst feststellen, in der sich das Bedürfnis nach einer Umschließung ausdrückt.
Hegel, der zwar mehrere Kunst- und Bildungsreisen unternommen hat, aber selbst bekanntlich nie in Ägypten gewesen ist, bezieht seine detaillierten In-

formationen über die Baukunst dieses Landes sowohl von alten Autoren wie Herodot oder Strabo als auch aus einem zeitgenössischen Werk, nämlich aus Aloys Hirts *Geschichte der Baukunst bei den Alten*, das 1821–1827 in drei Bänden in Berlin erschien. Hegel hat dieses Werk seines Kollegen, der an der Berliner Universität Inhaber einer Professur für Archäologie war, außerordentlich geschätzt.[9]

Übergang der selbstständig symbolischen Architektur zur klassischen Architektur

In der letzten Phase der selbstständigen symbolischen Baukunst wird bereits die Weiterentwicklung zur klassischen Architektur eindeutig sichtbar. Die Götterbilder werden nicht mehr aus der Natur entliehen, sondern es rücken nun mehr und mehr menschliche Vorbilder in den Vordergrund. Aus diesem Grund ist für die Formensprache der Baukunst auch nicht mehr die natürliche Umgebung maßgebend, sie erwächst nun vielmehr ebenfalls aus der menschlichen Vorstellung. Die Architektur entfernt sich von der reinen Abstraktion natürlicher Formen und bewegt sich hin zu einer Abgeschlossenheit in sich selbst beziehungsweise zu einer Reflexion über sich selbst. So können wir beispielsweise sehen, dass plötzlich bei einem Bauwerk bewusst auf die unterschiedliche Gestaltung von verschiedenen Seiten eingegangen oder auch der durch die Konstruktion bedingten Geometrie eines Bauwerks Genüge getan wird.

Die Aufgabe der Architektur, eine Hülle zu sein, also einem anderen Zweck zu dienen, gibt derselben eine entsprechende Form. Wände müssen ein Dach tragen, das Dach muss zum Beispiel Wasser ableiten oder vor Sonneneinstrahlung schützen. Daraus ergeben sich zweckmäßige Formen und Dimensionen. Es ist auch notwendig, den Götterbildern, die nicht mehr aus dem Bereich der Natur kommen, sondern menschliches Antlitz besitzen, einen entsprechenden, von der natürlichen Umgebung abgetrennten Raum zu geben. Im nächsten Schritt der Entwicklung beginnt ein bewusstes Nachdenken über die Form dieser Hülle, über das schöne Aussehen der einzelnen

Teile und deren Bedeutung im Gefüge. Den Übergang von der selbstständigen symbolischen Baukunst zur klassischen sieht Hegel in der Synthese des „gedoppelten Ausgangspunktes“, in der sich die „eigentliche Baukunst“ konstituiert. Dies stellt Hegel am Beispiel der Entwicklung der Säule dar: „In solcher Weise tritt in der Säule die eigentliche Baukunst aus dem bloß Organischen in die verständige Zweckmäßigkeit und aus dieser in die Annäherung an das Organische herüber. Dieses gedoppelten Ausgangspunktes von dem eigentlichen Bedürfnisse und der zweckmäßigkeitslosen Selbständigkeit der Architektur ist hier zu erwähnen nötig gewesen, denn das Wahrhafte ist das Vereinen beider Prinzipien. Die schöne Säule geht von der Naturform aus, die sodann zum Pfosten, zur Regelmäßigkeit und Verständigkeit der Form umgestaltet wird.“ (II, S. 302)
Die Aufgabe einer Säule ist – im Gegensatz zur umschließenden Wand – ausschließlich das Tragen eines Balkens beziehungsweise eines Daches. Die Last wird an einem Punkt konzentriert und nach unten beziehungsweise seitlich abgeleitet. Für Hegel besteht die große Schönheit der klassischen Architektur darin, nur so viele Säulen einzusetzen, wie tatsächlich zum Tragen der Last notwendig sind.

Vergleich zwischen griechischem Tempel und gotischer Kirche

Hegel beschäftigt sich in seiner Ästhetik ausführlich mit der historischen Systematisierung der Kunst und ist insofern einer der Begründer der wissenschaftlichen Kunstgeschichte, auch der Architekturgeschichte. Er versucht ein Modell zu finden, mit dem er die vielen verschiedenen Baustile aller Völker und Zeiten in einen einzigen Entwicklungszusammenhang bringen und erklären kann. Im menschlichen Bestreben nach Ausdruck durch Kunst widerspiegelt sich ihm zufolge die Suche nach Höherentwicklung und Fortschritt, das heißt dem Erreichen des Absoluten. Hegel zufolge realisiert sich dieser Anspruch in einem komplizierten System, das hier zum besseren Verständnis als Wellen- oder Phasenmodell visualisiert werden kann (siehe Abb. 1). Man kann Hegels Auffassung von der Entwicklung der Kunst danach in Form eines Diagramms mit einer sinuskurvenähnlichen Funktion darstellen. Dabei entstehen drei Bereiche. Interpretieren kann man diese als Beginn der Kunstentwicklung (Anstieg), als Höhepunkt (Klimax) und schließlich als Zurücksinken. Hegel differenziert seine Theorie mit dem Nachweis der Stellung von Form und Inhalt in der Entwicklung der Kunst sowie der Hierarchisierung von Architektur, Plastik und Poesie. Danach verdient die antike griechische Kunst der Bildhauerei die höchste Auszeichnung, denn dieser allein gelingt die Versöhnung von Gehalt und Gestalt, insbesondere in jenen Werken, die sich der Darstellung der Götter in Menschengestalt und des Menschen selbst widmen.

Diese Plastik verkörpert die Versöhnung mit der Idee, sprich: Die Form weist schon auf den Inhalt des Kunstwerkes hin. Position, Haltung, Mimik und Gestik konstituieren psychische Regungen, wie Trauer, Freude, Stärke. Diese vollkommene Synthese aus Form und Inhalt bedeutet für Hegel den Höhepunkt im Kunstschaffen der Menschheit. Ägyptens Kunst, in unserem Wellenmodell ein Beispiel für den Anfang, ist symbolschwanger. Der Betrachter kann das symbolische Kunstwerk nicht genau verstehen, weil ein Übergewicht der Form vor dem Inhalt vorliegt. Die weitere Entwicklung läuft über den Höhepunkt, der mit der klassischen Kunst erreicht wird, auf ein Zurücksinken hinaus. Malerei, Musik und schließlich Poesie gelangen zwar zu großer Blüte, sind aber für die Selbstverwirklichung des Geistes irrelevant geworden.

Die Gotik des Mittelalters ist eine religiöse Kunst, deren größte Leistung im Sakralbau zu finden ist. Eine Umschließung, ein Haus, wird zum Zwecke des Gottesdienstes, das heißt zur Erfahrung von Transzendenz errichtet. Hegel kommt der Begriff Erhabenheit in den Sinn, wenn er sich den Menschen vor dem Portal einer gotischen Kathedrale stehend oder im diffusen Licht des Innenraumes dieser Kirchen Andacht übend denkt. Der griechische Tempel dagegen ist ein offener Säulenbau, der entweder in die Landschaft oder in die Situation einer Stadt gestalterisch einbezogen ist (heilige Haine). Die offene Vorhalle ist der Ort der kultischen Handlung, die Cella ist umschlossen und nicht für jeden zugänglich – den Ort des heiligen Schreins dürfen nur die Priester betreten. Die Sonne kann das gesamte Bauwerk mehr oder weniger

frei durchfluten, bei gotischen Bauten wird das Licht in Buntglasscheiben gebrochen und diffus zurückgeworfen. Es entsteht eine besondere Stimmung im Innenraum. Hegel sagt dazu Folgendes: „Wie nämlich der christliche Geist sich in die Innerlichkeit zusammenzieht, so wird das Gebäude der in sich allseitig begrenzte Ort für die Versammlung der christlichen Gemeinde und deren innere Sammlung." (II, S. 332)
Die Griechen bauen ihre Tempel so, wie es ihnen ihre religiöse Anschauung vorschreibt. Ihre Tradition und ihre Auffassung vom Staatswesen erwarten geradezu eine Öffnung zu Licht und Landschaft. Die Mitglieder des Kultes gehen einzeln zum Gebet in die Vorhalle des Tempels oder versammeln sich zu Feierlichkeiten anlässlich der Ehrung der Tempelgottheit im heiligen Hain. Der Tempel ist ein Ort der Versammlung. In der gotischen Kirche tritt man vom Tageslicht in eine gedämpfte Atmosphäre. Kein Kultgegenstand fängt den Blick ein, die hohen schlanken Pfeiler enden nicht in einem horizontalen Gesims, sondern laufen in einem fixen Punkt unter dem Gewölbe zusammen. Die Wände wollen nie enden, man fühlt sich, als ob man, wie Hegel metaphorisch sagt, „emporzufliegen getrieben" (II, S. 337) wird.
In beiden Baustilen werden Säulen oder Pfeiler benutzt, um Dächer zu tragen. Die Griechen setzten auf Ebenmaß ihrer Säulen, auf Überdimensionalität, gotische Pfeiler werden schlanker und schlanker, wie Hegel sagt, und erinnern an Pflanzen, die gebündelt ein filigranes Gewölbe tragen. Hegel befasst sich weiterhin mit den Grundrisslösungen beider Bauformen. Auffällig bei den Griechen ist für ihn, dass man von einem offenen Raum in eine Umschließung kommt. Bei gotischen Kirchen tritt man in ein geschlossenes Gebäude. Vor dem Besucher erschließt sich das Hauptschiff, und ein weiter Blick in den Chor ist möglich.
Die christliche Sakralkunst ist bekannt für ihre Zahlensymbolik. Die Drei als Maß der Trinität, daher göttlich, wird in Vielfachen und Teilern verwandt. Die Höhe eines jeden Kirchenbaues steht in bestimmten Verhältnissen, meist 1,5 oder 1,2 mal so hoch wie breit. Die Sieben und Neun sowie das Quadrat als Umschreibung des Kreises finden sich nicht nur im Grundriss oder bei der Auswinkelung der Spitzbogenfenster und Rosetten. Eine besondere Bedeutung kommt auch der „Achtzahl" zu.

Hegel findet aber vielmehr beachtenswert, dass der Weg des Andachtsuchenden vom Hauptschiff verteilt wird in kleinere Kapellen und Gebetsnischen, dass am westlichen Eingang gleich der Taufstein zu finden ist, gleichzeitig getauft, gepredigt, gebeichtet, die letzte Ölung erteilt und eine Ehe geschlossen werden kann. Viele verschiedene Handlungen finden Raum, sind Teil des großen Gotteshauses, Teil einer Religion, die von Hirten und Herden und Leben vor und nach dem Tod spricht. „Wir haben hier keine Zweckmäßigkeit als solche zu suchen, sondern eine Zweckmäßigkeit für die subjektive Andacht des Gemüts in seiner Vertiefung in die innerste Partikularität und in seiner Erhebung über alles Einzelne und Endliche." (II, 341)

System und Phänomen, System versus Phänomen

Bis hierher haben wir einiges über zwei Bereiche gehört, die bei Hegel, gehen wir von seiner Ästhetik aus, wie sie durch Hotho publiziert worden ist, notwendig zusammengedacht werden müssen: nämlich Phänomen und System der Kunst. Allerdings ist diese Ausgabe – wie ich schon erwähnte – nicht unumstritten. Annemarie Gethmann-Siefert, die heute bedeutendste Kennerin der Hegel'schen Ästhetik, hat mehrere studentische Mitschriften der Vorlesungen über die Ästhetik, die Hegel von 1820 bis 1829 in Berlin gehalten hat, gefunden, gesammelt und einige in edierter Fassung veröffentlicht. Sie hat sich in diesem Zusammenhang damit beschäftigt, diese Nachschriften mit dem von Hotho herausgegebenen Text zu vergleichen.[10] Es ist ihr gelungen, auf diesem Wege nachzuweisen, dass die heute vorliegende Ausgabe der Hegel'schen Ästhetik nur bedingt mit dem Inhalt der Vorlesungen übereinstimmt, der, so Gethmann-Siefert, wesentlich auch in einer Beschreibung von einzelnen Phänomen der Kunst bestanden hat. Die Divergenzen zwischen den 1835 publizierten Bänden und den originalen Quellen Hegels, auf die Georg Lasson bereits 1931 hingewiesen hatte, haben sich durch Gethmann-Sieferts Forschungsarbeit der letzten 30 Jahre mehr als bestätigt.[11]

Die Unterschiede, die sie herausgearbeitet hat, äußern sich darin, dass Hegels Berliner Vorlesungen nicht nur andere Kunstwerke als Beispiele heranzogen, sondern auch andere Schwerpunkte setzten als die erste Publikation seiner Ästhetik. Für Hegel war – dies zeigen heute die publizierten Vorlesungsmitschriften[12] deutlich – nicht das Rezeptionsverhalten eines Kunstliebhabers oder Kenners von Bedeutung, sondern die Klärung der Funktion der Kunst in der Kulturgeschichte der Menschheit. In den Berliner Vorlesungen wird von Hegel ein wesentlich umfassenderes Feld der Möglichkeit, Kunst zu gestalten, vorgestellt und betrachtet. Es reicht weit über das mit dem Begriff der Schönheit Bezeichnete hinaus und bezieht auch das Hässliche mit ein. Erste Einschätzungen dieser erweiterten Hegel'schen Konzeption von Ästhetik sind veröffentlicht worden und stehen dem wissenschaftlichen Diskurs zur Verfügung.[13] Dadurch kann eines heute schon mit Bestimmtheit festgehalten werden, nämlich, dass die Ästhetik durchaus getrennt von ihrem systematischen Grundgerüst betrachtet werden kann. Wir würden dann eine Version erhalten, in der die Geschichte der Kunst in erster Linie im Zusammenhang mit ihrer jeweiligen historischen Lebenswelt beschrieben wird. Einen solchen Versuch der Rekonstruktion und des Weiterdenkens hat Heinz Paetzold bereits Anfang der 1990er-Jahre vorgelegt.[14]

Ansätze einer lebensweltlich orientierten Architekturtheorie

Bisher wurde, ausgehend von der von Hotho überlieferten Textversion, gezeigt, wie Hegel die Entwicklung der Künste in der symbolischen, der klassischen und der romantischen Kunstform als System beschreibt. Für Hegel gibt es somit eine je wechselnde hierarchische Konstellation der einzelnen Künste in den unterschiedlichen Kunstformen: Die Architektur ist der höchste Ausdruck der symbolischen, die Skulptur höchster Ausdruck der klassischen, und die Poesie höchster Ausdruck der romantischen Kunstform. Mit dem Fortschreiten der Bewusstmachung des Absoluten im Laufe der Geschichte tritt die architektonische Umgebung immer weiter zurück, und die Kunst wird schließlich autonom: Ist in der symbolischen Kunstform die Architektur selbst noch höchster Ausdruck der Bewusstmachung, hat sie in der klassischen Kunstform nur noch als dienender Raum eine Funktion und spielt zur

Aneignung von Malerei, Musik und Poesie in der romantischen Kunstform kaum eine Rolle mehr.

Neben diesen systemtheoretischen Erörterungen finden sich bei Hegel jedoch auch detaillierte Einzelanalysen, welche die lebensweltlichen Dimensionen der Architektur herausarbeiten. Hegel sieht beispielsweise in einem Teil der symbolischen Architektur des Ostens, wie dem *Turm zu Babel* und dem *Tempel von Belus*, Bauwerke, die eine Gemeinschaft gestiftet und eine Identität begründet haben. Die Aspekte dieser Auffassung finden sich auch in der Deutung von griechischem Tempel und christlichem Dom. Paetzold deutet Hegels Sicht der Architektur im Jahre 1991 anscheinend noch nicht in Kenntnis der Forschungen von Gethmann-Siefert, sondern wahrscheinlich aufgrund der Lektüre von Odo Marquards[15] Arbeit zur Ästhetik aus dem Jahre 1989 und insbesondere von Dieter Henrichs[16] Schlussüberlegungen auf den *Stuttgarter Hegel-Tagen* im Jahre 1970 als „doppelgesichtig“: Zum einen betrachtet er Hegel als Metaphysiker, bei dem die Architektur wegen ihrer überwiegenden Äußerlichkeit im Gegensatz zur Innerlichkeit des Geistes steht und daher nur einen niederen Rang im System der Kunst einnehmen kann; zum anderen sieht er Hegel als Kunstgeschichtler und Kunstphilosophen, der erstmals einen konstituierenden Zusammenhang zwischen Architektur und Lebenswelt aufgedeckt hat.

Auf den Kunstgeschichtler Hegel macht Paetzold im Zusammenhang seiner Analyse von christlichem gotischen Dom und griechischem Tempel aufmerksam. Er stellt heraus, dass der gotische Dom Hegel zufolge Ausdruck der Jenseitsgewandtheit der Menschen dieser Zeit sei und in seinem Aufbau (Vertikalität, Farbmystik usw.) eine erhabene Stimmung erzeuge. Dagegen sei der griechische Tempel für Hegel durch seinen offenen Säulengang mit der Umgebung verbunden. Sein Aufbau führe im Gegensatz zum gotischen Dom nicht zu einer Abwendung von der Natur, sondern zu einer deutlichen Zuwendung zu ihr. Paetzold sieht hier eine starke Nähe zu Heideggers Arbeiten zur Kunst und Architektur.

Heidegger hat in seinem Aufsatz *Bauen Wohnen Denken*[17] nämlich die Einsicht vermittelt, dass nicht das Wohnen vom Bauen, sondern das Bauen vom Wohnen her verstanden werden müsse. Wohnen ist für Heidegger die ursprüngliche Seinsweise des Menschen auf der Erde. Das Bauen betrachtet er als eine Wesensfolge des Wohnens; es darf nicht als Grund des Wohnens begriffen werden. Das Bauen eignet sich demzufolge nicht, wie die modernen Architekten es verstanden haben, zur Gründung des Wohnens. Denn Bauen, wie Heidegger es auslegt, erfolgt aus dem Wohnen, nicht umgekehrt. Am Beispiel des *Schwarzwaldhofes* zeigt er, wie dieser aus der bäuerlichen Lebensform selbst entstanden ist und nicht eigens von einem Architekten für diese Art des Wohnens geplant wurde.

Für den Metaphysiker Hegel bekleidet die Architektur zwar nur den untersten Rang im System der Künste, aber in den Einzelanalysen Hegels gibt es immer wieder die Feststellung, dass die Architektur vor allen anderen Künsten das menschliche Sein in seiner Lebenswelt zum Ausdruck bringen könne, wie Paetzold es mit verschiedenen Beispielen herauszustellen versucht: So sei der Mensch Hegel zufolge an den Rhythmus der Zeiten, der tektonischen Beschaffenheit der Erde, an das Band der Gemeinschaft mit anderen Menschen und an die Bilder des Übermenschlichen oder Göttlichen gebunden. In dieser Auffassung Hegels sieht Paetzold eine Übereinstimmung bei Heidegger, das heißt mit dem, was Heidegger die Einheit von Himmel und Erde, den Göttlichen und den Sterblichen, das „Geviert“, genannt hat. Dieses Geviert Heideggers ist also auch schon in Hegels Sicht der Architektur enthalten.

Die Verwebung der Architektur mit der menschlichen Lebenswelt, die der Kunsthistoriker Hegel deutlich macht, ist für den Metaphysiker Hegel letztlich der Grund, die Architektur als zwar erste, zugleich jedoch als niedrigste Kunst einzustufen. Für die Bewusstmachung des Absoluten spielt sie nur eine anfängliche und schnell überwundene Rolle. Wenn man sich nun, wie Paetzold, nicht für die systematische Funktion der Künste, sondern für die lebensweltliche Dimension interessiert, kann man bei Hegel also durchaus fündig werden. Architektur ist für Paetzold Ausdruck menschlicher Lebenswelt und Bewahrung der leiblichen Grundierung. Mit dieser Einschätzung will er die Aktualität von Hegels Betrachtung der Architektur für die gegenwärtige Architektur, insbesondere für den *Kritischen Regionalismus*, nachweisen. Der *Kritische Regionalismus* entstand aus der Ablehnung des rigorosen Funktionalismus der modernen Architektur. Modernen Architekten wie Le Corbusier, Ernst May und Bruno Taut ging es in erster Linie um eine Umerziehung der Bewohner durch eine neue Art des Bauens. Diese sollte im Sinne eines „vorausgreifenden Gesellschaftsentwurfs" umgesetzt werden. Die *Kritischen Regionalisten* lehnen dies vehement ab. Sie sympathisieren mit Heideggers Vorstellungen, das Bauen vom Wohnen her zu entwickeln, wobei sie davon ausgehen, dass jeder Mensch schon zu wohnen versteht, also hierin gar nicht eigens erzogen werden muss. Sie favorisieren also nicht den theoretischen Zugang zum Bauen und Wohnen, sondern den lebenspraktischen. In einer solchen Zugangsweise geht es nicht um „allgemeine Erkenntnisse" oder „universalistische Lösungen", sondern um die konkrete lebensweltliche „Situationsbewältigung".[18] Paetzold will sich der Auffassung eines lebenspraktischen Zugangs auf Architektur jedoch nicht unmittelbar anschließen, sondern eher einer transformierten Form, wie sie in der von Kenneth Frampton formulierten Idee des *Kritischen Regionalismus* enthalten ist.[19] Hiernach muss der *Kritische Regionalismus* einen Mittelweg finden, der die Moderne weder übernimmt noch völlig ablehnt. So kann es im *Kritischen Regionalismus,* wie in der Moderne, zu einer Bejahung der technischen Zivilisation kommen, allerdings ohne den universalistischen Anspruch zu übernehmen. Das Regionale soll mit dem Universalen vermittelt werden. Das Andere, das Besondere einer Region zum Beispiel, das spezifisch Topografische, der Kontext und das Klima müssen zum Ausdruck kommen und dürfen nicht in universellen Lösungen aufgehoben werden. Frampton sagt: „Das Planieren eines unebenen Geländes zu einem flachen Bauplatz ist zweifellos eine technokratische Geste, die auf einen Zustand absoluter Ortlosigkeit abzielt; hingegen kann man von einer Kultivierung des Bauplatzes sprechen, wenn derselbe Bauplatz etwa terrassenförmig angelegt wird, um ein treppenförmig abgestuftes Bauen zu ermöglichen. […] Man kann behaupten, daß dabei die spezifische Kultur einer Region – das heißt ihre Geschichte in einem sowohl geologischen als auch landwirtschaftlichen Sinn – eingeschrieben wird in die Form und Verwirklichung des Bauens. Diese Einschreibung, das Hineinlegen des Gebäudes in den Bauplatz, hat viele Bedeutungsebenen; in der Bauform verkörpert sich idealiter die Vorgeschichte des Ortes, seine archäologische Vergangenheit sowie die darauffolgende Kultivierung und Veränderung in der Zeit. […] Was im Falle der Topographie eines einzelnen Gebäudes leicht einzusehen ist, läßt sich auch im Hinblick auf ein existierendes Stadtgefüge oder auf die Klimabedingungen und die jahreszeitlich sich wandelnde natürliche Beleuchtung ausführen. Auch hier muß eine einfühlsame Anpassung und Eingliederung solcher Faktoren fast definitionsgemäß dem maximalen Gebrauch universaler Technik im Grunde entgegengesetzt sein."[20]

Für Paetzold gibt es heute viele gelungene Beispiele für Bauten des *Kritischen Regionalismus*, dem er etwa Alvar Aalto, Ralph Erskine, Aldo van Eyck, Jørn Utzon, Mario Botta, Hermann Hertzberger und Álvaro Siza Vieira zuordnet. Die Gebäude dieser Architekten verstehen sich weder als Kunstobjekte und Ausdruck einer Persönlichkeit (des Architekten) noch als neutrale Funktionsbehälter. Der Zusammenhang von Form und Funktion, wie er vom *Neuen Bauen* gefordert wurde, wird vom *Kritischen Regionalismus* aufgebrochen: Er möchte weder eine sich im Funktionieren auflösende moderne Architektur noch eine sich in der Form erschöpfende postmoderne oder auch dekonstruktive sein. Die Form sollte den Gebrauch nicht vollständig determinieren, sondern seine Möglichkeiten vergrößern und reicher machen.

Weiterhin kann die Architektur den Menschen in einer Region verankern. Der *Kritische Regionalismus* geht, was Paetzold als positiv einschätzt, einen Mittelweg, der die urbanistische Moderne mit den regionalen Lebensformen unter Berücksichtigung des technischen Fortschritts verbindet. Im Gegensatz zu den Modernen stellen sich die *Kritischen Regionalisten* zur gewachsenen Stadt positiv. Die Urbanität der traditionellen Stadt in ihrer Vielfalt und Buntheit wird begrüßt. Dieser Charakter des Doppelsinnigen und Vieldeutigen ist für Hegel ein mangelhaftes Kennzeichen der Architektur als symbolischer Kunstform. Was für Hegel ein eindeutiges Manko war, sieht Paetzold in seiner Leseweise Hegels als durchaus positiv. Diese Auffassung, nämlich die Vielheit und Buntheit nicht als negatives Chaos anzusehen, sondern positiv zu werten, setzt sich nämlich bei den *Kritischen Regionalisten* durch. Aldo von Eyck etwa sieht in der traditionellen Stadt ein „klares Labyrinth". Auch hier zeigt sich der *Kritische Regionalismus* als Gegenposition zur Moderne. Die Moderne wollte die überkommenen Traditionen vollständig beseitigen und neue Lebensformen begründen.

Der Hass gegen die gewachsene Stadt zeigt sich exemplarisch in Le Corbusiers Plänen zum Abriss und planmäßigen Neubau von Paris. Die *Kritischen Regionalisten* dagegen haben eine positive Einstellung zur gewachsenen Stadt, weil sie darin auch ein gebautes Stück Geschichte sehen, ohne deren Erfahrung wir unsere Identität nicht erkennen.
Der *Kritische Regionalismus* stellt sich neben den Hauptströmungen in der Architektur des zwanzigsten Jahrhunderts, das heißt der Moderne, der Postmoderne, des Dekonstruktivismus und der Neomoderne, als interessanter Nebenweg dar. Hiervon ausgehend kann ein Architekturverständnis erläutert werden, das einen Ausweg aus den Sackgassen der Hauptwege eröffnet und damit einen weiten Ausblick ins einundzwanzigste Jahrhundert gestattet.

Zur Begründung einer wissenschaftlichen Architekturtheorie

Eine philosophisch-wissenschaftlich orientierte Architekturtheorie muss sich gleichermaßen auf den Gebieten der Kritik und der Analytik bewegen können. Die hier als relevant dargestellten Aspekte auszubuchstabieren und den Zusammenhang dieser herauszuarbeiten, ist das Hauptthema einer philosophischen Architekturtheorie. Zeitgenössische Architekturtheorie sollte sich mit diesen Problemfeldern intensiv beschäftigen. Denn hier bewegen wir uns im Zentrum des Grundlagenbereichs, der in allen nachgeordneten Problemlagen, beispielsweise bei der Einzelanalyse von konkreten Bauwerken in der Geschichte der Architektur, stets vorausgesetzt und in Anspruch genommen wird.
Aufgrund all dieser Punkte könnte man abschließend im Hinblick auf die weitere philosophische Auseinandersetzung mit der Geschichte der Architektur des zwanzigsten Jahrhunderts die These aufstellen, dass es in der Postmoderne ebenso wie in der Spätmoderne und im Dekonstruktivismus nicht nur darum geht, einen für Architektur adäquaten Ausdruck ihrer eigenen Zeitepoche hervorzubringen, sondern auch um eine im Freud'schen Sinne zu verstehende „Durcharbeitung" der Moderne und der vormodernen Vergangenheit.[21]

Jean-François Lyotard kommt in einem Aufsatz über die Architektur und Kunst der Avantgarde des zwanzigsten Jahrhunderts, den er in den 1980er-Jahren geschrieben hat, ebenfalls zu dieser Einschätzung: „Ich würde sagen, daß das Zitieren von Elementen aus früheren Architekturen in der ‚neuen' Architektur von einem der Verwendung von Tagesresten aus dem vergangenen Leben in der Traumarbeit analogen Verfahren herrührt, wie Freud es in der *Traumdeutung* beschreibt." Um „das Werk der modernen Maler [...] richtig zu verstehen", müsste man „ihre Arbeit mit einer Anamnese im Sinne der psychoanalytischen Therapeutik vergleichen. Ebenso wie der Patient versucht, seine gegenwärtigen Störungen zu verarbeiten, indem er scheinbar inkonsistente Elemente mit vergangenen Situationen frei assoziiert, was ihm ermöglicht, verborgene Bedeutungen in seinem Leben und seinem Verhalten zu entdecken, kann man die Arbeit von Cézanne, Picasso, Delaunay, Kandinsky, Klee, Mondrian, Malewitsch und schließlich Duchamp als ‚Durcharbeiten' ansehen, das die Moderne in bezug auf ihren eigenen Sinn bewerkstelligt."[22]

Was Lyotard hier für die Modernisten in der Kunst sagt, gilt ebenso für diejenigen in der Architektur. Modernisten, Postmodernisten und Dekonstruktivisten in der Architektur bewerkstelligen also – um es mit Lyotard zu sagen – ein Durcharbeiten in Bezug auf ihren eigenen Sinn. Während jedoch die Modernisten den Stoff ihrer Durcharbeitung in sich selbst beziehungsweise ihrer eigenen Tätigkeit suchen, beziehen sich die Postmodernisten und Dekonstruktivisten auf einen externen Gegenstand. Insofern gibt es einen wichtigen Unterschied zwischen den Modernisten einerseits und den Postmodernisten und Dekonstruktivisten andererseits. Die Letzteren, die versuchen, ihre künstlerische Arbeit in Analogie zur *Traumarbeit* zu vollziehen, in der verschiedene problematische Ereignisse, Zustände beziehungsweise Situationen zusammengestellt und durchgearbeitet werden, beziehen sich dabei jedoch nicht wie die Ersteren auf ihre eigene gegenwärtige Zeit, die sie damit zum Maßstab erheben, sondern greifen auf die Vergangenheit von Kunst und Architektur zurück und stellen deren problematische Elemente derart zusammen, dass ihre Durcharbeitung einer architektonischen Lösung zugeführt werden kann, die verborgene Zusammenhänge der Vergangenheit, die sich in einem negativen Sinne auf die Gegenwart auswirken, aufdecken, das heißt sichtbar und damit auch beherrschbar und veränderbar machen soll. Hierbei tritt Altes und Neues in eine Konstellation, die gegenüber der Moderne nur *relativ* neu ist – aber nicht *absolut*.

Wenn man davon ausgeht, dass das Bauwerk kein sich selbst genügendes Kunstwerk ist, sondern immer in einem Zusammenhang steht und wahrgenommen wird, dann kann das Bildhafte und Plakative eines Baukörpers in einem anderen Sinne in den Vordergrund rücken. Die reine, nicht ornamentierte, bilderlose und rationale Architektur der Moderne wird dem unaufhebbar chaotischen Zustand städtischer Organisation in der zweiten Hälfte des zwanzigsten Jahrhunderts nicht mehr gerecht. Daher ergibt sich hier der Wert eines Bauwerks gerade nicht aus der gelungenen Einheit von Form und Funktion, wie es im Verständnis der Moderne der ersten Hälfte des zwanzigsten Jahrhunderts der Fall ist.

Die Ablehnung des industriell gefertigten Ornaments und die Betonung der reinen Zweckform, wie sie von Adolf Loos ausgehend gefordert wird, ist aber nur eine Variante in dem Bemühen, „nach der Ablösung der traditionellen Stileinheit ein neues verpflichtendes Zentrum der Stilorientierung zu suchen“.[23] Eine andere Variante findet man in dem 1923 begonnenen Versuch von Gropius, eine neue Einheit von Technik und Kunst hervorzubringen. Ein markantes Beispiel hierfür liefert die von seinem Lehrer, Peter Behrens, 1909 erbaute *AEG-Turbinenfabrik* in Berlin. Die Giebelfront dieses Gebäudes wird von zwei sich nach oben verjüngenden Eckpylonen flankiert. Das vieleckige Giebelfeld mit dem Firmensignet scheint dem Mittelfenster aufzusitzen; tatsächlich jedoch handelt es sich bei dem Dach um ein Tragsystem aus mit Zugbändern versehenen Dreigelenkbogen, die auf den seitlichen Stützen aufliegen. An der Seitenfront zwischen den Stützen neigen sich die großen Glasfenster leicht zurück. Die Stützen von außen betrachtet erscheinen als Vollwandprofile. In Wirklichkeit aber bestehen die mächtig und massiv wirkenden Fassadenelemente nur aus einer dünnen Betonhaut, die von einem Stahlgitterwerk gehalten wird. Da sie keine tragenden, sondern lediglich raumabschließenden Teile sind, verweisen diese Elemente auf die Künstlichkeit der eingesetzten Mittel. Für Behrens muss die Formgebung immer über die rein konstruktiven Erfordernisse hinausgehen. Der künstlich erzeugte Ausdruck einer geschlossenen Körperlichkeit aus Glas, Eisen und Beton, die Hervorhebung der Funktionen des Tragens und Lastens, die Gestaltung der Fassade, die an einen modernen Tempel denken lässt – all diese Punkte verweisen auf eine Vereinigung von Kunst und Technik, die vom Betrachter eine ästhetische Rezeption verlangt. Behrens interessiert sich jedoch nicht nur für Baumaterialien und ihre ästhetische Wahrnehmung durch den Betrachter. Was ihn besonders beschäftigt, sind die Bedingungen einer solchen Wahrnehmung in der modernen Welt, Bedingungen, die in erster Linie mit der Schnelligkeit dieser Zeit zu tun haben. In einer programmatischen Schrift bringt er das vortrefflich zum Ausdruck: „Eine Eile hat sich unserer bemächtigt, die keine Muße gewährt, sich in Einzelheiten zu verlieren. Wenn wir im überschnellen Gefährt durch die Straßen unserer Großstadt jagen, können wir nicht mehr die Details der Gebäude gewahren. Ebensowenig wie vom Schnellzug aus Städtebilder, die wir im schnellen Tempo des Vorbeifahrens streifen, anders wirken können als nur durch ihre Silhouette. Die einzelnen Gebäude sprechen nicht mehr für sich. Einer solchen Betrachtungsweise unserer Außenwelt, die uns bereits zur steten Gewohnheit geworden ist, kommt nur eine Architektur entgegen, die möglichst geschlossene, ruhige Flächen zeigt, die durch die Bündigkeit keine Hindernisse bietet."[24]

Die Maschine und ihr Sinn, die Bewegung, sind das, was die Zeit um die Jahrhundertwende entscheidend mitgeprägt hat. Für Le Corbusier haben die neuen Maschinen in Dampfschiffen, Flugzeugen und Automobilen einen neuen Geist erweckt, von dem zu lernen die Architekten bereit sein müssten. Erste Erfolge zeigten sich schon bald in der Architektur, jedoch nicht nur in der Form, dass die neuen Denkweisen, moderne Materialien für moderne Zwecke zu benutzen, lediglich widergespiegelt beziehungsweise inaktiv übernommen werden, sondern auch darin, dass versucht wird, diesen Zeitereignissen aktiv zu begegnen, das heißt sie zu reflektieren und zu verarbeiten, konkret etwa in den architektonischen Entwürfen bei der Fassadengestaltung. Ein besonders gutes Beispiel hierzu sind die Eckgebäude von Hans Poelzig, Paul Wolf oder Paul Mebes, die vor 1914 realisiert werden. Erich Mendelsohn beschäftigt sich damit auch theoretisch und bringt seine

Einschätzung in einem Aufsatz exakt auf den Punkt: „Wie es [das *Mossehaus*] im ganzen Ausdruck sichtbar das schnelle Tempo der Straße, die bis zum äußersten gesteigerte Bewegungstendenz zur Ecke aufnimmt, so bändigt es gleichzeitig durch die Ausgeglichenheit seiner Kräfte die Nervosität der Straße und der Passanten.“[25]

Während die traditionelle Architektur von einem stehend wahrnehmenden Betrachter ausgeht, rechnet die moderne Architektur bereits mit einem aus der Bewegung erfolgten Betrachten, konkret beispielsweise aus dem fahrenden Automobil. Hiermit nimmt die Moderne einen Zug vorweg, der in der postmodernen Architektur von Las Vegas zentrale Bedeutung gewinnt, das heißt in der zweiten Hälfte des zwanzigsten Jahrhunderts weltweit einen neuen Typus städtischer Formung hervorgebracht hat: die *Autostadt*, die auf den Autofahrer abgestimmte Architektursymbolik.[26] Die Übereinstimmung, die Moderne und Postmoderne in diesem Punkt eingehen, wird, was die Fortschrittsgläubigkeit der Moderne betrifft, wieder aufgelöst. Insofern ist es nicht richtig, anzunehmen, die Postmoderne entstehe *gradlinig* aus der Moderne, oder, die Moderne enthalte bereits den Samen, der später in der Postmoderne aufgehe. Auch nicht richtig ist es, anzunehmen, dass die Postmoderne *radikal neu* sei.

Bibliografie

Frampton, Kenneth (1986): „Kritischer Regionalismus – Thesen zu einer Architektur des Widerstands". In: Andreas Huyssen und Klaus R. Scherpe (Hrsg.): *Postmoderne. Zeichen eines kulturellen Wandels.* Reinbek: Rowohlt Taschenbuch Verlag, S. 151–171.

Führ, Eduard (2000) (Hrsg.): *Bauen und Wohnen. Martin Heideggers Grundlegung einer Phänomenologie der Architektur.* Münster u. a.: Waxmann Verlag.

Gay, Peter (2009): *Die Moderne. Eine Geschichte des Aufbruchs.* Frankfurt am Main: S. Fischer Verlag.

Gethmann-Sieferts, Annemarie (1981): „Einleitung zum Kapitel ‚Ästhetik oder Philosophie der Kunst'". In: Otto Pöggeler (Hrsg.): *Hegel in Berlin. Preußische Kulturpolitik und idealistische Ästhetik. Zum 150. Todestag des Philosophen.* Wiesbaden: Reichert Verlag, S. 182–187.

–, (1992) (Hrsg.): *Phänomen versus System. Zum Verhältnis von philosophischer Systematik und Kunsturteil in Hegels Berliner Vorlesungen über Ästhetik und Philosophie der Kunst* (= Hegel-Studien, Beiheft 34). Bonn: Felix Meiner Verlag.

–, (2000): „Hegel über das Häßliche in der Kunst." In: Andreas Arndt (Hrsg.): *Hegels Ästhetik. Die Kunst der Politik – Die Politik der Kunst. Zweiter Teil* (= Hegel-Jahrbuch 2000). Berlin: Akademie Verlag, S. 21–41.

–, (2002): „Hegels Ästhetik. Stationen der Transformation der Berliner Vorlesungen zur Ästhetik." In: *Zeitschrift für philosophische Forschung.* 56. Jahrgang, Nummer 56, S. 274–292.

Gombrich, Ernst (1977): „Hegel und die Kunstgeschichte". In: *Die neue Rundschau.* 82. Jahrgang, Nummer 2, S. 202–219.

Hahn, Achim (2002): „Ausdruck und Gebrauch. Überlegungen zur lebensweltlichen Perspektive von Wohnen und Bauen, zugleich: Anregung zu einem ästhetisch-pragmatischen Architekturverständnis". In: *Ausdruck und Gebrauch. 1. Jahrgang, Nummer 1,* S. 3–24.

Hegel, Georg Wilhelm Friedrich (1986): *Vorlesungen über die Ästhetik III* (= Werke 13). Frankfurt am Main: Suhrkamp Verlag.

–, (2005): *Philosophie der Kunst. Vorlesung von 1826.* Herausgegeben von Annemarie Gethmann-Siefert, Jeong-Im Kwon und Karsten Berr. Frankfurt am Main: Suhrkamp Verlag.

Heidegger, Martin (1959): „Bauen Wohnen Denken". In: Ders.: *Vorträge und Aufsätze.* Pfullingen: Verlag Günther Neske, S. 139–156.

Henrich, Dieter (1974): „Zur Aktualität von Hegels Ästhetik. Überlegungen am Schluß des Kolloquiums über Hegels Kunstphilosophie". In: Hans-Georg Gadamer (Hrsg.): *Stuttgarter Hegel-Tage 1970* (Hegel-Studien, Beiheft 11). Bonn: Bouvier Verlag, S. 295–301.

Huber, Herbert (1982): „Das Absolute ist der Geist". In: Friedrich Wilhelm Graf und Falk Wagner (Hrsg.): *Die Flucht in den Begriff. Materialien zu Hegels Religionsphilosophie.* Stuttgart: Klett-Cotta Verlag, S. 228–246.

Jaeschke, Walter (1982): „Kunst und Religion". In: Friedrich Wilhelm Graf und Falk Wagner (Hrsg.): *Die Flucht in den Begriff. Materialien zu Hegels Religionsphilosophie.* Stuttgart: Klett-Cotta Verlag, S. 163–195.

Kultermann, Udo (1996): *Geschichte der Kunstgeschichte. Der Weg einer Wissenschaft.* München: Prestel Verlag.

Kwon, Jeong-I (2001): *Hegels Bestimmung der Kunst. Die Bedeutung der „symbolischen Kunstform" in Hegels Ästhetik.* München: Wilhelm Fink Verlag.

Lyotard, Jean-Francois (1987): „Notizen über die Bedeutung von ‚post-'". In: Ders. (Hrsg.): *Postmoderne für Kinder. Briefe aus den Jahren 1982–1985.* Wien: Passagen Verlag, S. 99–105.

Marquard, Odo (1989): *Aesthetica und Anaesthetica. Philosophische Überlegungen.* Paderborn u. a.: Verlag Ferdinand Schöningh.

Mendelsohn, Erich (1930): „Die internationale Übereinstimmung des neuen Baugedankens oder Dynamik und Funktion." In: Ders.: *Das Gesamtschaffen des Architekten. Skizzen, Entwürfe, Bauten.* Berlin: Vieweg Verlag.

Norberg-Schulz, Christian (1979): *Vom Sinn des Bauens. Die Architektur des Abendlandes von der Antike bis zur Gegenwart.* Stuttgart: Klett-Cotta Verlag.

Paetzold, Heinz (1990): *Profile der Ästhetik. Der Status von Kunst und Architektur in der Postmoderne.* Wien: Passagen Verlag.

Pöggeler, Otto (1996): „Hegels Ästhetik und die Konzeption der Berliner Gemäldegalerie". In: *Hegel-Studien. Nummer 31.* Bonn: Felix Meiner Verlag, S. 9–26.

Renner, Rolf Günter (1988): *Die postmoderne Konstellation. Theorie, Text und Kunst im Ausgang der Moderne.* Freiburg: Rombach Verlag.

Sedlmayr, Hans (2001): *Die Entstehung der Kathedrale. Baukunst, Mystik, Symbolik.* Wiesbaden: VMA-Verlag.

Venturi, Robert, Denise Scott Brown und Steven Izenour (2007): *Lernen von Las Vegas. Zur Ikonographie und Architektursymbolik der Geschäftsstadt* (Bauwelt Fundamente 53). Basel: Birkäuser Verlag.

Wyss, Beat (1983): „Klassizismus und Geschichtsphilosophie im Konflikt. Aloys Hirt und Hegel". In: Otto Pöggeler und Annemarie Gethmann-Siefert (Hrsg.): *Kunsterfahrung und Kulturpolitik im Berlin Hegels* (= Hegel-Studien, Beiheft 22). Bonn: Felix Meiner Verlag, S. 115–130.

–, (1991): „Der letzte Homer. Zum philosophischen Ursprung der Kunstgeschichte im Deutschen Idealismus". In: Peter Ganz u. a. (Hrsg.): *Kunst und Kunsttheorie 1400–1900.* Wiesbaden: Harrassowitz Verlag, S. 231–255.

Anmerkungen

1 Vgl. Gombrich 1977, S. 202–219; Pöggeler 1996, S. 11–13; Wyss 1991, S. 231–255; Kultermann 1996, S. 64.

2 Diese Vorlesungen wurden posthum durch Heinrich Gustav Hotho vollendet und dann in drei Bänden ab 1835 veröffentlicht. Ich zitiere direkt im Text mit Klammern (Band, Seitenzahl) nach der Ausgabe, die beim Suhrkamp Verlag auf der Grundlage von Hothos Druckfassung neu ediert wurde: Hegel 1986 [1835]. Auf die Problematik dieser Ausgabe, die Annemarie Gethmann-Siefert in einer historisch-kritischen Erschließung der Berliner Vorlesungen herausgestellt hat, gehe ich am Ende dieses Kapitels detaillierter ein. Weil nach der Edition der ersten erhaltenen Nachschriften klar geworden ist, dass das Bild der Hegel'schen Ästhetik neu gezeichnet werden muss, kann die Edition Hothos auf keinen Fall mehr als einzige Quelle dienen. Es geht mir in diesem Aufsatz jedoch nicht um eine historisch-kritische Lektüre der unterschiedlichen Darstellungen der heute vorliegenden Textfassungen, sondern lediglich um eine allgemeine Rekonstruktion von Hegels Theorie der Architektur.

3 Jaeschke 1982, S. 173.

4 A. a. O., S. 171.

5 A. a. O., S. 177.

6 Vgl. dazu Huber 1982, S. 228–230.

7 Norberg-Schulz 1979. Über die Aktualität der „symbolischen Kunstform" äußert sich ausführlich auch Kwon 2001.

8 Zur Beziehung zwischen Hirt und Hegel vgl. Pöggeler 1996, S. 19–21; vgl. auch Wyss 1983, S. 115–117.

9 Vgl. dazu Sedlmayr 2001, S. 157–159.

10 Vgl. Gethmann-Siefert 1992 und 2002, 2, S. 274–292.

11 Vgl. Gethmann-Sieferts Einleitung zum Kapitel „Ästhetik oder Philosophie der Kunst" in dem Ausstellungskatalog *Hegel in Berlin. Preußische Kulturpolitik und idealistische Ästhetik. Zum 150. Todestag des Philosophen*, wo sie bereits eine historische Analyse der verschiedenen Quellen, die in die Druckfassung der Ästhetik Hegels eingegangen sind, fordert. Gethmann-Sieferts 1981, S. 183.

12 Vgl. beispielsweise Hegel 2005 [1826].

13 Vgl. Gethmann-Siefert 2000, S. 21–41.

14 Vgl. Paetzold 1990, S. 42–44.

15 Vgl. Marquard 1989. Marquard macht in dieser Schrift den Vorschlag, den Blick heute nicht mehr auf das systematische Vorhaben Hegels, sondern auf seine Darstellung der Künste und ihre geschichtliche Bedeutung zu richten.

16 Vgl. Henrich 1974, S. 295–297. Henrich stellt hier die Vermutung auf, Hegel habe sich in seiner Kunstphilosophie von der Systematik abwenden wollen, um sich intensiv einer an den Phänomenen orientierten Behandlung der Kunst widmen zu können.

17 Vgl. Heidegger 1959; vgl. dazu Führ 2000.

18 Vgl. dazu Hahn 2002, S. 3.

19 Vgl. Frampton 1986, S. 151–171.

20 A. a. O., S. 166–167.

21 Vgl. dazu Gay 2009.

22 Lyotard 1987, S. 101, 105.

23 Renner 1988, S. 59.

24 Zitiert nach Renner, a. a. O., S. 60.

25 Mendelsohn 1930, S. 28.

26 Vgl. dazu Venturi, Scott Brown und Izenour 2007 [1979].

Philosophy and the Task of Architecture

Karsten Harries

1

For some time now the academic architectural community has demonstrated an extraordinary receptiveness to theory, more especially to philosophy and some much discussed philosophers have begun to reciprocate that interest: Jacques Derrida and Peter Sloterdijk come to mind. The establishment of the "International Society for the Philosophy of Architecture" in 2009 is but another symptom of what would seem to be a growing willingness on the part of both philosophers and architects to engage each other in serious discussion.[1]

Things have not always been that way: Until rather recently, and still for the most part, both philosophy and architecture would seem to have gotten along quite well going their separate ways, without having to concern itself much about the other discipline. Who, of the great philosophers, has given much time to architecture? Hegel and Schopenhauer come to mind, perhaps Wittgenstein. Most philosophers still give little thought to architecture. Are they missing out on something important? And while in our architecture schools there has been a great deal of interest in philosophy, most practicing architects give it little thought. Are they missing out on something important? What contribution does philosophy have to make to architecture?

Given the fundamental importance that buildings have in our lives, the fact that the philosophy of architecture has only a very modest place in the history of philosophy invites thought. Perhaps the need for shelter, like the need for food and clothing, is taken to be so basic, mundane, and obvious as not to require sustained philosophical discussion. But like food and clothing, building does not just answer to physical needs. The spiritual need or better needs that architecture addresses remain however difficult to define, intertwined as they are with the eminently philosophical question: how should we live our lives?

Just what should a philosophy of architecture accomplish? Should it furnish architects and those with a serious interest in architecture with a well worked-out theory, which, to deserve to be taken seriously, must be clearly stated and be supported by experience? Should it establish the essence of architecture and based on it furnish and defend concepts that will allow us to distinguish good from bad building and thus to provide those interested in architecture with fundamental principles that should guide practice?

That certainly was the hope of the rationalist Christian Wolff, who appears to have been the first philosopher to have dedicated a lengthy treatise to architecture, his *Anfangsgründe der Baukunst*, part of his encyclopedic *Anfangsgründe aller Mathematischen Wissenschaften*,[2] first published in 1710, and republished numerous times in the course of the eighteenth century. It is a characteristic product of the Enlightenment. Embracing a mathematical method drawn from Descartes and Leibniz, Wolff was confident that he could provide architecture with fundamental principles that would raise what had long been a mere craft to the level of a science.

Wolff's *Anfangsgründe der Baukunst* is an eminently practical work, addressed first of all to students of architecture, teaching them how to make what enlightened thinkers of the day, who had come to reject what they took to be the excesses of Baroque and Rococo, would have considered a good building. Wolff, too, takes for granted that a work of architecture should be beautiful, that is experienced as a perfect whole in which nothing is felt to be redundant or missing. But such experience is thought to presuppose an understanding of what the building is meant to be. Wolff thus links the experience of the perfection of a building to understanding the intentions of the *Bauherr*, the client. It is his or her intentions, not those of the architect, that are decisive and it is with reference to these intentions that everything in a perfect work of architecture should be experienced as necessary. What matters first of all is thus the purpose the building is meant to serve. This also means that our experience of the perfection of a building cannot be divorced from our understanding of how long it is meant to last. And in expected fashion Wolff insists that in carrying out his work the architect relies on readily grasped proportions, appropriating the Vitruvian triad: *firmitas, utilitas, venustas.*

Wolff's eminently sensible suggestions are readily put into practice. His *Anfangsgründe der Baukunst* invites a lean Classicism and a critique of the Rococo. The work of the, a generation younger, architect and theorist Friedrich August Krubsacius comes to mind. With both excessive ornament was a key target.

Besides Vitruvius, the authorities on whom Wolff relies are Alberti, Palladio, and especially his Breslau compatriot Nicolaus Goldmann, to whom he owed most of his knowledge of architecture.[3] As expected, given the time, the theory of the five orders is given a central place. Like so much in this book, including windows and doors, chimneys and even toilets, it is discussed in exhausting detail and that Hegel should have ridiculed Wolff's pedantic attempt to subject philosophy to Descartes's mathematical method is no surprise. A modern philosopher is indeed unlikely to find much in Wolff's sensible, but time-bound guide to building that is of more than historical interest. The essence and purpose of architecture are not questioned, but taken for granted in a way all too clearly of his age. Still, his insistence that it is the intention of the *Bauherr* that determines how a building is to be judged still deserves consideration and challenge. Does the architect not have a responsibility also to those others who have to live with his creation? Does he not have a responsibility to the environment? Such questions, difficult to dismiss today, did not seem to concern Wolff. Architecture is taken to be a craft serving what are taken to be obvious worldly needs, but elevated by mathematics into a science. If we follow Wolff, any discussion of a building as a self-sufficient aesthetic object fails to do justice to the essence of architectural beauty, which serves other ends. Nor should we be content with an understanding of the work of architecture as a functional building to which an aesthetic component is then added, as a decorated shed in that sense. Wolff insists on a more intimate connection between the two. Although he does not develop that connection, his insistence that a building be not just beautiful but also elegant (*zierlich*) hints at what he has in mind: Some building might be perfect and thus beautiful in the formal sense in that in every way it does justice to the ruling intention and yet appear ugly to someone who does not give it sufficient time to make himself familiar with that intention and who is thus unable to appreciate the building's perfection. The architect should therefore add features to the building that will invite such a person to give it more thought and time, to look again and thereby help to make its perfection perspicuous. That is what ornament *(Zierat)* is meant to accomplish and only when it does so is it justified. Justified ornament enhances a building's essential beauty by re-presenting it. Not all aesthetic embellishments do this. Some ornament draws attention to itself in a way that prevents us from attending to the ornament bearer. Wolff thus distinguishes embellishing features that enhance the beauty of the building from those that detract from it, where in the latter case he is no doubt thinking of Rococo decoration. In *The Ethical Function of Architecture,* I distinguish similarly between ornament and mere decoration, quite aware that we often use these words as synonyms. The re-presentational function of beauty provides a key to the beauty of architecture.

3

Wolff discusses architecture, not as one of the arts, but as a mathematical science. His *Anfangsgründe der Baukunst* thus does not make a very significant contribution to the aesthetics of architecture, which has indeed paid it little attention. It was d'Alembert who in 1751, in the "Discours Préliminaire" of the *Encyclopédie,* reoriented the understanding of architecture by placing it alongside the other arts, all of them understood by him as fundamentally modes of painting, using different means to imitate beautiful nature, architecture doing so more abstractly than her sister arts, relying on a concatenation of different bodies.[4] D'Alembert recognizes that among the arts architecture is unique in that it is born of necessity. But that birth does not explain why it should be considered an art. Luxury is said to have elevated architecture into an art by embellishing what answers to our most basic needs, progressing from huts to palaces, where d'Alembert likens beautiful architecture to a masque placed over what is born of necessity.[5] The metaphor of the masque is thought provoking and raises questions. A masque requires a bearer, whose face it hides. Works of architecture, so understood, are buildings that wear a beautiful mask. This is indeed how architecture must to be understood, given what we can call the aesthetic approach, where we should note that architecture came to be understood as one of the arts just when aesthetics emerged as a philosophical discipline.

If often used that way, "aesthetics" is not understood here as just a synonym for "philosophy of art": When we understand the philosophy of art first of all as aesthetics, we are the heirs of a quite specific approach to art that, even though it has a long prehistory going back to the Renaissance and indeed to antiquity, triumphed only in the eighteenth century, that is to say in the age of the Enlightenment, over an older approach that assigned art a religious, social, or ethical function. The emergence of aesthetics as a philosophical discipline belongs with that triumph.

Roger Scruton's *The Aesthetics of Architecture*[6] offers perhaps the most persuasive articulation of the aesthetic approach to architecture, as has been repeatedly acknowledged by subsequent writers working in that tradition, such as, for example, Richard Hill,[7] Edward Winters,[8] and Saul Fischer.[9] It remains the central text in what has been called "Analytic Philosophy of Architecture." According to Scruton the aesthetics of architecture "aims to capture the essence, not the accidents, of architectural beauty" – where beauty is understood as the object of a distinctive kind of pleasure. The question is whether aesthetics by focusing on beauty in that way will be able to do justice to architecture. Just what is architectural beauty? Wolff and d'Alembert suggest very different approaches to that question. That difference continues to demand our attention.

We owe the birth of aesthetics as a philosophical discipline to the Wolff student Alexander Gottlieb Baumgarten, whose *Aesthetica* appeared in 1750, preceded by his dissertation, *Meditationes philosophicae de nonnullis ad poema pertinentibus* of 1735. What we can call "aesthetic beauty" Baumgarten, following Wolff, defined as "sensible perfection." The beautiful, this claims, addresses our senses, not just our understanding. As with Wolff, "perfection" suggests that what we experience is so organized that nothing is felt to be missing and nothing to be superfluous: beauty implies integrity, wholeness. Every successful work of art should be like Leibniz's best of all possible worlds: it should be experienced as being just as it should be. Insistence on the autonomy and the distinctive character of aesthetic pleasure came to define aesthetics ever since the eighteenth century.

Such insistence on the autonomy of aesthetic pleasure, on the self-sufficiency of aesthetic experience, has to deny art, and more especially architecture, what Georg Friedrich Wilhelm Hegel considered art's highest function, to be a privileged way of expressing humanity's deepest interests. The rise of the aesthetic approach is thus very much in keeping with Hegel's much discussed claim that for us moderns art in its highest sense is a thing of the past. And in this respect Heidegger agrees with Hegel when he writes in "The Origin of the Work of Art":

> "Almost from the time when specialized thinking about art and the artist began, this thought was called aesthetic. Aesthetics takes the work of art as an object, the object of *aisthesis,* of sensuous apprehension in the wide sense. Today we call this apprehension experience. The way in which man experiences art is supposed to give information about its nature. Experience is the source that is standard not only for art appreciation and enjoyment, but also for artistic creation. Everything is an experience. Yet perhaps experience is the element in which art dies. This dying occurs so slowly that it takes a few centuries."[10]

The rise of the aesthetic approach, which invites both, the modern understanding of art as created for art's sake and the death of art in what Hegel and Heidegger took to be its highest sense, belong together.

By insisting on the autonomy of aesthetic experience, aesthetics has both elevated and at the same time marginalized such experience. More than the other arts, architecture, involved as it is with the whole of life, resists such marginalization. This helps to explain why from the very beginning aesthetics should have treated architecture as a stepchild in the family of the arts. Kant already noted that architecture has difficulty rising to the purity found in the other arts, for, he observes, agreeing with Wolff, that "the suitability of a product for a certain use is the essential thing in an *architectural work*."[11] Committed to such an aesthetic approach, Nikolaus Pevsner thus begins his *An Outline of European Architecture* with this seemingly self-evident observation: "A bicycle shed is a building; Lincoln Cathedral is a piece of architecture."[12] A work of architecture is "designed with a view to aesthetic appeal." This is to say: work of architecture = building + aesthetic component. The work of architecture is understood as a decorated shed, where I am using this term borrowed form Venturi,[13] in an extended, much broader sense.

In this "aesthetic approach" works of architecture are buildings intended to appeal also as aesthetic objects. What constitutes an "aesthetic object"? Baumgarten's understanding of beauty provides a first answer: the aesthetic object should present itself as a whole; function is incidental to beauty so understood. In the spirit of this aesthetic approach William Gass thus praised the way one of Peter Eisenman's houses seems to be oblivious to what Wolff took to be the architect's responsibility to the world: "Thank God, I thought. This house has no concern for me and mine, over which it has no rights, but displays in every aspect and angle and fall of light the concern for the nature and beauty of building that is the architect's trust and obligation."[14] The architect's trust and obligation is here said to be concern for "the nature and beauty of building." And the "nature and beauty of building" is opposed by Gass to what "concerns me and mine," that is opposed to the requirements of everyday dwelling. The architect's task, as opposed to that of a mere builder, is to bound space in such a way that the result is something aesthetically pleasing. But so understood the aesthetic approach is an obstacle standing in the way of responsible building as, for example, Wolff took it for granted.

How adequate is the characterization of the aesthetic object I have offered so far? Is it more than an overly simplistic caricature? Bracketing the question of its adequacy, the model should at least be clear. Also clear should be the tension between what this model demands and the requirements of dwelling and building. So understood, the architect inevitably has to compromise his artistic vision. Frank Gehry is one prominent architect who has come to embrace and even celebrate this necessity. Again and again his buildings quite literally invite the metaphor of the mask that according to d'Alembert well describes beautiful architecture. Gehry indeed invokes that very metaphor to describe his Fisher Center at Bard College (2003) with the following revealing words: "The front façade of the building can be interpreted as a theatrical mask that covers the raw face of the performance space. Its abstract forms prepare the visitor to be receptive to experiencing the performances that occur within."[15] His most famous buildings all offer variations on this theme.

That more than other artists, architects are forced to compromise their artistic ambitions has been emphasized by the philosopher Paul Weiss, who had a significant impact on quite a number of students when Paul Rudolph was Dean of the Yale School of Architecture (1958–1965). Architecture, Weiss remarked, has to exist "within a context defined by unskilled labor and such practical activities as excavation, engineering, and plumbing. It must conform to building codes written with little concern for artistic needs. No other art is so hemmed in by men, tasks, and conditions relating to non-aesthetic matters."[16] Writing still very much in the orbit of aesthetic modernism, Weiss defined architecture as "the art of creating space through the construction of boundaries in common-sense space."[17] Like William Gass, he thought it important that the architect's creativity not be fettered by "judges, critics, clients, and problems relating to engineering, city planning, and scales." And so he called on architecture schools to encourage students "to experiment with the building of all sorts of space, in all sorts of ways, with all sorts of material. They should have periods in which they do not care that their work may not interest a client or that no one may ever build it or that it may not fit in with prevailing styles. Not until they take seriously the need to explore the possibilities of bounding spaces in multiple ways will they become alert to architecture as an art, as respectable, revelatory, creative, and at least as difficult as any other."[18] Like Kant, Weiss raises the question of the aesthetic respectability of architecture. What threatens this respectability is the architect's inevitable subjection to non-aesthetic constraints. Architecture, so understood, is an art forced to sell itself to the world.

All of this would be of little consequence were it only a matter of some philosophers and architectural theorists arguing among themselves about the essence of architecture. But the rise of aesthetics and of the aesthetic approach are only aspects of a more deeply rooted change in sensibility that in the name of reason has divorced pragmatic and aesthetic considerations and has placed the architect uneasily between the two: on the one hand, the uses of architecture are emphasized; on the other, architecture is supposed to be convincing as an aesthetic object. Unfortunately, the hopes of functionalists notwithstanding, there is not only no assurance that an economic and efficient solution to practical problems will also be aesthetically pleasing, but given the aesthetics of purity, there is no chance that modern architecture's marriage of art and engineering will be free of tension and compromise. Frank Gehry's buildings offer striking examples. On the aesthetic approach the beauty of a building has to appear as something added on to what necessity dictates, as decoration in a broad sense. The tensions that result from this mingling of pragmatic and aesthetic concerns all but rule out aesthetic completeness. Perhaps here Wolff's very different understanding of architectural beauty has still something to teach us.

It is hardly surprising that with the rise of the aesthetic approach in the eighteenth century, architecture should have entered a period of uncertainty and crisis from which it has still not emerged. To be sure, even then there were attempts to raise architecture to the status of a purer art. The prophetic designs of Claude-Nicolas Ledoux offer striking examples. Following Emil Kaufmann, Philip Johnson declared this the beginning of modern architecture.[19] But the example of Ledoux points to the problem of architecture so understood: An architect who understands himself as first of all an artist, may well be tempted to say of himself: "Just because I am an architect, I refuse to build." Quite in that spirit Zaha Hadid understood herself first of all as an artist: "one could think that the built house for her is only an after-effect, a vision returned to reality."[20]

In an article called "Analytic Philosophy of Architecture: A Course" Saul Fisher[21] poses the question: "Why the Philosophy of Architecture?" which he quickly narrows to: "Why an Analytic Philosophy of Architecture?" As mentioned, in recent years our architecture students have shown quite an extraordinary interest in philosophy, but the analytic philosopher of architecture apparently cannot count on such interest. Fisher may insist that professional architects "should take note of what analytic philosophers are saying," that "the price of avoiding analytic aesthetics is missing out on aesthetics in the dominant tradition of Western philosophical thought, and that seems an unfair cost for non-philosophers to burden," but if architects today are interested in philosophy, aesthetics is hardly at the center of that interest. Take the term "beauty" that figures so prominently in aesthetics: is it a central concern of artists and architects truly of today? They are likely to think of someone like Roger Scruton as representative of a conservative approach to building that they have come to reject. Rather like Wolff, Scruton is convinced that he knows what makes for beautiful architecture. Many young architects lack such conviction.

That fact need not be deplored. Should it not rather be welcomed as a sign of our postmodern thoughtfulness? Is not uncertainty the other side of freedom? Less and less do nature and culture determine what or who we have to be; history and traditions mean less and less. New possibilities continue to be opened up by science and technology, which have brought with them, not only an ever increasing physical and spiritual mobility, but long unsuspected possibilities of realizing long thought impossible architectural visions and even of manipulating our own being. Is it still possible today to appeal to an essential self? To nature? To an essence of dwelling to which building should answer?

But such increase in freedom is shadowed by a growing dread of arbitrariness. Why do this and not that? Kundera spoke of the unbearable lightness of being. In a similar vein I am tempted to speak of the unbearable lightness of much recent building, which invites us to ask: Why this and not that? Inseparable from enlightenment is the question: In what style should we build?[22] How many buildings strike us today as structures that could just as well have been otherwise, as products of accident or caprice. In *Complicity and Conviction* William Hubbard writes that "if there is one characteristic that links the diverse art movements of the modernist period, it is perhaps a hyperawareness of the fact that one's personal sensibility could have been otherwise. A modernist artist is so deeply aware of this possibility of otherwiseness that he feels a deep unease about simply accepting his own sensibility. He feels a need for some reason that will convince him that he ought to feel one way rather than another."[23] If Hubbard is right, unsure of his artistic sensibility, the modernist artist feels a need to legitimate his decision; and he looks for such legitimation to reason, where one may well wonder whether reason is in principle capable of providing such legitimation. Thoughts of other possibilities let us experience the architect's decisions as arbitrary, his creations as insubstantial or weightless and let us dream of more substantial buildings.

When creative freedom is felt to degenerate into arbitrary decision there is a tendency to look to theory to call back creativity to responsibility; and more especially to philosophy. But what does philosophy have to offer? Who today still has the confidence of a Christian Wolff to provide the practice of architecture with a firm philosophical foundation? What is philosophy today?[24]

5

I agree with Wittgenstein when in the *Philosophical Investigations* he suggests that philosophical problems have the form, "I do not know my way about."[25] Of course, not all problems having this form are therefore already philosophical. To lose one's way in a strange city is not sufficient to make one a philosopher. Nor is failure to understand a new piece of equipment. Say my computer misbehaves and I don't know what to do; I don't know my way about. Such a loss of way does not present us with a philosophical problem. But why not? I would suggest that it fails to do so because in such cases our disorientation is only superficial. Thus in the first case I might study a map; in the second I might ask an expert for help. The problem here poses itself against a background of established and accepted ways of doing things to which we can turn to help us decide what is to be done. And no doubt, many of the problems architects confront are of that sort and they will know what experts to consult. But genuinely philosophical problems are different; they have no such background and are born of a more profound uncertainty. Philosophical reflection flourishes thus when changed circumstances and new challenges cause traditions to disintegrate and as a result human beings are forced to question accepted ways of doing things, the place assigned to them by nature, society, and history, and searching for firmer ground demand that this place be more securely established. That also holds for philosophical reflection on architecture. One thing the widespread interest in philosophy that has become so much part of the postmodern architectural scene suggests is that architecture has become uncertain of its way.

Philosophers may well welcome the eagerness with which some architects have come to embrace philosophy. But this enthusiastic embrace, preferably of such recent poststructuralist philosophers as Jacques Derrida, Henri Lefebvre, Gilles Deleuze or Félix Guattari, by quite a few budding architects raises questions – I am thinking of architecture students I have encountered over the years. In the name of theory it has generated a discourse that threatens to blur what so obviously would seem to distinguish the work of the philosopher from that of the architect. What, for example, are we to make of the warning by K. Michael Hays, Professor of Architectural Theory in Harvard's Graduate School of Design, in his introduction to the publication of two thought-provoking interviews that join the philosopher Jean Baudrillard and the architect Jean Nouvel, that the reader should not expect "that either architecture or philosophy will be treated in this dialogue in anything like a traditional way (which, were it the case, would seem not so much old-fashioned as reactionary, coming from two of the few cultural figures practicing today that we could still dare to call progressive)." Hays finds it extraordinary "that architecture and philosophy are treated with any distinction at all by progressive thinkers in our present era."[26] Presupposed is an understanding of progressive architecture as a critical activity rather than as the art of building.[27]

It, too, should serve the cause of progress, where progress is understood first of all negatively, in terms of opposition to the established and taken for granted order. The ideal aspired to remains ill defined. Architecture, too, comes to be understood as first of all an art of inevitably questionable mental construction, but hopefully questionable in the sense of the German *fragwürdig,* that is worth questioning. In this respect such architecture is indeed rather like philosophy. Whether what is so constructed actually exists or has its place only in some virtual or mental space is taken to be only of secondary importance.

I want to challenge such a blurring of what so obviously would seem to separate the architect from the philosopher, fashionable though it may have become in what remains a relatively minor, but vociferous part of the architectural community. The distinction between architecture and philosophy is a presupposition of thinking responsibly. Descartes and Kant were no architects, except in a highly and readily understood metaphorical sense, and Borromini was no philosopher.

But does my choice of Borromini not betray that I remain a theoretical dinosaur? Why pick Borromini, representative of a bygone and not to be recovered Baroque? Why not pick an architect such as Peter Eisenman? Does he not demonstrate that today it is not always easy to distinguish the architect from the philosopher, that what counts in architecture, too, are ideas more than buildings? But theorizing that blurs the distinction that separates the architect from the philosopher tends to reduce philosophy to a kind of playful ornament of architectural discourse that may appear to give it weight, but in fact renders it irresponsible, although someone who endorses such a blurring will also want to dismiss this understanding of the architect's responsibility. Poststructuralism has invited such discourse. A telling example was provided by *The Architecture of Deconstruction: Derrida's Haunt* by Mark Wigley, Professor and former Dean of Columbia's School of Architecture. In 1988 he curated, together with Philip Johnson, the influential exhibition "Deconstructivist Architecture." The catalogue spoke of the emergence of a new sensibility, fascinated by possibilities of contaminating, disrupting, violating, subverting architecture. "Architecture has always been a central cultural institution valued above all for its provision of stability and order. These qualities are seen to arise from the geometric purity of its formal composition [...]. The projects in this exhibition mark a different sensibility, one in which the dream of pure form has been disturbed. Form has become contaminated. The dream has become a kind of nightmare."[28] Too often architecture's turn to theory betrays an ill will against architecture.

All architecture that would strongly place us invites a reaction: we are too committed to our own individual selves, to freedom, to spaces that invite endless exploration, not to be suspicious of such building. So we long, not for re-occupations of some lost center, but for decentering, disorienting heterotopias,[29] for spaces that invite endless exploration, dream of journeys of discovery no longer burdened by the nostalgia for home, journeys into the wildernesses beyond and within. Such distrust of all centers and supposedly firm boundaries delights in ruins, welcomes the deconstruction of the Towers of Babel raised by architects and philosophers claiming arrogantly to provide for a supposedly genuine dwelling. I am reminded of Nietzsche's pronouncement: "If we willed and dared an architecture according to the kind of souls we possess (for that we are too cowardly!) the labyrinth would have to be our model!"[30] Architectural deconstruction is born of a sensibility that self-consciously calls traditional architecture into question, that is to say, an anti-architecture, that in today's architecture world, both in theory and practice, has played a significant role, so, for example, in the work of Frank Gehry, Zaha Hadid, Peter Eisenman, Daniel Libeskind, Rem Koolhaas, and CoOp Himmelblau, the architects celebrated by the MOMA exhibition. Although often claiming something like an ethical significance, such attacks on architecture as traditionally understood are also attacks on ethics in its usual sense, which does seek to edify, that is to raise a spiritual architecture that would help human beings find their proper place. Freedom resists such placement.

But does that mean that every spiritual architecture that would thus place us be challenged? What keeps freedom responsible?

The Enlightenment appealed to reason and nature to keep freedom responsible, to keep will from degenerating into willfulness. That goes also for its architectural theory. Here, too, the interest in theory presupposed a disintegrating tradition that generated a demand that practice legitimate itself. When religion has lost its former authority, what can we appeal to legitimate a certain practice? Tradition? But we moderns have become too reflective, too critical, to simply entrust ourselves to what has come to be established and widely accepted. No longer are we willing to repeat what has long been done, just because it has become part of tradition. But if so, how do we escape from arbitrariness? What sources of authority remain then except reason and nature?

Consider in this connection Laugier's essay on the primitive hut, a typical product of the Enlightenment. In many ways it is a characteristic product of an age that lies behind us. But there are at least two things, it seems to me, we can still learn from it: First of all we can learn from it the significance of attempts to challenge long established and therefore easily taken for granted practices by appealing to what is taken to be a more original understanding of building and dwelling, one supposedly less subject to the prejudices of a particular time and place, less at the mercy of subjective whim. The Enlightenment insisted that to escape from arbitrariness we have no choice but to attempt to articulate what is essential and natural. Such articulation is the point of speculation about the appearance of the first hut. The primitive hut has thus played in architectural theory much the same part the social contract has played in political theory: it is born of an attempt to keep freedom responsible. Whether there ever was such a hut matters as little as whether there ever was such a contract. Both are imaginative constructs informed by reason and a time-bound understanding of human nature, meant to legitimate a certain practice. Both were characteristic expressions of a confidence that the authority of reason and nature can replace divine sanction.

We have come to recognize how much the appearance of Laugier's primitive hut owed to the aesthetic preferences of his day. But even if we have grown far less confident about the power of reason to guide our practices, does our present confusion leave us a reasonable alternative to attempting to reappropriate the lessons of the Enlightenment for our own changed situation?

The way we today relate to space has changed and continues to change. Our understanding of space has changed. And since architecture may be understood as the art of bounding space that suggests that our understanding of architecture, too, should have changed. Two developments seem to me to be particularly significant in this connection. One has to do with the way the inevitably limited resources provided by this small planet have to collide with a still increasing humanity and demands for a higher standard of living. The other with the way an ever developing technology, and today especially the digital revolution, have opened up our everyday existence in ways that will continue to transform our lives in ways we cannot quite foresee. The place where we happen to be, or where we happen to have been born, seems to matter less and less. We are open today to the world, to the universe, and to imaginary, virtual spaces as never before. This revolution has also transformed the way architects do their work, but, and even more importantly, it has changed our sense of distance, place, and space, and inseparable from it, our way of life, our sense of freedom, and that is to say also our way of dwelling, which means inevitably our way of building. But Heidegger's admonition retains its relevance: Faced with changing circumstances, must we not learn ever anew how to dwell?[31] And should such learning not shape our building? There is no alternative to the authority of reason and nature, granted that they provide is with only a shifting ground; but it is the only ground we shall find. In this sense Laugier's speculations present an abiding challenge. Phenomenological reflections on building and dwelling may be understood as attempts to respond to that challenge.

Today, to be sure, we have learned to be wary of all appeals to nature and essences. All too often such appeals have been unmasked as historical prejudice claiming a dignity for what is proposed that does not belong to it. To be suspicious of all theorists who claim to speak with authority is then a second thing we can learn from Laugier. Consider the way he arrives at his version of the natural language of architecture. Laugier begins with a conception of a solitary human being in the state of nature. It is a questionable starting point, as is shown by the fact that Vitruvius began with a community. Among the needs of Laugier's first builder is the need for shelter, which forest and cave meet only inadequately. The attempt to remedy that inadequacy leads to the construction of the first house, the paradigmatic building, which is constructed in the image of both the forest and the cave. The unification of these two images provides Laugier with his architectural system. As Laugier develops this system, the forest is allowed to triumph over the cave: only columns, entablatures, and pediment are considered essential parts of architecture. Walls, windows, doors, and the like are permitted, but they are not held essential in the same way. They are said to make no essential contribution to beauty.

Supposedly born of the need for shelter and informed by the natural shelter provided by forests and caves, the primitive hut turns out to look rather like the then much revered temples of antiquity. Not that Laugier thought the architecture of the ancients beyond criticism. For that he was too much of a rationalist. Only reason can endow past structures with the legitimacy that makes them models worthy of imitation by showing that they are indeed representations of the archetypal building. But was the Greek temple in fact constructed in the image of Laugier's primitive hut? Was it not rather that hut which was constructed in the image of the Greek temple?

But even if Laugier's construction of his primitive hut cannot claim to have recovered the true origin of building, and even if all our ideals of dwelling are precariously constructed by all too fallible human beings, inevitably colored by cultural and personal prejudice, this does not mean that they are therefore altogether arbitrary. What gives architecture its direction is the tension between conventional wisdom, inherited paradigms, and what more profoundly and immediately claims us, between what one says and does and what we feel should be said or done. Even if reason can never seize the dream of a building that would do full justice to genuine dwelling, even if all such dreams will prove as elusive as the Heavenly City or the Solomonic Temple, in which earlier ages found their ideal, as the source of regulative ideals speculation about the origin of building in human nature is indispensable.[32] In this sense Laugier's account continues to challenge us.

And in this respect architectural modernism, as Emil Kaufmann argued, may indeed be considered a reaffirmation of the Enlightenment, where we need to give thought to the fact that, like its precursor, it could not sustain its momentum and fell apart. Thus, while in the first half of the twentieth century modernist orthodoxy could claim with some justice to have put an end to the stylistic chaos of the nineteenth century and to have provided architects once more with a sure sense of direction, at least by the sixties such conviction had pretty much faded. Responding to the changed climate, Sigfried Giedion thus began the 1967 edition of *Space, Time, and Architecture*, a book that, more than any other, had given voice to the ethos of modernist architecture, with the observation: "a certain confusion exists in contemporary architecture, as in painting; a kind of pause, even a kind of exhaustion. Everyone is aware of it."[33] Contrary to Giedion's expectation, things have not changed in any very significant way.

7

I have spoken of the arbitrariness that has rendered so much recent building strangely weightless. Can philosophers help architects to better cope with such arbitrariness? Would an architect concerned to escape arbitrariness not do better to listen to other architects, say, to Alberti, who, writing in the fifteenth century, and already concerned about the arbitrariness of works of architecture, calls on architects to create works of such integrity that they would banish thoughts that a building should perhaps be other and better than it happens to be:

> "[W]hen we see some other person's building, we immediately look over and compare the individual dimensions, and to the best of our ability consider what might be taken away, added, or altered, to make it more elegant, and willingly we lend our advice. But if it has been well designed and properly executed, who would not look at it with great pleasure and joy?"[34]

Successful architecture banishes thoughts of other possibilities. The architect defeats the specter of arbitrariness by creating buildings that look just right.

What does this mean: "buildings that look just right"? Aesthetics would have us understand this quality of looking just right as a defining characteristic of architectural beauty. Should we then not look to artistic creativity and not to reasons for an answer to arbitrariness? But just this easy appeal to creativity strikes me as profoundly questionable, as much part of the problem of arbitrariness in architecture, as of its solution. One contribution philosophy can perhaps make to architectural education is to question, not creativity, but the pursuit of creativity: self-conscious attempts to be creative.

But why question the appeal to creativity? First of all there is the problem of the emptiness of appeals to creativity. What does it mean to be "creative"? Creativity is commonly linked to originality. We may thus want to say that what distinguishes the architect from the mere builder is his original productivity, his freedom from the established and accepted.

To link creativity to originality is to characterize it first of all negatively, as freedom from what has come to be established and accepted, a freedom whose creations those unwilling to go beyond the established common sense may well judge nonsense. There can be no schools, no textbooks, no rules that help to make anyone creative in this sense. If creativity is linked to originality, it must be a gift, as Kant insists. It follows that genuine creativity may not strive to be original. The striving for originality has to substitute for genuine creativity the pursuit of the interesting. All too much recent architecture seems to me governed by this pursuit.[35]

8

I pointed out that compared to her sister arts architecture, on the aesthetic approach, will have to be considered deficient and impure: a not quite respectable art. But the reverse is also true: from the point of view of functional considerations, architecture's aesthetic component will seem an arbitrary addition, mere decoration, an extra that cannot be justified. Consider in this connection Adolf Loos's description of the effect of the introduction of an architect-designed villa into an Austrian lakeside village, which presents itself, among the peasants' houses "like an unnecessary screech," where, according to Loos, it does not matter at all whether it is the work of a good or a bad architect. "Why is it," Loos asks, "that every architect, whether he is good or bad, harms the lakeside?"[36] The atheist Loos does not hesitate to invoke God and the devil to present the contrast between buildings that, he suggests, were not so much built by peasants as created by nature, using their building only as her medium, and architect's architecture. Themselves products of nature, the former cannot but fit into the natural context. This fit gives them a look of natural necessity. Whatever an architect designs must break such harmony precisely because the architect insists on being more than a mere builder, insists on being also an artist. He is not content to construct merely serviceable structure, he wants to create something beautiful, an aesthetic object.

Such an aesthetic understanding of architecture is exemplified by Alexander Tzonis's and Liane Lefaivre's discussion of classical architecture. Invoking the authority of Aristotle, they, too, insist that the work of architecture, like every work of art, "is a world within the world, 'complete,' 'integral,' 'whole,' a world where there is no contradiction."[37] Given this conception of the work of architecture as another world, all "outside conditions" must be considered "significant obstacles." By its very nature, the aesthetic approach to architecture is opposed to every contextualism. "In ancient Greece, temples" thus "turned a cold shoulder to every structure that happened to be next to them, even if this other structure was another temple."[38] I do not want to raise here the question of the adequacy of this characterization of Greek architecture. But the basic point must be affirmed: To the extent that the aesthetic approach governs building, works of architecture will turn a cold shoulder, not only to their neighbors, but to the world that would constrain it with its demands and necessities. Aesthetics has long taught that such objects should be appreciated as self-sufficient wholes. To be appreciated as such wholes they must either distance themselves from their context, that is stand out as figures on the ground provided by the landscape, or incorporate it; must either turn their back to their setting like so many modern works of architecture that appear to just happen to be in this particular place – Loos's unnecessary, arbitrary screech – or engage that context, confront it as recalcitrant material to be appropriated, transformed, and integrated into the artist's composition. Either approach is difficult to reconcile with contextualism. So understood architecture inevitably tears the landscape. Such tearing scars. As anonymous dwellings all over the world can teach us, building need not be such a violation.

We need to confront Loos's claim that every architect, be he good or bad, harms the lakeside. If we understand architecture as an art, and understand art in aesthetic terms as the creation of self-sufficient aesthetic objects, it becomes impossible to disagree with Loos's condemnation of architecture. So understood, architecture is, by its very nature, irresponsible. Much of the architecture that has gone up in recent years testifies to such irresponsibility.

But must these presuppositions be granted? Is there not a creativity quite different from that of the artist who seeks to create self-sufficient aesthetic objects? In this connection it is helpful to take another look at Alberti. As we have seen, successful architecture, according to Alberti, is experienced as being just the way it should be. Inevitably such experience takes place against some preunderstanding of what the work in question ought to be. But like Wolff, when Alberti thinks of what a building ought to be he is not thinking first of all of an aesthetic object. It is indeed striking how little place is given in Alberti's *On the Art of Building* to considerations that we would think of as deserving a place in a work in the aesthetics of architecture. Instead we hear a great deal about the importance of site, climate, social function, available materials, construction techniques and the like. These help to define the space of possibilities that circumscribes our judgment of the architect's success or failure. "Art," accordingly, does not at all mean here first of all "fine art." We would do better to think, say, of the art of ship-building or dress-making. Similarly, creativity is not to be understood in aesthetic terms as originality free from the constraint of rules, but as governed by reason, linked to a tradition, and responsive to the task at hand. Creativity here implies the ability to successfully respond to the problem at hand, and that means inevitably also to its spatial and temporal, social and material context. So understood, architecture must become arbitrary whenever it turns, as Lefaivre and Tzonis would have it do, a cold shoulder to its neighbors and to the world that constrains it with its requirements and necessities. Here is Alberti's definition of the architect:

> "Him I consider the architect, who by sure and wonderful reason and method, knows both how to devise through his own mind and energy, and to realize by construction, whatever can be most beautifully fitted out for the noblest needs of man, by the movements of weights and the joining and massing of bodies."[39]

That architecture has to provide physical shelter and provide functional frames is taken for granted. But what are those noblest needs of man architecture is supposed to serve? Alberti gives no very clear answer to what exactly these needs are, but it is clear that they include the need to secure our place in a spatial and temporal order. In this connection Alberti's repeated appeals to reputation, honor, and fame are of interest. The task of building includes the task of responsible self-re-presentation. Such self-re-presentation is inevitably also an interpretation of the client's place in an ongoing world. Alberti thus recognizes what I have called the "ethical function" of architecture. We may want to speak of the hermeneutic function of architecture. To build is to interpret a landscape, a city. Such interpretation re-presents them in ways that allow us to feel more at home. And interpretation is experienced as non-arbitrary only when it is felt to be responsive to what it is interpreting. Creativity should be understood as response-ability, should be responsible in this sense.

9

In conclusion let me return to the beginning: What does philosophy have to contribute to architecture and to architectural education? This essay should hint at an answer. I have tried to question a certain approach to architecture, I called it the aesthetic approach, by pointing out that it must deny architecture its essential ethical function. I have thus questioned certain assumptions on which architects and architectural theorists have too often relied, tried to show that reliance on these assumptions must in the end mean the triumph of arbitrariness over architectural responsibility, that we need a different model, a different understanding of architecture that allows us to make sense of what Giedion took to be the main task facing contemporary architecture, "the interpretation of a way of life valid for our period"[40] and that is to say, to make sense of the architect's distinctive responsibility. It is not philosophy's task to tell architects what to do. But perhaps philosophy can help make architects more responsible by questioning assumptions that preclude such responsibility.

Bibliography

Alberti, Leon Battista (1988): *On the Art of Building in Ten Books*. Translation by Joseph Rykwert, Neil Leach, and Robert Travenor. Cambridge, MA, and London: MIT Press.

Baudrillard, Jean, and Jean Nouvel (2002): *The Singular Objects of Architecture*. Translation by Robert Bononno. Foreword K. Michael Hays. Minneapolis: University of Minnesota Press.

Baumgarten, Alexander Gottlieb (1750): *Aesthetica*. Frankfurt: Kleyb.

Benjamin, Andrew (2000): *Architectural Philosophy*. London: Athlone Press.

D'Alembert, Jean le Rond (1751): *L'Encyclopédie / 1re edition / Discours préliminaire, Encyclopédie, ou Dictionnaire raisonné des sciences, des arts et des métiers*. Paris: A'Livourne.

Fischer, Saul (1999): "Analytic Philosophy of Architecture: A Course." In: *Newsletter of the American Society of Aesthetics*. Vol. 19, no. 2 (Fall). http://www.aesthetics-online. org/teaching/fisher-saul.php (3-15-2017).

—, (2015): "Philosophy of Architecture." In: *Stanford Encyclopedia of Philosophy*. First published Sept. 9, 2015. http://plato.stanford.edu/entries/architecture/ (3-15-2017).

Foucault, Michel (1970): *The Order of Things*. New York: Pantheon.

Führ, Eduard (2000) (ed.): *Bauen und Wohnen / Building and Dwelling. Martin Heideggers Grundlegung einer Phänomenologie der Architektur / Martin Heidegger's Foundation of a Phenomenology of Architecture*. Münster, New York, et. al.: Waxmann.

Gass, William (1977): "House VI." In: *Progressive Architecture*, vol. 58, no. 6 (June), p. 57–67.

Giedion, Sigfried (1974): *Space, Time, and Architecture*. Cambridge: Harvard University Press.

Goldmann, Nicolaus (1699): *Vollständige Anweisung zu der Civil Bau-Kunst*. Edited by Leonhard Christoph Sturm. Braunschweig: Kesslern.

Harries, Karsten (1985): "Modernity's Bad Conscience." In: *AA Files*, no. 10 (Autumn), p. 53–60.

—, (1996): *The Ethical Function of Architecture*. Cambridge, MA, and London: MIT Press.

—, (2001): "Philosophy in Search of Itself." In: C. P. Ragland and Sarah Heidt: *What is Philosophy?* New Haven and London: Yale University Press, p. 47–73.

Heidegger, Martin (1954): "Bauen Wohnen Denken." In: *Vorträge und Aufsätze*. Pfullingen: Neske, p. 145–162.

—, (1977): "Der Ursprung des Kunstwerkes." In: *Holzwege (1935–1946), Gesamtausgabe*. Vol. 5. Frankfurt am Main: Klostermann. Translation: Idem (1971): "The Origin of the Work of Art." In: *Poetry, Language, Thought*. Translated by Albert Hofstadter. New York: Harper and Row, p. 15–86.

Hill, Richard (1999): *Designs and Their Consequences. Architecture and Aesthetics*. New Haven, CT, and London: Yale University Press.

Hubbard, William (1981): *Complicity and Conviction: Steps Towards an Architecture of Convention*. Cambridge, MA, and London: MIT Press.

Hübsch, Heinrich (1828): *In welchem Style sollen wir bauen*? Karlsruhe: Müller.

Johnson, Philip (1993): "House at New Canaan, Connecticut." In: Whitney, David, and Jeffrey Kipnis (eds.): *Philip Johnson: The Glass House*. Pantheon Books, p. 9–15. Reprinted from *The Architectural Review*, vol. 108, no. 645 (September) 1950, p. 152–159.

Johnson, Philip, and Mark Wigley (1988): *Deconstructivist Architecture*. New York: Museum of Modern Art.

Kant, Immanuel (1951): *Critique of Judgment*. Translated by J. H. Bernard. New York, NY: Hafner.

Nietzsche, Friedrich (1980): *Morgenröthe. Kritische Studienausgabe*. Edited by Giorgio Colli and Mazzino Montinari. Munich, Berlin, and New York: Deutscher Taschenbuch Verlag and de Gruyter, vol. 3.

Pevsner, Nikolaus (1958): *An Outline of European Architecture*. Harmondsworth: Penguin.

Rykwert, Joseph (1972): *On Adam's House in Paradise. The Idea of the Primitive Hut in Architectural History*. New York, NY: The Museum of Modern Art.

Scruton, Roger (1980): *The Aesthetics of Architecture*. Princeton: Princeton University Press.

Tafuri, Manfredo (1987): "'The Wicked Architect': G. B. Piranesi, Heterotopia and the Voyage." In: Idem: *The Sphere and the Labyrinth. Avant-Gardes and Architecture from Piranesi to the 1970s*. Translated by Pellegrino d'Acierno and Robert Connolly. Cambridge, MA, and London: MIT Press, p. 25–64.

Tzonis, Alexander, and Liane Lefaivre (1986): *Classical Architecture. The Poetics of Order*. Cambridge, MA, and London: MIT Press.

Venturi, Robert, Denise Scott Brown, and Steven Izenour (1977): *Learning From Las Vegas: The Forgotten Symbolism of Architectural Form*. Revised edition. Cambridge, MA: MIT Press.

Weiss, Paul (1961): *Nine Basic Arts*. Carbondale: Southern Illinois University Press.

Winters, Edward (2007): *Aesthetics and Architecture*. London and New York: Continuum International Publishing Group.

Wittgenstein, Ludwig (1959): *Philosophical Investigations*. Translated by G.E.M. Anscombe. New York: Macmillan.

Wolff, Christian (1710): *Der Anfangs-Gründe Aller Mathematischen Wissenschafften Erster Theil*. Halle: Renger.

"Zaha Hadid" (1999). In: *Architektur: Physis*. Edited by Volker Giencke. Innsbruck: Institut für Hochbau und Entwerfen.

Notes

1 The career and publications of Eduard Führ provide an example: trained in both architecture and philosophy, both as author, educator, and founder of the online journal *Wolkenkuckucksheim*, Führ has done much to help bridge the distance between philosophical and architectural discourse. I have appreciated especially his efforts to show the continued relevance of Heidegger's "Bauen Wohnen Denken" to a phenomenology of architecture. Cf. Führ 2000.
2 Wolff 1710, p. 271–467.
3 Goldmann 1699.
4 D'Alembert 1751, p. xliii.
5 Ibid., p. xvii.
6 Scruton 1980.
7 Hill 1999.
8 Winters 2007.
9 Fischer 1999. See also Fischer 2015.
10 German in Heidegger 1977, p. 67; translation in Heidegger 1971, p. 79.
11 Kant I95I, par. 5I, p. I66.
12 Pevsner 1958, p. 23.
13 Venturi, Scott Brown, and Izenour 1977.
14 Gass 1977, p. 64.
15 fishercenter.bard.edu/about/building.
16 Weiss 1961, p. 68.
17 Ibid., p. 69.
18 Ibid., p. 84.
19 Johnson 1993, p. 9–15, reprinted from *The Architectural Review* 1950, vol. 108, no. 645, p. 152–159.
20 "Zaha Hadid" 1999.
21 Fisher 1999.
22 Hübsch 1828.
23 Hubbard 1981, p. 5.
24 See Harries 2001, p. 47–73.
25 Wittgenstein 1959.
26 Baudrillard and Nouvel 2002, p. xv.
27 See for example Benjamin 2000.
28 Johnson and Wigley 1988, p. 10.
29 See Tafuri, 1987, p. 25 – 64. For "heterotopia" Tafuri refers the reader to Michel Foucault, *The Order of Things* (New York: Pantheon, 1970), p. xviii–xix.
30 Nietzsche 1980, p. 152.
31 Heidegger 1954, p. 156.
32 See Rykwert 1972.
33 Giedion 1974, p. xxxii.
34 Alberti 1988, p. 4.
35 See Harries 1985, p. 53–60.
36 Adolf Loos: "Architecture," cited in Rykwert 1972, p. 27.
37 Tzonis and Lefaivre 1986, p. 9.
38 Ibid., p. 243.
39 Alberti 1988, p. 3.
40 Ibid., p. xxxiii.

Expanding the Expanded Field

Robert Miller

> "The technical ground of a genre and its given conventions opened up a space for release – the way the fugue makes it possible, for example, to improvise complex marriages between its voices. [...] Without [these conventions] there would be no possibility of judging the success or failure of such improvisation."
> *Rosalind Krauss*[1]

"Sculpture in the Expanded Field" of 1979 by Rosalind Krauss endeavored to make sense of a decade's worth of bewildering art.[2] Situated both in and out of the gallery, these works broke with the by then canonical Modernist traditions that preceded them and sought to challenge the system of institutions and galleries that commercially sustained the art world. A decade later, the *October* anthology set this endeavor in perspective: "The particular historical moment within which our project took shape was a transitional period in which the modernist canon, the forms and categories that had defined and elucidated it, were everywhere in question."[3]

The situation elucidated by Krauss in 1979 (hereafter, "Expanded Field") and contextualized by the editors in 1988 both alerted us to a shift in sensibility between Modern and Postmodern production and showed how works are dependent on, yet alter, cultural classification. Krauss was not alone in trying to parse increasingly complex overlaps in culture and aesthetic production or make a case for work that conjoined dissimilar traditions. In 1973, Charles Jencks tried to map mutating categories of architectural practice with their associated political and industrial influences;[4] the same year he advocated a design sensibility that grafted components and traditions that were never intended to go together.[5] But neither Jencks nor subsequent cartographers of architectural movements have delivered a system with a similar level of rigor or generative conceptual potential as that developed by Krauss. **(Fig. 1)**

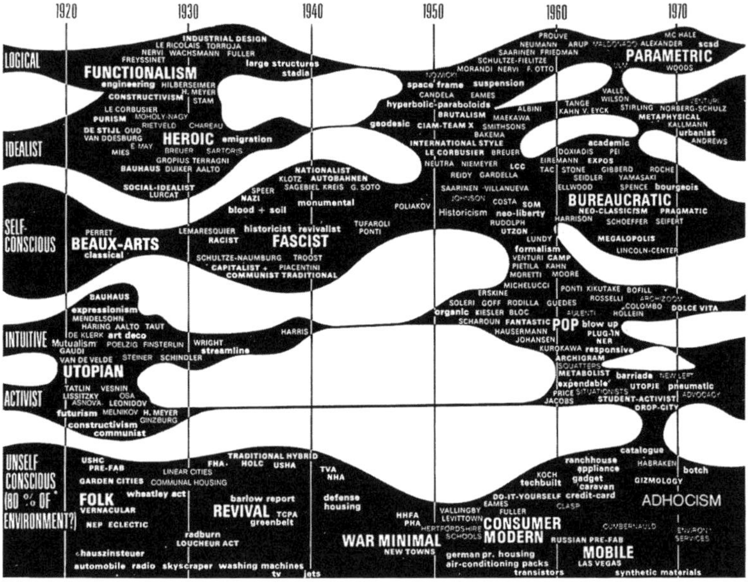

Fig. 1: Charles Jencks: "Evolutionary Tree," 1973; Alejandro Zaera-Polo & Guillermo Fernandez-Abascal: "Political Compass," 2016. Jencks's insights into the relationship between works and the movements to which they belonged were limited to graphic proximity (between designers, themes, technological innovations, and political events, all mapped over six movements that stretched and distended across time like a 1960s Lava Lamp). Following Jencks, Zaera-Polo and Fernandez-Abascal identified seven movements based on broad political positions that characterize the work. Categorical purity is registered to the circumference and hybridity toward the center.

This article will reconsider Krauss's Structuralist prescription for expanding categorical thinking and suggest ways in which its thesis can, itself, be expanded and used to theorize architecture.

The Thesis: Categorization is Relative

Krauss's Structuralist analysis illuminated the emerging plethora of environmental art that was, for lack of a better term, being tenuously lumped together as *sculpture:*

> "We had thought to use a universal category to authenticate a group of particulars, but the category has now been forced to cover such a heterogeneity that it is, itself, in danger of collapsing. And so we stare at the pit in the earth and think we both do and don't know what sculpture is."[6]

Her analysis demonstrated that Postmodern production was no longer bound by material and methodical categorization (e.g., painting, sculpture, landscape), but driven by a logic that made traditional typecasting irrelevant.

> "It is obvious that the logic of the space of postmodernist practice is no longer organized around the definition of a given medium on the grounds of material, or, for that matter, the perception of material. It is organized instead through the universe of terms that are felt to be in opposition within a cultural situation."[7]

While the new works were neither confined to, nor generated from, traditional genre designations, they would inevitably be *read against* such categorizations because genre-designation participates in schematization, which is to say that genres frame perception and cognition. By extension, it also meant that sculpture (and therefore all the arts) was an historical, and not a universal, construct.

Using Structuralist techniques, Krauss set up a series of oppositions that framed what she called "the expanded field" into which she situated specific works. Opening with a 1950s quip by Barnett Newman ("Sculpture is what you bump into when you back up to see a painting") and two mid-sixties works by Robert Morris,[8] Krauss defined the new work, provisionally referred to as "sculpture," by what it wasn't (Fig. 2):

"Sculpture had entered the full condition of its inverse logic and had become pure negativity: the combination of exclusions. Sculpture, it could be said, had ceased being a positivity, and was now the category that resulted from the addition of the *not-landscape* to the *not-architecture*."[9]

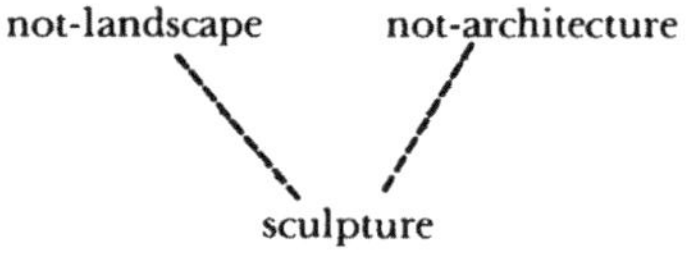

Fig. 2: Krauss: The limit of Modernist sculpture

From this condition of ontological absence, she then generated a broader field of operation (Fig. 3):

"If those terms [*not-landscape* and *not-architecture*] are the expression of a logical opposition stated as a pair of negatives, they can be transformed by a simple inversion into the same polar opposites but expressed positively. [...] By means of this logical expansion a set of binaries is transformed into a quaternary field which both mirrors the original opposition and at the same time opens it."[10]

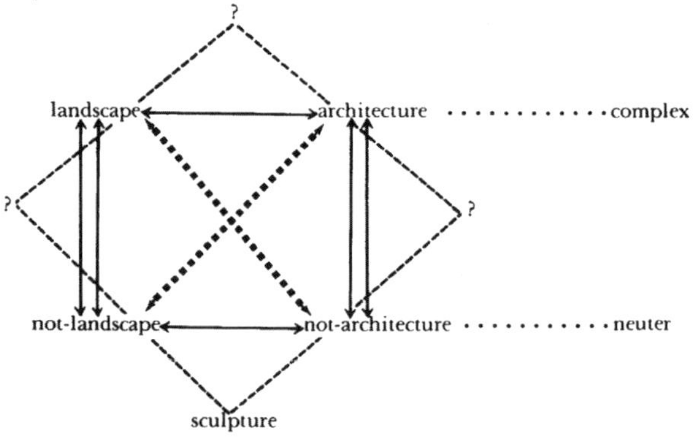

Fig. 3: Krauss: Expanded Field, unnamed

The implication, said Krauss, was to admit into the realm of art two terms that had been prohibited, *landscape* and *architecture*, terms that previously could define the realm of *sculpture* only in negative. By redrawing the cognitive map, outdated boundaries that no longer fit contemporary production were replaced by new ways of thinking about work. But it was the creative potential of this technique that was particularly promising: rethinking the relationships between sculpture, architecture, and landscape, would expose voids in the cultural terrain that could be intentionally targeted. If *sculpture* had accidentally become suspended between *not-landscape* and *not-architecture*, what might happen by exploring other hitherto unknown extremities in the Field?

> "Once this has happened, once one is able to think one's way into this expansion, there are – logically – three other categories that one can envision, all of them a condition of the field itself, and none of them assimilable to *sculpture*. Because as we can see, *sculpture* is no longer the privileged middle term between two things that it isn't. *Sculpture* is rather only one term on the periphery of a field in which there are other, differently structured possibilities."[11]

Krauss showed how to generate cross-genre work by mapping known traits and looking for holes – rather like predicting the existence of an unknown planet by studying the gravitation and trajectories of the known universe. What "Expanded Field" relied on, but did not delve into, was the unstable nature of cross-genre *experience*. The perplexity engendered by cross-genre works is ultimately limited by its cultural influence, which is to say that its categorical ambiguity fades in proportion to its clout. The more a cross-genre work is disseminated, the more its once tenuous position between disciplines becomes wellworn until it risks coalescing into a genre in its own right – at which point *there is no perplexity left*. While the physical project may persevere, the categorical tightrope (upon which its character depends) may not. Cross-genre works can straddle disciplines only so long as those originating categories remain authoritative, a status that the cross-genre work, itself, undermines. The more effective the work, the more efficiently it shortens its own cultural life, the quintessential example being Maya Ying Lin's *Vietnam Veterans Memorial* (1981).[12]

Thus, the successful cross-genre work will preside over the dismantling of the hard-and-fast categories upon which its own artistic integrity depends – but, more on this later.

Rereading the Expanded Field

Having opened the Field through Structuralist technique, Krauss filled the voids at the nine-, twelve-, and three-o'clock positions (Fig. 3) with sub-genre categories (Fig. 4):

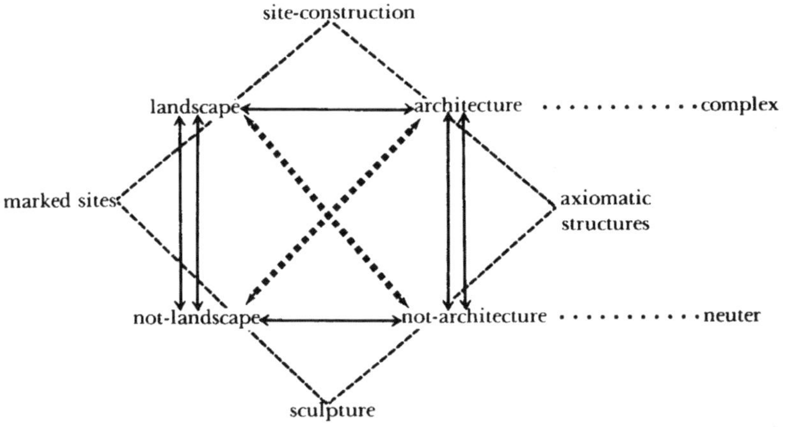

Fig. 4: Krauss: Expanded Field, named

The assigned names, however, never caught on; *marked sites, site-construction,* and *axiomatic structures* look rather out of place next to *sculpture,* which, however badly it was under siege in the 1970s, remains a serviceable category. To consider why, let's start by mapping some of the works cited by Krauss to their respective positions around the Field (Fig. 5):

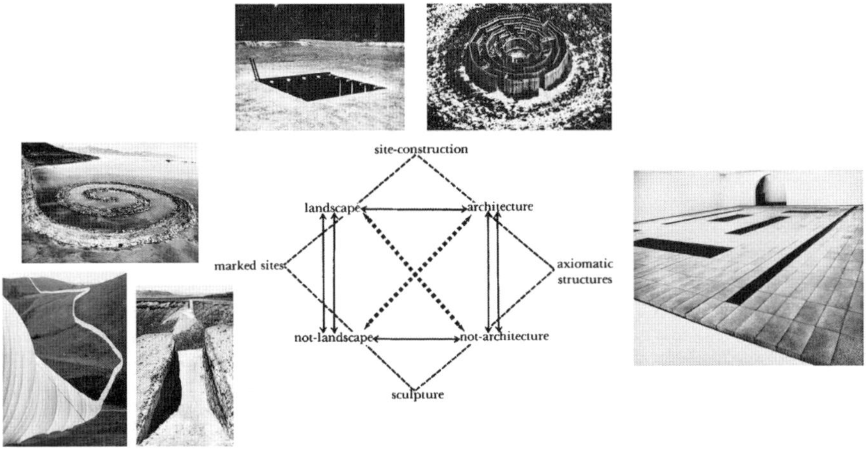

Fig. 5: After Krauss: Expanded Field, named with graphics

While the new positions offered more distinctions than *sculpture* alone, they remained categorical. The Expanded Field lacked the kind of subtlety that characterized the spirit of the works it mapped, which, you will remember, were intended to buck easy classification and commodification.

Consider *Spiral Jetty*. Krauss assigned Robert Smithson's seminal work to *marked sites* along with Michael Heitzer's *Double Negative* (1969–1970) and Christo's *Running Fence* (1976). A *marked site*, according to Krauss, requires either the physical manipulation of a site or some other form of marking, possibly mirrors, temporary insertions, or photography.[13] Based on her samples, the medium of marking should be highly abstract.

By contrast, *site-construction* (undefined in "Expanded Field" but exemplified by works such as *Perimeters/Pavilions/Decoys* [1978] by Mary Miss and Alice Aycock's *Maze* [1972]) interacts with, but is not drawn from, its site. As the name suggests, its essence is that of a clear architectonic form in which the materials and method of construction are evident.

So, why was *Spiral Jetty* assigned to *marked sites* instead of *site-construction*?

Following the rules for *Marked Sites, Spiral Jetty* engaged and drew its nature from the site (by registering the rise and fall of water). Like Christo's and Heitzer's projects, the *Spiral* was a kind of drawing that revealed its site's topography and character. And, while *Running Fence* and *Double Negative* were positive and negative renditions of a similar schema (one a planar erasure; the other a glowing plane), the *Spiral* was a datum that appeared and disappeared based on site conditions.

But unlike these projects, *Spiral Jetty* was also a complex, autonomous, geometric form in which materiality and a method of building were evident, as was the case with *Perimeters/Pavilions/Decoys* and *Maze.* In keeping with the traits common to *site-construction,* it represented an architectonic idea imposed upon, not drawn from, its site.

Consequently, *Spiral Jetty* belongs between *marked sites* and *site-construction,* close to *landscape* but nudged toward *not-landscape* (Fig. 6):

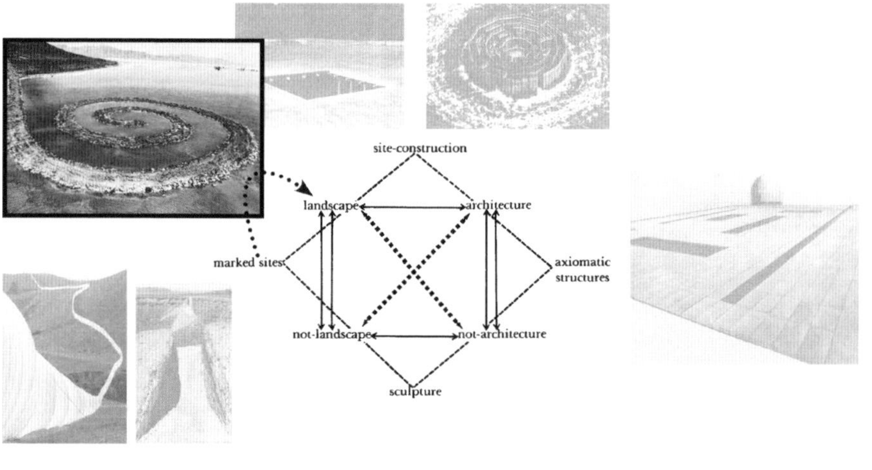

Fig. 6: Modified Krauss: Expanded Field, named, with *Spiral Jetty* relocated

Spiral Jetty exposes two liabilities in taking Krauss's diagram as the fulfillment of her thinking. Firstly, the conceptual rigor promised by the system requires greater nuance than was available from the square-on-diamond diagram and the resulting categories. After all, her point was to empower rigorous thinking about works *whose essence came from denying precise categorization.*

Secondly, Krauss's diagram offered distinctions along the horizontal, but not the vertical, axis. That *marked sites* is to the left of *landscape* and *axiomatic structures* to the right of *architecture* is a notation of affinity between these works and their respective genres: Carl Andre's *Cuts* is, after all, more like architecture while Michael Heizer's *Double Negative* has greater affinity to Landscape Architecture.

A similar kind of qualitative distinction cannot be derived from the diagram's vertical axis: all projects belonging to *marked sites* are trapped half-way between the positive and negative manifestations of *landscape.*

While the square-on-diamond depicts a polarity between genres, it limits the emergence of sub-systems to four (at the corners of the diamond) and eliminates a meaningful registration along the vertical axis. The Expanded Field could more insightfully chart cross-genre works if it facilitated open positioning *without* setting up sub-genres.

While Krauss never used the word, *genre* is the essential notion that sets her analysis in motion.

> "Sculpture had entered a categorical no-man's land: it was what was on or in front of a building that was not on the building, or what was in the landscape that was not the landscape."[14]

In other words, when a work no longer fits the prescription of its parent genre, there is a cognitive/descriptive collapse and in that collapse is an aesthetic and analytic potential that Krauss sought to exploit. But how? Let's go back and replace Krauss's named categories by their *generic types* (Fig.7); then reexamine the Field:

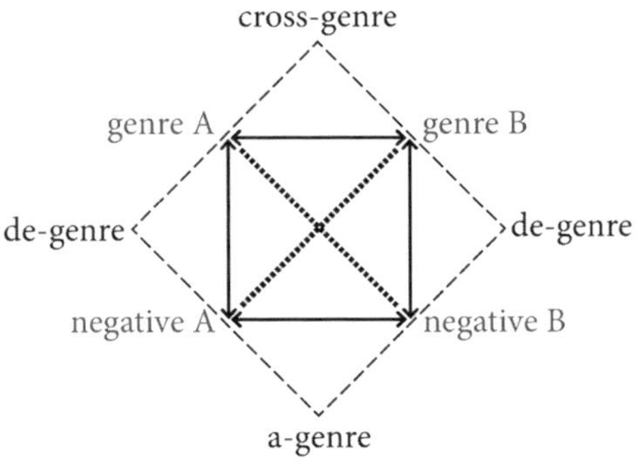

Fig. 7: After Krauss: Expanded Field, identified as types instead of named categories

1. The whole thing started with *sculpture* relative to *not-landscape* and *not-architecture,* the latter being the negation of genre ("negative A" and "negative B").
2. Working backwards, as did Krauss, *landscape* and *architecture* are the positive figures, or *genre,* that generate the Field ("genre A" and "genre B").
3. Crossing *landscape* and *architecture* yields their hybrid at twelve o'clock: *cross-genre.*
4. At three- and nine-o'clock, vertically between genre and negative-genre, would be a position that is neither positive nor negative, but neuter: *de-genre.*[15]
5. Which brings us back to six-o'clock, the position occupied by *sculpture.*

(Here, mind the trap: One is tempted to take the six-o'clock position for a genre – *which it is not.* In "Expanded Field," the elusive works running under the provisional signifier *sculpture* were precisely those that did not *really* belong to the genre of that same name, hence the very reason for the essay.)
At the lowest point on the scale of genreness must be the absolute *absence* of genre: *a-genre.* The bottom position is a genre-netherworld representing, not negation, but utter indifference to classification. Is this possible? Our dependence on genre as a mechanism of understanding puts into question the very possibility of suspending classification. Even for Krauss, *sculpture* got its quality from resistance to classification, not indifference. The a-genre zone may be a theoretical, not a practical, possibility.

Expanding the Expanded Field

If the square-on-diamond is limiting, we can expand it by taking the horizontal axis of *disciplinarity* and superimposing a vertical one of *genreness* **(Fig. 8)**:

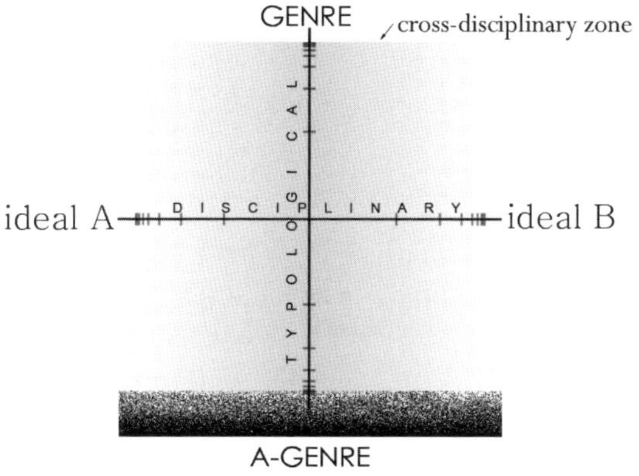

Fig. 8: Biaxial Field (disciplinary vs. typological axes)

On crosshairs, genre-relative projects can be positioned, rather than categorized, with significance derived from *position* rather than categorization.
The vertical axis indicates *genreness:* the higher the position, the more embedded the work is in an established genre; the lower, the greater its resistance to classification.
The horizontal axis indicates disciplinarity. The presence of discipline A (say *landscape architecture*) is registered to the left while that of discipline B (say *architecture*) increases to the right. Disciplinary purity is suggested at the extreme positions while hybridity is registered at center.
In this expansion of the Expanded Field, Krauss's general intention has remained but the original square-on-diamond with fixed classifications has been traded in for biaxial registration. There is now the distinction between a discipline and its typological classification as a genre; «architecture» as a discipline, vs. *architecture* the genre, can be thought about as separate concerns.[16]

Being ideals, the disciplinary purity represented on the extremities of the horizontal axis will never be occupied by an actual work, for no project can be coterminous with its discipline. We *presume* to know what architecture is, but we can't define it – every definition, in the end, being provisional and specific to a cultural context. As theorized in this system, a project could approach, but never completely embody, the essence of *architecture.*

Because genreness can be registered vertically, this system allows hybrid projects to attain genre or sub-genre status without also having disciplinary purity, which is precisely what happened to the projects that prompted Krauss's article: eventually, they formed a genre of their own.

The a-genre boundary is represented as a *fuzzy black zone* – a kind of elongated black hole. No project will actually occupy this zone for, being indifferent to genreness, it would disappear from the graph-universe. The scales of this Field are geometric, rather than arithmetic, because, with infinity lurking at the extremities, the graph represents a warped space.

In practice, the crosshairs would normally be off-center because, in a cross-disciplinary domain, two disciplines would rarely have equal territories **(Fig. 9)**:

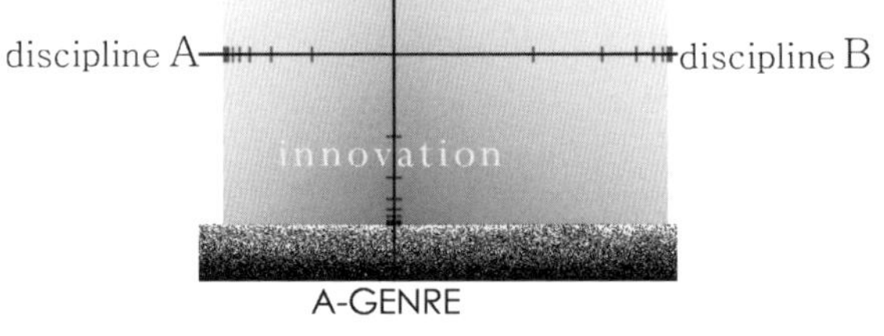

Fig. 9: Asymmetrical biaxial Field (disciplinary vs. typological axes)

In this example, discipline B (say «architecture») is an older and more developed discipline than discipline A (say «landscape architecture»), suggested by a shift in the vertical axis to the left: there is more disciplinary territory on the right. Similarly, a scarcity of negative-genre potential is represented by the lowered X-axis. These shifts illustrate the cross-disciplinary, cross-genre potential before projects are even mapped.

Oppositional projects require a dominant genre to resist. As Krauss pointed out: when there is no dominant genre – no *sculpture* defined in positive terms – it is difficult for the resistance to find its place. A dominant genre space is whittled away because de-genre, anti-genre, and a-genre projects erode the positive term, expanding the lower part of the Field. Eventually the upper space may become so compressed that the Field will collapse and must be expanded or fractured into multiple Fields. Thus the shape of the Field, along with the positions of the projects mapped to it, change over time. This need not happen by conscious intervention – *it just happens.* An absence of poles against which to navigate is untenable; eventually new ones emerge (as did *Earth Art* as a sub-genre).

A sculpture is *sculpture* because it is not *painting* or *architecture,* but at the same time, without paintings and architecture, it would be less clear what *sculpture* is. This dependence is always at play; genres coexist in a balance akin to gravitational stability.

A similar tension explains the left-right movement of the crosshairs. That two disciplines can show up in a single Field indicates that they are mutually defining, which creates the possibility for cross-disciplinary work. («Architecture» and «nursing» could not currently be mapped in the same space, although «architecture» and «medicine» might have been in the Renaissance.)

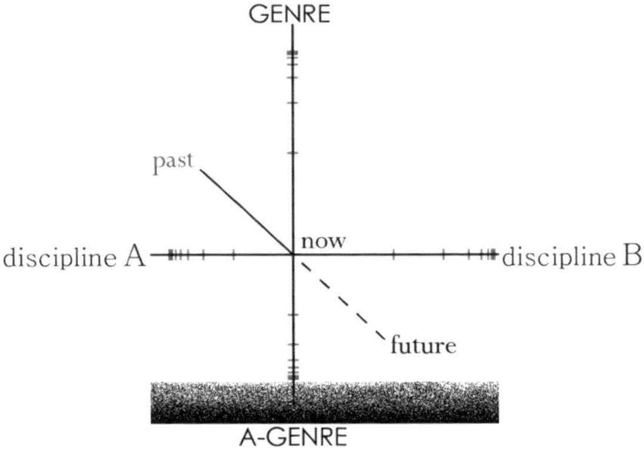

Fig. 10: Triaxial Field (disciplinary, typological, and temporal axes)

Charting time on a Z-axis reveals the changing cultural significance of projects as well as changing relations in the Field itself. **(Fig. 10)** Some works will stay relatively stationary while the interpretation of others will change; some, though physically extant, will fade off the chart all together while others that physically disappear will continue to live in the chart (exerting a cultural presence) – the *Barcelona Pavilion* by Mies van der Rohe or works by Christo are examples. The trajectory of works would be charted relative to parent disciplines that might be changing too **(Fig. 11)**:

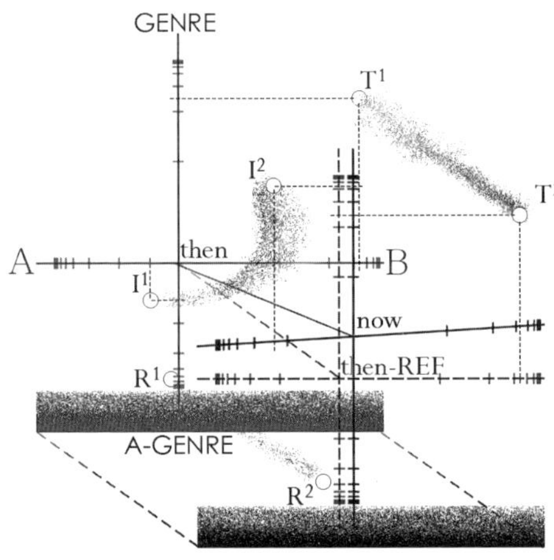

Fig. 11: Triaxial Field, with hypothetical example

A	**discipline A**
B	**discipline B**
then	**crosshairs, time^1**
then-REF	**crosshair position from time^1 at location time^2**
now	**crosshairs, time^2**
I	**innovative project (superscript indicates time^1 and time^2)**
R	**radical project (superscript indicates time^1 and time^2)**
T	**traditional project (superscript indicates time^1 and time^2)**

INNOVATION: Innovative works that are also influential (like PROJECT I) will move upward (toward genreness) and perhaps outward (toward disciplinary purity). This is because an innovative project, by definition, will initially question its parent genre or its discipline's purity but, being influential, will attract a following of other works (and spawn imitators) to a similar trajectory. This, in turn, changes the status of the initial project as well as the characteristics of the Field against which they are read. (Such a project in the *landscape + architecture* matrix would be Bernard Tschumi's *Parc de La Villette* of 1987.)

The rise of the disciplinary axis over time ("then" vs. "now" in Figure 11) illustrates a mounting challenge to the established cultural terrain: the *negative-genre* space has enlarged as the *genre* territory has contracted. The upward-right tilt in the disciplinary axis indicates that discipline B has undergone more genre challenges than A; the shift-right of the vertical axis indicates that A has expanded its purview relative to B. (The vertical genre-axis would skew if there were an inverted correspondence between genre and a-genre works in the two disciplines.)

CONVENTION: By contrast, conventional projects (like PROJECT T) will start high and to the side of the graph, and stay there. As such projects do not challenge their discipline, they do not impact the configuration of the Field (except that, without them, the genre-space would contract).

A conventional project that is influential will read like one that isn't, but it will retard the migration of the crosshairs. The *Getty Museum* (1984–1997, Richard Meier) and the influence of neo-Modernism, for example, pulled architecture back toward early- and mid-century values in the 1990s and stabilized the disciplinary space, which had been volatile in the 1970s–1980s.

EXTREMIST: Progressive works that fail to have impact will resemble traditional works in trajectory, though not in position. An ultraradical project (such as PROJECT R) begins low (challenging genre) and probably in the middle (thwarting disciplinary conventions). Even if widely known, it is likely to remain here due to the inability of the Field, or the incapacity of the market, to follow it. In the *landscape + architecture* matrix, such projects rarely get constructed, as with Daniel Libeskind's *City Edge Berlin* (1987).

Thus, the Z-axis reveals ingenuity and impact. Innovative work that is influential will have angled or curved trajectories; traditional and highly radical works will have crosshair-synchronous paths. Innovation occurs at the center and lower regions; tradition in the upper and outer limits.

Innovation can occur in two domains: breadth (expanding scope) and depth (refinement). The disciplinary and typological concerns that can be mapped in this system are limited to domains of breadth. A project that is utterly traditional in disciplinary and typological concerns could still be innovative in terms of depth: it could push a discipline to new qualitative levels within the existing territory and invigorate the tradition. Working strictly within territory set out by Le Corbusier for example, Richard Meier advanced the qualitative possibilities of that tradition. But there is no way to specifically map innovative depth in this system.

The Projects Reconsidered

Returning to *Spiral Jetty*, Krauss assigned Smithson's project to *marked sites* **(Fig. 5)**[17] although it is better placed between *marked sites* and *site-construction*, close to *landscape* but nudged toward *not-landscape* **(Fig. 6)**.

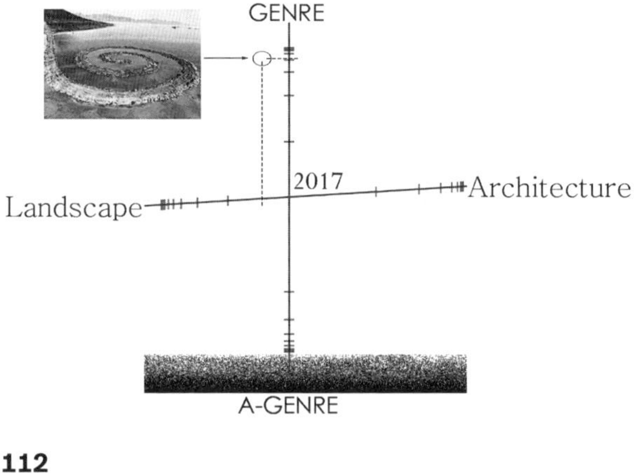

Fig. 12: Biaxial Field, *Spiral Jetty*, cultural significance c. 2017

Considered today on a biaxial Field **(Fig. 12)**, *Spiral Jetty* would reside closer to landscape than architecture and, since it contributed significantly to the formation of *Earth Art* as a sub-genre, ranks high in genre status.

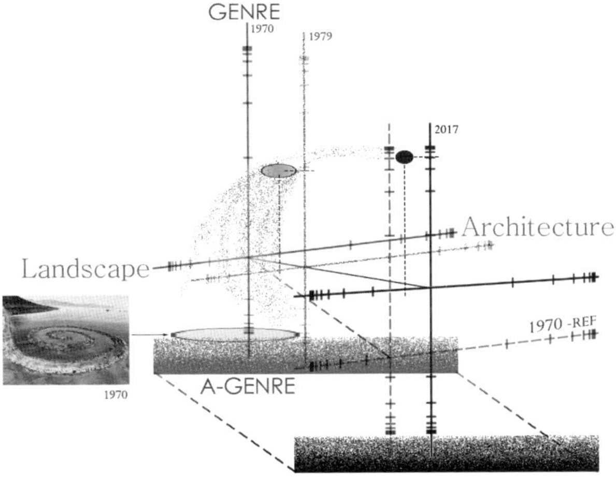

Fig. 13: Triaxial Field, *Spiral Jetty*, cultural significance 1970–2017

Mapped to a triaxial Field **(Fig. 13)**, *Spiral Jetty* was anti-genre when completed in 1970 so belongs in the lower regions. Its disciplinary roots were also mixed, so it resides in the cross-disciplinary zone with an elongated shape (suggesting ambiguity, even in mapping). Over time its ovoid shape contracts while moving upward, as *Earth Art* became a sub-genre.

At its debut, just as *Earth Art* was coming together as a movement, *Spiral Jetty* would have been taken as abstract, its quality as a drawing outweighing its physical properties as a constructed object. Works become less abstract, and more concrete, as they become established as cultural benchmarks and part of our perceptual and cognitive world. The newness wears off; we learn the language; the traits become commonplace; we see the *thing* in place of the *idea*. The villas of the 1920s by Le Corbusier, for example, first appeared highly abstract – hardly *architecture* at all – but, by the 1980s, that same idiom seemed much more concrete, in part because the stylistic language of *deconstruction* had become a strange and highly abstract vector that stretched the genre.[18]

In Figure 13, tonal value denotes abstraction: darkness for concreteness; grayness for abstraction. *Spiral Jetty* is depicted as a light-gray oval (highly abstract) in 1970; as a smaller pochéd circle (more concrete, less ambiguous) today. (Conceptual art, like Hans Haacke's exposé of the Guggenheim's real estate holdings, *Manhattan Real Estate Holdings* (1971), would be nearly white.)

Spiral Jetty rose rapidly in the cultural consciousness, becoming less abstract as it became more established, certainly more than de Maria's *Mile Long Drawing* (1968). As *Spiral Jetty* moves on the Field from *a-genreness* toward *genre*, it's elongated ambiguous ash-white cloud becomes a dark-gray circle.

Returning to Krauss's study, *Perimeters /Pavilions /Decoys* (hereafter *P/P/D*, 1978) by Mary Miss is less dramatic in its transformation **(Fig. 14)**:

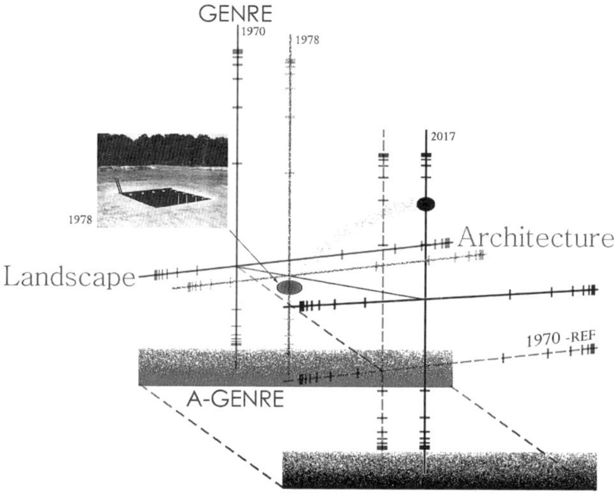

Fig. 14: Triaxial Field, *Perimeters/ Pavilions/Decoys*, cultural significance 1978–2017

Relative to Smithson's project, *P/P/D* was, and remains, a more balanced hybrid of landscape and architecture and so holds stable at mid-graph.

Its genre status today is lower than *Spiral Jetty*'s, as it did not have an equivalent impact or quantity of followers. *P/P/D* makes its appearance in 1978 higher on the genre scale than *Spiral Jetty* because it was entering a more

established practice of cross-genre production and was more clearly a cross between known genres. *Spiral Jetty* has always been more abstract than *P/P/D*. The latter is a "room in the ground" crafted by conventional construction, while the former vacillates between "a mound" and "a drawing."
But, neither project is as abstract as *Running Fence* (Christo and Jeanne-Claude, 1976) **(Fig. 15)**:

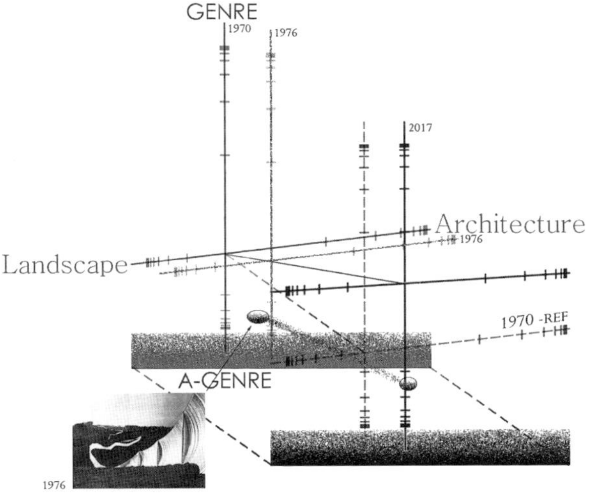

Fig. 15: Triaxial Field, *Running Fence*, cultural significance 1976-2017

Unlike Smithson's work, which helped create a genre trafficked by others, Christo's has remained largely Christo's. While it became possible to etch the ground, wield a bulldozer like a chisel, build mounds, or excavate trenches without invoking associations with one particular artist, the same cannot be said of wrapping city-size objects in fabric or making global-scale installations (such as wrapped islands, say, or erecting thousands of supersize blue and yellow umbrellas). One can imagine versions of *Spiral Jetty* or a *Lightning Field* by other artists, but works like *Running Fence* are impossible to imagine without a Christo imprimatur, even if executed by other artists (as, in fact, they are: installed by thousands).

Running Fence was simultaneously abstract *and* concrete. From a distance (particularly from the air), the work was pure abstraction; up close, the lyrical calligraphy was overtaken by the endless folds of parachute fabric flapping in the California wind. But the work was significant as *conceptual art,* not as much for its visceral materiality. It's conceptual nature and short lifespan guarantee a high registration in abstraction: the work lives as an idea.
Even if Christo and Jeanne-Claude's work is highly recognizable, it has not simultaneously created a genre that is trafficked by others. Relative to the other mapped projects, *Running Fence* remains hybrid and lower on the genre scale.
Since 1970, anti-genre works have proliferated. Projects that make reference to or openly challenge established genres have become regular productions in many disciplines. In the Landscape | Architecture Field, the *landscape* side has greatly expanded and landscape architecture as an art, more than a professional practice, has become a sub-genre (from Roberto Burle Marx to Peter Walker, Martha Schwartz, Ackroyd & Harvey, and SITE). Entire practices, such as Diller Scofidio + Renfro, are now built on disciplinary mixing and genre challenge.

The Non-Genre Genre

By mapping projects over time we can see how the genres and disciplines against which they play are, themselves, ever-shifting and how both projects and the Field are mutually defining. But this attempt at cultural cartography begs the question of how to map work that crosses more than two disciplines? Were we to give over the Y-axis to more disciplines and convert the Z-axis to genre, one can imagine how four disciplines might be mapped, but we would quickly end up back at the square-on-diamond problem that stymied Krauss. If her methodology broke under the straightjacket of categorization, this one similarly fails if we impose a methodological form that breaks with the spirit of the subject it seeks to study. The value of this exercise is, not to map a cross-genre cross-disciplinary universe, but to develop a feeling for the laws and properties of that universe through simplified cases.

Besides, we have passed the cultural horizon of genreresistance.

In 1979 Rosalind Krauss took pioneering cross-genre works and classified them to make a point: Structuralism can force us to discover new possibilities outside traditional norms. While she helped us understand those groundbreaking projects, they, to their credit, ultimately shunned her taxonomy. *Axiomatic structures?* The works in question straddled conventions and pitted genres against themselves to *avoid* being pigeonholed. "Sculpture in the Expanded Field" was seminal in getting us to understand how cross-disciplinary production worked, not at establishing a new map of the conceptual terrain.

But that was then.

As more and more projects crossing more and more disciplines have challenged more and more genres, a new category emerged between the old disciplinary benchmarks that was silently institutionalized as a "non-category" category.[19]

If mapped, we'd see cross-disciplinary projects move over the last forty years from the anti-genre space up into the genre zone. Disciplinary mixing is now expected so, while disciplines would still define the Field, crossing them would not generate the same delicious perplexity. Unlike the old days of interbreeding, the new work is *overcoded* to look and feel like something radical, fuzzy, and anti-hierarchical when, in fact, it is mainstream and expected.[20]

Pioneered by Marcel Duchamp and later developed and proliferated by the artists whose work was examined by Krauss, this non-category category has become, if not quite a cliché, certainly an established domain. The *cross-genre* genre has become a hard and fast cultural category in its own right, and is no longer something tentative, radical, and equivocal. It is a category unto itself, but one that categorically denies its own categorization: *a genre comprised of traits from multiple disciplines, either collaged or synthetically recombined, proffering itself as anti-genre.*

Bibliography

Brown, Julia (1984) (ed.): *Michael Heizer Sculpture in Reverse*. Los Angeles, CA: Museum of Contemporary Art.

Eco, Umberto (1979a): *A Theory of Semiotics*. Bloomington, IN: Indiana University Press.

–, (1979b): *The Role of the Reader. Explorations in the Semiotics of Texts*. Bloomington, IN: Indiana University Press.

Hitchcock, Henry Russell, and Philip Johnson (1932): *The International Style: Architecture Since 1922*. New York, NY: Norton & Company.

Jencks, Charles (1973): *Modern Movements in Architecture*. Garden City, NY: Anchor Books.

–, (2000): "Jencks's Theory of Evolution. An Overview of Twentieth-Century Architecture." In: Architectural Review, vol. 208, no. 1241, p. 76–79. https://www.architectural-review.com/oldarchive/2000-july-jencks-theory-of-evolution-an-overview-of-20th-century-architecture/8623596.article (4-1-2017).

Jencks, Charles, and Nathan Silver (1973): *Adhocism. The Case for Improvisation*. Garden City, NY: Anchor Books.

Krauss, Rosalind E. (1985) [1979]: "Sculpture in the Expanded Field." In: *October*, no. 8 (Spring). Reprinted in: Idem (1985), p. 276–290.

–, (1985): *The Originality of the Avant-Garde and Other Modernist Myths*. Cambridge, MA: MIT Press.

–, (1999): *A Voyage on the North Sea: Art in the Age of the Post-Medium Condition*. New York, NY: Thames & Hudson.

Michelson, Annette, Rosalind Krauss, Douglas Crimp, and Joan Copjec (1988): *October. The First Decade, 1976–1986*. Cambridge, MA: MIT Press.

Zaera-Polo, Alejandro, and Guillermo Fernandez Abascal (2016): "Political Compass." http://www.archdaily.com/801641/architectures-political-compass-a-taxonomy-of-emerging-architecture-in-one-diagram/5853c564e58ecebf57000221-architectures-political-compass-a-taxonomy-of-emerging-architecture-in-one-diagram-photo (4-1-2017).

Notes

1 Krauss 1999, p. 6 (emphasis original).

2 Krauss, Rosalind E.: "Sculpture in the Expanded Field." In: *October*, no. 8 (Spring 1979). Reprinted in: Idem 1985, p. 276–290.

3 Michelson, Krauss, Crimp, and Copjec 1988, p. ix.

4 Jencks 1973, p. 28. Jencks said of his chart, "The Method for determining the six major traditions [...] is based on a structuralist analysis as outlined by Claude Lévi-Strauss." In 2000, Jencks expanded his "Evolutionary Tree" in *Architectural Review* to span the entire century (Jencks 2000).

5 Jencks and Silver 1973.

6 Krauss 1985 [1979], p. 279.

7 Ibid., p. 289.

8 Of the 1964 Green Gallery Installation, Krauss said that its "status as sculpture reduces almost completely to the simple determination that it is what is in the room that is not really the room." As for Mirrored Boxes of 1965, it consists of "forms which are distinct from the setting only because, though visually continuous with grass and trees, they are not in fact part of the landscape." Krauss 1985 [1979], p. 282.

9 Ibid., p. 282.

10 Ibid., p. 283.

11 Ibid., p. 284.

12 Lin's design was a cross between Earth Art, War Memorial, and Tomb. In crossing genres, it inverted the standard rules for War Memorials: that they be figural, scenographic, made from white marble or bronze, list names of the fallen, and sit on a base above the ground-plane. Although Lin's monument was marble, it was black instead of white. Although personal names were listed, their sheer quantity converted their referential function into an abstract graph depicting the volume of dead. Rather than being elevated above the ground, the work was depressed into the earth (taking the viewer to burial depth).
Such was the furor over Lin's break with the genre that Frederick Hart was immediately commissioned to produce a supplemental memorial depicting soldiers in the conventional mode (*Three Soldiers,* 1982). In response to *that*, a supplement to *this* supplement was commissioned in 1993 from Glenna

Goodacre in protest to Hart's exclusion of service *women* – a testament to Lin's destabilization of all readings of war memorials.
The vast reaction to Lin's Anti-Memorial, pro and con, insured its dissemination. Lin-inspired imitations spread across the country as depiction of Vietnam as an anti-war had become politically acceptable. By the mid-1980s, *all* memorials to the Vietnam War either: a) adopted Lin's paradigm, thus establishing a new genre, or b) resolutely followed the traditional formula (which was now, not the dominant genre, but an anti-[anti-genre] memorial), and in so doing further established Lin's genre. Certainly by 1990, a new genre had formed that concretized traits from Lin's project into a new set of requisites: non-figuration, black granite, lists of engraved names, and merger with the ground plane. But by the time of Desert Storm, the Lyn genre was no longer anti-war; it had become simply the genre for war memorials, devoid of associations of protest and feelings of cross-genre instability.

13 Krauss 1985 [1979], p. 287.

14 Ibid., p. 282.

15 Krauss labeled the *not-landscape* and *not-architecture* categories as "neuter" in opposition to the tangible genre categories she called "complex" (Fig. 4). She labeled, but did not dwell on, this distinction. I've reassigned that adjective to the de-genre middle position between positive and negative genres. This accords with the idea of a neuter condition as neither/nor: neither masculine nor feminine; neither active nor passive; belonging to neither of two usually opposed classes.

16 Following Umberto Eco's notational system in *A Theory of Semiotics* (Eco 1979a, p. 48–50, 112–119), guillemets («architecture») are used here to indicate a discipline while italics (*architecture*) to refer to a genre.

17 Krauss 1985 [1979], p. 287.

18 With inference from Hitchcock and Johnson, Le Corbusier intended his villas of the twenties to be read *as abstract,* apart from my claim that genre-radicalism contributes to abstraction generally (Hitchcock and Johnson 1932). Brunelleschi's architecture would have appeared abstract to medieval eyes, as would Bramante's one hundred years later. Borromini's work when unveiled must have seemed abstract in contrast to the by-then well established Renaissance work around it.

19 In 1999, Krauss hinted at this: "Whether it calls itself installation art or institutional critique, the international spread of the mixed-media installation has become ubiquitous." Krauss 1999, p. 20.

20 *Overcoding* is a textual strategy by which an author makes an unspoken understanding with the reader. "Overcoded rules [...] tell the reader whether a given expression [...] is used rhetorically. At this level the reader inserts the competence, allowing recognition of a metaphor or any other trope and avoiding naive denotative interpretation [...]. /Once upon a time/ is an overcoded expression establishing (i) that the School events take place in an indefinite nonhistorical epoch, (ii) that the reported events are not 'real', (iii) that the speaker wants to tell a fictional story." Eco 1979b, p. 19.

„Bei einer solchen Materie steht einem Stilisten der Verstand still!" Von der Elastizität der Theorie

Ákos Moravánszky

> „Ein wichtiger Naturstoff hat erst in neuester Zeit auf dem ganzen weiten Gebiete der Industrie eine Art von Umwälzung hervorgebracht, und zwar vermöge seiner merkwürdigen Gefügigkeit, mit welcher er sich zu allen Zwecken hergibt und leiht. Ich meine das Gummi elasticum oder den Kautschuk, wie er auf Indisch benannt wird, dessen stilistisches Gebiet das weiteste ist, was gedacht werden kann, da seine fast unbegrenzte Wirkungssphäre die Imitation ist. Dieser Stoff ist gleichsam der Affe unter den Nutzmaterien."[1]

Gottfried Semper schreibt mit diesen Worten über Kautschuk als „ein neues Material der Industrie" in seinem Hauptwerk *Der Stil in den technischen und tektonischen Künsten.* Es ist überraschend, dass Kautschuk im Band 1 über die textile Kunst an erster Stelle besprochen wird, nämlich als „einfaches Naturerzeugnis" zusammen mit Tierfellen, Baumrinde, Pelz und Leder, und noch vor Flachs, Wolle und Seide. Trotzdem heißt dieses Kapitel „Der Kautschuk – das Factotum der Industrie", und sitzt so etwas unbequem neben den „naturwüchsigen" Rohstoffen, die bei der technischen Bearbeitung „wesentliche Aenderungen nicht erleiden"[2].

Sempers Faszination ist offensichtlich. Er schildert die Eigenschaften des neuen Materials als wollte er die unfassbare Versatilität „dieses merkwürdigen Stoffes" mit den Mitteln der Sprache wiedergeben. Mit der Erfindung des Industriekautschuks entsteht die Vision einer neuen Industrie, welche die Erfüllung aller Wünsche nach neuen Luxusgegenständen verspricht. Eine ganze Seite füllt Sempers Aufzählung von Kautschuk-Gegenständen, die an der Pariser Weltausstellung von 1855 ausgestellt waren, von Sonnenschirmen bis zu „Schuhe[n] mit feinen Ventilen, die das Wasser nicht ein, wohl aber die Evaporation des Fusses von Innen auslassen"[3], um dann das Kapitel mit dem

verzweifelten wie begeisterten Ausruf zu schließen: „Bei einer solchen Materie steht einem Stilisten der Verstand still!“[4]
Dies ist in der Tat ein bemerkenswerter Satz in einem Werk über Stil – in dem die Besprechung der einzelnen Rohstoffe und der Geschichte ihrer Verarbeitung die Grundlagen ihrer Gestaltung offenlegen müsste. Die großen Weltausstellungen – London 1851, dann Paris 1855 – haben die neuen Bilder der Industrie und Industrialisierung im öffentlichen Bewusstsein verankert und Ordnungssysteme geliefert. Zu der Ausarbeitung solcher Systeme hat Semper selbst beigetragen, zum Beispiel mit seinem Entwurf für ein ideales Museum. Durch die Aufzählung von Waren aus Kautschuk, die Komfort auch durch ihre Elastizität versprechen, betont Semper die „paradiesische“ Seite der Industrialisierung, welche die damalige Werbung gerne mit dem tropischen Ursprung des Rohstoffes assoziierte.
Als Semper über Kautschuk schrieb, war dieses Material noch ein Teenager. „Erst seit etwa 15 Jahren fing dieser Stoff an“, – notierte er – „die Aufmerksamkeit der Industriellen auf sich zu ziehen, nachdem er vorher nur mehr zu Spielereien und als Reinigungsmittel des Papiers benutzt worden war.“[5] Es waren die Nebenprodukte der Gasproduktion für die Straßenbeleuchtung: Teer und ammoniakhaltige Flüssigkeiten, welche der schottische Chemiker Charles Macintosh zum ersten Mal mit Erfolg als Lösungsmittel für Naturkautschuk einsetzte. Damit erhielt er 1823 ein Patent auf seine „waterproof double textures“ – um die als Macintosh bekannte Regenmäntel, die damaligen „Macs“ herzustellen. Thomas Hancock, „der Vater der Kautschukindustrie“, war sein Partner, der ab 1820 zahlreiche Patente für die Herstellung von Kautschukprodukten erwarb.
Hancock hat die Technik der Vulkanisierung des Kautschuks vom Amerikaner Charles Goodyear „weggeschnappt“, schreibt Semper. Diese Erfindung im Jahre 1838 war eine wichtige Voraussetzung zur industriellen Herstellung, die es ermöglichte, negative Eigenschaften der Kautschukprodukte, wie Klebrigkeit oder Brüchigkeit bei kalten Temperaturen, zu eliminieren. Damit war plötzlich ein Füllhorn von Kautschukprodukten da, die bereits existierende Waren nachahmten, aber durch ihre leichte Formbarkeit für Reproduktionen viel besser geeignet waren als zum Beispiel Metallgüsse. (Abb. 1 und 2)

Abb. 1: Nautische Artikel aus Kautschuk, dargestellt in Thomas Hancock: *Personal Narrative of the Origin and Progress of the Caoutchouc or India-Rubber Manufacture*, 1857

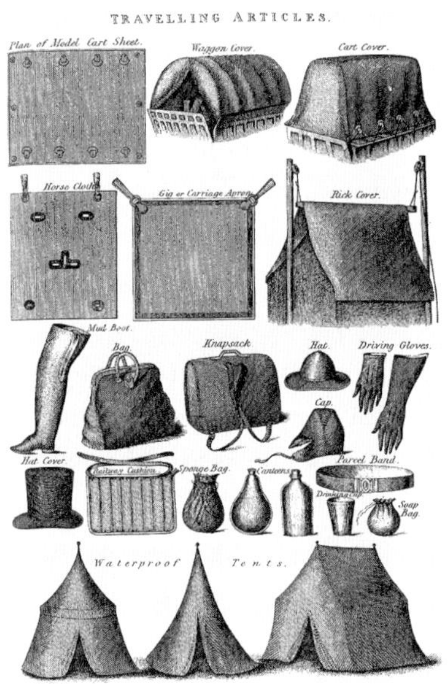

Abb. 2: Reiseartikel aus Kautschuk, dargestellt in Thomas Hancock: *Personal Narrative of the Origin and Progress of the Caoutchouc or India-Rubber Manufacture*, 1857

Dieser Sieg über einen Naturstoff, der nach seiner technischen Bearbeitung mit Sempers Worten eine „absolute Gefügigkeit“[6] besitzt, hat die industrielle Imagination[7] des neunzehnten Jahrhunderts beflügelt. Die Elastizität und leichte Formbarkeit, die Semper Mitte des neunzehnten Jahrhunderts noch als ein Versprechen erschien, wird von vielen Autoren aber nicht als Vorteil, sondern als Charakterschwäche beschrieben. Noch fast ein Jahrhundert später, zur Zeit des deutschen Wiederaufbaus nach dem Zweiten Weltkrieg, äußert Hans Schwippert in seiner Wortmeldung am Darmstädter Gespräch „Mensch und Technik“ 1952 seine Zweifel an leicht formbaren Stoffen:

> „Was da an neuen Stoffen vor uns steht, ist in einem Maße willfährig uns gegenüber, wie wir das bisher nicht gekannt haben. [...] Die Stoffe bringen gar keine spezifischen, strengen Charaktere auf uns zu, sondern sie sagen: Bitte schön, du bist der Herr, ich bin der Diener; ich tue völlig, was du willst. [...] Wir stehen vor einer Aufgabe der souveränen Beherrschung der Stoffe, die wir bisher nicht hatten, und sind damit vor einer Weite, für die wir uns nicht ganz gerüstet fühlen.“[8]

Die Angst des Gestalters, mehr Verantwortung für die Form übernehmen zu müssen, weil der Stoff seine Wünsche nicht mehr äußert, könnte man nicht besser in Worte fassen. Schwippert hat deutlich gemacht, dass angesichts der neuesten technischen Entwicklung, die uns Kunststoffe ohne eigene Struktur und ohne zwingende Bearbeitungsweise gebracht haben, der Begriff der „Werkgerechtigkeit“ zweifelhaft geworden ist.

Schon das Wort selbst, Kautschuk (was in der Sprache der Urbewohner Amazoniens „weinendes Holz“ bedeutet), klang vielen Denkern des zwanzigsten Jahrhunderts irgendwie kaugummihaft-klebrig. Diese Klebrigkeit ist zur Metapher der allgemeinen Auflösung der festen Werte, einer zunehmenden Plastifizierung der Welt geworden. Man muss an Sempers Stoffwechseltheorie und seine Schilderung der Sprunghaftigkeit des Kautschuks denken, wenn man Jean-Paul Sartres Kommentar liest: „Schon im Wahrnehmen des Klebrigen, einer klebenden, kompromittierenden Substanz ohne Gleichgewicht, ist so etwas wie die Angst vor einer Metamorphose. Das Klebrige berühren, heißt Gefahr laufen, sich in Klebrigkeit aufzulösen.“[9]

Es zeugt von der Offenheit Sempers gegenüber neuen Entdeckungen, dass er einen Stoff, vor dem Gestalter und Gestalterinnen noch 100 Jahre später Berührungsängste haben werden, in seinem *opus magnum* berücksichtigt – sogar an erster Stelle. Denn der Kautschuk ist ein subversiver Akteur, und er lässt sich in einer strengen Typologie der Stoffe schwierig unterbringen. Die Grundlage von Sempers System ist bekanntlich eine Matrix aus den vier Herstellungstechniken und den entsprechenden Werkstoffkategorien, die mit den vier Elementen des Hauses korrespondieren: „[D]er *Heerd* als Mittelpunkt, die durch Pfahlwerk umschränkte Erderhöhung als *Terrasse*, das säulengetragene *Dach* und die Mattenumhegung als *Raumabschluss* oder *Wand*."[10] Diese vier Elemente sind Produkte der vier Urtechniken der menschlichen Arbeit: der *Textilkunst*, der *Keramikkunst*, der *Tektonik* und der *Stereotomie*.[11]
In Sempers 1851 erschienenem Buch *Die vier Elemente der Baukunst. Ein Beitrag zur vergleichenden Baukunde* (Abb. 3), wo er diese Kategorien zuerst beschreibt, wird noch die harmonische Zusammenwirkung der vier Elemente zum Schlüssel der ästhetischen Vollkommenheit des griechischen Tempels erklärt.[12] Im fast zehn Jahre später veröffentlichten *Stil* erscheinen die Grenzen zwischen diesen vier Kategorien viel elastischer. Nachahmung bekommt eine wichtige kulturelle Aufgabe, jedes Material kann in die Rolle eines anderen schlüpfen; Stein kann Holz imitieren und umgekehrt. Sempers *Stoffwechseltheorie* besagt nämlich, dass sämtliche Formen und Motive, welche die Menschen schufen, ihrem Ursprung nach zwar auf die erwähnten primären Techniken und Materialien zurückgehen, diesem Ursprung aber entfremdet werden, sobald sie mit neuen Materialien und Techniken in Kontakt treten. „Der Holzstil" etwa, also eine den Eigenschaften des Holzes entsprechende Formensprache, wird sich nach mehrfachen Metamorphosen „durch die Vermittelung eines […] Stoffwechsels zum Steinstil […] ausbilden" – schreibt Semper.[13] Die aus Textil oder Ästen geflochtenen Wände des Hauses werden in Backsteinmustern oder in einer Bemalung aufbewahrt. Die Formen des hölzernen Dachstuhls werden in Stein oder Eisen übertragen. Der Affe Kautschuk wirft jedoch diese schöne Systematik durcheinander: Dieser Stoff kann wie Keramik oder Metall geknetet, gegossen, wie Textil gewoben oder wie ein Firnis flüssig aufgetragen werden. Seine Eigenschaften können „bis ins Un-

DIE

VIER ELEMENTE

DER

BAUKUNST.

EIN

BEITRAG ZUR VERGLEICHENDEN BAUKUNDE

VON

GOTTFRIED SEMPER,

(EHEMALIGEM DIRECTOR DER BAUSCHULE ZU DRESDEN.)

BRAUNSCHWEIG,

DRUCK UND VERLAG VON FRIEDRICH VIEWEG UND SOHN.

1851.

Abb. 3: Titelseite von Gottfried Semper: *Die vier Elemente der Baukunst. Ein Beitrag zur vergleichenden Baukunde*, 1851

bestimmbare variirt werden."[14] Er passt deshalb in keine dieser Kategorien so richtig. Der Affe, Symbol der Nachahmung, scheint zum Demiurg avanciert zu sein, er verkörpert die Fähigkeit zur Metamorphose, die in einem beschränkteren Maße alle Werkstoffe besitzen.

„Bei einer solchen Materie steht einem Stilisten der Verstand still!" – schreibt Semper, und meint damit weniger die Stillosigkeit des Kautschuks als seine Fähigkeit, *selbst* Form aufzunehmen oder seine Form zu ändern. Es geht hier nicht um eine Projektion, um eine fiktive Animation *als ob* der Kautschuk einen „Formwillen" hätte. Ganz im Gegenteil: Er kann beliebige Stoffe imitieren. Aber die Materie bewegt sich von selbst: „Obschon er dem starken Drucke nachgibt, springt er immer wieder in seine normale Dichtigkeit zurück, wogegen er sich mit mehr Leichtigkeit ausdehnen lässt und in diesem Zustande geneigter ist zu verharren."[15]

Antoni Gaudís stereostatische Modelle haben Konstrukteure der Nachkriegszeit wie Frei Otto oder Heinz Isler übernommen. Sie arbeiteten auch mit

Gummimembranen. Der 1926 in Rom geborene Ingenieur Sergio Musmeci, ein Student von Pier Luigi Nervi, experimentierte in den 1950er- und 1960er-Jahren mit Minimalflächen. Die Form seiner Basento-Brücke in Potenza, Süditalien (1967–1969), hat er mit Modellen aus Gummifolie bestimmt. Wenn Gaudí, Otto oder Musmeci das Hängemodell auf den Kopf stellen und als Bild einer Tragkonstruktion betrachten, werden die Vorzeichen umgestellt, Gummi in Beton, Zug in Druck umwandelt. Trotz formaler Ähnlichkeit geht es um eine Inversion. Dasselbe Spiel von Identität und Differenz sehen wir in der Arbeit von Gaudí mit Abgüssen und Matrizen (das Wort kommt von Mutter, wie übrigens auch Material), also mit konkaven Orten, in denen sich Ähnlichkeit festigt, in denen Form quasi natürlich entsteht.[16] Das bringt eine neue Dimension des heuristisch-konstruierenden Verfahrens an den Tag. Es geht nicht darum, dass der Architekt-Künstler wie auf einer mentalen Töpferscheibe einen Baukörper formt. Er entwickelt Verfahren und Prozesse, Arbeitshypothesen, die dann die materiellen Prozesse organisieren.
Die Seele der Elastizität war aus der klassischen Avantgarde nie ganz verschwunden. Die Rigidität der Werke von Gerrit Rietveld und der De Stijl – Gruppe ist eher die Ausnahme. Hannes Meyer zählt Kautschuk, Kunstgummi und andere elastische Stoffe in seinem Manifest *bauen* neben anderen Produkten der Industrie auf – Stein, Holz, Keramik, also Sempers „Urstoffe" kommen hier gar nicht vor. László Moholy-Nagy zeigt in seinem Bauhausbuch *von material zu architektur* alte Autoreifen als Beispiel für die „Häufung", ein „oft schwer bestimmbare[r] Materialzustand", vergleichbar dem brodelnden Schlamm eines Vulkans auf Neuseeland oder aufgespannten Regenschirmen. **(Abb. 4)**

Aber es ist vor allem die italienische Moderne, die eher von der „anima di gomma" als vom Geist der Maschine beseelt war. Die Seele des Gummis, so hieß eine Ausstellung der Pirelli-Werke – *Rubber Soul*. Ein Vergleich: Der österreichische Künstler Raoul Hausmann gab einer seiner Fotocollagen zwar den Titel „Elasticum", was wir am Bild sehen ist jedoch ein Mensch-Maschine-Hybrid. Etwa gleichzeitig entstanden Bilder der modernen Gummiwelten vom italienischen Futuristen Fortunato Depero, wie dessen *Diavoletti di caucciù a scatto (Sprunghafte Kautschukteufelchen)* von 1919. Die Kaut-

Abb. 4: „häufung (haufwerk)“, Seite aus László Moholy-Nagys: *von material zu architektur*, 1929

häufung (haufwerk)

der vierte oft schwer bestimmbare materialzustand ist die regelmäßige, rytmisch gegliederte oder unregelmäßige häufung. sie ist meist leicht veränderbar. organische zusammenhänge sind bei häufungen schwer festzustellen; als ganzes sind sie nicht syntese, sondern addierung. oft sind sie mit „faktur“ verwandt, so daß an sich nichts dagegen spricht, die häufung (das haufwerk) zum zwecke einer vereinfachung dieser begriffswelt faktur zu nennen. (abb. **32**–**40**)

es wird nicht behauptet, daß mit der definition der struktur, textur, faktur usw. eine endgültige formulierung für diese begriffe gelungen ist. es war jedoch nötig, bei einem pädagogischen vorgehen den versuch dazu zu machen, da sie bisher gänzlich unfixiert waren.

foto: weltspiegel

abb. 32 häufung (faktur)
alte autoreifen

48

schukfirma Pirelli verband das elastische Material früh mit der Idee von modernem Komfort: Straßenbeläge, Möbelpolster, Autoreifen – diese Verwendungen standen bereits 1933 im Produktionsprogramm der Firma.
Die Suche nach neuen Werkstoffen musste in Italien intensiviert werden, als der Völkerbund 1935 auf Druck von Frankreich, England und den Vereinigen Staaten wegen des Abessinien-Krieges ein Embargo gegen Italien verhängte. Neben Finanzsanktionen galt ein Exportverbot für Rohstoffe und ein Import-

Abb. 5: Werbung für Textilstoffe aus Lanital-Kunstfasern, Grafiker unbekannt, 1937

verbot auf italienische Waren, welches sich allerdings als ineffektiv herausstellte und deswegen endlich eher dem Völkerbund schadete. Der Ruf nach „Materialautarkie" wurde zum Programm des faschistischen Staates erhoben; wegen der drohenden Ressourcenknappheit suchte man schon damals nach Biotreibstoffen, und entwickelte neue Kunststoffe als Ersatz für traditionelle Materialen. Trotz der Besinnung auf *Italianità* wollte man allerdings nicht zu einem marmornen Klassizismus zurückkehren, betonte Giuseppe Pagano. (Abb. 5)[17]

Der Architekt Franco Albini gab für die VI. Triennale 1936 in Mailand ein Buch mit dem Titel *La Gommapiuma Pirelli* heraus, um die Verwendung von Kautschukschaum in Möbeln von Piero Bottoni, Gio Ponti und in den eigenen Arbeiten zu zeigen.[18] Er schreibt, dass der Gummischaum die Form der neuen Möbel revolutioniert: Der moderne Geschmack erhält endlich sein adäquates Material. Albinis Vision einer Moderne von schwingender Elastizität ist wohl

Abb. 6: *I milliardari senza gomma.* Karikatur in der Zeitung *La Domenica del Corriere* im August 1942

in dem Wohnraum einer Villa am eindrücklichsten formuliert, der an der VII. Triennale di Milano (1940) gezeigt wurde. Ein Teil des Erdgeschosses hat einen Bodenbelag aus grauen Gneis-Platten mit breiten Fugen, die mit Zement ausgegossen sind, der andere Teil des Bodens besteht aus Kristallglas-Platten, die über einer mit Reflektoren bestrahlten Grasfläche schweben. Die federnden Sessel mit Gommapiuma-Kissen hängen an gebogenen Stahlröhren, die an der Decke befestigt sind. Selbst die Pflanzen sind in einem elastischen Netz gefangen.

Nachdem die japanische Armee im Dezember 1941 Pearl Harbor auf Hawaii angriff und die Malaiische Halbinsel besetzte, waren die Vereinigten Staaten von kriegswichtigen Kautschuk-Lieferungen aus Südostasien abgeschnitten.[19] Es war jetzt die populäre Presse in Italien, die sich über die Kautschuknot der Amerikaner lustig machte. *I milliardari senza gomma* – titelte etwa *La Domenica del Corriere* im August 1942. (Abb. 6) Sie hatten Grund zum Feiern:

Zur Umsetzung des Programms der Autarkie gehörten Gummiplantagen in Apulien, und sogar eine Art Gummiharz wurde aus Tomatenschalen hergestellt.

Nach dem Ende des Zweiten Weltkriegs waren die großen italienischen Konzerne fest entschlossen, im schnell einsetzenden Wirtschaftswettlauf Erfolge zu kassieren. Die intensive Forschung nach „autarken" Lösungen durch enge Zusammenarbeit von Materialforschung, Industrie und Design trug jetzt weitere Früchte. Montecatini, der große Mailänder Chemiekonzern, unterstützte die Forschung zur Herstellung von synthetischen Kautschukprodukten und Kunststoffen seit Anfang der 1940er-Jahre, der Zeit der Autarkie. Im Jahre 1957 wurde Polypropylen erstmals im industriellen Maßstab gefertigt – unter Markennamen wie Nailon, Vinavil oder Terital. Dass Marilyn Monroe sich im Jahre 1952 für den Pirelli-Kalender im Lastex-Badekleid fotografieren ließ, war ein Meilenstein in der Firmengeschichte.

Ausstellungen wie *Formless Furniture* im Zürcher Museum für Gestaltung (2009) haben klar gezeigt, wie wenig Designermöbel von Frank Gehry oder Gaetano Pesce mit dem Konzept der Formlosigkeit zu tun haben. Aber wenn es darum geht, dass im Laufe der Stoffwechselprozesse die Bindung der Form zum Material immer indirekter wird, finden wir den Weg zurück zur Theorie Sempers. Sein Beispiel des Kautschuks zeigt, dass Materie keine Voraussetzung von Form sein muss. Anstelle der stofflichen Bedingtheit tritt das freie Spiel. Diese Freiheit ist nicht unbegrenzt: Die neuen Stoffe und Gegenstände sind in ein vorstrukturiertes System eingegliedert, das hinreichend elastisch ist – es beschränkt die Neuerfindung nicht, sondern befördert sie. Die von Semper heraufbeschworene Faschingslaune hat mit dem Spiel von Bekanntem und Neuem, mit Ähnlichem und Fremdem zu tun. Wie ein Affe, der uns zum Lachen bringt, weil wir in seinen Bewegungen Identität und Differenz gleichzeitig wahrnehmen.[20]

Bibliografie

Bosoni, Giampiero (2014): „Franco Albini e la Gommapiuma Pirelli. Per una storia dell schiuma di lattice di caucciù in Italia (1933–1951)". In: *AIS/Design Storia e Ricerche*. Nummer 4, www.aisdesign.org/aisd/franco-albini-e-la-gommapiuma-pirelli-per-una-storia-della-schiuma-di-lattice-di-caucciu-in-italia-1933-1951 (1. Juni 2017), keine Seitenangaben.

Didi-Huberman, Georges (1999a): *Ähnlichkeit und Berührung. Archäologie, Anachronismus und Modernität des Abdrucks*. Köln: DuMont.

—, (1999b): „Die Ordnung des Materials". In: *Vorträge aus dem Warburg-Haus,* Band 3. Berlin: Akademie Verlag, S. 1–30.

Hancock, Thomas (1857): *Personal Narrative of the Origin and Progress of the Caoutchouc or India-Rubber Manufacture*. London: Longman, Brown, Green, Longmans, & Roberts.

Irace, Fulvio (2014): „Architettura e autarchia: Gio Ponti. Palazzo Montecatini". In: Beppe Finessi und Cristina Miglio (Hrsg.): *Il design italiano oltre le crisi – Italian design beyond the crisis*. Ausstellungskatalog Milano: Triennale Design Museum, Mantova: Maurizio Corraini.

Kolbe, Corinna (2015): „Sklaven der US-Kriegswirtschaft: Das Leid der Gummi-Soldaten". In: *Spiegel Online.* 4. Juni 2015, www.spiegel.de/einestages/kautschuk-zwangsarbeiter-in-brasilien-im-zweiten-weltkrieg-a-1035572.html (31. Januar 2017).

Moholy-Nagy, László (1929): *von material zu architektur*. München: Albert Langen.

Musso, Pierre (2014): *L'imaginaire industriel*. Paris: Éditions Manucius.

Sartre, Jean-Paul (1991): *Das Sein und das Nichts. Versuch einer phänomenologischen Ontologie*. Reinbek: Rowohlt.

Schwippert, Hans (1952) [Diskussionsbeitrag]. In: Ders. (Hrsg.): *Darmstädter Gespräch. Mensch und Technik: Erzeugnis, Form, Gebrauch*. Darmstadt: Neue Darmstädter Verlagsanstalt, S. 83–86.

Semper, Gottfried (1851): *Die vier Elemente der Baukunst. Ein Beitrag zur vergleichenden Baukunde.* Braunschweig: Friedrich Vieweg und Sohn.

—, (1860): *Der Stil in den technischen und tektonischen Künsten, oder praktische Aesthetik. Ein Handbuch für Techniker, Künstler und Kunstfreunde.* Band 1: *Die textile Kunst für sich betrachtet und in Beziehung zur Baukunst*. Frankfurt am Main: Verlag für Kunst und Wissenschaft.

—, (1863): *Der Stil in den technischen und tektonischen Künsten, oder praktische Aesthetik. Ein Handbuch für Techniker, Künstler und Kunstfreunde.* Band 2: *Keramik, Tektonik, Stereotomie, Metallotechnik für sich betrachtet und in Beziehung zur Baukunst*. München: Friedrich Bruckmann's Verlag.

—, (1966): „Plan eines idealen Museums" [1852]. In: Ders.: *Wissenschaft, Industrie und Kunst und andere Schriften über Architektur, Kunsthandwerk und Kunstunterricht*. Mainz und Berlin: Kupferberg, S. 72–79.

Anmerkungen

1 Semper 1860, S. 112.
2 Ebd., S. 94.
3 Ebd., S. 115.
4 Ebd., S. 116.
5 Ebd., S. 112.
6 Ebd., S. 114.
7 Vgl. Musso 2014.
8 Schwippert 1952, S. 85.
9 Jean-Paul Sartre, *Das Sein und das Nichts. Versuch einer phänomenologischen Ontologie*, 1991, zitiert in Didi-Huberman 1999b, S. 15.
10 Semper 1863, S. 276.
11 Semper 1966 [1852], S. 72–79, Hervorhebung im Original.
12 Vgl. Semper 1851, S. 93.
13 Semper 1860, S. 431.
14 Ebd., S. 113.
15 Ebd., S. 112.
16 Vgl. Didi-Huberman 1999a, S. 31.
17 Vgl. Irace 2014, S. 93.
18 Vgl. Bosoni 2014.
19 Vgl. Kolbe 2015.
20 Dieser Beitrag ist die umgearbeitete, teils gekürzte, teils erweiterte Fassung des Kapitels „Affen der Stoffe" im Buch des Verfassers: *Stoffwechsel. Materialverwandlung in der Architektur.* Basel 2017: Birkhäuser.

Wohnen mit Zukunft: Anmerkungen zur Re-Urbanisierung des Wohnens

Fritz Neumeyer

Apropos Wohnen[1]

Das Wohnen ist das Älteste und Dauerhafteste, das als Grund aller Architektur gelten darf. Denn Wohnen ist als anthropologische Konstante in der Permanenz eines existenziellen Bedürfnisses begründet: Wohnen ist, mit Martin Heidegger gesagt, die Art und Weise, in der wir Sterblichen auf der Erde sind. Alles Bauen ist letztlich auf das Wohnen gerichtet, denn weil der Mensch ein Wohnender ist, ist er ein Bauender.

Was in Bezug auf das Wohnen das Selbstverständnis unseres Zeitalters von dem vergangener Jahrhunderte unterscheidet, ist der messianische Eifer in der Neuerfindung des Phänomens. Im zwanzigsten Jahrhundert, einem Jahrhundert, in dem das „Neue" Hochkonjunktur hat, verkehren sich zudem die Verhältnisse: Im Namen der sozialen Verantwortung seiner Kunst stilisiert sich der moderne Architekt vom Dienstleistenden zum Erlöser und Vormund des Wohnenden, dem er kraft höherer Einsicht und als Vollstrecker des Zeitgeistes ein „Neues Wohnen" verordnet. Im Namen der „Neuen Zeit" verkündet der moderne Architekt nicht nur ein „Neues Bauen", sondern sogleich auch den „Neuen Menschen", zu dessen ins Futur gerichteten Gemütsverfassung es offenbar wesenhaft gehört, sich heroisch vom Gewohnten auf breiter Front zu verabschieden.

Seit dieser Beschwörung einer vermeintlich ganz „Neuen Welt" im Namen des Fortschritts in Industrie, Technik und Gesellschaft ist das Wohnhaus zum architektonischen Experimentier-Territorium für künstlerische und technische Innovationen geworden, als würde es immer wieder neu erfunden werden können und müssen. Heideggers Diagnose, die moderne Wohnungsnot bestünde darin, dass der moderne Mensch das Wohnen verlernt habe und dieses erst wieder lernen müsse, scheint sich indirekt in der groß angelegten

Suche zu bestätigen, die in der Architektur des zwanzigsten Jahrhunderts auf diesem Gebiet zu verzeichnen ist. Das Ergebnis dieses Prozesses ist von heute aus betrachtet höchst ambivalent, denn die Architektur jenes Jahrhunderts hat sich zwar mit großem Eifer auf die „Suche“ begeben, dabei aber das „Finden“ zugunsten des permanenten Aufbruchs weitestgehend verlernt. Mit ihrem Anspruch, die Architektur jenseits ihrer eigenen Geschichtlichkeit als „Objekt“ immer wieder neu zu definieren, hat die moderne Aufbruchs-Automatik einen architektonischen Aktionismus genährt, dem jedes Suchen heilig und jedes Vollendungsgefühl fremd geworden ist. Von einer Kultur des Ankommens, des Weiterbauens, Fortführens und Verfeinerns ist die forcierte Innovation, die am liebsten jeden Montag eine neue Architektur erfände, meilenweit entfernt.

Die mediale Aufmerksamkeit, die dem Wohnen und der Wohnarchitektur heute gewidmet wird, ist erstaunlich, wenn nicht geradezu unheimlich: Auf dem Markt tummelt sich eine Vielzahl von Magazinen und Zeitschriften, die sich alle – unter jeweils eigenen Akzenten – dem zeitgemäßen Wohnen widmen. Allein die Titel aufzuzählen machte schon atemlos. Nimmt man die Wohn- und Designmagazine für ein modernes Leben in die Hand, so gewinnt man den Eindruck, das Wohnen sei eine Art grandioses Entwicklungsgebiet, auf dem für das, was man bis dahin Schlafzimmer, Küche, Bad, Wohnraum nannte, die permanente Revolution als Prinzip vorherrschend ist.

Es wird von Selbstverwirklichung, Trends, Events und Lebensstilen in einer Art und Weise geredet, die denjenigen, der heute in seiner Wohnung nicht über eine *Lounge* oder *Wellness-Oase* und ein *Home-Office* verfügt, lifestylemäßig geradezu bedauernswert rückständig erscheinen lässt. Auf dem medialen Laufsteg wird das Wohnen als kurzlebige Veranstaltung von letzten Trends und Novitäten präsentiert, als handele es sich vorzüglich um eine Angelegenheit, in der Mode und Design-Philosophie den Ton angeben.

Es steht allerdings in Frage, ob sich das *Wohn-Bedürfnis* des Menschen tatsächlich so grundsätzlich geändert hat, wie es moderne Architekten und Designer in gebetsmühlenartiger Wiederholung seit einem Jahrhundert behaupten. Gibt es über die allgemeinen Grundbedürfnisse der Unterkunft, Versorgung und Hygiene hinaus wirklich nichts mehr, was für das Wohnen als dauerhaft angenommen werden könnte? Ist die Art und Weise der Befriedigung dieses Grundbedürfnisses beliebig geworden? Ist damit das Wohnen der Zukunft gänzlich offen und kann und muss deshalb ständig neu erfunden werden?

Es spricht einiges dafür, dass die Ansprüche des modernen Menschen an seine Wohnung und sein Wohnumfeld viel beständiger sind, als viele Architekten es sich haben träumen lassen. Denn das Wohnen beruht weit weniger auf künstlerischem Idealismus als viel mehr auf gelebter Erfahrung, also dem Gewohnten. Diese kulturelle Kodierung ist keine oberflächliche, formale Attitüde, die nach Belieben erfunden und „gestylt" werden kann, wie überhaupt die Architektur nicht vornehmlich bildhaft und *optisch,* sondern durch den *Gebrauch* und damit *taktil* in Besitz und wahrgenommen wird. Auch hat sich an dem eigentlichen Ziel des Wohnens im Grunde wenig geändert, nämlich – wie es schon Aristoteles und nach ihm Leon Battista Alberti fixiert haben – möglichst sorgenfrei und friedlich, also glücklich in der Gemeinschaft mit anderen Menschen zu leben.

„Wohnen ist konservativ. Wir halten uns an das Gewohnte und leben darin Muster einer weit zurückreichenden Kulturgeschichte ohne ein Bewußtsein fort, was wir wirklich und symbolisch tun." – So lautet das Fazit, das Gert Selle in seiner außerordentlich lehrreichen Studie *Die eigenen vier Wände. Zur verborgenen Geschichte des Wohnens* (1993) zieht.[2] Trotz des starken Modernisierungsdrucks, der auf der Industriegesellschaft lastet, habe sich – so Selle – zwar im äußeren Erscheinungsbild manches gewandelt, das innere Bild des Wohnens sei hingegen überraschend konstant geblieben. Und was das äußere Erscheinungsbild betrifft, so kommt Hans Ebelings in seiner erhellenden Publikation *Unmodern Architecture. Contemporary Traditionalism in the Netherlands* (2004) zu dem Schluss, dass der nach dem „Dutch Super-Modernism" in der zeitgenössischen Wohnhaus-Architektur Hollands zu verzeichnende Traditionalismus auf der Tatsache basiert, dass die meisten potenziellen Käufer eine Architektur bevorzugen, die mehr nach etwas aussieht, das es bereits gegeben hatte oder hätte geben können.

Ent-Urbansierung des Wohnens: das von städtischer Öffentlichkeit und deren Räumen entkoppelte Wohnen

Wohnen ist nach wie vor ein auf das Verweilen am Ort bezogenes Phänomen der Identitätsbildung. Friedrich Nietzsche hat es mit den dichterischen Worten erfasst: „[...] was um euch wohnt, das wohnt sich bald euch an: Gewöhnung wird daraus. Und wo man lange sitzt, da wachsen Sitten."[3] Eine schönere architekturtheoretische und kulturphilosophische Zeile ist kaum geschrieben worden. Heidegger hätte sie seinem *Bauen, Wohnen, Denken* als Motto voranstellen können.

Wohnen meint das Vor-Ort gelebte Leben, in dem das Gewohnte als Erfahrungsreichtum angeeignet und neu interpretiert werden kann. Zweck der Architektur ist es, uns in der Welt zu verorten, also ein Gefühl des Angekommenseins zu vermitteln, wenn nicht gar uns durch ein Wohlgefühl in ihr identitär zu beheimaten. Die auf Funktionalität eingeschworene moderne Architektur hat diesen realen und symbolischen Aspekt des Wohnens marginalisiert und den Modernisierungsprozess auf eine Wohnlogik reduziert, nach der das Haus gleichermaßen zum Demonstrationsobjekt des technischen Fortschritts und des künstlerischen Avantgardismus grundsätzlich umgeformt werden sollte. Über diese Neuorientierung des Wohnens allein könnte man als ein Epi-Phänomen hinweggehen, wäre mit der Geschichte der modernen Architektur nicht auch zugleich eine umfängliche Geschichte der Stadtzerstörung und Ent-Urbanisierung des Wohnens verbunden. Inzwischen stehen uns nicht nur die baulichen, sondern auch die sozialen Folgen eines von städtischer Öffentlichkeit und deren Räumen entkoppelten Wohnens allgegenwärtig vor Augen.

Die Moderne hat auf der Seite der Architektur Mustergültiges geleistet, aber nur wenig qualitätsvollen Städtebau hervorgebracht. Sie hat eine „neue Stadt" versprochen, es aber nicht annähernd geschafft, ein Äquivalent zur geächteten traditionellen Stadt hervorzubringen. „Architektur" auf der einen und „Planung" auf der anderen Seite haben nicht ersetzen können, was „Städtebau" und „Stadtbaukunst" der Vergangenheit an Urbanität zu erzeugen vermochten. Das nimmt nicht Wunder, denn die Ent-Städterung des Wohnens gehörte zum Selbstverständnis des modernen Wohnungsbaus und zur Programmatik der funktionalistischen Stadtplanung seit ihren Anfängen. „Siedlungsbau" und „Auflockerung", wenn nicht gar „Auflösung" der Stadt waren die Maximen einer Moderne, die man aus heutiger Sicht als verhängnisvolle Epoche der Zersiedelung und Ent-Urbanisierung betrachten muss. Architekten, die sich heute für die „Peripherie" und die „Zwischenstadt" als alternatives Stadt-Modell begeistern, verschließen vor dieser Tatasche schlichtweg die Augen.

Bereits mit der *Gartenstadtbewegung* und der „Reform" um 1900 werden die Weichen falsch gestellt, denn es beginnen der Rückzug des Wohnens aus der Typologie innerstädtischer Bebauungsformen und deren allmähliche Rückentwicklung. Dass man keine Stadt allein mit reinen Wohngebieten am Stadtrand bauen kann, scheint den damaligen Akteuren wohl bewusst gewesen zu sein, was allein die Begriffe aussagen, mit denen Architekten operierten. Man spricht von der „Gartenvorstadt", so beispielsweise bei der von Künstlern wie Peter Behrens, Henry van de Velde und Johannes Ludovicus Mathieu Lauwericks errichteten Einfamilienhaus-Siedlung *Gartenstadt Hohenhagen*. Um 1910 offenbart sich die verhängnisvolle moderne Strategie der *Verkunstung* des Wohnhauses als *Kompensation* für den fehlenden urbanen Kontext. Man wohnt in der Kunstgeschichte anstatt in einer wirklichen Stadt. Man bewohnt voller Stolz ein Haus mit Künstlersignatur, ähnlich wie man ein Bild besitzt. Adolf Loos hat mit seiner famosen Geschichte *Vom armen reichen Mann* diese Verkunstung des Wohnens und Lebens mit ätzender Ironie aufgespießt.

Im Gegensatz dazu hat der moderne soziale Mietshausbau das Wohnen aus Kostengründen – aber auch aus der Überzeugung ästhetischer Überlegenheit – auf ein gestalterisches und städtebauliches „Existenzminimum" reduziert und sich auf die mechanische Addierbarkeit der Häuser beschränkt. Städtebau verkümmerte zu einer Angelegenheit der effizienten Gruppierung von Gebäuden. Dass sich dadurch das Wohnen dem städtischen Leben entfremdete, wurde in Kauf genommen. Was Peter Behrens 1918 die *Gruppenbauweise* nennt, ist – so seine eigenen Worten – eine Bebauungsform zur „Vermeidung der Anlage von kostspieligen Marktplätzen, Angern und dergleichen".[4]

Mit der *Gruppebauweise* sind immerhin mäanderförmig rhythmisierte Hauszeilen gemeint, gesäumt von tiefen Vorgärten und Gärten an der Rückseite der Häuser. Die inmitten der Gärten gelegene Straße bleibt als öffentlicher Raum vollständig ohne öffentliche Kontur. Im Prinzip verfährt der Zeilenbau der 1920er-Jahre nach gleichem Muster, allerdings noch radikaler in der Vereinfachung des Bebauungsschemas. Die „Rationelle[n] Bebauungsweisen", die vom *Congrès Internationaux d'Architecture Moderne 1930* propagiert werden, dokumentieren den kompletten Abschied von der städtischen Typologie: „Flach-, Mittel- und Hochbau" lauten jetzt die neuen Typen-Bezeichnungen.[5] Diese banale Programmatik nimmt im Grundsatz schon die lakonische städtebauliche Philosophie eines Rem Koolhaas vorweg, von der Bauten in den Kategorien von „S, M, L, XL" rubrifiziert werden.

Aber auch mit dem XL-Format und den Versuchungen der Monumentalbaukunst experimentieren die 1920er-Jahre, denken wir etwa an die Wiener „Super-Blöcke", in denen die Schloßbau-Typologie mit dem Kleinwohnungsbau gekreuzt wird. Doch erst in den *Mega-Structures* und *Trabantenstädten* der 1960er- und 1970er-Jahre boomt der Modernismus wirklich: in den Clustern der Großwohnanlagen und Schlafstädten, die allen traditionellen Bebauungsformen den Rücken kehren und zumeist auch nur mit einem Existenzminimum an Infrastruktur ausgestattet sind; geplant und gebaut für eine homogene soziale Schicht, offenbart sich hier die „Stadt" des modernen Sozialstaats.

Auflösung, nicht *Versammlung*, hieß das Stichwort zur Stadt des zwanzigsten Jahrhunderts. *Auflösung* wird im 20. Jahrhundert in allen Spielarten und Varianten durchdekliniert: von der *Gartenstadt* bis zur funktionalistischen Zonierung, den vermeintlich rationellen Bebauungsformen des Zeilenbaus, über den Siedlungsbrei der Nachkriegsjahrzehnte bis hin zu zeitgenössischen *Disjunctions*. Allen diesen Varianten der Stadtvergessenheit des modernen Architekten ist der Anspruch gemeinsam, auf Kosten urbaner Qualitäten Wohnbauten zu paradigmatischen Objekten eines Vorzeige-Modernismus zu stilisieren.

Die sozialen Folgen dieser Ent-Urbanisierung und räumlichen „Auflösung" treten längst auch in dem drastischen gesellschaftlichen Auseinanderdriften zutage. Brennende Vorstädte, wie in Paris, deuten darauf hin, dass die von der modernen Stadtplanung zum Segen der Menschheit errichteten Großwohnanlagen ihren Beitrag zur Erosion der Gesellschaft geliefert haben. Dem gegenüber steht das andere Extrem, die historisch intakte Innenstadt von Paris, wo der Wohnraum aufgrund der außerordentlichen Nachfrage für den normalen Bürger nicht mehr bezahlbar ist. Die traditionelle Stadt ist heute mehr denn je als Lebensort begehrt in einer verkommenen modernen Welt, die mit ihren Großwohnanlagen die Vertrautheit der Wohnviertel zerstört hat: durch beliebig und maßstabslos gewordene, lieblose Neubauten, die Nahbeziehungen und Bindung an Orte fast unmöglich machen, weil auch architektonisch alles den Eindruck erweckt, als könnte es auch genauso gut hier wie woanders stehen.

Die seit Jahrzehnten kontinuierlich gestiegene Wertschätzung historisch gewachsener städtischer Lebensräume ist die zwangsläufige Folge der modernistischen Ent-Traditionalisierung und Stadtzerstörung. Heute stehen Quartiere – wie man sie aus der vormodernen Stadt kennt – mit allem, was man zum Leben braucht, als Wohnstandorte hoch im Kurs. Standortqualitäten werden zunehmend wichtiger; dazu zählen insbesondere auch die *kulturellen Kodierungen* des Wohnens, die urbane Identität stiften. Diese kulturellen Faktoren sind es auch, die der ökonomischen Aufwertung *innerstädtischer* Quartiere zumeist vorangehen. Das Phänomen der *Gentrification* – so kritisch es zu betrachten ist, weil es die soziale Entmischung der Stadt vorantreibt – würde es ohne die Attraktivitätsfaktoren innerstädtischer Urbanität kaum geben. Als Mietobjekt ist der modernisierte Altbau in der Stadt gegenüber dem Neubau am Stadtrand weit im Vorteil. Vor allem auch junge Familien entdecken die Stadt als Wohnort neu. Das „urbane Leben" bietet die Perspektive einer Lebenswelt für Eltern *und* Kinder. Im Gegensatz zu der von den Soziologen aufgestellte These, die europäische Stadt verliere ihre gesellschaftliche Basis, scheint sie diese gegenwärtig wieder neu zu gewinnen. Das Kriterium der Örtlichkeit und Zugehörigkeit erfährt als urbane Identität im gegenwärtigen Wohnen eine regelrechte Renaissance. Wegen dieses Bedürfnisses nach räumlichem Dabeisein und lokaler Zugehörigkeit sprechen Kulturwissenschaftler vom *Spatial Turn*, denn die Stadt wird mit ihrem öffentlichen und kulturellen Leben auch als symbolischer Ort zu einer emotional und auch ästhetisch begründeten neuen Identifikation ihrer Bewohner und Benutzer.

Mit anderen Worten: Die Stadt der *Erfahrung*, die *gewohnte* und *nicht* die einer abstrakten Logik oder vermeintlich künstlerischen Idee entsprungene, *ausgedachte* moderne Stadt steht hoch im Kurs; und diese Wertschätzung bestätigt einmal mehr, dass architektonischer Idealismus und moderne Planungslogik allein keine Stadt zu erzeugen vermögen.

Wohnen mit Zukunft

Die traditionelle europäische Stadt erlebt nicht nur als Ressource einer neuen stadtbürgerlichen Identifikation eine Renaissance, ihr wird auch ökologisch erhebliches Zukunftspotenzial zugetraut. Die Zukunft des Wohnens liegt in den Städten. In dieser Prognose sind sich die Zukunftsforscher einig; auch darin, dass die kompakte – und nicht die moderne aufgelockerte – Siedlungsstadt das ökologisch sinnvolle Stadtmodell der Energieoptimierung und intelligenten Ressourcennutzung ist.

„Das nachhaltige kohlenstoffneutrale Leben wird ein urbanes sein." So lautet das Resümee einer Studie, die vom deutschen Bundesforschungsministerium unter dem Stichwort *Morgenstadt* als Antwort auf den Klimawandel 2010 in Auftrag gegeben wurde.[6] In dieser Studie präsentieren 19 Ingenieure und Techniktheoretiker gemeinsam den Entwurf für eine moderne zukunftsfähige Welt. Der grüne Zukunftstraum der *Morgenstadt*, der hier als Weg aus der Krise der Klimapolitik beschrieben wird, hat vieles mit der europäischen *Gesternstadt* gemeinsam, denn die Wissenschaftler präsentieren eine ökologische Utopie des gemeinschaftlichen Handelns auf überschaubarem Terrain. Als städtisches Lebensmodell der Zukunft werden *Gemeinschaften auf Sichtweite* und das *Zusammenleben auf begrenztem Raum*, aber auf *unbegrenzte Zeit* geträumt. Besser kann man den kulturellen Code der kompakten, auf Dauer und Gemeinschaftssinn angelegten Form von Urbanität nicht charakterisieren, von der die jahrtausendealte Tradition der europäischen

Stadt geprägt worden ist, deren Fortbestand als Idee und als materielle, kulturelle Substanz die moderne Architektur vor 100 Jahren den Kampf ansagte.

Die Zukunft gehört offenbar nicht dem aus der Architektur und der wirklichen Stadt entlassenen globalen Nomaden, der mit anderen Menschen fast nur noch im virtuellen Raum kommuniziert und dem das Internet als öffentlicher Raum völlig genügt. Urbane Lebensweise beruht auf der *analogen* Begegnung mit Mitmenschen, seien es Bekannte oder Fremde, und auf einem durch Übereinkünfte zustande kommenden gemeinschaftlichen Leben. Das beinhaltet weit mehr als nur die *Ballung* von Menschen auf engem Raum durch die Bereitstellung von technisch und hygienisch einwandfreiem Wohnraum, wie in modernen Massenquartieren und Großsiedlungen. Denn über die gesellschaftliche Dimension des Wohnens entscheidet in erster Linie die Qualität der *städtebaulichen Form*. Diese wiederum bemisst sich nicht nach der Suggestivkraft einer mit spektakulären Bildern angepriesenen neuen Wohnarchitektur, sondern nach der Bewährung vor Ort und im Alltag der Menschen. Die heutige Bildverliebtheit der Architektur lässt leicht vergessen, dass Architektur eine dreidimensionale, soziale Kunst ist mit der Aufgabe, für den Aufenthalt und das Miteinander von Menschen geeignete Innen- und Außenräume zu schaffen, die privates und öffentliches Leben identitär vernetzen. In dieser Hinsicht erweist sich die Qualität der baulichen und städtebaulichen Formen.

Wenn Wohnen *mit* Zukunft ein Leben auf Sichtweite auf begrenztem Raum, aber auf unbegrenzte Zeit ist, fallen diese Faktoren umso mehr ins Gewicht. Auf der Tagesordnung steht damit die Wiedergewinnung jener wesentlichen urbanen Qualität, die der funktionalistische Städtebau eliminiert hat, nämlich die *Symmetrie der Sphären* des Privaten und des Öffentlichen. Denn die Stadt ist – in Anlehnung an Walter Benjamin – ein eigentümliches Gebilde, das die reziproke Erlebbarkeit ermöglicht, darin im *Inneren* wie im *Äußeren* zu „wohnen“.

Der kulturelle Eigenwert der Stadt als historisches Konstrukt besteht darin, dass sie *zwei* Eigenwelten gestaltet, in denen wir „Wohnen“, also Geborgenheit erfahren können: in der privaten Gesellschaft der Familie sowie in der Gesellschaft der Bürger der Stadt. Die Schaffung und Ausgestaltung der dialektischen Bezogenheit der Sphären des Privaten und des Öffentlichen sind Grundprinzipien der Architektur. Die durch Architektur erzeugte *Aufenthaltsqualität* in beiden Raumsphären ist zugleich auch maßgeblich für deren gelebte Vernetzung. Dass die reziproke Erlebbarkeit vom Wohnen im *Inneren* wie im *Äußeren* das Kriterium hierfür bildet, hat schon Alberti vor 550 Jahren mit dem schönen Gleichnis vom *Haus als einer kleiner Stadt* und umgekehrt der *Stadt als einem großen Haus* anschaulich gemacht.[7] Haus und Stadt sind einander darin ähnlich, dass sie private und öffentliche Räume zum Zwecke gemeinschaftlichen Lebens miteinander in Beziehung setzen. Gemäß dieser wechselseitigen Abhängigkeit schmückt – so Alberti – das Haus des Privatmannes die Straße sowie umgekehrt die Straße ein Schmuck für das Haus des Privatmanns ist. Das Haus ist dem öffentlichen Raum, der Allgemeinheit gegenüber verpflichtet. Ein Hausbau, der diese städtebauliche Verpflichtung gegenüber dem Raum vor der eigenen Haustür ignoriert – so lässt sich Albertis Gleichnis verstehen –, ist keiner. Umgekehrt wäre ein Städtebau, der nicht in Häusern und architektonischen Dimensionen denkt, ebensowenig ein solcher.

Zu den Verlusterfahrungen der modernen Stadt gehört ein Verlorensein im Außen wie im Innern. Das Haus verabschiedet sich von seiner Gebundenheit an die Straße und wird zum freischwebenden, allseitig offenen Objekt im Grünen. Mit der Entinnerlichung der Architektur im Namen einer transzendenten Modernität, die Schwere und Abgeschlossenheit zugunsten der Ideale von Leichtigkeit und Beweglichkeit, Licht und Luft überwinden will, geht eine entsprechende Entinnerlichung des städtischen Raumes einher, denn mit der Absage an die Typologie von Block, Straße und Platz verschwindet auch das eigentümliche *Innenraumgefühl* aus dem öffentlichen Raum.

In der modernen Stadt kann die Straße kaum mehr als ein Innenraum und – wie noch von Benjamin – als „Wohnung des Kollektivs" begriffen werden[8]; Straßen und Häuser führen jetzt ein Eigenleben, sie sind nicht mehr unmittelbar füreinander verantwortlich und wechselseitig aufeinander bezogen. In der modernen Stadt gibt es viel Freiraum, aber keinen durch Bauten gesäumten Raum, wie einen Straßenkorridor oder einen Platz, der den Menschen einen öffentlichen Versammlungsort bietet. Die traditionelle Dialektik von Baukörper und Raumkörper, von der die Matrix der europäischen Stadt bestimmt ist, wird zugunsten eines locker mit Bauten durchstreuten Raumkontinuums außer Kraft gesetzt. Typologisch gesehen verwandelt sich in der Moderne die Eigentümlichkeit der Stadt von einem *System der Räume* in ein *System der Objekte*.

Dass das Wohnen vor der Haustür beginnt, nämlich mit dem Leben zwischen den Häusern, diese Erkenntnis ist der funktionalistischen Stadtplanung fremd. Deren unspezifische Abstands- und Grünflächen haben als Resträume weder Stadträumlichkeit noch Aufenthaltsqualität. Sie bieten sich nicht als Gefäße des öffentlichen Lebens an, die zum Zusammenkommen und Verweilen einladen. Im modernen *offenen*, auch fließend genannten Raum verschwindet der *öffentliche* Raum als solcher: als positiv bestimmter, unmittelbar erkennbarer Stadtraum, der von Häusern und deren Fassaden gesäumt und gefasst und in seinen Abmessungen auf den menschlichen Maßstab bezogen ist. Jenes Gefühl, sich gemeinsam mit anderen Menschen in einer Art von *Innenraum* unter freiem Himmel zu befinden, stellt sich im offenen Stadtraum der Moderne nicht mehr ein. Da von diesem Innenraumgefühl nicht nur die Aufenthaltsqualität abhängt, sondern ebenso auch das Zugehörigkeits- und Kollektivgefühl, verschwindet die spürbare Gegenwart des Öffentlichen aus der Stadt.

Wohnen meint *begrenzte Räume* und *unbegrenztes Verweilen*. Wohnen meint Selbstverwirklichung in der Privatheit *innerhalb* einer Gemeinschaft und nicht *außerhalb* von ihr, es sei denn, die Gesellschaft der Zukunft besteht nur noch aus bekennenden *Singles* und Nomaden. Im öffentlichen Raum zu „wohnen“ meint ein Leben auf Sichtweite, also im begrenztem Raum. Für dessen Attraktivität als öffentlicher Raum und Ort der Begegnung von Mensch zu Mensch sind die optische Verbundenheit und die körperliche Beschaffenheit der begrenzenden Oberflächen durchaus erheblich. Von dem Eindruck, eine in sich geschlossene, klar strukturierte, aber abstufungsreiche Welt zu betreten, hängt das Gefühl ab, an einem „genauen“ Ort zu sein; einem Ort, der durch einen gewissen *Zusammenhalt* der Bauten seine Identität erhält und der uns selbst auch zu seinem Bestandteil macht, indem er uns ein Gefühl vermittelt, anzukommen, und zum *Verweilen* einlädt.

Diese „Bewohnbarkeit“ des städtischen Raumes beginnt nicht erst mit dem herausgehobenen Platz, sondern mit der normalen Straße. Benjamins Charakterisierung der Straße als „Wohnung des Kollektivs“ hat die alte Haus-Stadt-Analogie von Alberti erneuert. Dem Flaneur Benjamin tritt die Stadt in ihren dialektischen Polen entgegen, denn „sie eröffnet sich ihm als Landschaft, sie umschließt ihn als Stube“.[9] Wohnen bedeutet für Benjamin die Fähigkeit, sich *Nahes* und *Fernes* zum „Interieur“ zu machen, und öffentliches und privates Lebens so zu verschränken, dass das Kollektiv in seiner „Wohnung“ im öffentlichen Raum der Straße „zwischen Hauswänden soviel erlebt, erfährt, erkennt und ersinnt wie Individuen im Schutze ihrer vier Wände“.[10]

Diese doppelte Orientierung ist entscheidend. Das Wohnen mit Zukunft muss buchstäblich wieder vor der Haustür beginnen, mit jenem Raum zwischen den Hauswänden, also mit dem öffentlichen Leben und der Straße. Das ganze moderne Elend offenbart sich eigentlich darin, dass wir heute im Grunde mangels Übereinkunft keine Straße mehr zu bauen vermögen, sondern bestenfalls noch Häuser. Dieses moderne Unvermögen hat Louis Kahn früh diagnostiziert: „Die Straße ist ein gemeinschaftlicher Raum. Sie ist es durch Vereinbarung.“ – Mit diesem Hinweis wollte Kahn darauf aufmerksam machen, dass es Straßen als gemeinschaftliche Räume in der modernen Stadt gar nicht mehr gäbe, sondern im Grunde nur noch Verkehrs-Trassen, die als abgelöste Bewegungsabläufe mit den Häusern, welche an ihnen stehen, nichts mehr zu tun haben. Dass zum öffentlichen Raum die Anmutung eines Innenraums unter freiem Himmel als Aufenthaltsqualität gehört, war für Kahn eine Selbstverständlichkeit. Wie schon Camillo Sitte 1889 und Benjamin nach ihm, begreift auch Kahn die Straße als einen wirklichen Raum, eine Art öffentlichen Saal, dem die Fassaden der Häuser die Wände und der Himmel die Decke sind.[11]

„Wenn man *Stadt* denkt“, – so Kahn 1964 im Gespräch mit Studenten – „beschwört man ein Reich aus Räumen; denn die Stadt ist wie eine Schatztruhe voller Räume.“[12] Mit diesem Reich und Reichtum der Räume machte der moderne Städtebau des zwanzigsten Jahrhunderts zugunsten des offenen Raumkontinuums Schluss. Von den abgestuften Raumfolgen und dem Innenraumgefühl der Plätze, deren Wirkungsbedingungen Sitte 1889[13] erstmals erforschte, bleibt nichts nennenswertes übrig; erst recht nichts vom Raumgefühl der als unzeitgemäß geschmähten Korridor-Straße als „Interieur“[14] und von der Hierarchie der öffentlichen Räume *und* Bauten. Bauten werden im Namen des neuen Zeitalters egalisiert und als freistehende Zeilen und Scheiben einer Himmelsrichtung folgend, mechanisch gruppiert. Dieser Rückfall ins Unstädtische ist auch Benjamin bei aller Bewunderung für die moderne Durchdringung nicht entgangen. Zur *Ville Contemporaine* von Le Corbusier lautet sein Kommentar: „Schon wieder eine Siedlung an der Landstraße. Nur hat sich damit, daß sie jetzt von Autos befahren wird und daß inmitten dieser Siedlung sich Aeroplane niederlassen, alles geändert.“[15]

Nachhaltiges Wohnen ist Wohnen mit Zukunft

Wenn Wohnen mit Zukunft ein auf begrenztem Raum verdichtetes Leben auf Sichtweite und auf unbegrenzte, also eigenbestimmte Zeit meint, fällt die Dauerhaftigkeit, oder „Nachhaltigkeit“, erheblich ins Gewicht. Ein Lebensort ist dann nachhaltig, wenn seine Anziehungskraft auf lange Sicht Bestand hat. Indiz dafür ist also die Präsenz von Geschichte. Diesen Test der Zeit hat die europäische Stadt gut bestanden, und zwar deshalb, weil sie Gegenwart in beide Richtungen der Zeitachse transzendiert: durch die Präsenz und Permanenz von Geschichte im Alltag des Städters und durch das Versprechen einer offenen Zukunft im Sinne des Mottos „Stadtluft macht frei.“[16]
Die europäische Stadt ist Ablagerung von gelebten Leben, oder – so Hugo von Hofmannsthal – „eine Landschaft[,] aus lauter Leben gebaut“.[17] Städte ohne Hinterlassenschaften der Geschichte sind nicht attraktiv. Ihnen fehlt es an den sinnlichen Spuren von gelebten Leben. Die Gleichzeitigkeit des Ungleichzeitigen kennzeichnet eine lebendige Stadt. Als Gegenwart der Vergangenheit bieten ihre materiellen Strukturen Kristallisationspunkte für biografische Erinnerungen ebenso wie für das kollektive Gedächtnis der Gesellschaft.[18] Permanenz, verstanden als Gegenwart des Vergangenen, beinhaltet gleichsam ein kulturgeschichtliches Kompliment. Denn etwas, das aus der Vergangenheit bis in die Gegenwart reicht, hat sich im Leben

behauptet oder bewährt und dadurch sein Überleben gesichert; es verdient als Form allein schon deshalb Respekt. Diese Form hat *einen Evolutionsprozess der Anpassung* durchlaufen und Ansprüchen unterschiedlicher Epochen und Lebensformen Rechnung getragen; es ist also Form, die sich durch gelebtes Leben Gültigkeit erworben und sich ihre Elastizität und Überlebensfähigkeit durch Spielraum für Veränderung erhalten hat. Eben dies macht sie auch zukunftsfähig, oder anders gesagt: nachhaltig. Denn nur eine im Verlauf der Geschichte mit Bedeutung angereicherte architektonische Form ist in der Lage, etwas Allgemeingültiges auszudrücken und einer Gemeinschaft sinnliche Präsenz zu verleihen.

Versteht man die Architektur als „Schrift des Raumes" (Jaques Derrida), so verkörpert die europäische Stadt mit architektonischen Mitteln aufgeschriebene Zeit. Dieses steingewordene Erinnerungsbuch hat seine „Schrift" auf evolutionäre Weise im geschichtlichen Prozess herausgebildet. Diese Schrift in all ihren typologischen Komponenten zu lesen und zu verstehen, ihre Syntax von Block, Straße, Platz und Hof typologisch und morphologisch neu zu deuten und zu interpretieren, wäre nicht nur für die Wohnarchitektur urbane Pflicht.

Im Überdauern der geschichtlichen Form liegt auch das eigentliche Betriebsgeheimnis der architektonischen Form. Geht man von der Prämisse aus, dass die Architektur eine durch eigene Substanz und Erfahrungswirklichkeit ausgewiesene Seins- und Wirkungsform ist, in der prägende Werte und kulturelles Wissen gespeichert sind und symbolische Gestalt angenommen haben, so muss man neben der stadträumlichen Formensprache zwangsläufig auch die architektonische Formensprache selbst in diese Betrachtung mit einschließen. Unter diesem Gesichtspunkt lässt sich auch das modernistische Dogma von der allein seligmachenden Architektursprache der Abstraktion kaum mehr aufrechterhalten, denn es ist Teil des intoleranten Universalitätsanspruchs, die gesamte traditionelle Architektursprache und Stadtbaukunst für alle Zukunft von der geschichtlichen Bühne zu verbannen.

Jene Modernität, die nur das *Gesetz forcierter Innovation* kennt, nämlich Tradition *nicht* zu transformieren, sondern permanent zu brechen, ist längst selbst von der Geschichte überholt geworden. Eine ressourcenschonende

Zukunft erfordert andere Perspektiven im Umgang mit dem Vorgefundenen und Gewordenen. Wohnen *mit* Zukunft bedeutet heute, die Urbanisierung ebenso wie die Technisierung des Alltags als wesentliche Bedingungen des Modernisierungsprozesses anzuerkennen. Dazu gehört es, mit dem Wissen und den Erfahrungen der Vergangenheit für die Gegenwart städtebauliche wie architektonische Konzepte zu entwickeln, die nicht nur *Verstädterung*, sondern tatsächlich wieder *Urbanität* hervorzubringen vermögen. Nach der modernistischen Zweckentfremdung der Stadt[19] ist es längst an der Zeit, Architektur und Städtebau in Theorie und Praxis wieder als reziproke bauliche Phänomene zu begreifen. Das bedeutet, das Problem der Bereitstellung von bezahlbarem Wohnraum nicht erneut – wie aktuell zu beobachten – als eine Frage des Wohnungsbaus zu behandeln, sondern als vordringliche Angelegenheit des Stadtbaus.

Bibliografie

Alberti, Leon Battista (1975): *Zehn Bücher über die Baukunst* [1485]. Herausgegeben und ins Deutsche übertragen von Max Theuer. Darmstadt: Wissenschaftliche Buchgesellschaft.

Behrens, Peter und Heinrich de Fries (1918): *Vom sparsamen Bauen. Ein Beitrag zur Siedlungsfrage.* Berlin: Verlag der Bauwelt.

Benjamin, Walter (1982a): *Das Passagen-Werk* (= Gesammelte Schriften 5.1). Herausgegeben von Rolf Tiedemann. Frankfurt am Main: Suhrkamp Verlag.

Benjamin, Walter (1982b): *Das Passagen-Werk* (= Gesammelte Schriften 5.2). Herausgegeben von Rolf Tiedemann. Frankfurt am Main: Suhrkamp Verlag.

Congrès Internationaux d'Architecture Moderne (1931) (Hrsg.): *Rationelle Bebauungsweisen. Ergebnisse des 3. Internationalen Kongresses für Neues Bauen* (Brüssel November 1930). Stuttgart: Julius Hoffmann Verlag.

Feldtkeller, Andreas (1994): *Die zweckentfremdete Stadt. Wider die Zerstörung des öffentlichen Raumes.* Frankfurt am Main und New York: Campus Verlag.

Giurgola, Romaldo (1979): *Louis I. Kahn.* Zürich und München: Verlag für Architektur Artemis.

Kahn, Louis I. (1993): „Gespräche mit mit Studenten, 1964". In: Louis I. Kahn: *Die Architektur und die Stille. Gespräche und Feststellungen.* Aus dem Englischen von Lore Ditzen und Kyra Stromberg. Basel, Berlin und Boston: Birkhäuser Verlag, S. 7–40.

Müller-Jung, Joachim: Die Stadt erscheint im Anthropozän. In: *Frankfurter Allgemeine Zeitung.* Jahrgang 61, Nummer 275, 25. November 2010, S. 29.

Nietzsche, Friedrich (1980): *Nachgelassene Fragmente. Ende 1883.* (= Kritische Studienausgabe 10). Herausgegeben von Giorgio Colli und Mazzino Montinari. München, Berlin und New York: Deutscher Taschenbuch Verlag.

Schöttker, Detlev (2017) (Hrsg.): *Walter Benjamin. Über Städte und Architekturen.* Berlin: DOM publishers.

Selle, Gert (1993): *Die eigenen vier Wände. Zur verborgenen Geschichte des Wohnens.* Frankfurt und New York: Campus Verlag.

Siebel, Walter (2004): „Einleitung: Die europäische Stadt". In: Ders. (Hrsg.): *Die europäische Stadt.* Frankfurt am Main: Suhrkamp Verlag, S. 11–47.

Sitte, Camillo (1889): *Der Städtebau nach seinen künstlerischen Grundsätzen.* Wien: Verlag von Carl Graeser.

Twombly, Robert C. (2003) (Hrsg.): Louis Kahn. *Essential Texts.* New York und London: W. W. Norton & Company.

Anmerkungen

1 Der Aufsatz basiert auf meinem Eröffnungsvortrag zur internationalen Konferenz *Abitare il futuro ... inhabiting the future ... after Copenhagen*, gehalten in Neapel am 13. Dezember 2010.

2 Selle 1993, S. 7.

3 Nietzsche 1980 [1883], S. 631.

4 Behrens und de Fries 1918, S. 50.

5 Congrès Internationaux d'Architecture Moderne 1931, siehe Inhaltsverzeichnis.

6 Müller-Jung 2010, S. 29.

7 Alberti 1975 [1485], S. 49: „Denn wenn der Staat, nach einem Grundsatze der Philosophen, ein großes Haus ist, und ein Haus hinwiederum ein kleiner Staat ist, warum sollte man da nicht die Glieder dieser selbst als kleine Wohnungen bezeichnen? Wie z.B. das Atrium, den offenen Säulengang, das Speisezimmer, die Portikus und dergleichen." – S. 224: „Und wie man in der Stadt das Forum und die Plätze, so wird man im Hause das Atrium, den Saal und Räume dieser Art haben, die nicht an abgelegener, verborgener und enger Stelle liegen, sondern vollkommen zugänglich sein müssen, daß auf sie die übrigen Räumlichkeiten ganz unbehindert münden können." – S. 262: „Das Haus, sagte ich anderswo, sei eine kleine Stadt. Man wird daher bei dessen Erbauung gleicherweise fast alles in Betracht ziehen müssen, was sich auf die Anlage einer Stadt bezieht."

8 Benjamin 1982a [1927–1940], S. 533.

9 Benjamin 1982b [1927–1940], S. 1053.

10 A. a. O., S. 1052: „Der Bürger [...] legt Wert darauf, die Nähe und die Ferne sich zum Interieur zu machen." – S. 1051: „Straßen sind die Wohnung des Kollektivs. Das Kollektivum ist ein ewig waches, ewig bewegtes Wesen, das zwischen Häuserwänden soviel erlebt, erfährt, erkennt und ersinnt, wie Individuen im Schutze ihrer vier Wände." – Vgl. auch Schöttker 2017.

11 Giurgola 1979, S. 95–96: „Strasse als Stätte der Begegnung, Strasse als öffentlicher Gasthof, der bloss kein Dach hat. Ein Versammlungsraum ist auch nur eine Strasse mit einem Dach darüber. [...] Und die Wände dieser Stätte der Begegnung, die man öffentlichen Raum nennt, der Strassen also, sind ganz einfach die Häuserfronten, und die Strassen sind der Stadt von den Häusern zur Benutzung übergeben. Heute sind die Strassen teilnahmslose Bewegungsbänder, die nicht in geringster Weise zu den Häusern gehören, die an sie grenzen. Wir haben also keine Strassen mehr; wir haben Verkehrswege, aber keine Strassen." – Vgl. auch Twombly 2003.

12 Kahn 1993 [1964], S. 29.

13 Sitte 1889.

14 Benjamin 1982a [1927–1940], S. 533: „Mehr als an jeder anderen Stelle gibt die Straße sich in ihr als das möblierte ausgewohnte Interieur der Massen zu erkennen."

15 A. a. O., S. 514.

16 Siebel 2004, S. 13–14.

17 Zitiert nach Benjamin 1982b [1927–1940], S. 1056: „Mit einem schönen Worte nannte Hofmannsthal diese Stadt, ‚eine Landschaft aus lauter Leben gebaut'." – Vgl. auch a. a. O., S. 1053.

18 Siebel 2004, S. 43.

19 Vgl. die unersetzliche Studie zur Urbanität von Feldtkeller 1994.

Einmal mehr und immer wieder ... die Frage nach dem Wissen des Architekten: das Pytheos-Syndrom

Werner Oechslin

Wüssten wir es und gäbe es gute Gründe für ein festgefügtes oder gar unveränderliches gültiges Wissen des Architekten, wir wären die Sorge los. Doch weder hat es dies außerhalb engster akademischer Zirkel je gegeben, noch ist es aus irgendeinem vernünftigen Grunde erstrebenswert. Denn natürlich verändert sich die Welt, wenn nicht stündlich, dann täglich, allerdings – mit Blick auf unterschiedliche Gesichtspunkte – mit unterschiedlicher Geschwindigkeit. Vorneweg wird munter am Katalog der Bedingungen, der Richtlinien und Normen des Bauens weitergeschrieben. Die *Einsichten* zu unvermeidbaren Konsequenzen kommen meist hinterher, zu spät, um Korrekturen anbringen zu können. Vorgaben werden *diktiert*; das unabdingbare Kriterium ist meist durch wirtschaftliche Notwendigkeit und Gesetzmäßigkeit bestimmt. *Notwendigkeit* in der Konfrontation mit bloßem Ermessen, das durch Erfahrung und Geschichte geprägt ist, kaum je auf Zahl und Maß verbindlich schließen lässt, sieht Ersteres im Vorteil, obwohl es *nur* behauptet ist. Das Zahlenregime ist – trotz laut gewordener Einsprüche und Mahnungen – weiter im Vormarsch, weil es scheinbar Planungssicherheit garantiert. Alles, was *diskursiv* ist, was umständlich begründet, abwägt und insofern Umwege erfordert und was sich der Sprache als eines lange gereiften hervorragenden Werkzeugs bedient, ist im Nachteil.

Nun wird kaum jemand behaupten wollen, dass der Umgang mit Wissen – oder gar *Theorie* – ohne eine sprachliche, diskursive Begleitung auskommen kann. Daraufhin ist Vitruv seltener gelesen und überprüft worden. Man sucht mit Vorliebe auch bei ihm nach knappen Regeln und festgefügten Begriffen, mehr braucht der *eilige Leser* kaum. Und wer *eine* Regel („*la* regola" Vignolas) oder fünf Punkte oder derlei vorzuschlagen hat, ist, so glaubt man, *argumentativ* im Vorteil. Das Nachsehen hat das geduldige Nachdenken, Abwägen, Neudenken und nochmals Abwägen.

Immerhin, als das Museum of Modern Art 1942 in New York in einer seiner Werbebroschüren (*what is modern architecture?*) die moderne Architektur vorstellte, stand da – leicht modifiziert, aber ohne Kommentar – die vitruvianische Trias von „firmitas, utilitas, venustas“: „2000 years ago the roman architect VITRUVIUS said: ARCHITECTURE should meet three requirements utility, strength, beauty.“ Autoritätsbeweis! Also doch, oder aber: Wenigstens erinnert man sich noch an einige Schlagworte. Doch schon bei der pauschalen – oder ganz fehlenden – Begründung des ersten Satz Vitruvs („Architectura [oder gemäß heutiger Lesart: Architecti] est scientia …“) stößt man heute meist nur auf Missverständnisse und Klimmzüge. Man liest es als Verweis auf Theorie und Praxis, meist ohne auf das von Vitruv präzis umschriebene Verhältnis der beiden Teile von „fabrica“ und „ratiocinatio“ genauer einzugehen. Die weitgehende Ablösung der Theorie von der Praxis ist das Resultat. Und jene *Theorien* beziehen ihre Begriffe dann häufig anderswoher, um originell und neu zu erscheinen – und neue *Bildung* zu generieren.

Und was sagte Vitruv in seinem ersten Satz? Das Wissen (wörtlich: „scientia“) des Architekten sei durch mehrere Disziplinen und durch verschiedenartige Bildungsinhalte („pluribus disciplinis et variis eruditionibus ornata“) geprägt. Dieses Wissen – oder eben diese *Wissenschaft* – entstünde aus dem Tun („fabrica“) und dem zugeordneten Erwägen zum Anteil eines geschickten Vorgehens und grundsätzlicher vernünftiger Entscheidungen. Der verwendete Begriff ist hier „ratiocinatio“, dessen Inhalt gemeinhin von vernünftiger Überlegung bis zum Syllogismus (Schlussfolgerung) reicht. Eindeutig bleibt allemal die Zuordnung zum Tun, für die Vitruv die Wörtchen „demonstrare atque explicare“ verwendet. Es soll alles dem Bauen, der „fabrica“, zudienen. Dieses verlangt neben eindeutig handwerklichen Befähigungen, *Köpfchen* und Erfahrung. Und das ist es auch, was Vitruv grundsätzlich bei der Frage nach der Bildung und nach deren Umfang in den Vordergrund stellt.

Länglich hat Vitruv im Anschluss an diese Definitionen jene verschiedenen Disziplinen respektive den Grund ihrer Bedeutung für die architektonische Bildung dargelegt. Nebst grundsätzlichen Bildungsinhalten, dem allgemein formulierten „litteras architectus scire oportet“, geht es um ganz konkrete Befähigungen wie – an den Anfang gesetzt – der Beherrschung der Zeichenkunst („graphidis scientiam habere"), was den gekonnten Umgang mit den Instrumenten von Zirkel und Lineal, aber auch die Kenntnis der optischen Tatsachen mit ihren *perspektivischen* Linien einschließt. Es umfasst weiter die Medizin im Besonderen mit Bezug auf die klimatischen Bedingungen und die Musik, deren Bedeutung weit über die bloßen *kanonischen* mathematischen Gesetzmäßigkeiten hinaus in die Ballistik hineinreicht. Und es betrifft die Philosophie, die aus dem Architekten letztlich einen Menschen hoher Gesinnung gemäß einer Formulierung schafft, die schon im sechzehnten Jahrhundert von Walther Ryff wie von Guillaume Philandrier als Motto in ihren einschlägigen Publikation zu Vitruv verwendet worden ist.

Bei dieser Wissensfülle stellt sich unvermeidbar die Frage nach dem Ganzen. Der griechische Begriff „encyclios" findet Anwendung, und Vitruv beschreibt dieses Ganze als einen aus all diesen Teilen zusammengesetzten „einen Körper" („uti corpus unum"). Doch dann gesellt sich die dornenreiche Frage nach dem Umfang dieses Wissens und dieser Bildung hinzu, was Vitruv den berühmten Architekten von Priene Pytheos mit seiner Forderung zitieren lässt, der Architekt müsse alle diese Disziplinen beherrschen, und zwar in einem Ausmaß, das das von den jeweiligen Spezialisten Beherrschte übertreffe. Das geht zu weit, übersteigt menschliche Leistungsfähigkeit, wie Vitruv nun ausführlich belegt. Hier liegt der Irrtum des Pytheos: „Igitur in hac re Pytheos errasse videtur."

Der Kern von Vitruvs Begründung bezieht sich auf den Vorwurf, dass Pytheos nicht zwischen den besonderen, auf die tatsächliche Ausübung einer Disziplin ausgerichteten Befähigungen und den diesem Tun zugeordneten, grundsätzlichen Gesichtspunkten zu unterscheiden wüsste. Vitruv nimmt hier seine eigene Definition der aus „ex fabrica et ratiocinatione" gebildeten Architektur wieder auf. Es geht auch jetzt bei der Differenzbereinigung mit Pytheos einerseits um das „opus", das Werk, und andererseits um die „ratiocinatio". Das Werk ist auf den „effectus", die konkrete Wirkung (oder Funktion) – eines Bauwerks – ausgerichtet, die „ratiocinatio" auf die „ratio", den Grund und das Kriterium, nach dem eine Disziplin ihre Handlungen bestimmt und anwendet. Vitruv meint dazu, es sei solches im Grunde genommen allen Gebildeten bekannt („commune cum omnibus doctis"). Und es ergibt sich aus all dem, dass der Architekt die Kenntnisse, über die er nicht unbedingt für sein spezifisches Tun des Bauens verfügen *muss*, in einer grundsätzlichen, *vernünftigen*, gleichsam einem *Common Sense* zugeordneten Weise besitzen *soll*: „partes et rationes earum mediocriter habet notas".

Das lässt vieles offen. Schließlich muss der Architekt selbst entscheiden können, wie viel Einsicht in bestimmte Disziplinen er braucht, um dasjenige einsehen und verstehen zu können, was er auch wirklich – in grundsätzlicher Hinsicht – braucht. Doch gerade darin liegt die hohe Qualität der Erörterungen Vitruvs zur Bildung des Architekten. Es ist ganz offensichtlich, dass jenes *Maß an Bildung* unterschiedlicher und sich verändernder Beurteilung ausgesetzt bleibt. Flexibilität statt Normbesessenheit! Und schon gar nicht die Einbildung auf Alleswisserei mit der Vorstellung des Demiurgen und des „homme-dieu" im Hintergrund, von dem auch Le Corbusier – in seinem „Paradis artificiel" – träumt! („Servir bien, mais aussi servir le dieu qui est en nous.") Vitruvs Idealbild orientiert sich dagegen an einem *philosophischen*, ganz ohne Arroganz seine Aufgabe „cum gravitate" erfüllenden, durchaus mit Autorität, jedoch genauso mit Großmut und Bescheidenheit ausgestatteten Architekten. Bildung steht im Dienste dieses architektonischen *Ethos* und der davon bestimmten Tätigkeit des Bauens. Und gerade darin ist und bleibt Vitruv heute aktuell, auch wenn es *nur* um die Forderung geht, es müsse die Frage der Bildung immer wieder einer offenen Diskussion zugeführt werden. Dass die Überfülle an Normen und Regelungen diesen notwendigen Freiraum einzuschränken droht, fällt bei solcher Argumentation umso mehr auf.

Völlig unsinnig ist es also nicht, den alten Vitruv hervorzukramen, um immer mal wieder sich ein Bild über die Architektur und den Architekten und dessen Bildung und Wissen zu machen. Wir können uns nicht freiwillig geschichtslos machen, und – um es mit Schmoll genannt Eisenwerth zu formulieren – wir können uns „nicht künstlich ‚bewusstlos' machen, jedenfalls nicht auf Dauer". Weil Vitruvs Stellung zu diesen Fragen offengehalten ist, bleibt sie auch stets gültig und wirksam. Seine Forderung sucht nicht mehr, als jener Binsenwahrheit zu genügen, wonach sich eine mögliche Theorie nach den Inhalten und nach den Bedürfnissen richten soll, auf die sie sich bezieht. Vitruv hatte dies in einer auch heute noch modern klingenden Formulierung, die jeden Semiotiker begeistern müsste, auf den Punkt gebracht: Es gäbe in allen Dingen, aber auch insbesondere in der Architektur zwei Dinge, „quod significatur et quod significat". Das also sind die Leitlinien, die der Bestimmung von Inhalt und Umfang einer architektonischen Bildung zudienen sollen. Das „significatur" bezieht sich gemäß Vitruv auf Absicht und Ziel des erstrebten Gegenstandes, jenen zitierten „effectus"; das „significat" meint die mit guten Gründen – oder gar „wissenschaftlichen Methoden", wie es Curt Fensterbusch übersetzte – dargelegte Erklärung.

Daniele Barbaro kommentierte 1556 diese Stelle aus Vitruvs Argumentation gegen Pytheos: „Non è alcuno, che ricordandosi le cose dette di sopra, non intenda quello, che hora dice Vitr. & se egli non havesse appreso bene, che cosa è fabrica, & discorso [Übersetzung Barbaros für ‚ratiocinatio'], opera & ragione, la cosa significata, & quella che significa." Barbaro setzt die verschiedenen Formulierungen Vitruvs auf eine Linie, um so die grundsätzliche doppelte Ausrichtung des Architekten auf sein – spezifisches – Tun und auf die ihn dabei stützende, nach seinem Ermessen erworbene Bildung noch deutlicher zu unterstreichen. Kurzum: Vitruv könnte uns auch noch heute gute Gründe liefern, wie wir mit der Frage einer nützlichen, notwendigen und ausreichenden Bildung des Architekten auch zu veränderten Bedingungen umgehen könnten.

Postskript

Eine Art *ceterum censeo* bilden die obigen Überlegungen, weil immer wiederholt in Vorlesungen und gesprächsweise und – seltener – in gedruckter Form. Dazu gehören:

Werner Oechslin: „Der Architekt als Theoretiker". In: Winfried Nerdinger (Hrsg.): *Der Architekt. Geschichte und Gegenwart eines Berufsstandes.* Band 2. München: Prestel Verlag 2012, S. 576–601; zum *Pytheos-Syndrom* insbesondere: S. 586–591.

Werner Oechslin: „‚Per l'uso del mondo'. Il respiro culturale dell' architettura.“ In: Christoph Frank und Bruno Pedretti (Hrsg.): *L'architetto generalista.* Mendrisio: Mendrisio Academy Press und Silvana Editoriale 2013, S. 12–39.

Dem schwierigen Verhältnis von Theorie und Praxis, besser zugunsten der Ausrichtung theoretischer Tätigkeit auf die Praxis galten die beiden Texte:
Werner Oechslin: „Die Theorie der Architektur und ihre vergessene und umso notwendigere Ausrichtung auf die Praxis“. In: Luise King (Hrsg.): *Architektur & Theorie. Produktion und Reflexion. Architecture & Theory. Production and Reflecion.* Hamburg: Junius Verlag 2009, S. 22–45.
Werner Oechslin: „‚Theorie der Praxis'... eine weitere Begründung“. In: Piet Lombaerde (Hrsg.): *Bringing the World into Culture: Comparative Methodologies in Architecture, Art, Design and Science.* (Festschrift für Richard Foqué) Brüssel: University Presss Antwerp 2009, S. 133–143.

Allen diesen Bemühungen liegt die Einsicht zugrunde, dass eine genaue Lektüre von Texten, von demjenigen Vitruvs ganz zuvorderst, immer noch die beste Voraussetzung für ein *Verstehen* bildet. Solange das Verstehen nicht als völlig obsolet erklärt wird, weil wir ja – scheinbar – alle Informationen ohnehin schon besitzen würden, ergibt das Sinn. Es ist auch stets eine Anleitung zu jener Bescheidenheit, die Vitruv fordert, während die von ihm kritisierte Arroganz sich wohl eher mit dem ungebremsten, *alternativlosen* universalen und totalen digitalen Zugriff auf die Welt der bloßen Informationen verbindet. Ob solchen kompromisslosen Zugriffs verschwindet *das Diskursive*, das Erörtern und insgesamt die *Hermeneutik*, die alle durch geschichtliche Veränderung unvermeidbar entstehenden Unwägbarkeiten aufnimmt und bedenkt. Alles Dinge, die der Schreibende nebst dem strengen mathematischen Verstand in erster Linie zu einer hocherwünschten Bildung des Architekten zählen möchte, gerade weil es hier um die erwünschte Erweiterung ins Grundsätzliche geht. Gerade in der *Geschichtlichkeit*, gleichbedeutend mit Bewegung und Veränderung, ist wohl die einzige Chance gegeben, dass Werte erhalten bleiben, nicht weil sie in voreiliger Manier angepasst (oder gar aufgegeben), sondern in neuer Begründung auf die Probe gestellt werden. Solange dies möglich ist, besteht Hoffnung.

Es lohnt, Vitruvs *philosophisches* Charakterbild des Architekten zu zitieren. Es findet sich vorangestellt in Philandriers *In decem libros M. Vitruvii Pollionis de Architectura Annotationes* (1544), ist aber auch schon kurz zuvor 1543 in den Straßburger Vitruv-Ausgaben von Georg Messerschmidt und Walther Hermann Ryff unter der Überschrift „Architetti virtutes" herausgestellt worden:

> „Philosophia vero perficit architectum animo magno et uti non sit adrogans, sed potius facilis, aequus et fidelis, sine avaritia, quod est maximum; nullum enim opus vere sine fide et castitate fieri potest; ne sit cupidus neque in muneribus accipiendis habeat animum occupatum, sed cum gravitate suam tueatur dignitatem bonam famam habendo; et haec enim philosophia praescribit." Und in der deutschen Übertragung von Curt Fensterbusch: „Die Philosophie aber bringt den vollendeten Architekten mit hoher Gesinnung hervor und läßt ihn nicht anmaßend, sondern eher umgänglich, billig denkend und zuverlässig, und, was das Wichtigste ist, ohne Habgier sein. Kein Werk kann nämlich in der Tat ohne Zuverlässigkeit und Lauterkeit der Gesinnung geschaffen werden. Er soll nicht begehrlich und nicht dauernd darauf aus sein, Geschenke zu bekommen, sondern er soll mit charakterlichem Ernst dadurch seine Würde wahren, daß er in gutem Ruf steht. Auch das nämlich schreibt die Philosophie vor."

Das Stichwort des „homme-dieu", dem Baudelaire 1860 durch sein *Les Paradis articiels Opium et Haschisch* Nachruhm verschaffen hat, findet sich bei Le Corbusier in der Einleitung zu *Une maison, un palais* (1928), wo ja auch die Rede von der „Naissance fatale de l'architecture" ist. Daniele Barbaros Kommentar zu Vitruvs Stellungnahme zu Pytheos findet sich in seinem *I Dieci Libri dell'Architettura di M. Vitruvio Tradutti et Commentati da Monsignor Barbaro eletto Patriarca d'Aquileggia* (Venedig: Marcolini 1556, S. 15–16).

Und zuallerletzt noch dies: Der oben zitierte „eilige Leser" bezieht sich auf Sigfried Giedions *Bauen in Frankreich* (1928), in dem er dies vorweg diskutiert, um dann den auf die Bilder fixierten *Leser* mittels typografischer Mittel wie dicker schwarzer Pfeile (von László Moholy-Nagy entworfen) zu unterstützen und lenken. Und den Hinweis auf den Unsinn einer selbstverfügten Zensur des Wissens hat Josef Adolf Schmoll genannt Eisenwerth 1948 an das Ende seines Beitrages für Neuferts Akten zum Darmstädter Kongress von 1947, *Der Architekt im Zerreiss-Punkt,* gesetzt; der Beitrag trug den Titel, der auch über unserem Text hätte stehen können: „Zur Notwendigkeit der historischen Bildung des Architektennachwuchses“.

Conceptual History and Architectural Theory

Ute Poerschke

The following essay is about investigating historical texts – particularly specific words, terms, and concepts in these texts – as a way to pursue architectural theory. In the historical disciplines, such investigations have become very popular in the second half of the twentieth century, most famously by Michel Foucault with his analyses of historical discourses and Reinhart Koselleck with his emphasis on historical concepts *(Begriffe)*. Also in architecture, we find numerous examples of such investigations in the writings of architectural historians and theorists; to name only a few: Jan Pieper's discussion of "the labyrinthine" in 1987, Kenneth Frampton's investigation of "tectonics" in 1993, and Eduard Führ's discussion of "architectura" in 2002. Adrian Forty's *Words and Buildings: A Vocabulary of Modern Architecture* of 2000 not only introduced a set of concepts of modernism, but also provided a general critique of investigating concepts and words in architectural discourse.[1] Overall, however, in architectural history and theory we rarely come across a discussion of the very methods for analyzing concepts manifested in historical texts. The following essay is therefore an attempt to understand how we can adopt Koselleck's approach to historical concepts for architectural theory. It focuses on three sets of questions:

1. What is meant when we speak of "concepts"? Why did Forty refer to "words," Koselleck to "concepts," Foucault to "discourses," and Quentin Skinner to "ideas"? How do they differ?
2. What methods are used in the investigation of historical concepts, discourses, and ideas? And how can they be utilized for or adapted to architectural theory?
3. What kind of architectural theory is addressed? How do the outcomes relate to architecture? And what are the limitations of this kind of architectural theory?

While investigating these three sets of questions, it seems important to acknowledge upfront the extended fields behind conceptual history. Conceptual history overlaps with and cannot be sharply distinguished from social history and linguistics, to name only two major disciplines. Both of them have strong direct influences on architectural theory, too, if we think, for example, of Charles Jencks and George Baird's discussion of the linguist Ferdinand de Saussure's sign theory or, more generally, the impact of the "linguistic turn" on architecture.[2] Rather than describing and analyzing the complex relationships to these other fields, the goal of this essay is, at best, to take a narrow look at the methods of conceptual history and refer to other disciplines only when they help clarify these methods. The essay focuses on Koselleck's very specific understanding of the history of concepts as the "record of how their uses were subsequently maintained, altered, or transformed" in written documents.[3]

Words, Terms, Concepts, Discourses, and Ideas

The story of conceptual history starts with Koselleck's introduction to the seminal 9,000-page publication *Geschichtliche Grundbegriffe. Historisches Lexikon zur politisch-sozialen Sprache in Deutschland* (Basic Concepts in History: A Dictionary on Historical Principles of Political and Social Language in Germany). Published between 1972 and 1997 by Otto Brunner, Werner Conze and Reinhart Koselleck, the *Geschichtliche Grundbegriffe* has just celebrated the twentieth anniversary of its completion and remains an invaluable source for the study of concepts in history. Koselleck's hypothesis was that historical processes are reflected in concepts and that history can therefore be interpreted through the concepts that evolved in a particular time. Concepts and history have a strong relationship, but are not identical; the interpretation of this relationship helps understand historical epochs, on the one hand, and concepts in their change over time, on the other. As Ute Daniel put it: "Conceptual history deals with the convergence of concept and history."[4]

Conceptual history focuses on the vocabulary used in historical texts. It tries to understand the meaning of particular words as they are used in specific discourses and how these words were able to condense to important concepts in a given time and context. It assumes that "concepts are expressed in words," meaning "that they are always tied to words"[5] and that we therefore best understand concepts when we trace the use of words. There is a difference between "concepts" and "words," however, which Koselleck described as follows:

> "A concept can be attached to a word, but it is simultaneously more than a word. [...] In a concept [...] the multifarious quality of historical reality enters into the ambiguity of a word in such a manner that this reality can be understood and conceptualized only in that word. A word may have several possible meanings, but a concept combines in itself an abundance of meanings. Thus a concept may be clear, but it must be ambiguous. It bundles together the richness of historical experience and the sum of theoretical and practical lessons drawn from it in such a way that their relationship can be established and properly understood only through a concept. To put it most succinctly: the meaning of words can be defined exactly, but concepts can only be interpreted."[6]

In *Geschichtliche Grundbegriffe,* Koselleck also speaks of "core concepts" *(Kernbegriffe),* "central concepts" *(zentrale Begriffe),* "leading terms" *(Leitbegriffe),* "key words" *(Schlüsselworte),* "slogans" *(Schlagwörter),* or "basic concepts" *(Grundbegriffe)* without sharply distinguishing between them. Words that accumulated complex meanings and in which meanings are condensed can be called concepts. Concepts "are produced by a long-term semiotic process, which encompasses manifold and contradictory experiences. Such concepts may evoke complex, conflicting reactions and expectations."[7] They resist unambiguous definition and are open for interpretation and reinterpretation.

Words and concepts cannot be understood other than in their particular contexts since, as Koselleck explained, "a word becomes a concept only when the entirety of meaning and experience within a sociopolitical context within which and for which a word is used can be condensed into one word."[8] Therefore the use of words and concepts must be studied in their contexts; reversely the practical use of words allows us to understand a change within a context. Particularly between 1750 and 1850 – around Enlightenment, the French Revolution, and Industrial Revolution, a period that Koselleck called the "saddle time" *(Sattelzeit)* – many words strongly transformed their meanings or were invented. This can also be seen in architectural discourses of that time, with new words such as "function" or "tectonics," among others, emerging.

Conceptual history is different from word history. The latter, searching for evidence of words in history, is less focused on the actual meaning or changes in meaning of a word, but rather on its emergence per se. By contrast, conceptual history necessarily asks for the context since only the context can clarify why a new term had come to existence. Conceptual history asks why a term occurred, not only whether it occurred. It makes sense to begin the analysis of a concept with a word history, for example by consulting etymological dictionaries, but only text analyses get you closer to the content and meaning of a word. It is Koselleck who leads the methodological way here as he "constantly insisted on the link between concepts and words. There is no doubt that for Koselleck, doing conceptual history entailed a word history, or rather a historical semantics, based on the study of the language in the sources *(Quellensprache)*. He reiterated that historians have access to past concepts only through the words available in the sources."[9]

In other words, when a new concept enters the world, maybe because of an emerging need in a specific situation, it manifests itself in a word. Somebody felt a need to come up with a word to frame a new thought in a specific context that he or she thought to be helpful in reconsidering the context.[10] The abundant appearance of a word might then give us a hint that the concept was strong. This also means that words, when used in an arisen need or new context, change their meaning. And again, since the meanings of ideas, concepts, discourses, and terms change in history, they cannot be defined like numbers or axioms, which are accepted to be unchangeably true. As Koselleck put it, quoting Friedrich Nietzsche, "only that which has no history can be defined."[11] Said differently, it is the *reinterpretation* of a word, its *changed* meaning, that helps us understand the concept and the need of a group of people to create it.

Conceptual history is different from discourse history, which studies a network of terms, rather than single or few words. It is also different from idea history, which goes beyond language and includes the investigation of material culture (artifacts). In all three fields we use words to speak about ideas, discourses, and concepts. In contrast to the history of ideas, both the history of discourses and the history of concepts focus their analyses on the "linguistic constitution of historical epochs as the topic of investigation."[12] But only in conceptual history do we try to nail the concept down to a word. The strength of conceptual history lies in the precise and narrow study of single or few words. This strength, however, can also be seen as its weakness, as conceptual history has often been criticized for this narrow view.[13] On the other hand, there are also inherent risks in discourse history: Some terms, since they belong to the same discourse, might be considered interchangeable in that particular discourse, which could lead to broadened and potentially blurred interpretations of the terms. For both conceptual and discourse history, it is therefore helpful to collect words with similar meanings and compare them to detect nuances of their similarities and differences. The different advantages of conceptual and discourse history can thus be seen as follows: Focusing on single or few words makes it easier to compare a variety of texts, contexts, or epochs. And studying a discourse allows for a better understanding of the complexity of one particular context. As Daniel put it, conceptual history targets a "diachrone layer of change and continuity" while discourse history targets a "synchrone layer, that is of the respective presents."[14] As a final comment on the comparison of these three approaches, one can add that investigating the history of concepts has a stronger tradition in German-speaking countries, while investigating the history of discourses and ideas has its tradition in the French- and English-speaking parts of the world. The request that they should not be treated mutually exclusive has been going on for several decades.[15] Pocock encouraged the two different cultures of conceptual and discourse history to "reinforce, stimulate, challenge, and enrich each other." However, he pointed out, these two "modes of thought can be confronted, compared, and combined, but not homogenized."[16]

Let's turn to architectural theory. On first glance, conceptual history and architectural theory seem to have reverse goals: Conceptual history wants to understand history by studying concepts. Architectural theory wants to understand concepts by studying history. For architectural theorists – and for architects, too – investigating the meaning of words in history does not originate from an interest in history, but from the desire to come up with one's own position for the present. Radically speaking, architectural theorists do not even consider history as history, but as a theoretical construct that somebody could have come up with here and now.
The concept of "function" in architecture is a useful example to understand the differences between the histories of ideas, discourses, and concepts: In the history of architectural ideas, the word "function" is embedded in the effort to understand the architectural relationship of content and form. Theorists traced this idea of the relationship of content and form back to Vitruvius and thus interpreted the term "function" as Vitruvius's "utilitas."[17] In a related, but more narrow effort that I would call discourse history, theorists studied the discourse of "functionalism" as it has emerged since High Modernism; here, they discussed a word family containing terms such as "purpose," "task," "utility," "intention," or "fitness," which they claimed to be more or less synonymous with "function."[18] By doing so, the differences between the terms remained hidden. Using the approach of conceptual history, that is tracking the word "function" back to its first appearance in an architectural treatise – that turned out to be in the middle of the eighteenth century during what Koselleck called the *Sattelzeit* – showed that the introduction of the new word came with a critique of the existing architectural practices and the desire for a new understanding of building. Tracing the word in subsequent architectural treatises revealed that "function" started to be used interchangeably with "purpose" only in the early twentieth century. Only by focusing on how the word "function" alone was used in historical texts could differences to the content of other words be detected.[19]

Surprisingly, the *Geschichtliche Grundbegriffe* and similar works published subsequently[20] remain relatively unspecific with respect to the question of how to analyze words and concepts. The entries in *Geschichtliche Grundbegriffe* are described to have three parts: the first traces the history of a word or concept before modernity; the second, which is the main part, presents synchronic and diachronic analyses of texts; and the third refers to the use of a concept today. Beyond this description, no set of established or normative methods in conceptual history is apparent. The following is an attempt to collect such methods while bearing their usefulness for architectural theory in mind.

1. Most investigations of concepts, discourses, and ideas start with referencing dictionaries, and more specifically etymological dictionaries, that teach us the origins of particular words. Many words can be traced back to Greek or Latin origins with similar meanings to those of today; other words changed their meanings during the *Sattelzeit* (1750–1850); yet others were invented during that time; and words can undergo some or all of these processes in parallel. As a typical example for architecture, Kenneth Frampton explained:

> "Greek in origin, the term tectonic derives from the word *tekton,* signifying carpenter or builder. The corresponding verb is *tektainomai.* This in turn is related to the Sanskrit *taksan,* referring to the craft of carpentry and to the use of the axe. [...] In the fifth century B.C. this meaning undergoes further evolution, from something specific and physical, such as carpentry, to a more generic notion of making, involving the idea of *poesis.* [...] Needless to say, the role of the tekton leads eventually to the emergence of the master builder or *architekton.* [...] The first architectural use of the term in German dates from its appearance in Karl Otfried Müller's *Handbuch der Archäologie der Kunst* (Handbook of the Archaeology of Art), published in 1830."[21]

While (etymological) dictionaries provide a first overview, it is important to understand that they only record the various definitions of words, but not the richness of different meanings within a concept. We cannot assume that all meanings of a word resonate with similar intensity in a concept, nor can we exclude particular meanings when investigating a concept. Also, while dictionaries list interpretations of different meanings of words – thus giving us hints that something happened with the word over time[22] – they do not provide reasoning about how changes of meaning happened or why a desire for a new word emerged.

2. To arrive at a deeper understanding of a word's evolution in meaning and its condensation to a concept, the word must be studied in specific contexts. Historical texts provide such contexts in which old and new terms can be compared. Koselleck suggested consulting references that he divided into three groups: first, the classic authors in a particular discipline; second, everyday literature of particular times such as newspapers, journals, pamphlets, letters, or diaries; and third, historical dictionaries and encyclopedias that explain how a word was understood at a specific time. To state it simply, this contextualist approach takes a specific word that is hypothesized to be a concept and attempts to find this word in these three groups of texts. The interdependence between concepts and discourses might be evident here, as both are verified through texts. As Koselleck put it, concepts "always function within a discourse, they are pivots around which all arguments turn. [...] Each depends inescapably on the other. A discourse requires basic concepts in order to express what it is talking about. And analysis of concepts requires command of both linguistic and extra-linguistic contexts, including those provided by discourses."[23] As an example, the architectural discourse of most of the nineteenth century circled around the concept of "style." Among the many classic authors discussing the problem of style in architecture are James Fergusson (1808–1886) and John Ruskin (1819–1900) in Great Britain, Eugène Emmanuel Viollet-le-Duc (1814–1879) in France, and Heinrich Hübsch (1795–1863) and Gottfried Semper (1803–1879) in Germany.

3. The selection of texts as stated above can still be vast and unspecific, which could become a central concern with respect to work load. If text samples are numerous, it can be helpful to limit the selection of texts to more focused contexts, such as:

Time: Exploring if and how a specific term was used in a specific time period or epoch. Since Koselleck's *Sattelzeit* hypothesis suggests that the meaning of many words changed between 1750 and 1850, it might be fruitful to compare texts before, during, and after that period.

Geography: Investigating if and how a term was used in a specific local area (for example Italy or the New World).

Social Context: Studying if and how a term was used in a specific social class or several social groups.

Discipline: Analyzing if and how a term was used in specific scientific or artistic disciplines.

Language: Examining if a term was evident in different languages and if it was used similarly or interpreted differently in them.

4. After having selected texts from specific contexts, the challenge of how to actually analyze them arises. The following set of questions is meant to help with this analysis:

a) Was the word used here for the first time? Tracing when a word showed up for the first time in a particular context might provide a hint that there was a desire or attempt to reconsider a context. In this desire, "[p]articular words will then assume the role of key instruments in this process of challenging the old and inventing the new."[24] New words could thus indicate that new concepts were emerging.

b) How frequently was a word used? Studying the frequency of a particular word might demonstrate if there was a concept (represented by a word) at all and, if so, potentially the concept's strength. Digital collections are of tremendous value for determining a word's frequency and whether it was used for the first time. The *Early English Books Online* (EEBO) database, for example, presents 130,000 English publications from 1473, when the first book in English was printed, to 1700. Other resources exist in several other languages.[25]

c) Are synonyms used? Terms used in parallel? As an example in architecture for steps b and c, Heinz Hirdina pointed out that, as "a matter of conceptual history, the use of *Zweck* (purpose), *Zweckmässigkeit* (purposefulness), and other terms used in the early phase of the *Werkbund* decreased; they were replaced from the mid-1920s onward by function, functional, and, more rarely, functionalist."[26] We need to be careful not to conclude from this description that the phrase family of "function" was used synonymously with the phrase family of "purpose." Rather, we could also raise the question as to whether "purpose" had become an insufficient concept leading to the desire to replace it by the new concept of "function." We even have to consider, as a third alternative, that the concepts of "purpose" and "function" had nothing in common and were erroneously related by Hirdina.

d) Does the word address an opposite? Forty pointed out that new concepts often – or maybe even always – oppose an existing condition. He embedded this in a broader discussion about language: "The most fundamental distinction between language and image [...] is that, as Saussure put it, 'in language there are only differences.' [...] Whereas in language, the entire significance of the appellations 'heavy' or 'complex' belongs in the opposition to 'light' or 'simple', a drawing has no immediately recognizable opposite."[27] The potential step in the analysis of a text is therefore to explore if a particular concept reacted to an opposite. Forty added that often "only one side of the opposition receives much attention, the other being merely roughly indicated, or frequently not named at all, subsisting simply as inexplicit otherness," and insisted that "part of any enquiry into critical terminology must involve consideration of their opposites."[28] As an example Forty traced the phrase of "masculine architecture" in historical discourses. The phrase was heavily used while its opposite "feminine" was often simply implied. And even when the reference did not appear any further, Forty argued that it was still there; when Heinrich Wölfflin spoke, for example, about the body-space relationship, he would mean the male body.[29]

e) Is the word ambiguous? Does it allow different interpretations?

f) Are there other words in the texts that create, in combination with the word under investigation, a "semantic field"? And is the investigated word in the "semantic center" of this "semantic field"? Ifversen suggested exploring

> "the most frequent words that occur next to our main word [...] A closer look at the sentences – or even the paragraphs – in which we find the word should [...] give us more information. [...] we can also try to draw up a semantic field by examining, for instance, nouns that co-occur with our word. If we ask for the most frequent nouns within the distance of five words, we get an interesting list. [...] Drawing up semantic fields demonstrates how the concentration of meaning operates at the semantic level."[30]

In eighteenth-century architectural discourse, for example, such a semantic field was created by the concepts of "the sublime," "the solemn," "the beautiful," and "character," with the first one being in the semantic center.

g) Is the word a "basic concept" *(Grundbegriff)* that is defined by Koselleck as "inescapable" and "irreplaceable" when it comes to the discussion of a particular topic? "Basic concepts combine manifold experiences and expectations in such a way that they become indispensable to any formulation of the most urgent issues of a given time. Thus basic concepts are highly complex; they are always both controversial and contested. It is this which makes them historically significant and sets them off from purely technical or professional terms."[31] The concept of "style" as described above works here as an example, too.

5. For each text it is important to investigate the addressee. This will help us understand if a particular concept has a specific clientele or if a concept was meant to influence a certain group of people.

6. After looking at one text, Koselleck suggested performing first a synchronic and then a diachronic investigation of a concept. Synchronic means comparing different texts in the same historical context, and diachronic refers to comparing texts as they developed over time. In a diachronic analysis, he explained that the concepts' changing "meanings during successive periods of historical time are examined and relationships among these meanings are then assigned. […] Only in this way […] can we become aware of the social persistence of a meaning and the structures to which it corresponded."[32] Both synchronic and diachronic investigations might reveal similarities or differences in a word's meanings. This stage can include asking when a word ceased to be used and what other terminology was used instead. It can also include, as Koselleck observed, the emergence of hyphenated words to increase specificity, when a word ceased to fit properly. As an example he provided "*Social-Demokratie*"[33] resulting from an increased insufficiency of the word "democracy." Comparably in 1960s architectural discourse, when the term "functionalism" was increasingly criticized, hyphenated and extended words such as "neo-functionalism" (Mario Gandelsonas), "mono-functionalism" (Elmar Holenstein), "naïve functionalism" (Aldo Rossi), or "construction industry functionalism" (Heinrich Klotz) occurred.[34]

7. In addition, texts of different disciplines can be compared. If a word was used in several disciplines and social contexts and was therefore widely known, we can hypothesize that it had become a basic concept. Looking into other disciplines can also help find the origin of a particular concept, since each time has fields that dominate the thinking of other fields. As an example, natural history, a dominant field in the nineteenth century, strongly influenced many other fields, including architecture; words such as "organism," "fitness," "taxonomy," or "circulation," quickly spread from natural history to architecture.[35] This process of metaphorical transfer of words from one discipline to another can be seen in all architectural discourses. Describing architectural works as "machines" during the Industrial Revolution and High Modernism or adopting linguistic concepts such as "grammar" during Postmodernism are only two more examples. Metaphors can also originate from

architectural terminology, such as when we speak about the "architects" of the constitution, the principles of freedom and equality as the "foundation" of democracy, or the state as a "house." In this case, we would look at discourses of other disciplines, rather than our own.[36]

Outcomes and Limitations of Using Methods of Conceptual History for Architectural Theory

Building on a thought from the beginning of this essay, using the methods of conceptual history for architectural research does not necessarily mean that the outcome is a contribution to history. Whether the outcomes of such investigations are contributions to history, theory, or both is entirely up to the researcher. Architectural historians and theorists, while seemingly doing the same thing when investigating words and concepts in history, have different foci. The historian's focus is to understand past architectural epochs and their transformations; the theorist's focus is to clarify theoretical frameworks regarding their relevance for current architecture. While both are interested in past and present, the historian's target is the past and the theorist's one is the present.[37]

Second, to take a broader view for a moment, in architectural theory we can generally study three areas: texts (treatises, correspondences, etc.); objects (architectural works, artifacts, environments) including how people use and perceive them; and drawings, models, videos, or other mainly visual representations of architecture. Each of these realms require specialized methods and strategies of analysis and each will give us different insights. This also means that focusing on studying words, texts, or discourses ignores the insights we might receive from studying the other two realms. Compared to studying objects (such as actual buildings) it becomes evident that by thinking through texts, we cannot gain an actual direct experience of architectural spaces, surfaces, masses, and atmospheres. Compared to studying drawings, models, and other representations it is evident that thinking through texts limits our insights in non-verbal thinking. In other words, the approach presented here addresses the abstract verbal thinking about and conceptualization of architecture. Only secondary is this approach about the experience of concrete architectural spaces, structures, and atmospheres, and their extra-linguistic abstractions.

Some architects and theorists might argue for the superiority of one of the three realms. Forty hoped to see them all equal to each other, "to see drawings not so much as deficient versions of things, but as equal, though different realities. Could we not, then, think of verbal remarks about architecture in similar terms?"[38] To go even further, beyond respecting different ways of analysis and making the effort to understand the strengths and weaknesses of each, an additional step would be to understand how the three realms are related to each other. Such relationships are manifold: many architectural texts speak directly about actual buildings and the experience they provoke; other texts can be visually diagrammed for a more intuitive understanding. Koselleck, in speaking about linguistics, raised the question what comes first, the object or the word? He argued that language, on the one hand, observes "receptively – the world as it exists pre-verbal and non-verbal" and, on the other hand, appropriates "actively – all extra-linguistic objects and facts."[39] Similarly in architecture, while a concept (expressed in a word) in an architectural text can describe an architectural composition (for example, as evident in a drawing) or experience (for example, of a built space), it can also instill or change a composition or an experience of a built work. In the first case the concept succeeds, in the second it precedes. More general: Words and texts in the realm of abstract thinking can influence building (but do not have to); buildings in the realm of concrete experiences can influence writing (but do not have to); and drawings and representations in the realm of non-verbal abstraction might be able to communicate the other two.

In the context of our investigation of adopting conceptual history for architectural theory, we must acknowledge that our chosen method is limited when it comes to approaching the pre- and extra-linguistic. However, is there architecture without speaking about it, without some verbalized conceptualization? Does architecture come into existence only when we become aware of a need for abstract thoughts on building, and thus for concepts? Can we even say:

Without concepts no architecture?[40] Beyond the already huge efforts of going through many texts, discourses, and contexts, studying the relationship of concepts to objects and representations opens up other broad fields of investigation. Methods for analyzing these relationships will be more difficult to specify.

Bibliography

Brunner, Otto, Werner Conze, and Reinhart Koselleck (1972–1997): *Geschichtliche Grundbegriffe. Historisches Lexikon zur politisch-sozialen Sprache in Deutschland*. Stuttgart: Klett Verlag, 8 vols.

Collins, Peter (1965): *Changing Ideals in Modern Architecture 1750–1950*. London: Faber and Faber.

Daniel, Ute (2004): *Kompendium Kulturgeschichte. Theorien, Praxis, Schlüsselwörter*. [2001]. 2. Auflage. Frankfurt am Main: Suhrkamp Verlag.

De Zurko, Edward (1957): *Origins of Functional Theory*. New York: Columbia University Press.

Forty, Adrian (2000): *Words and Buildings*. New York: Thames & Husdon.

Frampton, Kenneth (German 1993, English 1995): *Grundlagen der Architektur. Studien zur Kultur des Tektonischen*. Munich and Stuttgart: Oktagon. Idem: *Studies in Tectonic Culture. The Poetics of Construction in Nineteenth and Twentieth Century Architecture*. Cambridge, MA: MIT Press.

Führ, Eduard (2002): *Denken im Bestand. Zur Praxis der Architekturtheorie*. Hamburg: material-verlag.

German, Georg (1972): "Das Organische Ganze." In: *Archithese*, vol. 2, p. 36–41.

Hirdina, Heinz (2001): "Funktionalismus." In: Barck, Karlheinz, Martin Fontius, Dieter Schlenstedt, Burkhart Steinwachs, and Friedrich Wolfzettel (eds.): *Ästhetische Grundbegriffe. Historisches Wörterbuch in sieben Bänden.* Stuttgart and Weimar: Verlag J. B. Metzler, vol. 2, p. 588–607.

Ifversen, Jan (2011): "About Key Concepts and How to Study Them." In: *Contributions to the History of Concepts,* vol. 6, no. 1, p. 65–88.

Jencks, Charles, and George Baird (1969) (eds.): *Meaning in Architecture*. New York: Braziller.

Koselleck, Reinhart (1972), "Einleitung." In: Brunner, Conze, and Koselleck 1972–1997, p. XIII–XXVII. Translation in Pernau and Sachsenmaier (2016), p. 31–54.

—, (1996): "A Response to Comments on the *Geschichtliche Grundbegriffe.*" In: Lehmann and Richter 1996, p. 59–70.

—, (2004): "Begriffsgeschichte and Social History." In: Idem: *Futures Past. On the Semantics of Historical Times*. Translated by Keith Tribe. New York: Columbia University Press, p. 75–92.

—, (2006): "Die Geschichte der Begriffe und Begriffe der Geschichte." In: Idem: *Begriffsgeschichten: Studien zur Semantik und Pragmatik der politischen und sozialen Sprache.* Frankfurt am Main: Suhrkamp Verlag, p. 56–76.

Lehmann, Hartmut, and Melvin Richter (1996) (eds.): *The Meaning of Historical Terms and Concepts. New Studies on Begriffsgeschichte*. Washington: German Historical Institute.

Ligo, Larry (1984): T*he Concept of Function in Twentieth-Century Architectural Criticism*. Ann Arbor: UMI Research Press.

Merton, Robert King (1967): "Manifest and Latent Functions" [1949]. In: Idem: *On Theoretical Sociology: Five Essays, Old and New*. New York: Free Press, p. 73–138.

Panofsky, Erwin (1924): *Idea. Ein Beitrag zur Begriffsgeschichte der älteren Kunsttheorie*. Leipzig and Berlin: B. G. Teubner Verlag. English: Idem (1968): *Idea: A Concept in Art Theory.* Columbia: University of South California Press.

Pernau, Margrit, and Dominic Sachsenmaier (2016) (eds.): *Global Conceptual History: A Reader*. London and New York: Bloomsbury.

Pieper, Jan (1987): *Das Labyrinthische. Über die Idee des Verborgenen, Rätselhaften, Schwierigen in der Geschichte der Architektur*. Wiesbaden: Vieweg & Sohn.

Pocock, J. G. A. (1996): "Concepts and Discourses: A Difference in Culture? Comment on a Paper by Melvin Richter." In Lehman and Richter 1996, p. 47–58.

Poerschke, Ute (2016): *Architectural Theory of Modernism. Relating Functions and Forms*. New York: Routledge.

Purdy, Daniel (2011): *On the Ruins of Babel. Architectural Metaphor in German Thought*. New York: Cornell University Press.

Reichardt, Rolf, Eberhard Schmitt, et. al. (1985–) (eds.): *Handbuch politisch-sozialer Grundbegriffe in Frankreich 1680–1820.* Munich: Oldenbourg Verlag.

Notes

1 Cf. Pieper 1987, Frampton 1993/1995, Führ 2002, Forty 2000. Such investigations have a long tradition, see, for example, Panofsky 1924.
2 Cf. Jencks and Baird 1969.
3 Koselleck 1996, p. 62–63.
4 Daniel 2004, p. 350 (German).
5 Ifversen 2011, p. 69.
6 Koselleck 1972, p. XXII–XXIII. Translation in Pernau and Sachsenmaier (2016), p. 45–46.
7 Koselleck 1996, p. 64.
8 Koselleck 2004, p. 85.
9 Ifversen 2011, p. 72.
10 Ifversen 2011, p. 74: "A word becomes a concept precisely because it gets involved in action stemming from a certain situation or context. It is made into a concept by speaking and writing actors."
11 Koselleck 1972, p. XXIII. Translation in Pernau and Sachsenmaier 2016, p. 46.
12 Daniel 2004, p. 346 "sprachliche Verfaßtheit historischer Epochen als Untersuchungsgegenstand."
13 For example Pocock 1996.
14 Daniel 2004, p. 353–354 ("der diachronen Ebene von Wandel und Kontinuität" and "der synchronen Ebene, also der jeweiligen Gegenwarten").
15 Cf. Melvin Richter: "I argue that to add the conceptual histories found in the GG to the projects of Pocock and Skinner would provide a more nearly satisfactory historical account of political and social thought and language. But it is also the case that an adequate linguistic synthesis of the concepts treated separately in the GG might necessitate both Pocock's strategy of seeking the overall patterns of the political languages used in given times and places and Skinner's emphases upon the types of legitimation made possible or restricted by the linguistic conventions and political intentions of writers regarded as active agents or actors." (Lehman and Richter 1996, p. 17).
16 Pocock 1996, p. 58.
17 For example, Ligo 1984, p. 5.
18 For example, De Zurko 1957 and Collins 1965. Cf. Robert King Merton's early critique in "Manifest and Latent Functions" of 1949 (1967).
19 Cf. Poerschke 2016.
20 For example, Reichardt, Schmitt, et. al. 1985–.
21 Frampton 1995, p. 3–4.
22 Cf. Koselleck 1972, p. XIX, translated in Pernau and Sachsenmaier 2016, p. 40: "Understanding how the origins of distinctively modern times were conceptually registered is possible only if we pay especially close attention both to earlier meanings of the words investigated and to those changes that required the new formulations."
23 Koselleck 1996, p. 65.
24 Ifversen 2011, p. 74–75.
25 EEBO: http://eebo.chadwyck.com; *Eighteenth Century Collections Online* (ECCO): http://www.gale.com/eighteenth-century-collections-online-part-ii/; for German resources see: http://guides.clio-online.de/guides/sammlungen/historische-volltextdatenbanken/2016; a collection of digitized French resources is the ARTFL: http://artfl-project.uchicago.edu (4-1-2017).
26 Hirdina 2001, p. 598 (German).
27 Forty 2000, p. 38–39.
28 Ibid., p. 44, 61.
29 See Forty 2000, p. 43–61.
30 Ifversen 2011, p. 85.
31 Koselleck 1996, p. 64.
32 Koselleck 1972, p. XXI, translated in Pernau and Sachsenmaier 2016, p. 43.
33 Koselleck 1972, p. XXIII.
34 Poerschke 2016, p. 175–183.
35 For "circulation" see Forty 2000, p. 87–94; for "organism" see German 1972.
36 See, for example, Purdy 2011.
37 Cf. Ifversen 2011, p. 75–76, 82: "Conceptual historians [...] are interested in the historical role of concepts in certain conjunctures and contexts. [...] The main interest of historians, however, is change over time. They might work with notions of historical stability, namely historical periods, but their main interest is to determine when things change. Conceptual historians are interested in describing and explaining conceptual change." With respect to the historian Koselleck, Ifversen explained: "Koselleck himself was mainly interested in locating when and how the basic concepts made their way into twentieth-century political and social vocabulary in Western Europe. He wanted to locate that period in time out of which Western Europe's political and social modernity grew." (2011, p. 75).

38 Forty 2000, p. 33.

39 Koselleck 2006, p. 61 (German).

40 I adapted this thought from Ifversen 2011, p. 67–68: "We can, for instance, feel hunger or pain without language. But to communicate these feelings we normally rely on language. When it comes to abstract thoughts about presidents and the like, we are totally dependent on language. [...] Without common concepts there is no society, and above all, no political field of action."

Dinge, Räume, Bauten

Die Introversion der Architektur. Zur Aktualität Giedions

Gerd de Bruyn

Wer sich um die Architektur sorgt und in der Einbildung lebt, größere kulturhistorische Zeiträume zu überschauen, wird die Augen nicht davor verschließen können, dass die okzidentale Baukultur von einem Wandel tiefsten Ausmaßes ergriffen ist, der sich freilich schon seit Jahrhunderten anbahnt. Was die neuere Baugeschichte unter Berufung auf das achtzehnte, neunzehnte und beginnende zwanzigste Jahrhundert als *Rationalisierung, Ökonomisierung* und *Ornamentverzicht* oder umfassender noch als *Modernisierung der Architektur* beschreibt, entpuppt sich, sobald man den Bogen von der Renaissance bis in die Gegenwart spannt, als eine Entwicklung, die nicht auf die Neugeburt der Architektur abzielt, sondern auf ihre Abschaffung. Wem das zu dramatisch und kulturpessimistisch klingt, wird vielleicht lieber sagen wollen, dass Schmuck und Farbe in der Popkultur mit dem Siegeszug der dekorativen Künste wieder zu Ehren gekommen sind.

Wertfreier fiele das Urteil so aus: Die Architektur ist über lange Zeiträume hinweg „introvertiert" und hat ihre ästhetische Ambition auf die Innenausstattung konzentriert, während ihre äußere Gestalt verkümmert und das umso offensichtlicher, desto treuer wir Wittgensteins berühmtem Diktum anhängen, *Architektur sei eine Geste.* Noch ahnen wir ja, was darunter zu verstehen ist: *Das Spiel der unter dem Licht versammelten Baukörper* (Le Corbusier) beziehungsweise der plastische Eigensinn von Bauten, die vom *Parthenon* bis zur *Elbphilharmonie* eine spektakuläre Reihe stilbildender Gebäude bilden. Aber wenn das wirklich so ist und *Elbphilharmonie* und *Sydney Opera House* nicht weniger dazu gehören als Karl Friedrich Schinkels Berliner und Gottfried Sempers Dresdner Bauten, dann hätte doch die Architektur die Moderne überlebt!

Das ist nicht leicht zu widerlegen. Andererseits dürfen wir nicht unterschätzen, dass die Dominanz und zunehmende Prachtentfaltung des Interieurs in

Bauten, die keine Kirchen und keine Paläste sind, mit dem Verlust äußeren Glanzes erkauft ist. Man muss das nicht unbedingt mit Bedauern konstatieren. Überdies könnte man mir vorhalten, dass der antike Tempel, die gotische Kathedrale und die barocke Schlossanlage zu ihrer Zeit ebensolche Ausnahmen darstellten wie das *Guggenheim-Museum Bilbao* heute. So hätte sich also nichts Wesentliches geändert?
Mit Sigfried Giedion muss man widersprechen. Er hatte als Erster den Perspektivenwechsel der historischen Dimension vollzogen, von dem ich zu Beginn sprach. Schon in *Space, Time and Architecture* (1941) übersprang er deutlich die Grenzen, die Historiografen ziehen, die die moderne Architektur mit der Französischen und Industriellen Revolution beginnen lassen. Und in *Mechanization Takes Command* (1948) machen Sätze wie: „Im Mittelalter liegen die Wurzeln unserer Existenz."[1] deutlich genug, dass unser modernes Dasein auf Vorstellungen basiert, die sich bereits für das fünfzehnte und sechzehnte Jahrhundert nachweisen lassen. Schon damals wurden Wünsche nach Bequemlichkeit laut, die davor völlig unbekannt waren. Denn Stühle und Sessel, die sich dem menschlichen Körper anpassen, gab es in der Romanik und Gotik nicht. Giedion schreibt: „Man hockte mehr, als dass man saß."[2] Die Menschen nutzten sämtliche Gelegenheiten, die die Architektur bot, sich niederzulassen, sie kauerten auf dem Boden, auf Podesten, Treppen, halbhohen Mauern oder Truhen, die entlang der Wände aufgereiht standen. Andere Sitzgelegenheiten gab es kaum, außer dreibeinigen Hockern, die gut zu den aufgebockten Tischen passten, an denen gegessen wurde. Hatte man fertig gespeist, wurde beides, die Hocker wie die Tische, aus dem Zimmer geschafft. In solcher Praxis offenbarte sich laut Giedion „die Vorliebe für den freien, unverstellten Raum".[3]
Der Gedanke liegt nahe, dass sich das weltliche Mobiliar an den Klöstern orientierte, solange diese kulturelle Zentren waren. Mit dem neuzeitlichen Stadtbürgertum kam es allerdings zu einer folgenreichen Korrektur des mittelalterlichen Komfortbegriffs, der nun in die Richtung vermehrter Wohnlichkeit, Behaglichkeit und Bequemlichkeit tendierte. Giedion hielt dennoch daran fest, dass bis zum achtzehnten Jahrhundert die *Einheit des Raumes* und damit das Primat der Architektur gewahrt blieb. Entsprechend konstatierte er

für die Zeit bis zur Industrialisierung: „Es scheint diesen Jahrhunderten ein lebendiges Bedürfnis gewesen zu sein, dass der Raum dominiert und nicht das Mobiliar.“[4]

Mir fällt das schwer zu glauben. Möglicherweise ist es ja richtig und falsch zugleich. Mit Vorliebe berücksichtigen Architekturtheoretiker nur das, was in ihre Theorien passt. Das gilt für Giedion und gilt auch für mich. Seine Kulturgeschichte der Mechanisierung sollte der Erkenntnis zuarbeiten, dass seit der Industrialisierung die Rationalisierung der Arbeits- und Lebenswelt nicht mehr „mit den unveränderlichen Gesetzen der menschlichen Natur in Einklang steht“[5] und ihnen sogar widerspreche. Seitdem überstehe auch die Architektur ihre Modernisierung nicht länger unbeschadet. So wie der Mensch über lange Zeiträume hinweg seine Maschinen beherrschte, habe die Architektur das Anwachsen des Komforts und Mobiliars souverän gemeistert und ihrem ästhetischen Diktat untergeordnet. Kurzum: Die Menschen und ebenso die Architekten hatten den technischen Fortschritt „im Griff“. Ein Zustand, der sich erst mit der Industriellen Revolution änderte. Ab da galt: *Mechanization Takes Command.*

Meine Annahme lautet etwas anders, wäre aber nicht ohne Giedions Ansatz zustande gekommen. Ich gehe davon aus, dass die Industrielle Revolution nur eine Entwicklung beschleunigte und radikalisierte, die weit früher eingesetzt hatte. Schon zur Zeit Andrea Palladios hatte die mithilfe der Villenbücher in den italienischen Architekturdiskurs eingeschleuste Rede von der *comodità*[6] eine europaweit wirksame Verbürgerlichung und Introversion der Architektur provoziert, in deren Verlauf die Gestaltung der Innenräume immer größere Bedeutung erlangte. Mag auch, wie Reinhard Bentmann und Michael Müller seinerzeit betonten, die *comodità* zunächst ein ökonomischer Begriff gewesen sein,[7] verstand sich die *Villa suburbana* von Beginn an als *paradiso terrestre*,[8] als irdisches Paradies beziehungsweise als Ort des geschützten und bequemen Wohnens.

Der Anthropozentrismus der Renaissance bezeichnet im Kern schon die Gefahr, die einer Architektur drohte, die ihr ästhetisches Vokabular und ihre künstlerische Bedeutung dem Umstand verdankte, Wohnsitz der Götter und nicht der Menschen zu sein. Architektur ist sakralen Ursprungs, das darf man nicht vergessen! Der aus ihrer Sakralität resultierende Kunstanspruch stellt sich zwischen das Bauwerk und die Menschen, die sich erst der Aufgabe widmeten, Gotteshäuser zu errichten, um sich dann in der Renaissance selber zum Nabel der Welt zu erklären. Leon Battista Albertis Ableitung der Säule aus der Wand[9] war bereits eine Profanierung, um die Baukunst den Menschen zu verpflichten. Ihr Bedürfnis nach Privatheit und Sicherheit wurde 100 Jahre später zum Hauptanliegen von Palladios theoretisierendem Mäzen Gian Giorgio Trissino.[10] In seiner Nachfolge gewann der einflussreichste Architekt des Okzidents die Überzeugung, das Privathaus und nicht das sakrale Bauwerk bilde den Ursprung der Architektur. Entsprechend leitete er den Säulenportikus aus dem Wohnhaus ab.[11] Architektur bedurfte zu ihrer Legitimation nicht länger der Religion. Sie wurde unabhängig und unfrei zugleich, als man ihren Gebrauchswert zu betonen begann.[12]

Mehr als konkrete Belege dafür, wie weit die Verbürgerlichung des Wohnens in der Renaissance schon gediehen war, zählt für mich die Tatsache, dass bereits im sechzehnten Jahrhundert die architekturtheoretischen Weichen für eine Baukultur gestellt wurden, in der durch die Betonung der *comodità* allmählich das Möbel über den Raum und das Interieur über die Architektur zu triumphieren begann. Um die Tragweite dieses Wandels zu ermessen, der aus moderner Perspektive irreversibel scheint, muss bedacht werden, dass sich der ursprüngliche Kunstanspruch der Architektur der Aufgabe verdankte, die himmlischen und weltlichen Autoritäten zu *repräsentieren*. Gottheiten existieren in ihren Häusern nicht leibhaftig, darum ermöglichen ihnen Tempel und Kirchen nur ein Wohnen im übertragenen Sinne. Faktisch erfüllen sie symbolische Aufgaben. Statt Forderungen nach Bequemlichkeit nachzukommen, müssen religiöse Rituale berücksichtigt werden. Das ist etwas völlig anderes, als konkreten Zwecken entsprechen zu müssen.

Architektur, die repräsentiert, ist keine funktionale Architektur. Sie verfügt über große ästhetische Spielräume. Bevor sich einzelne Künste wie Dichtung, Malerei oder Musik in der säkularisierten Moderne autonomisierten, sich von traditionellen Kunstregeln lösten und unkonventionelle Ausdrucksmöglichkeiten fanden, hatte zuvor schon die Synthese von religiösem Schauer und ästhetischem Schein grandiose Wirkungen beim Publikum hervorgerufen.

Hiervon hatte die Architektur am meisten profitiert und tut es bis heute, wenn durch bemalte Kirchenfenster das Sonnenlicht fällt, Pastelltöne auf den Boden zaubert und der festliche Choral zum Ornat des Priesters passt. Vergleichbare Effekte gelingen dem profanen Bauen nur im Film. Mit ihrer Verpflichtung erst auf den Menschen, dann auf die Ökonomie der Sparsamkeit und schließlich auf einen Kapitalismus, der den Massenkonsum fördert, verlor die Architektur an Würde und verwandelte sich in eine funktionale Disziplin, die ihren ästhetischen Auftrag nur mehr in kleiner Münze erfüllen darf.

Natürlich stellt sich das Bauen weiterhin repräsentativen Aufgaben und entwirft Räume für öffentliche Zeremonien, doch ziehen sie nicht mehr unsere ungeteilte Aufmerksamkeit auf sich. Wir mögen uns fürs englische Königshaus interessieren und für Hollywoodstars, die in Schlössern leben, indessen nehmen wir die eigene Existenz kaum weniger wichtig und orientieren uns an den *Celebrities* bloß, um deren Habitus im Rahmen der uns gegebenen Möglichkeiten zu parodieren. Der entscheidende Unterschied zu früheren Zeiten besteht darin, dass mit dem Ende der Ständegesellschaft zunächst das Bürgertum und später mit der Aufhebung der Klassenschranken[13] auch die arbeitende Bevölkerung in den Genuss kam, das Leben der Großen im Kleinen imitieren zu dürfen.

Statt einer Yacht besitzen wir nur den Segelschein, doch versetzt er uns in die Lage, den Zipfel eines Daseins zu erhaschen, von dem frühere Generationen nicht mal zu träumen wagten. Mit der Digitalisierung unserer Tagträume und ihrer suggestiven Präsenz auf den Leinwänden und Bildschirmen, vor allem aber mit der massenhaften Materialisierung unserer Wünsche in Gestalt von Nippes, Tinnef und preiswerten Konsumgütern aller Art, hat die Attraktion der Architektur enorm gelitten. In konsumistischer Perspektive spielt sie kaum eine Rolle mehr. Bauen ist zu teuer und steigt noch im Preis, während alle anderen Massenprodukte immer erschwinglicher werden.

Aufgrund ihrer hohen Kosten hatte die Architektur keine Chance, von der Autonomisierung der Künste, die im achtzehnten Jahrhundert einsetzte, auf Dauer zu profitieren. Étienne-Louis Boullée reagierte hierauf, indem er aufhörte zu bauen. Er wurde Maler,[14] um nicht korrumpiert zu werden. In der Folgezeit schloss man die Architektur aus dem Reich der Kunst aus. Und nicht anders als die strenge Kunst entwickelte auch die fidele Popkultur, die mit Hochwertigem wenig am Hut hat, kaum Interesse an der Architektur. Lieb und teuer ist den Jüngern des Pop nur der „dekorierte Schuppen“ (Robert Venturi) und das, was er verbirgt: die bunte Warenwelt der großen Kaufhäuser und den Glamour von Las Vegas.

Der modernen Konsum- und Leistungsgesellschaft ist das Interieur zum großen Thema geworden, das dem Massenpublikum Anreize bietet zur finanziellen Verausgabung, ohne groß Gefahr zu laufen, sich zu ruinieren. Zugleich offeriert sie den von Burn-outs bedrohten Workaholics Regeneration in aufgepeppten Innenräumen, die wie die römischen Thermen die Architektur den Luxusbedürfnissen gestresster Subjekte unterwerfen. Doch was im alten Rom eine Ausnahme war, ist heute der herrschende Trend, der die Gebäude immer unauffälliger und homogener, die Interieurs hingegen immer spektakulärer werden lässt. Ihm entspricht eine Gesellschaft, in der das Massensubjekt nicht reich aber „flüssig“ genug ist, damit das Shoppen zur Lieblingsbeschäftigung werden konnte.

Da man uns in vielen Weltgegenden sehr um diese Tätigkeit beneidet, fällt es schwer, eine Gesellschaft zu verdammen, in der das Geld gerechter verteilt ist als anderenorts. Noch weniger dürfen wir beklagen, dass in unseren Städten weit mehr Paläste stehen als früher. Zwar residieren dort keine Fürsten mehr, dafür ist in ihnen der Kunde König. Darum wird man auch nur leise monieren wollen, dass die gegenwärtige Schlossarchitektur zu gigantischen Kisten verkommen ist, in denen Kaufrausch und Kitsch zur Freude aller Dekorateure und Szenografen fröhliche Urständ feiern.

In einer Zeit, als die Architektur noch eine exklusive Veranstaltung war, wurden die Komfortbedürfnisse der Mächtigen durch religiöse Riten und höfisches Zeremoniell eingedämmt. Dieser Umstand eröffnete der Architektur enorme Möglichkeiten. Unter den vormodernen Kunstgattungen war sie die wichtigste. Um ihr Gelingen nicht zu gefährden, durfte mit Kosten und Mühen nicht gespart werden. Das ist lange her. Der mühelose Sieg der mobilen über die immobilen Wertsachen zeigt an, wie rasch die Architektur ihren privilegierten Status verlor. Durand erzog sie zur Sparsamkeit und verurteilte sie zu einer Armut, die sie 100 Jahre später dazu befähigte, eine Aufgabe wie

die Wohnung für das Existenzminimum zu bewältigen. War nun die Architektur auf ein künstlerisches Minimum festgelegt, konnte sich fortan das Interieur auf ein ästhetisches Maximum zubewegen.
Mit der Ökonomisierung der Architektur setzte auch die Denkmalpflege ein. Bezeichneten wir Alberti als Urheber des Anthropozentrismus der Architektur, dürfen wir ihn im gleichen Atemzug den ersten Denkmalschützer[15] nennen und erkennen, dass mit der Orientierung der Architektur auf den Menschen die Rückbesinnung auf die antike Baukultur einherging. Heutzutage reagiert auf die Abschaffung der Architektur der Tourismus, der Bildungsbürger in liebevoll restaurierte Kirchen, Klöster und Schlösser lockt, während die Massen in die historischen Innenstädte strömen. Unsere hübschen Wohnzimmermöbel und der Besuch des *Kölner Domes* helfen uns, die Tristesse der gebauten Umwelt zu ertragen.[16]
Was folgt aus all dem? Wir dürfen die Introversion der Architektur nicht getrennt von der Entwicklung moderner Demokratien betrachten. Wollen wir weiterhin die Architektur im Unterschied zum funktionalen Bauen als eine Kunstform verstehen, die es verdient, gegen übersteigerte Komfortwünsche verteidigt zu werden, müssen wir schauen, ob das mit den Erfordernissen einer säkularisierten Gesellschaft vereinbar ist. Hierbei hilft die Tatsache weiter, dass unsere Demokratie keine plebiszitäre ist.[17] Als repräsentative müsste sie eigentlich um ihrer eigenen Selbstdarstellung und Selbstvergewisserung willen höchstes Interesse an öffentlichen Bauten zeigen, denen es gelingt, Inhalte zu symbolisieren, die sich weder funktionalisieren noch materialisieren lassen.
Architektur ist eine Geste und stiftet Metaphern für politische und kulturelle Ziele, die noch nicht oder nur in Ansätzen realisiert werden können. Das gegenwärtige Dilemma der Europäischen Union besteht ja nicht allein darin, dass das große Ziel einer politischen Einigung im egoistischen Gezänk der Mitgliedstaaten untergegangen ist. Hinzu kommt, dass man es versäumte, für das Europaparlament und andere wichtige Institutionen bei den Architekten keine Gebäude in Auftrag gegeben zu haben, die einen hohen Wiedererkennungswert besitzen. Schön groß und rund reicht hierzu nicht aus. Die Charakterlosigkeit verglaster Fassaden passt ausgezeichnet zur Gesichts-

losigkeit bürokratischer Apparate. Der Verdacht liegt nahe, Europas Politiker hätten mit den Bauten in Straßburg und Brüssel nie mehr als den Eindruck kalter Glätte und Distanz schinden wollen.

Immer verheerender wirkt sich aus, dass die Realisierung identitätsstiftender Gebäude den internationalen Konzernen, Milliardären und deren Stiftungen überlassen wird. Die Refeudalisierung der Gesellschaft unter dem Damoklesschwert des marodierenden Finanzkapitals ist ein großes Übel. Das Gerücht, Amerikas neue First Lady wolle nicht ins *Weiße Haus* ziehen, macht uns darauf aufmerksam, dass sich der Geldadel zu Hause am wohlsten fühlt. Dieses Gefühl teilt er mit Kleinbürgern, die auch am liebsten Daheim sind und an den Bildschirmen den Erfolgreichen dieser Welt hinterher träumen. Im Sog der politischen Restauration unserer Tage kündigt sich ein neues Biedermeier an, ein Rückzug ins Private samt sporadischem Abtauchen in Massenveranstaltungen, wo eine zum Ambiente reduzierte Schlagermusik die kollektive Restseele erwärmt.

Dass die Feier des Privaten ins Netz gestellt wird, macht die Sache nicht besser. Es trägt im Gegenteil zur Entpolitisierung der Öffentlichkeit weiter bei. Hierzu passt bestens, dass inzwischen nicht nur ambitionierte Architektur, sondern auch die repräsentative Demokratie für volksfeindlich gehalten wird. Zu befürchten ist, dass mit der grassierenden Egomanie, dem Narzissmus und den postfaktischen Diskursen in den Sozialen Netzen erst Schluss sein wird, wenn der neoliberale Spuk verraucht, seine kriminellen Profiteure bankrott und die rechten Populisten zu Fall gebracht sind. Täuschen wir uns nicht: Das wird noch lange dauern. Aber dann „werden die straßen der städte wie weiße mauern glänzen“,[18] dann wird die öffentliche Hand wieder als selbstbewusster Bauherr auf den Plan treten und die Architektur in breiterer Front künstlerischen Ehrgeiz und Eigensinn entwickeln. Amen!

Bibliografie

Alberti, Leon Battista (1991): *Zehn Bücher über die Baukunst* [1485]. Darmstadt: Wissenschaftliche Buchgesellschaft.

Bentmann, Reinhard und Michael Müller (1979): *Die Villa als Herrschaftsarchitektur*. Frankfurt am Main: Syndikat Verlag.

Boullée, Etienne-Louis (1987): *Architektur. Abhandlung über Kunst* [etwa 1793]. Zürich: Verlag für Architektur Artemis.

Giedion, Sigfried (1982): *Die Herrschaft der Mechanisierung. Ein Beitrag zur anonymen Geschichte*. Frankfurt am Main: Europäische Verlagsanstalt.

Kruft, Hanno Walter (1995): *Geschichte der Architekturtheorie*. 4. Auflage. München: Verlag C. H. Beck.

Loos, Adolf (1982): *Trotzdem 1900–1930.* Wien: Prachner Verlag.

Palladio, Andrea (1993): *Die vier Bücher zur Architektur* [1570]. 4. Auflage. Zürich: Verlag für Architektur Artemis.

Anmerkungen

1 Giedion 1982, S. 291.

2 A. a. O., S. 296.

3 A. a. O., S. 327.

4 A. a. O., S. 339.

5 A. a. O., S. 13. Trotz und gerade wegen solcher ein wenig naiv und hilflos anmutender Sätze handelt es sich um ein außergewöhnlich reichhaltiges und politisches Buch, das merkwürdig spät ins Deutsche übersetzt wurde.

6 Comodità lässt sich auf das lateinische *commudus* zurückführen, das als „kommod" in Bayern gebräuchlich ist für bequem und angenehm. Die Kommode hinwiederum macht deutlich, dass der Wunsch nach Bequemlichkeit und der zunehmende Gebrauch von Möbeln Hand in Hand gingen. Das komfortable Leben verbündete sich eben viel lieber mit gemütlichem Mobiliar als mit ambitionierter Architektur!

7 Bentmann und Müller 1979, S. 96.

8 A. a. O., S. 72.

9 Hierfür spricht nicht nur, dass er im zehnten Kapitel des ersten Buches seiner *De re aedificatoria* (1443–1452) Wände und Säulen gemeinsam behandelt, sondern überdies die Säule definiert als „einen festen und ununterbrochenen Teil einer Mauer, die sich lotrecht vom Boden unten in die Höhe erhebt, um die Decke zu tragen." Alberti 1991 [1485], S. 51.

10 Vgl. Kruft 1985, S. 93.

11 In Kapitel 16 des zweiten Buches heißt es: „Ich habe bei allen Villen [...] den Giebel auf der Fassade der Vorderseite [...] angebracht [...]. Das machten auch die Alten [...], wobei es sehr wahrscheinlich ist, dass sie [...] den Entwurf der öffentlichen Gebäude von den Privatbauten und -häusern übernommen haben." Palladio 1993 [1570], S. 190–191. Palladios Rede von den antiken öffentlichen Gebäuden schließt selbstverständlich die Tempelbauten mit ein.

12 Der Palladianismus und ihm folgend der Klassizismus waren erste Meilensteine auf dem Weg der Abschaffung *und* Autonomisierung der Architektur. Unter dem Diktat der Ökonomie und von der Ästhetik der Erhabenheit angespornt, schwankt die klassizistische Fassade zwischen Pathos und Ornamentverzicht, Autonomie und Funktion. Kosten, die bei

der Fassade eingespart werden, fließen zu einem kleinen Teil in die Innenausstattung. Es deutet sich bereits an, was den Bürger an Aristokratie und Halbwelt gleichermaßen abstoßen wird: „Außen hui, innen pfui." Die Aufwertung des Interieurs und die Hygienisierung der Architektur gehen seit der Französischen Revolution Hand in Hand!

13 Aufhebung der Klassenschranken heißt nicht Überwindung der Klassengesellschaft. Davon sind wir weit entfernt. Aber obwohl die Schere zwischen Arm und Reich auseinandergeht, ermöglicht es die Konsumgesellschaft weiterhin breiten Bevölkerungskreisen, sich mit den wichtigsten Statussymbolen zu umgeben.

14 „Ed io anche pittore" lautete entsprechend das Motto, das er seinem Traktat *Architecture; essai sur l'art* voranstellte. Boullée 1987 [1793], S. 44.

15 Alberti wurde 1447 von Papst Nikolaus V. in Rom zum Superintendenten für die Restaurierung bedeutender antiker Bauwerke ernannt. Vgl. Kruft 1985, S. 45

16 Worunter viele andere Länder noch viel schlimmer leiden müssen als wir, was der Fairness halber nicht unerwähnt bleiben darf.

17 Ein Umstand, den zzt. die rechten Populisten lautstark bedauern, was dazu führt, dass die progressiven Kräfte derzeit vom Ideal der direkten Demokratie ein wenig abrücken ...

18 Loos wusste, dass eine Wiedergeburt der Architektur ihrer Resakralisierung gleichkommen würde, darum setzte er die zitierte Textstelle mit den Worten fort: „Wie Zion, die heilige stadt, die hauptstadt des himmels." Loos 1982, S. 80.

Vorüberlegungen zu einer Theorie der Architektur als Raumsinn und Raumkritik

Sebastian Feldhusen

Dieser Beitrag geht von der These aus, dass Räume einen Sinn besitzen, der zwar das Leben prägt, aber im Alltag häufig nicht auffällt. Eine Aufgabe der Architekturtheorie könnte darin bestehen, diesen Sinn ausdrücklich zu machen – und zwar mithilfe der Sprache. Wenn das geschieht, kann über ihn diskutiert werden. In solchen Diskussionen könnten sich Möglichkeiten einer Kritik des Raums eröffnen, der bewusst ist, dass die Bedingungen des Mediums „Raum" bei Aussagen über Räume nicht achtlos übergangen werden können. Aber wie ist es möglich, den Sinn von Räumen zur Sprache zu bringen? Welche Art von Sinn ist gemeint? Wie kennzeichnet sich das Medium „Raum"? In diesem Beitrag wird sich Antworten auf diese Fragen am Beispiel des *Denkmals für die ermordeten Juden Europas* in Berlin in drei Schritten genährt.[1] Zuerst wird das Denkmal aus der Perspektive der eigenen Wahrnehmung beschrieben. Auf dieser Grundlage werden im Anschluss drei Beobachtungen vertieft, in denen der Sinn des Raums zur Sprache gebracht wird. Abschließend wird thematisiert, wie man die Methode, den Gegenstand und das Ergebnis einer solchen Untersuchung begrifflich präzisieren könnte.

Denkmal für die ermordeten Juden Europas in Berlin als Beispiel

Auch wenn das Denkmal von allen Seiten zugänglich ist, nähert man sich ihm zumeist von der Ebertstraße. (Abb. 1)[2] Sie trennt das Denkmal vom *Großen Tiergarten* und verbindet es mit dem Berliner *Regierungsviertel*, zum Beispiel dem *Reichstag* mit dem *Potsdamer Platz*. Im Norden des Denkmals, etwa drei Gehminuten von ihm entfernt und an der Ebertstraße gelegen, befindet sich das *Brandenburger Tor*. In der Berichterstattung werden häufig Luftbilder des Denkmals gezeigt. Aus dieser „Vogelperspektive" sieht man eine hohe Anzahl von grauen Blöcken, die im offiziellen Sprachgebrauch als „Stelen" bezeich-

Abb. 1: Luftbild, genordet

net werden und regelmäßig im Raster angeordnet sind.[3] An den vier Kanten des Denkmals ist das Raster aufgelockert. Die Fläche des Rasters auf dem Luftbild erscheint groß, in jedem Fall größer als ein Fußballfeld.

Nähert man sich dem Denkmal auf gewöhnliche Sichtweise, also auf Augenhöhe, nimmt man im ersten Augenblick weder die hohe Anzahl der Blöcke noch das Raster wahr. Da man die Fläche des Denkmals nicht vollständig überblicken kann, wirkt es nicht groß, besonders dann nicht, wenn man es mit der wahrgenommenen Größe der naheliegenden Freianlagen im *Regierungsviertel* wie dem *Platz der Republik*, dem *Bürgerforum* und dem *Spreebogenpark* vergleicht. Vor dem Denkmal stehend, sieht man keine Fläche, sondern man blickt auf die Seitenansicht von Betonblöcken. Geht man weiter auf das Denkmal zu, setzen sich diese Blöcke, die niedriger sind als man selbst, vor einem grauen Hintergrund ab, an dem man horizontale und vertikale

Abb. 2: Blick von der Ebertstraße

Linien sieht, die man als Kanten und Schattenwürfe der Blöcke ausmacht. Indem man immer weiter an das Denkmal herantritt, erscheint weniger diese Staffelung in Vorder- und Hintergrund, sondern ein platzartiger Bereich, der im Westen durch die Ebertstraße und im Norden durch die Behrenstraße begrenzt wird. (Abb. 2) Dieser Bereich wird als „platzartig" wahrgenommen, weil hier die meisten Blöcke Höhen besitzen, die dafür geeignet sind, sich darauf zu setzen, sich an sie zu lehnen oder sich auf sie zu legen. In diesem Bereich des Denkmals kommen auch Touristengruppen zusammen, machen eine Pause, picknicken oder hören den Vorträgen von Fremdenführern zu. Der platzartige Charakter dieses Bereichs wird durch unterschiedlich hohe und unregelmäßig angeordnete Bäume unterstützt, die durch ihren Schattenwurf Areale auszeichnen, die besonders an Sommertagen von Personen aufgesucht werden.

Von diesem Bereich aus nimmt man zum ersten Mal die Struktur des Denkmals wahr: unterschiedlich hohe und verschieden stark geneigte Blöcke, die

in einem Raster angeordnet sind. Es wird nun auch deutlich, dass es einen äußeren und einen inneren Bereich des Denkmals gibt. Der äußere Bereich ist der soeben geschilderte platzartige Bereich, den es in ähnlicher Form an allen vier Ecken des Denkmals gibt, wobei an der Ecke Ebertstraße und Behrenstraße die meisten Bäume stehen und dieser Bereich am stärksten von Personen frequentiert wird. Im Gegensatz zu diesem äußeren Bereich des Denkmals kann der innere Bereich immer noch nicht vollständig überblickt werden. Begibt man sich in ihn hinein, vernimmt man den Übergang zwischen dem inneren und äußeren Bereich. Dieser Übergang kann nicht mit einer Linie markiert werden. Er ist ein Schwellenraum, dessen Anfang und Ende nicht eindeutig quantitativ bestimmt werden kann. In diesem Schwellenraum hat man den Eindruck, dass man sich weder im inneren, noch im äußern Bereich befindet. Der Schwellenraum entsteht zum Beispiel deshalb, weil die Blöcke allmählich die Brusthöhe erreichen.
Je weiter man in das Denkmal eintritt, desto weniger Blickbeziehungen werden auf die umgebene Bebauung frei, die das Denkmal dreiseitig rahmt. Befindet man sich im Inneren des Denkmals, fällt einem deutlich der unregelmäßig geformte Boden auf, der sich in seinem dunkleren Grau von dem helleren der Blöcke absetzt. An einigen Stellen ist der Boden nicht nur wellenförmig ausgebildet, sondern er ist zusätzlich geneigt. Dieser unregelmäßig geformte Boden bringt einen aber nicht ins Stolpern, zumindest nicht so, als würde man auf einem holprigen Feldweg gehen. Es scheint sogar so, als würde die Bodenbewegung nicht zu einem sonderlich veränderten Gehen führen. Das liegt womöglich daran, dass das Gehen auch auf einem ebenen Boden kein Gleiten ist. Denn im Gehen bewegt sich der Körper nicht nur nach vorne, in die Gehrichtung, sondern auch leicht auf und ab. Zwar kann man im Gehen seinen Rhythmus finden, dieser zeichnet sich aber nicht durch eine ruhige Vorwärtsbewegung des Körpers aus, sondern eher durch eine nicht immer ruhige, nach vorne drängende Kreisbewegung. Da also das Gehen bereits auf ebenen Böden kein ruhiges Gehen ist, nimmt man vermutlich den Unterschied zu dem gewellten und geneigten Boden des Denkmals nicht so deutlich wahr, wie es der visuelle Eindruck des Bodens vermittelt.

Ferner hat man nicht das Gefühl, dass man im Denkmal in etwas hinuntersteigt, in jedem Fall nicht so, wie man eine steile Kellertreppe hinuntersteigt. Stattdessen geht man eher seicht in das Denkmal hinab, ähnlich wie man von einem kleinen Hügel in eine Mulde oder ein kleines Tal hinabgeht. Wobei man im Gehen deutlich merkt, dass sich der Boden senkt, da die Blöcke, die sich um einen befinden, stetig höher erscheinen. An einigen Stellen, vermutlich sind es die tiefsten, sind die Blöcke etwa drei bis vier Mal so groß wie der eigene Körper. Aber auch von diesen tiefsten Stellen des Denkmals verliert man nicht komplett den Blick auf die umgebene Bebauung. Deshalb kann man die Bewegung im Denkmal nicht mit den Bewegungen in einem Labyrinth oder in einem Nebel vergleichen, in dem man sich verlieren kann, da es dort an etwas mangelt, an dem man sich orientieren könnte. Das Denkmal vermittelt also nicht den Eindruck von scheinbar unendlichen Gängen oder Räumen.

Der Blick auf die Bebauung ist aber ungewohnt, da man sich spürbar unter dem Höhenniveau des Erdgeschosses befindet. Dabei bemerkt man, dass die Blickrichtungen durch die Blöcke stark gelenkt werden. So kann man nur nach vorn, hinten, links oder rechts zwischen den Blöcken hindurchblicken. Das Raster der Blöcke ist so engmaschig, dass man nicht diagonal durch das Denkmal schauen kann. Da die horizontalen Blickrichtungen so stark begrenzt sind, schaut man häufig nach oben, in den Himmel. Dieser Blick ist weniger stark gefasst, als man es aufgrund der Höhe der Blöcke erwartet. Das liegt daran, dass der Abstand der Blöcke so groß ist und die Blöcke nicht so hoch sind, dass der Blick in den Himmel stark eingeschränkt wird wie beispielsweise bei Richard Serras *Terminal* (1977) in Bochum, bei Dani Karavans *Passagen* in Portbou (1994) oder bei Peter Zumthors *Bruder-Klaus-Feldkapelle* (2007) in der Eifel. Einerseits ist in allen diesen Beispielen die Sicht auf den Himmel stärker als beim Denkmal gerahmt, sodass ein deutlicher Form-, Farb- und Lichtkontrast zwischen Himmel und baulichem Rahmen wahrgenommen werden kann. Andererseits geschieht auch mehr. Beispielsweise sammelt sich im Fall der *Bruder-Klaus-Feldkapelle* Regenwasser im muldenförmigen und aus einer Blei-Zinn-Mischung überzogenen Boden. Die Öffnung mit Blick auf den Himmel und die Prozesse, wie Spiegelungen auf der

Wasseroberfläche auf dem Boden, stehen hier in einem wahrnehmbaren Zusammenhang, der dazu führt, dass der Blick auf den Himmel deutlicher provoziert wird als beim Denkmal.

Die umgebenen Geräusche, besonders der Autoverkehr, werden im Denkmal wenig abgemildert. Auch hallt es im Denkmal nicht wie in Kirchenräumen. Das hat zur Folge, dass die eigene Stimme und die anderer Personen nur begrenzt intensiver gehört werden können, als es außerhalb des Denkmals der Fall ist. Das, was man hört, reicht von einem Stimmengewirr bis zu identifizierbaren Wörtern. Ähnliches kann man auch auf einem stark frequentierten Stadtplatz wahrnehmen. Dieser hat aber in der Regel nicht diese dominierenden Gänge des Denkmals. Die Gänge sind im inneren Bereich des Denkmals an jeder Stelle gleich breit, etwa einen Meter. Einerseits verhindert diese Breite es, dass zwei Personen problemlos nebeneinander laufen oder aneinander vorbeilaufen können. Andererseits provoziert diese Breite des Gangs das Ausstrecken der Arme, um die Blöcke zu berühren. Dieses geschieht häufig, da sich die Blöcke seitlich weich anfühlen, vermutlich weicher, als es viele Personen von Beton erwarten.

Auch an Tagen, an denen das Denkmal stark von Besuchern frequentiert wird, gibt es Momente, in denen man den Eindruck hat, dass man sich alleine oder nur mit wenigen Personen in den Gängen aufhält. Dieser Eindruck wird auch dadurch unterstützt, da man seine Gehbewegung im Denkmal verringert. Das liegt daran, dass man sich dafür entschieden hat, das Denkmal zu betreten, um etwas bewusst wahrzunehmen, wobei man vor dem Betreten des Denkmals nicht sagen kann, was einen darin erwartet. Dadurch entsteht immer wieder eine gewisse Erwartungshaltung – auch dann, wenn man das Denkmal schon häufiger besucht hat. Nachdem man das Denkmal also mehrmals und an verschiedenen Tagen besucht hat, gewöhnt man sich an das Denkmal. Das heißt aber nicht, dass man nicht immer wieder gespannt darauf ist, was einen im Denkmal erwartet.

Dass man sein Gehen verlangsamt und zugleich aufmerksamer seine Umgebung wahrnimmt, liegt größtenteils an den schmalen Gängen und den eingeschränkten Blickrichtungen. Deshalb wird man dazu angeregt, vielleicht sogar herausgefordert, das eingeschränkte Sehen insbesondere durch ein aufmerksameres Hören auszugleichen, wobei zumeist nicht lokalisiert werden kann, wo sich zum Beispiel eine sprechende Person befindet. Das kann dazu führen, dass man hinter einem Block unerwartet und plötzlich auf Personen stößt. Wenn das geschieht, bedarf es eines Moments der Orientierung. Dieser Moment macht deutlich, dass man im Denkmal keinem Nichts begegnet, sondern Personen, die zum Beispiel durch ihren Blick und ihre Körperhaltung einen Anspruch an einen selbst formulieren. Wie reagiert man auf diesen Anspruch? Guckt man verwundert? Geht man an der Person vorbei? Es zeigt sich, dass man unterschiedliche Formen einer Antwort *(Response)* auf einen Anspruch geben kann, auch ohne die gesprochene Sprache, wovon beispielsweise die Gebärde (öffnende Armbewegung) oder die Mimik (Lächeln) zeugt.[4] Das Denkmal lässt diese Antworten deutlicher hervortreten, als dieses im umgebenen Stadtraum der Fall ist.[5]

An vielen Stellen des Denkmals wird fotografiert. Entweder wird das Denkmal als Hintergrund verwendet, von dem sich die abzulichtenden Personen absetzen. Oder das Denkmal dient als Bühne, auf dem die abzulichtenden Personen eine besondere Körperhaltung einnehmen, um ein ungewöhnliches Fotomotiv zu erzielen. Dazu trägt beispielsweise die homogene Farbe des Denkmals bei. Sie unterstützt, dass sich der eigene Körper und der der anderen Personen deutlich von der Umgebung absetzen. Das bemerkt man besonders im Inneren des Denkmals. Etwas stärker geschützt vor Blicken anderer Personen, beschäftigt man sich dort intensiver mit sich selbst, als es außerhalb des Denkmals der Fall ist. Bewegt man sich eine Weile im Denkmal, schaut man zum Beispiel an sich herab. Man hat beispielsweise den Eindruck, dass Flecken oder dergleichen auf der eigenen Kleidung stärker auffallen als außerhalb des Denkmals. Fast scheint es so, als würde man vor einem Spiegel stehen, wobei dieser nicht etwas reflektiert, sondern als Hintergrund von etwas fungiert, das durch das Denkmal deutlicher hervorsticht. Das heißt, dass die mehr oder weniger homogene Farb- und Formgebung, zusammen mit der Anordnung der Blöcke, dazu beitragen, dass man intensiver auf alltägliche, auch banale Sachen achtet, auf die man außerhalb des Denkmals eher weniger achtet, weil sie einem dort nicht so deutlich auffallen.

Neben dem intensiven Fotografieren des Denkmals kann man weitere Aktivitäten der Besucher beobachten, zum Beispiel, dass sie häufig am Denkmal spielen. Zumeist wird von Block zu Block gesprungen, wobei mit zunehmender Höhe der Blöcke ein größeres Geschick abverlangt wird. Auch wird das Denkmal besonders von Kindern dafür verwendet, um Verstecken zu spielen. Es gibt aber auch solche spielerischen Betätigungen, die sportlichen Aktivitäten gleichen. Zum Beispiel verwenden einige Personen die Blöcke dazu, um an ihren Kanten Armbeugen zu machen oder zwischen zwei Blöcken einen Spagat zu üben. Das Personal des Denkmals ist damit beschäftigt, darauf hinzuweisen, dass solche oder ähnliche Betätigungen nicht erwünscht sind.

Drei Beobachtungen

Auf der Grundlage der vorangegangenen Beschreibung, werden nun drei Beobachtungen herausgegriffen und diskutiert. Die Auswahl dieser drei Beobachtungen hat folgenden Grund: Das, was hier als „Beobachtung“ bezeichnet wird, wurde erst zur Beobachtung, als einem *etwas aufgefallen* ist. Es fiel einem auf, da einem *etwas unerklärlich, widersprüchlich* oder *interessant* erschien. Das ist der erste Impuls der Untersuchung, der Beginn des bewussten Nachdenkens. Das heißt, dass sich erst aus dem Unerklärlichen, Widersprüchlichen oder Interessanten eine Problemstellung entwickelt, die man versucht, mit einer Fragestellung einzugrenzen und sie schließlich so gut wie möglich zu beantworten. Die Aufgabe des Untersuchenden besteht also zuerst darin, das, was einem unerklärlich, widersprüchlich oder interessant erscheint, zu verbalisieren. Danach versucht man, zu verstehen und zu verbalisieren, was dazu beiträgt, dass es einem unerklärlich, widersprüchlich oder interessant erscheint.

Erste Beobachtung: Wie sich Identitäten von Räumen gegenseitig bestimmen

Dem Denkmal nähert man sich, wie anfangs geschildert, zumeist über den platzartigen Bereich an der Ecke Ebertstraße und Behrenstraße. **(Abb. 1)** Möchte man sich aber einen Überblick über die gesamte Anlage verschaffen

Abb. 3: Kante *mit* „Eingang"

oder Fotos von ihr machen, bewegt man sich Richtung Osten auf dem breiten Fußweg, der sich entlang der Behrenstraße erstreckt. Der Fußweg schließt bündig an das Denkmal an. Auch an dieser Kante sind die Blöcke nicht gleichmäßig, sondern ungleichmäßig verteilt, was dazu führt, dass Bereiche mit unterschiedlichem Charakter entstehen. Auffällig ist, dass an einer Stelle (Abb. 1, mit einem Kreis markiert und Abb. 3) dieser Kante viele Personen das Denkmal betreten, obwohl sich diese Stelle auf den ersten Blick nicht von anderen Stellen an dieser Kante unterscheidet. (Abb. 4) Warum ist das so?

Erstens senkt sich der Boden an dieser Stelle sanft vom Niveau des Gehwegs ab, ähnlich wie eine flache Böschung an einem Uferweg. An dieser Kante gibt es zuvor keine Stelle mit einer derart ausgeprägten Bodenmodellierung, die es angenehm erscheinen ließe, das Denkmal zu betreten. *Zweitens* ist es an dieser Stelle so, dass die Höhen der Blöcke nicht als Hindernisse wahrgenommen werden, sondern als Möglichkeiten, sich auf ihnen hinzusetzen oder leicht an ihnen vorbeizugehen. *Drittens* eröffnet sich an dieser Stelle ein Blick ins Innere des Denkmals, sodass eine besonders ausgeprägte topografische Bewegung des Bodens wahrgenommen werden kann, die bogenförmig verläuft. (Abb. 5) Diese Form des Bodens vermittelt einem einerseits, dass es nicht anstrengend ist, den Weg zu begehen. Andererseits verspricht der Weg auch, interessante Einblicke in das Denkmal zu eröffnen, die man vielleicht an

Abb. 4: Kante *ohne* „Eingang"

keiner anderen Stelle erfahren kann. *Viertens* ist diese Stelle dadurch geprägt, dass man das Gefühl hat, ausreichend entfernt von der vielbefahrenden Ebertstraße mit der lebhaftesten Kante des Denkmals zu sein, um nach dem Eintritt in das Denkmal nicht auf eine große Anzahl von Menschen zu stoßen. *Fünftens* betritt man an dieser Stelle das Denkmal, wenn man sich ihm vom Osten und zugleich von der gegenüberliegenden Straße nähert. Das liegt daran, dass an dieser Stelle ein Abschnitt vor der *US-Botschaft Berlin* mit Sperrpfosten markiert ist. *Sechstens* ist es so, dass man schlicht bemerkt, dass an dieser Stelle häufig Personen in das Denkmal hineingehen. Dadurch wird man motiviert, es diesen gleichzutun.

Zusammenfassend kann also gesagt werden, dass (erstens) die Modellierung des Bodens, (zweitens) die Platzierung der Blöcke, (drittens) die Öffnung der Blöcke und der mit dieser Öffnung zusammenhängende Verlauf der Gänge, (viertens) die Entfernung zur Straße und zu anderen Bereichen des Denkmals, (fünftens) das gegenüberliegende Gebäude mit seiner Nutzung sowie (sechstens) der gegenwärtige Gebrauch der Öffnungen zwischen den Blöcken gemeinsam dazu beitragen, dass aus einer *Stelle* ein *Ort* wird. Noch allgemeiner könnte man sagen, dass das Zusammenwirken von eigenartig geformten Dingen, die bestimmte Positionierung dieser Dinge, ihr spezifisches Verhältnis zur Umgebung sowie der unverkennbare Gebrauch der Dinge und die

Abb. 5: Bogenförmiger Weg am „Eingang"

bezeichnende Umgebung einen *Raum* hervorbringen, den es vorher in dieser Ausprägung nicht gab. Es ist nicht irgendein Raum, sondern *dieser* Raum: ein individueller Raum. Würde man die Dinge dieses Raums anderswo in gleicher Anordnung errichten, würde nicht nur ein anderer Raum entstehen, sondern der neu entstandene Raum wäre auch unverständlich, weil ihm zum Beispiel die Umgebung fehlt, die dazu beiträgt, dass der Raum so ist, wie er ist. Das heißt aber auch, dass nicht etwas ohne Folgen aus dem Raum entfernt werden kann. Würde sich zum Beispiel die umgebene Architektur verändern, oder würde sich der Boden des Denkmals in einer andere Richtung neigen als bisher, dann verändert sich nicht nur etwas an den Dingen, sondern auch etwas an dem Raum, der danach ein anderer Raum ist, der womöglich nicht mehr in dieser Weise dafür verwendet wird, um in das Denkmal hineinzugehen. Obwohl also diese Kante des Denkmals auf den ersten Blick mehr oder weniger wie jede andere Kante aussieht, entsteht ein Ort, der ein Eingang in das Denkmal ist. Wenn gesagt wird, dass das Denkmal keinen Eingang hat, ist das einerseits richtig, weil man das Denkmal von allen vier Himmelsrichtungen betreten kann. Andererseits ist es falsch, da es Eingänge gibt, obwohl sie sich nicht auffällig als Eingänge ausweisen. Der Eingang, der hier exemplarisch betrachtet wurde, ist nicht als Bogen, Tor, Pforte oder dergleichen ausgebildet. Dennoch ist es ein Eingang, der sich aus dem Zusammenwirken der oben genannten Aspekte bestimmt. Andersherum ist es wiederum der Eingang selbst, der aus dem vorgelagerten Gehweg einen „Vorplatz“ macht oder der den Weg zwischen den Blöcken als „Erschließungsgang“ kennzeichnet. Allgemeiner formuliert: (a) Offenbar setzt die Existenz von Orten die Existenz von etwas anderem voraus, das nicht zwingend dinglicher Bestandteil des Orts sein muss. (b) Außerdem gründet die Existenz von Orten im Zusammenwirken anderer Existenzen, die unterschiedlich gegeben sind, zum Beispiel als Ding, Raum oder Geschehen. (c) Auch wenn sich ein Ort nicht nur aus sich selbst heraus bestimmt, kann er durch seine Existenz andere Orte bestimmen.

Zweite Beobachtung: Wie ein Raum auffordert und zugleich abwehrt

Einerseits wird das Denkmal in der Regel nicht durchquert, um einen Weg abzukürzen, um zum Beispiel an den *Ort der Information* zu gelangen, der sich im Untergeschoss des Denkmals befindet. Andererseits merkt man nach einer Weile, in der man im Denkmal herumgegangen ist, dass man in ihm nichts Außergewöhnliches entdeckt, wie eine eindrucksvolle Aussicht auf die Stadt oder dergleichen. Dennoch ist es erstaunlich, dass man motiviert ist, immer weiterzugehen, und auch dann in das Denkmal hineinzugehen, wenn man es schon häufig besucht hat und weiß, dass man nichts Außergewöhnliches in ihm entdecken kann. Woran liegt das?

Womöglich möchte man etwas in einer nicht alltäglichen Umgebung erleben, zum Beispiel das in engen Gängen Herumgehen oder Herumlaufen, das davon geprägt ist, dass man nicht weiß, was einen hinter der nächsten Ecke erwartet. Auch werden manche Personen durch das Denkmal zum Beispiel dazu angeregt, von Block zu Block zu springen oder andere Aktivitäten zu vollziehen, die bereits oben geschildert wurden. Das Gehen durch das Denkmal ist also einerseits sinnlos, insofern das Gehen kein eindeutig zu benennendes Ziel hat. Andererseits ist das Gehen durch das Denkmal sinnvoll, da man im Prozess des Gehens etwas erlebt, das so außerhalb des Denkmals nicht alltäglich erlebt wird, wobei man festhalten muss, dass man keine Blöcke erlebt, sondern unterschiedlich stark geneigte Wände, die mehr oder weniger die gleiche Farbe besitzen. Das Erleben im Denkmal ist also nicht das Erleben eines Raums mit Blöcken, sondern das eines Raums mit unterschiedlich verzerrten Wänden. Genau genommen erlebt man aber auch keine Wände, sondern eher Ereignisse im Raum, wie plötzliche Begegnungen mit anderen Besuchern, merkwürdig klingende und nicht lokalisierbare Geräusche oder ungewohnte Blickbeziehungen. Man erlebt also Wände *mit*, indem sich etwas im Raum ereignet.

Es kann sich aber nur deshalb etwas ereignen, weil es die Blöcke gibt und diese Blöcke in bestimmter Weise positioniert sind. Die Positionierung der Blöcke orientiert sich an der Größe und dem Bewegungsvermögen des menschlichen Körpers. So erlaubt es der Abstand zwischen den Blöcken, dass man zwischen ihnen hindurchgehen kann. Auch die Bodenmodellierung ist nicht so stark ausgebildet, dass das Gehen im Denkmal anstrengend wäre. Außerdem verleiten die flachen Blöcke an den vier Kanten dazu, sich auf ihnen hinzusetzen, hinzulegen oder sie als Ausgangspunkt für einen Sprung auf einen anderen Block zu nutzen. Allerdings verunmöglicht der Abstand der Blöcke, dass man bequem aneinander vorbeigeht. Im Inneren des Denkmals ist es auch nicht möglich, um ein weiteres Beispiel zu nennen, sich um einen Block wie um einen Tisch zu setzen. Außerdem würde man sich vermutlich auch nicht gerne dort hinsetzen wollen, weil man sich durch die Blickachsen zu stark beobachtet fühlt, da Zugluft herrscht und alles zu steinern, zu eng, zu grau und, aufgrund der leicht geneigten Blöcke, zu bedrohlich wirkt. Die Gestaltpsychologie hat darauf hingewiesen, dass Dinge einen „Aufforderungscharakter" haben können, das heißt, dass Dinge Menschen zu Handlungen anregen können.[6] Das Denkmal, so zeigt sich, regt an und weist *zugleich* ab.

Zusammenfassend kann festgehalten werden, dass das Denkmal einerseits dazu auffordert, sich in ihm frei zu bewegen. Andererseits verunmöglicht das Denkmal nicht nur bestimmte Gebrauchsmöglichkeiten, sondern es ist für manche Gebrauchsmöglichkeiten, die man im Freiraum zum Beispiel von einem Platz oder Park erwartet, gänzlich ungeeignet. Dieses Auffordern und Abweisen des Denkmals ist aber nicht etwas, das nacheinander geschieht.

Stattdessen handelt es sich bei dem Denkmal um einen Raum, der *abweisend auffordert* beziehungsweise *auffordernd abweist.* Auffordern und Abweisen schließen sich sprachlich aus, da es entgegengesetzte Begriffe sind. In der „Sprache" des Raums gibt es aber diesen Widerspruch nicht.

Dritte Beobachtung: Wie erfahren werden kann, dass Erfahrung nicht zu verdinglichen ist

Das Denkmal wird häufig als „abstrakt" bezeichnet. Mit diesem Begriff soll ausgedrückt werden, dass es nicht mit Mitteln arbeitet, die unmissverständlich identifiziert werden können, zum Beispiel mit Symbolen wie dem *Davidstern,* mit der Anzahl oder mit den Namen der ermordeten Juden, mit der Vermittlung der tatsächlichen Geschehnisse in Form von Texten, Fotos, Filmen oder dergleichen. Allerdings erleben Besucher das Denkmal nicht unbedingt als „abstrakt". So erinnert einige Besucher die Vielzahl der Blöcke an die Vielzahl der ermordeten Juden, unabhängig von der Tatsache, dass es einen gewaltigen Unterschied zwischen der Anzahl der ermordeten Juden (über sechs Millionen) und der Anzahl der Blöcke (etwa 2700) gibt. Das Denkmal wird von einigen Besuchern aber auch als „Friedhof" oder „Ruinenfeld" aufgefasst. Hinzu kommt, dass das Denkmal auch zum Sitzen, Liegen, Picknicken, Fotografieren und Spielen verwendet wird und der Bezug zu den Geschehnissen, an die mit dem Denkmal erinnert werden soll, ignoriert oder vergessen wird. Das Denkmal begünstigt also eine große Spanne von Assoziationsmöglichkeiten. Dabei ist zu bedenken: Indem das Denkmal diese große Spanne von Assoziationsmöglichkeiten begünstigt, unterbindet es eindeutiger zu bestimmende Lösungen.

Beim Betreten des Denkmals wird nach kurzer Zeit deutlich, dass es nicht um die Blöcke geht, sondern um den Raum, der durch die Blöcke mit hervorgebracht wird. Dafür spricht insbesondere *erstens,* dass die Blöcke keine Informationen besitzen, die es interessant machen würden, sie intensiv anzuschauen. *Zweitens* ist der Boden so geformt, dass er, besonders von außen und im Zusammenhang mit den Blöcken betrachtet, dazu auffordert, begangen zu werden. *Drittens* merkt man beim Gehen durch die Blöcke, dass es nichts anderes zu erfahren gibt als den Raum selbst, Begegnungen mit anderen

Menschen und dergleichen. Da das Denkmal das Erfahren des Raums in den Mittelpunkt rückt und da der Ort mit hoher Wahrscheinlichkeit von den meisten Personen durch ihr Vorwissen als „Denkmal“ aufgefasst wird, sieht man sich als Besucher mit der Schwierigkeit konfrontiert, die eigene Erfahrung als eine Form des Gedenkens zu verstehen und zu praktizieren. Ist man doch von anderen Denkmälern gewöhnt, dass man an ihnen Rituale wie Kränze niederlegen, Kerzen anzünden oder Sprüche hinterlassen kann.

Allerdings versteht man leicht, dass die eigene Erfahrung kein Nachvollzug der Erfahrungen von Menschen sein kann, die von dem Terror der Nationalsozialisten direkt oder indirekt betroffen waren oder immer noch sind. Schwieriger zu verstehen ist, dass die eigene Erfahrung, zum Beispiel als unsicheres Gehen in den Gängen, einen daran erinnern soll, sich mit dem Terror auseinanderzusetzen, gleich einem Splitter im Finger, den man nicht entfernen kann, der seine Existenz aber immer mal wieder durch leichten Schmerz in Erinnerung ruft. Wenn das so ist, dann ist die Verursachung des Schmerzes durch das Denkmal nicht ausreichend, was dadurch belegt wird, dass man sich nicht ungerne in dem Denkmal aufhält, sich nicht besonders unsicher in den Gängen bewegt, ja dass das Denkmal sogar zum Spielen anregt.

Deshalb stellt sich schließlich die Frage, ob man mit räumlichen Mitteln überhaupt eine Erfahrung provozieren kann, die in dieser Weise unangenehm, wie ein Splitter im Finger, wirkt. Selbst wenn dieses gelingen würde, läge es dann nicht nahe, dass man doch versucht ist, die eigene Erfahrung im Raum mit dem Leiden von Menschen zur Zeit des *Nationalsozialismus* in Verbindung zu bringen? Wenn das so ist, dann liegt – paradoxerweise – eine maßgebliche räumliche Leistung des Denkmals darin, dass man an ihm erfahren kann, dass Erfahrungen nicht verdinglicht werden können.

Ikonik und Raumkritik

Die anfangs aufgestellte These dieses Beitrags lautete, dass Räume einen Sinn besitzen, der das Leben prägt, ohne im Alltag ausdrücklich aufzufallen. Am Beispiel des *Denkmals für die ermordeten Juden Europas* konnte in Auszügen ein Sinn des Raums zur Sprache gebracht werden: *Erstens,* wie mit räumlichen Mitteln ein Ort entsteht und wie er andere Orte definiert, *zweitens,* wie der Mensch mit räumlichen Mitteln aufgefordert und zugleich abgestoßen wird, und *drittens,* wie der Raum vermittelt, dass Erfahrungen nicht verdinglicht werden können. Damit kann im Folgenden der anfangs aufgeworfenen Fragestellung dieses Beitrags nachgegangen werden: Wie ist es möglich, den Sinn eines Raums zur Sprache zu bringen? Welche Art von Sinn ist gemeint? Wie kennzeichnet sich das Medium „Raum"? Es geht im Folgenden also um die Methode, den Gegenstand und das Ergebnis einer Untersuchung, wie sie hier angedeutet wurde.

Ikonik als Anspruch

Um über eine Methode für eine Untersuchung zum Raum nachzudenken, ist es hilfreich, an die *Ikonik* Max Imdahls zu erinnern. Dabei stellt sich die Frage, ob die *Ikonik* Impulse für ein Nachdenken über Räume liefern kann.[7] Um dieser Frage nachzugehen, werden einige Aspekte der *Ikonik* erläutert und im Zusammenhang mit der Untersuchung von Räumen gebracht. Dadurch werden einige Potenziale und Probleme einer auf den Gegenstand „Raum" bezogenen Methode deutlich.

Die *Ikonik* ist eine Methode zur Untersuchung von Kunstwerken, die Imdahl besonders an Bildern wie Malereien, aber auch an Plastiken, Skulpturen und Kunstwerken anderer Gattungen zwischen den 1960er- und 1980er-Jahren entwickelte. Obwohl sich Imdahl mit zeitgenössischer und sogenannter gegenstandloser Kunst in einer Zeit beschäftigte, in der dieses in der Kunstgeschichte noch nicht üblich war, hat er die *Ikonik* auch an historischen und gegenständlichen Bildern erprobt. Davon zeugt zum Beispiel das Buch *Giotto Arenafresken* (1980). Genau genommen handelt es sich bei der *Ikonik* nicht um eine Methode, insofern man darunter ein mehr oder weniger regelgeleitetes Verfahren versteht. Stattdessen kann die *Ikonik* eher als „Anspruch" verstanden werden, so wie es Imdahl formuliert.[8] Dieser Anspruch soll auszugsweise mit folgenden Aspekten umrissen werden.

Erstens steht im Zentrum der Untersuchung ein einzelnes Kunstwerk, das im Folgenden kurz als „Bild" bezeichnet wird – wohlwissend, wie oben beschrieben, dass Imdahl mit der *Ikonik* nicht nur Bilder im engeren Sinne untersucht hat. In der *Ikonik* wird das Bild in erster Linie betrachtet und beschrieben, ohne auf Quellen zurückzugreifen, die nicht Bestandteil des Bildes sind. Das unterscheide, so Imdahl, die *Ikonik* vom ikonografisch-ikonologischen Ansatz Erwin Panofskys. Dieser versuche, das Bild im Zusammenhang mit außerbildlichen Quellen zu verstehen.[9] Imdahl verweist aber darauf, dass sich *Ikonografie, Ikonologie* und *Ikonik* nicht ausschließen müssen, insofern man sie so integriert, dass Bildstruktur und Bildbedeutung als ein zusammenhängendes Moment analysiert werden.[10] Dieses kann am einfachsten, in aller Kürze, an einem Beispiel anschaulich gemacht werden. Imdahl untersucht Giottos Fresko *Gefangennahme Christi* (um 1305) in der *Arenakapelle* von Padua. **(Abb. 6)**

Imdahl verweist auf die Linie, die von rechts unten nach links oben verläuft. Diese Linie erstreckt sich vom ausgestreckten Arm des Pharisäers, verläuft weiter durch die Köpfe von Judas und Jesus bis zu einer Keule. Diese Linie verläuft aber nicht nur durch einzelne formale Elemente, sondern verbindet sogleich Dinge und Personen miteinander, und zwar auf einer Weise, die bildbestimmend wirkt. Hinzu kommt, dass Jesus beispielsweise deshalb als Unterlegener erscheint, weil er von Soldaten umringt ist und der Pharisäer auf den zu Fangenden zeigt und dieses Zeigen in der soeben beschriebenen bildbestimmenden Linie verläuft und dadurch intensiviert wird. Allerdings wird im Bild anschaulich, dass Jesus auch ein Überlegener ist, da seine Körpergröße die von Judas übertrifft. Ferner ist es so, dass Jesus auf Judas herabblickt, und zwar im gleichen Gefälle wie der auf ihn zeigende Arm des Pharisäers. Sieht man das Bild so, ist Jesus unterlegen und *zugleich* überlegen. Dieses Ineinanderfallen von Unterlegenheit und Überlegenheit könne man nicht, so Imdahl, ohne Verlust sprachlich vermitteln, sondern es ist eine Leistung des Bildes, in der – und das ist wichtig – Bildstruktur und Bildbedeutung nicht zu trennen seien.[11]

Die *Ikonik* unterscheide sich aber auch von der *Strukturanalyse* Hans Sedlmayrs, da diese von einem schichtartigen Aufbau des Bildes ausgehe, indem auf verschiedenen Ebenen unterschiedliche Einsichten des Bildes sukzessiv vermittelt werden, so Imdahl. Ihn überzeugt dieser schichtartige Aufbau nicht,

Abb. 6: Giottos *Gefangennahme Christi* (um 1305), Freske in der *Arenakapelle* von Padua

da er der Auffassung ist, dass das Bild eine „Sinntotalität" besitzt, die es nicht erlaubt, das Bild schichtartig zu beschreiben. Man müsse gerade versuchen, die Totalität des Bildes zu verstehen und zu versprachlichen, wofür Giottos Fresko *Gefangennahme Christi* ein Beleg sei.[12] Die Konzentration auf ein einzelnes Bild heißt allerdings nicht, dass es nicht mit anderen Bildern verglichen wird. Das Ziel des Vergleichs ist es aber, das Eigene des einzelnen Bildes herauszuarbeiten.[13]

Für die Untersuchung von Räumen gibt es einen Unterschied zu dem Aspekt, der in den letzten drei Absätzen thematisiert wurde und hier hervorgehoben werden soll: Wenn ein Raum aus der Distanz wahrgenommen wird, kann er als ein Objekt im Sinne eines Körpers erscheinen. Tritt man aber weiter an ihn heran und bewegt sich in ihm, nimmt man weniger ein Objekt wahr, sondern mannigfaltige Ansichten, vielleicht andere Objekte im Raum und dergleichen. Dieser Art der Veränderung der Ansichten gibt es im Bild nicht.

Zweitens geht die *Ikonik* davon aus, dass im Bild Phänomene sichtbar werden, die nicht ohne Verluste in Begriffe überführt werden können, da es für sie keine Begriffe gebe, die präzise zum Ausdruck bringen würden, was im Bild sichtbar wird. Aber nur, weil es hierfür keine Begriffe gebe, hieße das nicht,

dass die Phänomene nicht existieren. Dass die Phänomene existieren, liege an einer bildlichen Leistung, die es im Rahmen einer Untersuchung zu identifizieren gelte. Um die Leistung zu identifizieren, müsse man das Bild betrachten und das, was man sieht, mithilfe der Sprache so gut es geht vermitteln.[14] Das macht deutlich, dass Imdahl nicht der Sprache das Sehen gegenüberstellt. Das Ziel der Untersuchung ist es, die spezifische bildliche Leistung des Werks mithilfe der Sprache zu vermitteln. Gerade weil die Sprache die bildliche Leistung nicht ersetzen kann, ist das Sprechen über Bilder „immer auch Ausdruck des letztlichen Unvermögens der Sprache gegenüber der Eminenz des Werks".[15] Das hatte bei Imdahl die Konsequenz, dass er keine Wortneuschöpfungen oder verschachtelte Sätze scheute, die offenbar nur die visuellen Informationen ansatzweise vermitteln konnten und zugleich die Unfähigkeit der Sprache markieren, Bilder zu ersetzen. Das heißt, dass auch die Bedingungen des Bildes verstanden werden müssen, um die Leistung von Bilder adäquat herauszuarbeiten.
Das, was in diesem zweiten Aspekt thematisiert wurde, ist auch für die Untersuchung von Räumen sinnvoll. Ein großer Unterschied besteht aber darin, dass Räume nicht nur visuell, sondern multisensorisch wahrgenommen werden. Deshalb spielen auditive, taktile, olfkatorische oder sogar gustatorische Momente bei der Wahrnehmung von Räumen eine Rolle.[16] Eine Untersuchung zur Architektur kann – auch wenn die Untersuchung von Phänomenen, die nicht visuell wahrzunehmen sind, methodische Schwierigkeiten bereitet – nicht darüber hinweggehen. Gewiss sind beim Betrachten von Bildern auch alle Sinne bedeutsam, denkt man an die synästhetische Dimension der Wahrnehmung. Dennoch können nicht-visuelle Phänomene in einen Raum derart in den Vordergrund treten, dass sie ihn gleichsam einnehmen, was man bei Gerüchen oder Geräuschen besonders eindrücklich wahrnehmen kann.
In diesem Zusammenhang ist es sinnvoll, auf den Begriff des „Mediums" hinzuweisen, so wie ihn Eduard Führ in kritischer Auseinandersetzung mit Marshall McLuhan und Ernst Cassirer vorschlägt. Ein Medium sei, so Führ, weder eine *Black Box*, aber auch keine Ding mit unverrückbaren Eigenschaften. Stattdessen könne das Medium als ein spezifisch strukturierter Horizont begriffen werden, vor dem sich etwas abhebt und in dem etwas erst seinen

Sinn bekommt. In diesem Verständnis eines Mediums wären „Sprache“, „Bild“ oder „Raum“ jeweils ein eigenes Medium, in dem Phänomene in dem für das Medium spezifischer Weise erscheinen. Das Medium ist also nicht das Phänomen selbst, auch kein Nichts, auch kein Ding mit Eigenschaften, sondern eine spezifische Bedingung, unter der Phänomene auf jeweils individuelle Weise erscheinen und ihren Ausdruck finden. Wenn nun versucht wird, ein visuelles Phänomen in ein räumliches Phänomen zu überführen, hat man es mit einem Wechsel zwischen dem Medium „Bild“ und dem Medium „Raum“ zu tun. Dieser Wechsel führt dazu, dass das überführte Phänomen vor einem anderen Horizont erscheint und man sich – wie im Fall der *Ikonik* – zum einen um eine möglichst adäquate Übersetzung des Phänomens in das neue Medium bemühen muss. Zum anderen muss einem dabei bewusst sein, dass Phänomene in einem Medium eine Bedeutung generieren, die nur in diesem Medium sinnvoll sind. „Ändert sich [also] das Medium, ändert sich [auch] die Bedeutung“, so Führ.[17]

Drittens muss herausgestellt werden, dass Imdahl die *Ikonik* an Kunstwerken erprobt. Zwar beschränkt Imdahl den Begriff des Bildes nicht nur auf die Malerei. Dennoch handelt es sich bei fast allen Bildern um Kunstwerke im engeren Sinne. Das heißt, dass Imdahl die *Ikonik* nur auf Bilder anwendet, die zum Kreis der Bilder gehören, die als „Kunstwerke“ bezeichnet werden. Da es sich hierbei um vage Kategorien handelt, ist es ungerechtfertigt, dass die *Ikonik* sich nur auf Bilder beschränkt, die als „Kunstwerke“ bezeichnet werden. Schließlich gibt es nicht nur qualitätsvolle Bilder in der Kunst, denkt man beispielsweise an Arbeiten aus dem Bereich Kommunikationsdesign. Außerdem gibt es auch Bilder, die man ohne Zweifel als Kunstwerke bezeichnet, die man aber, wenn sie nicht von einem Künstler angefertigt geworden wären, nicht als Kunstwerke bezeichnen würde, weil sie nicht qualitätsvoll sind.

Ferner muss erwähnt werden, dass Imdahl mit der *Ikonik* nicht über verschiedene Zwecke von Bildern nachdenkt. Gemeint sind Zwecke wie die Vermittlung einer Lage (Bild als Stadtplan), das Überzeugen zum Kauf eines Produkts (Bilder in der Werbung) oder das Erklären von Techniken (Bilder in Gebrauchsanleitungen) mit bildlichen Mitteln. Wobei Imdahl dem künstlerischen Bild eine andere Art Zweck zuschreibt, und zwar, dass das Bild einen Akt des Sehens ermöglichen sollte, das eine Erfahrung sein kann, die nur in Bildern, genau genommen immer nur in individuellen Bildern erfahren werden kann. Dass man etwas erfahren kann, liege in einer der Eigenheit des Bildes entsprechenden Bildleistung.[18]

Eine Untersuchung von Räumen im Bereich der Architekturtheorie kann sich nicht auf die Untersuchung von künstlerisch gestalteten Räumen beschränken, zum Beispiel deshalb, da es keine überzeugenden Kriterien gibt, die es erlauben würden, unmissverständlich zwischen Bauwerk, Architektur und Baukunst zu unterscheiden. Insofern wäre es folgerichtig, dass in der Architekturtheorie alle architektonisch gestalteten Räume in den Blick genommen werden, die selbst wahrgenommen werden können. Wenn man diesen weiten Begriff von Räumen akzeptiert, dann spielen auch keine disziplinären Grenzen wie Innenarchitektur, Hochbauarchitektur, Landschaftsarchitektur oder Städtebau eine Rolle. Das hat auch zur Folge, dass alle Typologien wie Wohngebäude oder Museum beziehungsweise Platz oder Park zum Gegenstand der Untersuchung werden können. Ferner muss ergänzt werden, dass bei der Untersuchung von Räumen der Zweck der Räume berücksichtigt werden muss, weil er – wie auch am Beispiel des Denkmals deutlich werden sollte – daran beteiligt ist, wie Räume gestaltet werden.

Viertens geht die *Ikonik* davon aus, dass ein Phänomen in einem Bild nicht immer sofort sichtbar wird. Es bedürfe eines „sehenden Sehens", wie es Imdahl bezeichnet. Damit bringt er zum Ausdruck, umgangssprachlich formuliert, dass man das Bild so betrachten müsse, dass man keine Informationen an das Bild heranträgt – also nicht versucht, außerbildliche Informationen im Bild, nun als bildliche Entsprechung, zu finden, so wie es bei Panofskys ikonografisch-ikonologischem Ansatz der Fall sei; Imdahl bezeichnet diese Art des Sehens als ein „wiedererkennende[s] Sehen".[19]

Bei der Untersuchung von Räumen muss darauf hingewiesen werden, dass Phänomene im Raum nicht unbedingt auffallen. Es ist gerade die Aufgabe der Untersuchung, das Phänomen zu identifizieren, das heißt zu klären, was dazu beiträgt, dass das Phänomen so ist, wie es ist. Hier gibt es einen Unterschied zur *Ikonik*. Da sie in erster Linie Kunstwerke thematisiert, die in Ausstellungsräumen – wie auch immer diese aussehen – präsentiert werden, ist man als

Besucher stärker auf das Betrachten des Bildes eingestellt, als dieses bei der Architektur der Fall ist, die im Alltag eher beiläufig im Gebrauch wahrgenommen wird. Man muss sich also immer wieder den Unterschied klarmachen, dass Bilder zumeist in einem Ausstellungsraum bewusst erlebt und Räume im Alltag zumeist miterlebt werden.
Dieser Unterschied bedarf, auf der Seite der Räume, einer methodischen Spezifikation: Bei der Untersuchung des Raums muss einerseits die Wirksamkeit eines räumlichen Mittels in seinem Umfeld befragt werden. Andererseits muss abgeschätzt werden, wie hoch die Wahrscheinlichkeit ist, dass der Raum in einer bestimmten Weise wahrgenommen wird. Um dieses herauszufinden, kann es auch hilfreich sein, den Raum imaginativ zu verändern und einzuschätzen, welche Mittel wirksamer ausgestaltet werden müssten, sodass dieser oder jener Eindruck entsteht. „Wahrnehmen" hieße in diesem Zusammenhang also, dass auch Irreales imaginativ durchwandert wird, um die Wirkung des realen Raums präziser fassen zu können. Es bedarf im Fall eines Raums also nicht nur eines *Sehenden Sehens*, sondern auch eine Art *Explorativen Sehens.*

Raumsinn und Raumkritik

Die *Ikonik* und die vorangegangene Untersuchung zum Raum gehen davon aus, dass es im Bereich der Bildlichkeit und Räumlichkeit etwas zu verstehen gibt. Allerdings hat die *Ikonik* einen radikaleren Begriff von Verstehen. Für sie ist Verstehen ein sprachliches Ausdrücklichmachen (Explikation) bildlicher Gegebenheiten mit dem vordringlichen Ziel, sowohl die Identität eines Werks zu bestimmen, als auch etwas über die Eigenheit der Bildlichkeit allgemein zu erfahren. Hingegen ist Verstehen für die hier angedeutete Untersuchung des Raums ein sprachliches Ausdrücklichmachen (Explikation) räumlicher Gegebenheiten, mit dem vordringlichen Ziel, etwas über Eigenheiten der Räumlichkeit allgemein zu erfahren, ohne dabei den Anspruch zu haben, die Identität eines Raums zu bestimmen. Aus diesem Grund wurde in diesem Textbeitrag auch das *Denkmal für die ermordeten Juden Europas* ausgewählt. An ihm ist besonders leicht ersichtlich, dass man für eine Bestimmung der Identität eines Raums weit über das hinausgehen müsste, als das punktuelle Ausdrücklichmachen von wenigen Eigenheiten der Räumlichkeit.

Diese Eigenheiten der Räumlichkeit könnte man versuchsweise als *Raumsinn* bezeichnen. Wenn der Versuch unternommen wird, diesen Raumsinn allgemeiner zu beschreiben, dann kann womöglich von so etwas wie dem Aufstellen einer *lokalen* Theorie der Architektur gesprochen werden, die man als vorläufiges Ergebnis einer Untersuchung bezeichnen könnte. Sie ist „lokal", da sie zwar über einen einzigen Raum hinausgeht, aber nicht für alle möglichen Räume allgemeingültig ist. Um die Angemessenheit des Ausdrücklichmachens räumlicher Gegebenheiten zum Raumsinn einerseits und die Angemessenheit der allgemeineren Beschreibung des Raumsinns als lokale Theorie der Architektur andererseits zu gewährleisten, muss die Architekturtheorie als *Raumkritik* auftreten.

Wenn ein Begriff wie „Raumsinn" fällt, besteht schnell die Gefahr, dass er entweder als eine Eigenschaft des Raums oder als eine Empfindung des Menschen interpretiert wird, der einen Sinn an einen Raum heranträgt. In der exemplarischen Untersuchung des Raums *Denkmals für die ermordeten Juden Europas* sollte aber deutlich geworden sein, dass es der Sinn des Raums ist, der in seiner Räumlichkeit nur so existiert, weil er durch Dinge und durch Menschen mithervorgebracht wird. Das heißt: Raumsinn ist immer schon da; er muss nicht erst durch eine Untersuchung hervorgebracht, wohl aber explizit gemacht werden.

Bibliografie

Cullen, Michael S. (1999) (Hrsg.): *Das Holocaust-Mahnmal. Dokumentation einer Debatte* (= Pendo Pocket 19). Zürich: Pendo Verlag.

Führ, Eduard (2008): „Ikonik und Architektonik". In: Jörg H. Gleiter, Norbert Korrek und Gerd Zimmermann (Hrsg.): *Die Realität des Imaginären. Architektur und das digitale Bild. 10. Internationales Bauhaus-Kolloquium Weimar 2007* (= Schriften der Bauhaus-Universität Weimar 120). Weimar: Verlag der Bauhaus-Universität Weimar, S. 49–61.

–, (2014): „Architekturen im Archimedium. Eine medien- und architekturtheoretische Diskussion über die Substanz der Architektur". In: *Wolkenkuckucksheim, Internationale Zeitschrift zur Theorie der Architektur.* 19. Jahrgang, Nummer 32, www.cloud-cuckoo.net/fileadmin/hefte_de/heft_32/artikel_fuehr.pdf (1. Juni 2017), S. 183–224.

Gleiter, Jörg H. (2010): *Urgeschichte der Moderne. Theorie der Geschichte der Architektur* (=ArchitekturDenken 4). Bielefeld: Transcript Verlag.

Imdahl, Max (1996): „Serras ‚Right Angle Prop' und ‚Tot'. Konkrete Kunst und Paradigma" [1978]. In: *Zur Kunst der Moderne* (= Gesammelte Schriften 1). Herausgeben von Angeli Janhsen-Vukićević. Frankfurt am Main: Suhrkamp Verlag, S. 316–327.

–, (1996): *Giotto Arenafresken. Ikonographie, Ikonologie, Ikonik* [1980] (= Bild und Text). 3. Auflage. München: Wilhelm Fink Verlag.

–, (1996): „‚Autobiographie'" [1990]. In: Heinz Liesbrock (Hrsg.): *Die Unersetzbarkeit des Bildes. Zur Erinnerung an Max Imdahl.* Münster: Westfälischer Kunstverein, S. 40–55.

Lewin, Kurt (1926): „Untersuchungen zur Handlungs- und Affektpsychologie. I. Vorbemerkung über die psychischen Kräfte und Energien und über die Struktur der Seele". In: *Forschung, Zeitschrift für Psychologie und ihre Grenzwissenschaften.* 5. Jahrgang, Nummer 7, S. 294–329.

Liesbrock, Heinz (1996): „Vorwort". In: Ders. (Hrsg.): *Die Unersetzbarkeit des Bildes. Zur Erinnerung an Max Imdahl.* Münster: Westfälischer Kunstverein, S. 6–7.

Pallasmaa, Juhani (2013): *Die Augen der Haut. Architektur und die Sinne.* 2. und überarbeitete Auflage. Los Angeles: Atara Press.

Stiftung Denkmal für die ermordeten Juden Europas (2017) (Hrsg.): „Denkmal für die ermordeten Juden Europas mit Ausstellung im Ort der Information." www.stiftung-denkmal.de/denkmaeler/denkmal-fuer-die-ermordeten-juden-europas.html (1. Juni 2017).

Waldenfels, Bernhard (2007): *Antwortregister*. Frankfurt am Main: Suhrkamp Verlag.

Winter, Gundolf (2014): *Bilderräume. Schriften zu Skulpturen und Architektur* (= Bild und Text). Herausgegeben von Martina Dobbe und Christian Spies. Paderborn: Wilhelm Fink Verlag.

Anmerkungen

1 Im Folgenden kurz „Denkmal" genannt. Auf einer Grundfläche von etwa 19 000 Quadratmeter stehen 2 711 „Stelen", die jeweils eine Grundfläche von etwa 95 mal 238 Zentimeter besitzen. Das Denkmal wurde am 10. Mai 2005 eröffnet. Architekt des realisierten Denkmals ist Peter Eisenman. Die ersten Entwürfe wurden zusammen mit Richard Serra entwickelt, der 1998 aus der weiteren Entwicklung des Entwurfs ausstiegt. Weitere Daten sind auf der Internetseite der *Stiftung Denkmal für die ermordeten Juden Europas* (2017) zu finden. Dem Bau des Denkmals ist eine kontrovers geführte Debatte vorangegangen, vgl. hierzu beispielsweise Cullen 1999 und zusammenfassend Gleiter 2010, S. 87–103.

2 Dass Räume, wie in diesem Beitrag, mit Fotos vermittelt werden, hat zahlreiche methodische Probleme, auf die hier nicht eingegangen werden kann.

3 Dennoch wird hier der Begriff „Block" verwendet, weil er, präziser als der Begriff „Stele", den Eindruck der Körperlichkeit des Denkmals vermittelt.

4 Die Vielfalt des Antwortens beschreibt besonders facettenreich Bernhard Waldenfels, siehe zum Beispiel Waldenfels 2007.

5 Man trifft im Denkmal nicht nur auf Personen. Es kann auch sein, dass man auf den Eingang des *Orts der Information* trifft, der sich im Untergeschoss, unter den Blöcken, befindet. Hier wird mit Texten, Bildern, Filmen und weiteren Medien über die Ermordung von Juden zur Zeit des *Nationalsozialismus* informiert.

6 Vgl. zum Beispiel Lewin 1926.

7 Vgl. Führ 2008 und 2014. Siehe hierzu beispielsweise auch die Untersuchungen von Gundolf Winter, auf die hier aber nicht eingegangen werden kann, zum Beispiel Winter 2014.

8 Imdahl 1996 [1990], S. 49.

9 Zusammenfassend formuliert Imdahl die Differenz zwischen dem ikonografisch-ikonologischen und dem ikonischen Ansatz folgendermaßen: „Während aber Ikonographie und Ikonologie dasjenige aus den Bildern erschließen, was ihnen als Wissensinhalte vorgegeben ist, was vom Beschauer gewußt werden muß und sich durch Wissensvermittlung mitteilen läßt, sucht die Ikonik eine Erkenntnis in den Blick zu rücken, die ausschließlich dem Medium des Bildes zugehört und grundsätzlich nur dort zu gewinnen ist." (Imdahl 1996 [1980], S. 97)

10 Vgl. Imdahl 1996 [1980], S. 93–95.

11 Ebd.

12 A. a. O., S. 93.

13 Wie sinnvoll ein solcher Vergleich ist, wird beispielsweise an Imdahls Auseinandersetzung mit Richards Serras *Right Angle Prop* (1969) und *Tot* (1977) deutlich, vgl. Imdahl 1996 [1978].

14 Imdahl 1996 [1990], S. 41–42.

15 Liesbrock 1996, S. 11.

16 Vgl. Pallasmaa 2013.

17 Führ 2014, S. 213.

18 Vgl. Imdahl 1996 [1980], S. 93. Dass mit der Bildleistung auch ein Qualitätsbegriff verbunden ist, kann hier nicht weiter thematisiert werden. „Übergegensätzlichkeit", „sichtbare Koinzidenzen" oder „kühne Äquivalenzen" liefern Stichworte für ein Nachdenken über den Qualitätsbegriff von Bildern bei Imdahl (a. a. O., S. 108).

19 A. a. O., S. 89.

Intellektualität der Wahrnehmung oder Wovon die Architektur spricht. Grundlinien einer Theorie der Sichtbarkeit der Architektur

Jörg H. Gleiter

Die Herausforderung der Architektur liegt in ihrer Wahrnehmbarkeit. Das bedeutet, dass die Architektur im eigentlichen Sinne kein technologisch-konstruktives Problem hat, sondern ein Problem der Sichtbarkeit. Grund dafür ist der Überschuss an Form, der die Architektur auszeichnet und der Sichtbarkeit eine besondere Stellung unter den Sinnen einräumt. Wo ein Gebäude oder ein Teil davon immer so oder auch anders aussehen könnte, ist es der Überschuss an Form, der die Architektur einem Überschuss an Bezugnahme und Bedeutung öffnet. In der Sichtbarkeit kommt immer etwas zur Erkennbarkeit, was mit dem Sichtbaren nicht identisch ist. Im Folgenden sollen die Grundzüge einer Theorie der Sichtbarkeit als Teil einer kritischen Erkenntnistheorie der Architektur expliziert werden.

Wahrnehmbarkeit und Sichtbarkeit

Wahrnehmbarkeit steht im Zentrum der Konzeption der Architektur, ihrer Herstellung und ihrer Wirksamkeit oder in anderen Worten ihres Gedachtseins, Gemachtseins und Erfahrenwerdens. Bevor man die Architektur benutzen kann, bevor sie sozial wirksam werden kann, muss sie wahrgenommen werden, wobei unter Wahrnehmung im ersten Moment alle Sinne fallen, also Seh- und Tastsinn wie auch Geruchs-, Gehör- und Gleichgewichtssinn. Jeder dieser Sinne kann sehr nachhaltig auf die Erfahrung von Architektur wirken, jeder dieser Sinne ist aber auch mit einer unterschiedlichen Wirksamkeit verbunden. In der Architektur kommt jedoch dem Sehsinn und damit der Sichtbarkeit der Architektur eine besondere Stellung zu. Im Gegensatz zur Ganzheitlichkeit des leiblichen Spürens oder Riechens ist der Sehsinn der intellektuelle und relationale Sinn unter den Sinnen. Fähig zur Analyse steht er im Zentrum einer kritischen Erkenntnistheorie der Architektur.

Das wirft die Frage auf: Wovon spricht die Architektur? Sie soll unmittelbar beantwortet werden: Von sich selbst, was sonst. Sie muss von sich selbst sprechen, und sie tut dies sogar in besonderer Weise. Das unterscheidet die Architektur von anderen kulturellen Praktiken wie Fotografie, Malerei oder Skulptur. Architektur ist eben in erster Linie keine Repräsentation von etwas, so wie ein Passfoto eine Person repräsentiert, die sie selbst nicht ist. Architektur dagegen ist die Sache selbst, sie zeigt sich als das, was sie ist, in ihrer materiellen Präsenz zum Beispiel als Säule, als Tür oder als Fenster. In zweiter Linie kann sie auf anderes und Abwesendes verweisen und vielleicht in dritter Linie erst auf den Autor. Hörte die Architektur auf, sich selbst zu zeigen, stellte sie ihren Status als Architektur infrage und stürzte sich in die Krise. Das Sich-zeigen ist eine Grundfunktion der Architektur, ohne die sie aufhörte, Architektur zu sein.

Die Aussage, dass die Herausforderung der Architektur in ihrer Wahrnehmbarkeit liegt, ist keineswegs trivial, so wenig wie die Aussage, dass die Architektur aufhörte Architektur zu sein, wenn sie nicht mehr von sich selbst spräche. Das Beispiel einer einfachen Tür kann dies verdeutlichen. Jede Tür muss von sich selbst sprechen, muss sich zeigen. Erst wenn wir erkannt haben, dass etwas eine Tür ist, können wir sie auch benutzen. Das geschieht in der Regel über eigene Zeichen wie Türklinken, Schlüssellöcher oder Scharniere oder selbst durch den Hell-Dunkel-Kontrast zwischen Wand und Türnische. Sie zeigen an, ob etwas eine Tür ist oder nicht. Erst wenn diese Zeichen erkannt sind, kann man die Tür auch benutzen, kann man in einem performativen Akt der Aufforderung oder Affordanz der Tür nachkommen und sie öffnen, um so von der einen auf die andere Seite der Wand zu gehen. Würde die Tür sich nicht zeigen, würde sie nicht von sich sprechen, könnte man nicht erkennen, dass es eine Tür gibt. Eine Tür, die sich selbst nicht zeigt, ist eine Geheimtür und für den Betrachter nicht existent.

Vom Zeigen und Sich-Anzeigen der Architektur

Wie sich im Fall der Tür zeigt, besitzt die Sichtbarkeit in der Architektur zwei Seiten: Es ist das Sich-zeigen des materiellen Objekts in seiner Präsenz, das seinerseits Medium ist für ein Anzeigen von etwas, das andernfalls im Dunkeln und nicht erkennbar bliebe. Denn in der Sichtbarkeit der Tür wird ein Möglichkeitspotenzial für eine Handlung angezeigt. Über die Wahrnehmung löst die Präsenz des Objekts einen Interpretationsprozess aus, bei dem die einzelnen wahrgenommenen Zeichen so in Relation zueinander gesetzt werden, dass sie zu einer Schlussfolgerung führen, die wiederum in einer Handlung resultieren kann. Es zeigt sich der Wahrnehmungsprozess als ein Erkenntnisprozess und damit die erkenntnistheoretische Seite des sinnlich Erscheinenden. Im Was des materiellen Objekts zeigt sich ein Wie. Im Falle der Tür ist es ein performatives Moment, die Tür zeigt an, wie sie benutzt werden kann.

Eine weitergehende Analyse kann aber auch zeigen, dass die Anzeigefunktion, das Wie der Architektur, nicht nur auf die Handlungsaufforderung beschränkt ist. Es lassen sich drei verschiedene Anzeigefunktionen unterscheiden. Nicht nur zeigt die Architektur an, wie sie gebraucht werden kann, sondern darüber hinaus auch, wie sie gemacht und wie sie gedacht ist. Für die Klärung dieser Frage kann man an die Anfänge der Architekturtheorie zurückgehen, zu Vitruv. In seinen *Zehn Bücher über Architektur* ging Vitruv auf die Problematik der Sichtbarkeit, des Sich-Zeigens und des Anzeigens ein. So thematisierte Vitruv im vierten Buch die Anzeigefunktion der Architektur in Hinblick auf ihr Gedacht- und Gemachtsein. Das ist eng verknüpft mit der Entstehung der Ornamente. Vitruv zeigt anhand des griechischen Tempels, wie die Ornamente beim Übergang von der Konstruktion in Holz zu Stein entstanden sind. Die Ornamente sind entstanden zum Anzeigen der Konstruktion – des Gemachtseins – und der Konzeption – des Gedachtseins – und damit dessen, was beim Übergang von Holz zu Stein hinter der Steinfassade verdeckt und so der Sichtbarkeit und Erkennbarkeit entzogen ist. **(Abb. 1 und Abb. 2)**

Das lässt sich am Beispiel der Triglyphe, der Metope und der Mutuli (Zahnschnitt) des dorischen Tempels exemplifizieren. Sie zeigen nach außen die

Decken- und Dachkonstruktion in Holz an, die hinter der Fassade aus Stein unsichtbar sind. Die Triglyphe oder der Dreischlitz zeigt die Lage der Deckenbalken an. Idealerweise stimmt der Rhythmus der Triglyphe mit dem der Balken überein. Die Metope dagegen zeigt den Raum zwischen den Balken an, und im Zahnschnitt findet die Lattung der Dachdeckung ihre Übertragung in die Sichtbarkeit. Es ist evident, dass Triglyphe, Metope und Mutuli keine reinen Erfindungen sind, sondern visuelle Zeichen und als solche Platzhalter einer konkreten, aber nicht oder nicht mehr sichtbaren Sache. In ihrer ursprünglichen Form haben die Ornamente die Funktion, das Gemachtsein eines Gebäudes zur Sichtbarkeit zu bringen.

Ähnliches gilt für die Säule. Sie muss als ein visuelles Zeichen verstanden werden, in dem die Konzeption der Architektur zur Sichtbarkeit kommt. Die Schwellung oder Entasis ist ein solches Zeichen, das das Spiel von Kraft und Gegenkraft zur Sichtbarkeit bringt und damit das theoretische Modell, wie die in der Säule wirkenden Kräfte gedacht werden. Man tut so, als ob die Säule unter der Last etwas in die Breite ginge, während gleichzeitig bildhaft suggeriert wird, dass der Kraft von oben eine gleich große Kraft von unten entgegensetzt wird, sodass alles im Gleichgewicht ist. Heinrich Wölfflin hat dies einmal anschaulich im Kontext der Einfühlungstheorie beschrieben: „Wir haben Lasten getragen und erfahren, was Druck und Gegendruck ist, wir sind am Boden zusammengesunken, wenn wir der niederziehenden Schwere des eigenen Körpers keine Kraft mehr entgegensetzen konnten, [...] darum wissen wir das stolze Glück einer Säule zu schätzen."[1] Das gilt für die Entasis der dorischen Säule, das gilt aber auch für die Säulenbasis der ionischen Säule, die unter der Schwere der Last wulstartig zusammengedrückt zu sein scheint. Torus und Trochilus, die konkav und konvex geformten Wülste, geben ein lebendiges Bild von Druck und Gegendruck, aber auch von der Labilität jenes Teils der Säule, über den die statischen Kräfte in die Fundamente geleitet und im Erdreich verteilt werden. **(Abb. 3 und Abb. 4)**

In der Triglyphe, Metope und in den Mutuli werden in erster Linie die Konstruktion, in der Entasis, im Torus und Trochilus die Konzeption des Gebäudes angezeigt. Im ersten Fall kommt im ornamentalen Zeichen das Gemachtsein, im zweiten Fall das Gedachtsein der Architektur zur Erkenn-

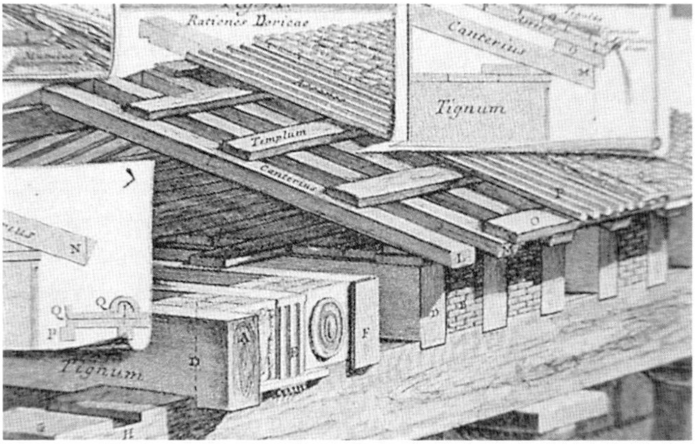

Abb. 1: Giovanni Battista Piranesi, Ausschnitt aus Tafel *Della Magnificenza ed Architettura de'Romani,* 1761

Abb. 2: Triglyphen- und Metopenfries, Parthenon, Akropolis, Athen

Abb. 3: Erechtheion, Blick durch die nördliche Vorhalle, Akropolis, Athen

barkeit. Beide Male sind es visuelle Zeichen, die in einer kausalen Beziehung zu der Sache stehen, die sie zur Erkennbarkeit bringen. Nach Charles Sanders Peirce werden die Zeichen, die in einer kausalen Beziehung zu dem stehen, auf das sie verweisen, indexikalische Zeichen oder Indexe genannt. Ein Index ist ein Zeichen, „das kraft einer realen Verbindung für ein Objekt steht, oder weil es den Gedanken auf diesen hinlenkt".[2] Indexe sind demnach Zeichen, die als Zeichen ein Teil der Sache sind, auf die sie verweisen. Wie der Fußabdruck im Sand ein Teil der Sache ist, auf den er verweist. Es besteht hier eine kausale Beziehung zwischen dem Zeichen und dem Fuß oder der Person, die hier gegangen sein muss. In diesem Sinne sind Triglyphe, Metope und Mutuli indexikalische Zeichen, weil sie in einer kausalen Beziehung zum Bezeichneten, das heißt zum Balken, Zwischenraum oder zur Dachlattung stehen. Ähnliches gilt für Entasis, Torus und Trochilus, auch wenn hier die Kausalität eine imaginierte Größe ist. Vitruv hatte nicht anders argumentiert: „Alles, was sie [die Baumeister] nur in ihren Gebäuden anbrachten, musste daher vollkommen passend seyn, [...] und nichts gefiel ihnen, für dessen Wahrheit nicht ein zureichender Grund angegeben werden konnte."[3] Ornamente sollten

Abb. 4: Blick durch die Propyläen auf den Niketempel, Akropolis, Athen

nur dort verwendet werden, wo ein „zureichender Grund“ dies legitimierte. Mit dem Begriff des *zureichenden Grundes* gab Vitruv eine frühe Definition für Indexikalität.

Zusammenfassung: Architektonische Zeichen und damit Ornamente sind ursprünglich indexikalischer Natur. Man kann drei Kategorien unterscheiden. Sie sind erstens Zeichen, wie am Beispiel der Tür exemplifiziert, die in einem logischen Verhältnis zu einer in der Zukunft liegenden, performativen Handlung stehen. In ihnen wird die Möglichkeit zukünftiger Erfahrbarkeit angezeigt. Die zweite Kategorie von Zeichen, wie am Beispiel von Triglyphe, Metope und Mutuli dargestellt, steht in einem kausalen Bezug zur Konstruktion des Gebäudes. Diese Art des Zeichenbezugs bringt die Logik des Gemachtseins oder des Gewordenseins zur Sichtbarkeit, insofern die Architektur das Resultat eines Herstellungsprozesses und damit einer in der Vergangenheit liegenden performativen Handlung ist. Die dritte Kategorie des architektonischen Zeichens, hier exemplifiziert am Beispiel von Entasis, Torus und Trochilus, thematisiert das Gedachtseins des Gebäudes oder die Logik seiner Konzeption.

Architektur muss sich zeigen, ansonsten hört sie auf, Architektur zu sein. Darin zeigt sich der besondere Zeichencharakter, durch den sich die Architektur von den anderen kulturellen Praktiken wie zum Beispiel der gesprochenen oder geschriebenen Sprache unterscheidet. Tatsächlich ist das Sprechen der Architektur von der Sprache verschieden. Dennoch ist es berechtigt, von der Sprache der Architektur zu sprechen, nämlich insofern der Zeichencharakter der Architektur nicht grundsätzlich ein anderer ist. Es handelt sich eher um eine Verschiebung der Dominanzen innerhalb der Zeichenstruktur. Der Unterschied kann im Vergleich eines geschriebenen Wortes mit einer Säule verdeutlicht werden. Ein geschriebenes Wort ist ein linguistisches Zeichen, das auf etwas verweist, was es selbst nicht ist. Dabei ist in der Regel das Bedeutete oder das Signifikat, also das, auf das sich das Zeichen bezieht, in der Regel abwesend. So verweist das Wort Hund auf das damit bezeichnete Tier, es ist aber das Tier, also der Hund, nicht selbst. Es ist das Besondere vor allem der linguistischen Zeichen oder damit der Sprache, dass man sich mit ihrer Hilfe über Dinge austauschen kann, die nicht anwesend sein müssen. Hätten wir die Sprache nicht, wäre unsere Welt sehr klein, weil auf die Dinge in ihrer unmittelbaren Wahrnehmbarkeit und damit in ihrer Präsenz um uns herum beschränkt.
Dennoch, muss man erkennen, dass auch das Wort Hund noch eine gewisse Präsenz besitzt, so wenig man sich dessen in der Regel bewusst ist. Denn jedes Zeichen bedarf einer materiellen Substanz, damit es zur Erscheinung kommen kann. Man spricht vom Zeichenträger. Auch das geschriebene Wort Hund muss sichtbar sein, damit es erkannt werden kann. Das geschieht mithilfe der Druckerschwärze, der Tinte oder der Grafitspur eines Bleistifts. Im Falle der Stimme sind es die Schallwellen. Doch in der Regel sieht der Leser über den Zeichenträger hinweg und nimmt ihn in seiner Materialität kaum wahr. Dennoch bedarf es der Präsenz des Zeichenträgers wie der Bleistiftspur oder des gedruckten Wortes. Für die Bedeutung des Zeichens jedoch, also für seinen Verweis auf ein Abwesendes, zum Beispiel einen Hund, ist dies in der Regel von untergeordnetem Rang. Im Grafikdesign und in der visuellen Kommunikation kann es dagegen zu Verschiebungen kommen, sodass die sinnli-

che Erscheinung wie Farbe, Typografie, Größe und Platzierung des Wortes über die Bedeutung des Wortes und damit die Präsenz des Zeichenträgers über die Abwesenheit der Zeichenbedeutung dominiert. Ähnliches lässt sich auch in der Musik beobachten, wie zum Beispiel im Gesang. Dort ist es oft die schöne Stimme in ihrer Materialität, das heißt in ihrer Klangfarbe und Lage, die über den Text dominiert. Bei einem berühmten Tenor triumphiert die Präsenz der Stimme über den Text und seinen Bezug auf Abwesendes.

Und gerade das ist charakteristisch für das Zeichen in der Architektur. Der Zeichenträger in seiner Präsenz ist in der Architektur das dominante Element. Denn im Unterschied zum geschriebenen Wort ist der Zeichenträger in der Architektur nicht nur eine Spur. So ist die Säule in ihrer Materialität Träger der Bedeutung Säule. Man könnte sagen, dass im Vergleich zum geschriebenen Wort der Zeichenträger in der Architektur durch und durch materiell und räumlich präsent ist. Es ist der Zeichenträger, der sich in der Architektur zuerst zeigt. Von ihm kann nicht abgesehen werden. Erst in zweiter Linie bezieht sich die Säule auf etwas Abwesendes, nimmt also Bezug zum Beispiel auf Serlios Säulenordnung oder auf ein konkretes historisches Vorbild wie die Säulen vom *Palazzo Ducale* in Venedig oder die Säulen des ersten *Hera-Tempels* in Paestum.

In der Architektur dominiert der Zeichenträger über die Zeichenbedeutung, es dominiert – aufgrund seiner Materialität – die Präsenz des Zeichens über den Zeichenbezug in seiner Abwesenheit. Man kann vom Zeichenträger in seiner Materialität, in seiner Ortgebundenheit und seiner Form nicht absehen. Das kann man am Beispiel eines Gebäudes im Rohbau verdeutlichen. Dort sind zum Beispiel die Fenster einfach Löcher in einer rohen Wand. Im Rohbaustadium sagen sie nichts anderes aus als „Öffnung", denn oft kann man nicht einmal genau sagen, ob etwas ein Fenster oder eine Tür werden soll. Erst im Laufe des Ausbaus wandelt sich die Rohbauöffnung zu einem Fenster, das sich auch auf etwas Abwesendes beziehen kann. So kann eine Ädikula in Dreiecksform, zwei flankierende Säulen und ein Gesims, auf dem diese stehen, das Fenster in Beziehung zu etwas Abwesendem setzen. Es kann dann Bezug auf den Klassizismus oder auf die Fenster des *Palazzo Farnese* von Michelangelo nehmen, dem sie ähnlich sind. Sie nehmen dann Bezug auf eine spezifische

Zeit, aber auch auf eine spezifische Art und Weise des Denkens der Architektur. Dennoch, als architektonisches Zeichen muss das Fenster in erster Linie sich selbst zeigen, in der Präsenz des Zeichenträgers, bevor es auf anderes und Abwesendes verweisen kann – und nicht umgekehrt.

Statuswandel des Sichtbaren

Aber die Ornamente unterliegen schon von Beginn an einem Wandel ihres Status. Diese zeigt sich dort, wo das Triglyphen- und Metopenfries auch auf der Giebelseite des Tempels erscheint und damit auf jener Seite, auf der die Balken der Decke und des Daches parallel zur Fassade liegen und es damit keine Balkenköpfe gibt, die angezeigt werden könnten. Evident wird dies auch an den Ecken, wo zwei Triglyphen über Eck zusammenstoßen, es aber keinen realen Balken gibt, auf den sie sich beziehen könnten. An dieser Stelle sollte es eigentlich keine Triglyphen geben. Andererseits, so ließe sich argumentieren, zeigen sie jetzt, wo sie als Motiv um den ganzen Tempel herum geführt sind, weniger die einzelnen Balken an als die Ebene, in der diese liegen. Das heißt aber, dass sich die Triglyphe und Metope auf der Giebelseite durchaus auf die Konstruktion beziehen, aber die streng kausale Beziehung auf den einzelnen Balken geschwächt ist. In der Terminologie der Semiotik, der Lehre von den Zeichen, kann man von einer schwachen oder degenerierten Indexikalität sprechen.
Auf die schwache Indexikalität der Triglyphe am *Parthenon* hatte 1802 Jakob Friedrich von Rösch in seinem Kommentar zu Vitruv hingewiesen, ohne dies allerdings als eine solche benennen zu können. „Ich habe schon bemerkt, daß die Griechen den toscanischen Kranz auf ihr dorisches Gebälk versetzt haben, daher sind nun auch die Triglyphen am Parthenon blind angebracht, das heißt, sie scheinen von aussen Balkenköpfe zu seyn, aber der Schein betrügt, den die Balken des Säulengangs liegen über ihnen in der Höhe des Kranzleistens, wo sie bei der toscanischen Ordnung zu liegen pflegen, also sind die Triglyphen keine wahre Natur, sondern eine Lüge.“[4] Rösch hatte noch keinen Begriff von Semiotik im modernen Sinne. Daher konnte er das Phänomen nicht adäquat beschreiben. Ihm fehlte ein entsprechendes theoretisches

Konzept. Er gelang ihm daher nicht, das Phänomen des aufgehobenen Bezugs der Triglyphe zum Balken in einen übergeordneten logischen Zusammenhang zu stellen. Er konnte nicht anders und sprach von einer Lüge.
Ist der indexikalische Zeichenbezug einmal geschwächt, lassen sich im Metopen- und Triglyphenfries andere Zeichen anbringen wie Medaillons, Reliefs oder Malereien, die sich auf anderes außerhalb der Architektur und nicht auf das Gebäude beziehen. Nach Johann Joachim Winckelmann wurde die Fläche der Metope, die einen Zwischenraum und damit eine Leerstelle bezeichnet, sehr früh schon mit anderen Zeichen besetzt. Sie wurde mit Kriegstrophäen, Opfergeräten und „Köpfen von Stieren oder Widdern ausgezieret"[5]. Damit wurde der indexikalische Zeichenbezug mit Bildern und Zeichen überlagert, die in einem anderen ikonischen oder indexikalischen Bezug stehen. Sie beziehen sich nicht mehr auf die innere Logik des Gebäudes, sondern auf die Erzählung des Mythos. „An der Frise des Dorischen Tempels der Pallas zu Athen sind", wie Winckelmann weiter ausführte, „auf die Metopen Gefechte mit Thieren vorgestellet, und an dem Tempel des Theseus daselbst die Thaten dieses Helden."[6] Die Metope erzählt nicht mehr das Gemachtsein des Gebäudes, sondern ein anderes Gemachtsein, nämlich die Geburt des Menschen aus dem Mythos.
Zeichen, die weder durch eine Kausalitätsbeziehung noch durch formale Ähnlichkeit in Beziehung zu dem stehen, das sie bedeuten, bezeichnet man als symbolische Zeichen. Ihre Bedeutung erhalten sie durch Konvention, dadurch also, dass die Bedeutung ihnen zugeteilt wird, ohne dass sie als Zeichen in irgendeiner Beziehung zu dem Bedeuteten stehen. Firmenlogos wie ein blau umrundetes Quadrat mit Diagonale, das Logo der Deutschen Bank, oder ein dreizackiger Stern in einem Kreis, das Logo von Mercedes Benz, sind in der Regel symbolische Zeichen. Weil sich kein konkreter Bezug zwischen Zeichen und Bedeutung herstellen lässt, werden die symbolischen Zeichen auch als willkürliche Zeichen bezeichnet. Im Poststrukturalismus spricht man auch von frei flottierenden Signifikanten. Da ihre Bedeutung – oder Signifikat, also das, auf das sie sich beziehen – durch keine Notwendigkeit an den Zeichenträger – oder Signifikanten – gebunden ist, können diese Zeichen leicht auch andere Beziehungen eingehen und damit Teil von anderen Bedeutungssystemen werden.

Von hier aus ist es dann ein kleiner Schritt, die Triglyphe und Metope, die schon im griechischen Tempel in ihrer Indexikalität geschwächt ist, ganz aus ihrer Beziehung zur Konstruktion des Bauwerks zu lösen und an beliebigen Orten wie zum Beispiel an Gebäuden in Mauerwerk oder Stahlbeton anzubringen, wo es keine Deckenbalken und keinen Bezug zum Mythos gibt. Aus den anfänglich indexikalischen Zeichen werden symbolische Zeichen im Sinne der frei flottierenden Signifikanten. Diese Art des Zeichengebrauchs ist charakteristisch für verschiedene Phasen der Architektur wie der Manierismus des siebzehnten Jahrhunderts, der Historismus des neunzehnten Jahrhunderts oder auch die Postmoderne. Die Lösung des architektonischen Zeichens aus der konkreten, indexikalischen oder schwach indexikalischen Zeichenfunktion und die freie Kombination und Rekombination mit anderen Zeichen, das ist das große Thema der Postmoderne. Alles kann mit allem kombiniert werden, alles existiert gleichwertig nebeneinander, alles ist gleichzeitig.

Zusammenfassung: Über ihre ursprüngliche Indexikalität hinaus zeichnet sich die Architektur durch einen Prozess der Schwächung der Indexikalität bis hin zur völligen Ablösung von der indexikalischen Beziehung aus. Wie beim Triglyphen- und Metopenfries kann sich das Zeichen sukzessive aus seiner indexikalischen Bindung lösen und über den Status eines schwachen Indexes zu einem symbolischen oder willkürlichen Zeichen mutieren. In gänzlicher Ablösung aus der Bindung an die konkreten architektonischen Fakten sind diese Zeichen dann frei miteinander kombinierbar. Man spricht vom frei flottierenden Signifikanten oder Zeichenträger, der charakteristisch ist für die Postmoderne, die damit in ironischer Verfremdung die großen Erzählungen und Ordnungen subversiv zu unterwandern versuchte.

Poetik und Kritik

Mit dem Begriff der schwachen oder degenerierten Indexikalität verbindet sich kein Werturteil, schon überhaupt kein negatives. Im Gegenteil, die

Schwächung der Indexikalität ist geradezu Voraussetzung dafür, dass die Architektur die Hermetik der Präsenz der architektonischen Zeichenträger überwinden kann. Sie ermöglicht die Öffnung der Architektur für vielfältige Bezugnahme auch außerhalb ihrer materiell-formalen Praxis. Dadurch werden die architektonischen Zeichen sprachähnlicher. Die Architektur hört auf, allein von sich zu sprechen. Und dennoch, die unhintergehbare Voraussetzung für Architektur bleibt, dass sie bei aller Offenheit immer in erster Linie von sich sprechen muss. Denn mit einer weitergehenden Transformation des architektonischen Zeichens zum symbolischen und willkürlichen Zeichen besteht die Gefahr, dass sich das Zeichen von der Präsenz der Materialität löst, dass es sich zum frei flottierenden Signifikanten wandelt und dass sich damit die gewonnene Souveränität in der Beliebigkeit der Bezugnahme auflöst und Architektur zur Bedeutungslosigkeit herabsinkt.

In der Differenz zwischen der materiellen Präsenz des Gebäudes und dem Bezug auf Abwesendes öffnet sich die Architektur der Möglichkeit vielfältiger Bezugnahme. Es löst sich die Eindeutigkeit auf, die den materiellen Praktiken aufgrund ihrer Präsenz eigen ist. Dies ist die Grundlage für Architektur als poetische Praxis. Die Möglichkeitsbedingungen dafür sind in der Differenz begründet zwischen dem indexikalischen Bezug, der immer die Architektur in ihrer konkreten Materialität und damit ihrer Präsenz zum Thema hat, und dem symbolischen Zeichenbezug, der über die materielle Präsenz der Architektur hinaus auf Dinge verweist, die außerhalb des materiell-konstruktiven Rahmens der Architektur existieren und in der Regel abwesend sind. Mies van der Rohe hat von den „geistigen und materiellen Kräften unserer Zeit“[7] gesprochen. In der schwachen Indexikalität gründet dann auch die Poetik der Architektur. Es ist die *Schwäche* der Indexikalität, mit Betonung auf Schwäche, die die Architektur einer über die materielle Präsenz hinausgehenden Interpretation öffnet, wie gleichzeitig es die Schwäche der *Indexikalität* ist, mit Betonung auf Indexikalität, die Garant dafür ist, dass wir es mit einer Poetik der Architektur zu tun haben und nicht mit einer Poetik der Sprache oder der Musik.

Die Bedeutungsfähigkeit der Architektur macht sich am Maße, das heißt am Mehr oder Weniger des indexikalischen Bezugs fest. Er entscheidet über die

Öffnung oder Schließung des Bedeutungshorizonts, wobei die Möglichkeit zum Bedeutungsüberschuss an ein zweites Phänomen gebunden ist, nämlich an den Überschuss an Form. Tatsächlich zeichnet sich auch die Triglyphe durch eine Schwäche ihrer Indexikalität und einen Überschuss an Form aus. Denn sie bildet nicht wörtlich das Balkenende nach, sondern tut dies durch die Figur eines Dreischlitzes. In ihm wird vielleicht der ursprüngliche Axthieb der Bearbeitung des Balkens zur Sichtbarkeit gebracht. Der Dreischlitz kann aber immer in Varianten so ausgeführt werden, dass einerseits der indexikalische Bezug auf den Balken bestehen bleibt, dass aber andererseits auch darüber hinausgehende Bezüge zu unterschiedlichen Zeiten, Praktiken und Autoren hergestellt werden können. Er ist also Index *und* Symbol und kann als Index mit symbolischer Erweiterung oder als Symbol auf indexikalischer Grundlage erscheinen. Auch Entasis, Torus und Trochilus können in variierender formaler Gestalt erscheinen, unter der Vorgabe, dass die kausale Beziehung zu den imaginierten Kraftflüssen in der Säule nicht verunklärt oder generell infrage gestellt wird.

Ähnliches gilt auch für die Konstruktion, in der immer mehr als die reine technische Struktur sich zeigt. Darauf hat Kenneth Frampton in *Grundlagen der Architektur. Studien zur Kultur des Tektonischen* hingewiesen. Es gehe bei der Konstruktion keineswegs nur um das „Aufzeigen von Struktur und Technik, sondern vielmehr um ihr poetisches Ausdrucksvermögen“[8]. Tektonik ist die „Poetik der Konstruktion“[9], wie Frampton hinzufügt, sie ist daher auch eine Kunst. Sie ist es sogar in besonderem Maße, wo sie den indexikalischen Bezug auf die Sache selbst, die Konstruktion, nicht aufgibt. Voraussetzung für den poetischen Gehalt ist der immanente Überschuss an Form, der den Dingen eigen ist. Denn die Form einer Säule oder Stahlstütze ist nie nur technisch determiniert, wo sie, wie der Dreischlitz, immer so oder anders sein könnte.

Es liegt zum Beispiel in der statischen Natur eines Trägers, dass über seine ganze Länge hinweg die Minimalanforderungen an den Querschnitt in jedem Punkt sich ändern. Es kommt hinzu, dass es viele verschiedene Parameter sind, die die Form eines architektonischen Elements bestimmen. Bei der Formbestimmung spielen zum Beispiel die Möglichkeiten und die Beschränkungen durch die Hände des Handwerkers eine Rolle, aber auch die Produktionsbedingungen der Werkzeuge und Maschinen und zum Teil selbst die Transportbedingungen. Es ist wohl das rechnerische Kalkül, das einem Träger mit gleichbleibendem Querschnitt zugrunde liegt, aber in seiner konkreten Erscheinung verdankt sich der Träger dem Überschuss an Form. Er ist somit mehr eine Sache der Gestaltung und Sichtbarkeit als der statischen Berechnung. Daher wird auch verständlich, dass es im eigentlichen Sinne des Wortes keinen Funktionalismus geben kann. Jeder Funktionalismus ist latent poetisch, weil jede funktionale Lösung einen Überschuss an Form und damit ein Potenzial für Poetik enthält, auch in jenen Fällen, in denen dieses nicht abgerufen und für die Gestaltung genutzt wird.

Mit der schwachen Indexikalität und dem Überschuss an Form – beide in enger Kopplung – sind dann zwei der Grundvoraussetzungen für das künstlerische und poetische Potenzial der Architektur bestimmt. Wie man mit Goethe feststellen kann, entspricht dem Überschuss an Form auf der Objektseite die „Überbefriedigung des Sinnes“[10] auf der Subjektseite. Goethe spricht im Kontext der Poetik der Baukunst vom Erstaunen und Entzücken des „gebildeten Geists“. Mit der Formulierung des „gebildeten Geists“ gibt er zu erkennen, dass die Überbefriedigung von sinnlicher Erfahrung kein Selbstzweck ist, sondern ihre Bestimmung auf der kognitiven Seite und damit auf der Seite der Erkenntnis hat. Über das bloße Zeigen der Architektur hinaus wird das, was in der Sichtbarkeit angezeigt wird, aber selbst nicht sichtbar ist, intellektuell und damit in einem kognitiven Prozess erkennbar. „Es ist dieses der poetische Teil der Baukunst“, wie Goethe feststellte, „in welchem die Fiktion eigentlich wirkt.“[11] Poetik ist dann so viel wie eine Praxis der Erkenntnis, die sich des Mediums der sinnlichen Erfahrung bedient. Sie ist eine über das praktische Wissen der Architektur hinausgehende Erkenntnistätigkeit, die die Architektur in ihrer vielfältigen Wirkungsweise auf und in ihrer Einbindung in das größere kulturelle Kräftefeld zum Thema hat. Wo die Vielbezüglichkeit sich zuweilen als Ambivalenz und mithin als Widersprüchlichkeit zeigt, zeigt sich das Kontinuum von Poetik und Kritik.

Intellektualisierung der Wahrnehmung

Architektur zeichnet sich aber nicht ausschließlich durch einen Prozess der Transformation der Zeichen vom ursprünglichen Index über seine Degenerierung zum symbolischen und damit arbiträren Zeichen aus. Über die lange Geschichte der Architektur hinweg lassen sich auch entgegengesetzte Bewegungen beobachten. In Phasen der Krise und damit in Phasen der Verunsicherung der Architektur in konzeptueller, technologischer wie auch materieller Hinsicht lässt sich beobachten, dass die Architekten große Anstrengungen unternehmen, die Zeichen auf ihre Indexikalität und damit auf eine logisch-kausale Verknüpfung zurückzuführen. Das kann auch als Prozess der Intellektualisierung der Wahrnehmung bezeichnet werden.
Einen solchen Prozess der Intellektualisierung der Wahrnehmung lässt sich am Übergang von der Hochgotik zur Renaissance beobachten. Mit dem Aufkommen des Neoplatonismus und der Neuausrichtung von Staat, Wissenschaft und Künsten am Vorbild der Antike führte die Frührenaissance die Architektur wieder zurück auf einen einfachen Formenkanon, das heißt auf eine kausale Bindung von Zeichen und Objekt. Das zeigt sich in der auf die architektonischen Grundelemente reduzierten Architektur der Frührenaissance, zum Beispiel bei Filippo Brunelleschis *Ospedale degli Innocenti* (1421–1455) oder Leon Battista Albertis *Palazzo Rucellai* (1446–1451). Ähnliches gilt für den Klassizismus des ausgehenden achtzehnten Jahrhunderts. Im Zeichen der veränderten kulturellen Matrix der Aufklärung und der politischen Neuordnung Europas durch Napoleon fand auch hier eine Rückkehr zu einem einfachen, dominant indexikalischen Formenvokabular statt. Beispielhaft stehen dafür Claude-Nicolas Ledoux' *Barrière Saint Martin* (1788) in Paris oder später Karl Friedrich Schinkels *Altes Museum* (1825–1930) in Berlin. Die Hoffnungen auf Entwicklung einer eigenständigen modernen Formensprache erfüllten sich dennoch nicht. Im Zeitalter von Wissenschaft, Technik und Historismus waren die Veränderungen zu tiefgreifend, als dass sich auf der Grundlage des antiken Formenrepertoires eine eigene Formensprache hätte entwickeln können.

Erst zu Beginn des zwanzigsten Jahrhunderts gelang es dann der frühen Moderne, mit der konsequenten Rückführung der Architektur auf ihre elementare Zeichenfunktion die Voraussetzungen zu schaffen für die Etablierung einer modernen Formensprache. Die Moderne kann in diesem Sinne als ein großes Projekt der Intellektualisierung der Wahrnehmung bezeichnet werden – mit allen Vor- und Nachteilen, die das mit sich brachte. Hierin nimmt Adolf Loos eine herausragende Position ein. Konsequent führte er die im Historismus und Jugendstil zu willkürlichen Zeichen degenerierten architektonischen Zeichen zurück auf ihre ursprüngliche Indexikalität. Das zeigt sich im *Haus Scheu* (1909), das ohne klassische Ornamente auskommt, dessen Fassade jedoch aus Fenstern von unterschiedlichen Formaten besteht. Sie sind indexikalische Zeichen mit Anzeigefunktion für die innere Logik und Konzeption des Gebäudes. Sie zeigen die unterschiedlichen Wohnzwecke an wie Wohnzimmer, Treppenhaus, Küche, Schlafzimmer usw. Jedes Fensterformat ist Index für eine bestimmte räumliche Figur und einen konkreten Zweck. Man kann sie im Sinne von Vitruv als Ornamente bezeichnen, denn sie zeigen die verschiedenen Funktionen an, ohne jedoch die Sache selbst zu sein. In ihnen kommt die räumlich-konzeptuelle Idee des Gebäudes zur Erkennbarkeit. Wie auch in anderen Projekten – zum Beispiel im Haus für Tristan Tzara (1926) oder im *Haus Müller* (1930) – zeigt sich das „entfernen des ornaments aus dem gebrauchsgegenstand“[12] nicht als Abschaffung, sondern als Rückführung des Ornaments auf seine Indexikalität.[13] Ähnliches gilt auch für Walter Gropius’ *Meisterhäuser* (1926). Jedes einzelne Element, seien es Fenster, Türen, Geländer und selbst die verschiedenen Vor- und Rücksprünge des Gebäudevolumens, bringt einen je eigenen Aspekt des Konzepts zur Sichtbarkeit. Auch hier Rückführung auf Indexikalität und Erkennbarkeit. Die *Meisterhäuser* überzeugen gestalterisch vielleicht nicht in allen Aspekten, aber Gropius ging es nicht um eine Idealarchitektur. Im Gegenteil, er sah die *Meisterhäuser* am Anfangspunkt einer Entwicklung und als ersten Schritt hin zu einer noch zu entwickelnden Sprache der modernen Architektur **(Abb. 6)**.

Exemplarisch für die Intellektualisierung der Wahrnehmung und Rückkehr zur Indexikalität des Ornaments steht Mies van der Rohes berühmte Ecke der *Alumni Hall* (1946) des Campus’ des Illinois Institute of Technology in

Chicago. In Analogie zum Übergang von Holz zu Stein, den Vitruv für die Entstehung der Ornamente am klassischen Tempel anführte, vollzog Mies in diesem Gebäude den Übergang von Stein zum Stahl. Er erkannte darin das Potenzial für die Schaffung eines modernen Ornaments. Mies verzichtete in den Ecken auf die Ausfachung des vorgesetzten Stahlskeletts mit Klinkern. Die Ecke blieb offen. Was dadurch sichtbar wird, ist jedoch nur dem Schein nach die tragende Stahlstütze. Ein Blick in die Zeichnungen lässt erkennen, dass ein vertikaler Stahlwinkel die Ecke markiert, ohne tragende Funktion zu haben. Seine Funktion ist die eines indexikalischen Zeichens, das die dahinter stehende, eigentliche Stahlkonstruktion anzeigen soll, die ihrerseits wiederum nicht sichtbar ist, da sie mit feuerfestem Material umfüllt wurde. In Analogie zur Triglyphe zeigt sich die Ecke als Ornament, das indexikalisch die Konstruktion und damit das Gemachtsein des Gebäudes zur Sichtbarkeit bringt. Ähnliches lässt sich für das *Azuma House* (1976) von Tadao Andō zeigen. (Abb. 5) Hier ist es die Fassade aus Ortbeton, die den Prozess des Gemachtseins zum Thema hat. Einerseits zeigt das linienförmige Raster die ehemalige Position der Schalbretter an, wie andererseits die Löcher in der Fassade die Abstandshalter der Schalbretter anzeigen. Beide sind Indexe für das Gemachtsein der Fassade. Im *Azuma House* zeigt sich aber auch die dritte Ebene indexikalischer Bezugnahme, die Affordanz oder Handlungsaufforderung. Es ist wiederum die Eingangstür. Andō verzichtete auf die üblichen Zeichen wie Türklinke, Scharniere, Schlüssellöcher oder Türrahmen, mit denen die mögliche Nutzung angezeigt wird. (Abb. 6) Nur im Hell-dunkel-Kontrast zwischen Öffnung und flankierender Wand zeigt sich die Tür, die in ihrer Präsenz wiederum die Möglichkeit anzeigt, durch sie hindurchzugehen.

Peter Eisenmans *Guardiola House* (1988) praktiziert dagegen eine eigene Art der Rückführung auf Indexikalität. Im Gegensatz zu den Vertretern der Postmoderne, die das architektonische Zeichen aus seiner Indexikalität zu lösen und es sprachähnlich und damit zum willkürlichen Zeichen zu machen versuchten, verfolgte Eisenman die Indexikalisierung der Architektur. Eisenmans Interesse galt der Rückführung der kausalen Kopplung von Zeichen und Bezeichnetem. In weitgehender Rücknahme der Handschrift des Architekten konzipierte er daher einen Entwurfsprozess, bei dem sich alle Schritte

Abb. 5: Azuma House, Ōsaka

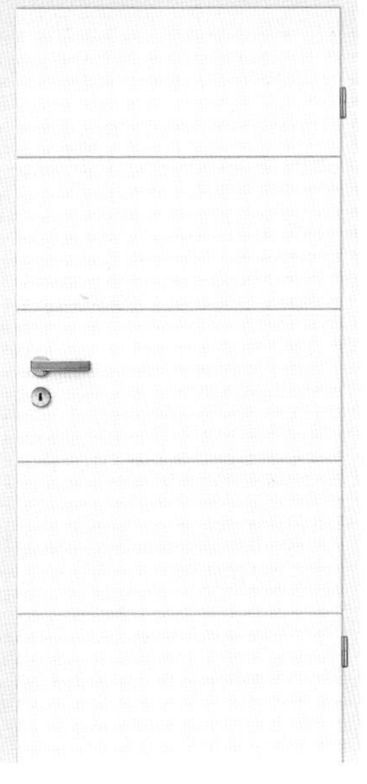

Abb. 6: Tür

als Spuren in die Figur des Hauses einschreiben. Jeder Schritt im Entwurf ist als Spur oder indexikalisches Zeichen konzipiert, das selbst wiederum zum Ausgangspunkt für den weiteren Entwurfsschritt wird und eine Spur auf dem vorhergehenden Entwurfsschritt hinterlässt. Die Indexikalität bezieht sich demnach nicht mehr auf das Gemachtsein in materieller und konstruktiver Hinsicht, sondern allein auf das Gemachtsein des Entwurfs. Im gebauten Haus ist dann anhand der Spuren nicht der Konstruktionsprozess, sondern der Entwurfsprozess ablesbar. Das Haus besteht ausschließlich aus indexikalischen Zeichen, die allein die Geschichte des konzeptuellen Entworfenseins.

Zusammenfassung: Vor dem Hintergrund der hier skizzenhaft vorgestellten Theorie der Sichtbarkeit lässt sich feststellen, dass die immer wieder thematisierten großen historischen Epochenbrüche im eigentlichen Sinne keine Brüche sind. Sie lassen sich als Phasen der Rückführung der architektonischen Zeichen auf ihre ursprünglich indexikalische Grundfunktion verstehen. Sie verfolgen nicht den Bruch mit der Geschichte, sondern die Wiederherstellung der Kontinuität architektonischer Praxis. Dies zeigt sich als ein Prozess der Intellektualisierung der Wahrnehmung mit dem Ziel, eine neue Sprachlichkeit der Architektur entsprechend der eigenen Zeit und damit entsprechend des jeweiligen veränderten kulturellen Kräftefelds.

Bibliografie

Frampton, Kenneth (1993): *Grundlagen der Architektur. Studien zur Kultur des Tektonischen*. München und Stuttgart: Oktagon Verlag.

Gleiter, Jörg H. (2014): „Präsenz der Zeichen. Vorüberlegungen zu einer phänomenologischen Semiotik der Architektur". In: Jörg H. Gleiter (Hrsg.): *Symptom Design. Vom Zeigen und Sich-Zeigen der Dinge* (= ArchitekturDenken 7). Bielefeld: Transcript Verlag, S. 148–180.

Goethe, Johann Wolfgang von (1982): „Baukunst" [1795]. In: *Johann Wolfgang von Wolfgang von Goethe. Werke. Hamburger Ausgabe.* Band 12. München: Deutscher Taschenbuch Verlag.

Loos, Adolf (1962): „Ornament und Verbrechen" [1908]. In: *Adolf Loos. Sämtliche Schriften in zwei Bänden*. Band 1. Herausgegeben von Franz Glück. Wien und München: Verlag Herold, S. 276–288.

Mies van der Rohe, Ludwig (1986): „Vortrag" [1927]. In: Fritz Neumeyer: *Mies van der Rohe. Das kunstlose Wort. Gedanken zur Baukunst.* Berlin: Siedler Verlag.

Peirce, Charles Sanders (1998): *The Essential Peirce. Selected Philosophical Writings. Volume 2. (1893 bis 1913).* Herausgegeben vom Peirce Edition Project. Bloomington und Indianapolis: Indiana University Press.

Rösch, Jakob Friedrich von (1802): *Erläuterungen über Vitruvs Baukunst: Nebst einem Beitrag zur biblischen Geographie*. Stuttgart: Verlag Franz Christian Löflund.

Marcus Vitruvius Pollio (1796): *Des Marcus Vitruvius Pollio Baukunst. Aus der römischen Urschrift übersetzt von August Rode*. Leipzig: G. J. Göschen'sche Verlagsbuchhandlung.

Winckelmann, Johann Joachim (1964): *Anmerkungen über die Baukunst der Alten* [1762] (= Studien zur deutschen Kunstgeschichte, 337). Baden-Baden und Straßburg: Verlag Heitz.

Wölfflin, Heinrich (2007): „Prolegomena zu einer Psychologie der Architektur" [1886]. In: Jörg H. Gleiter und Thomas Friedrich (Hrsg.): *Einfühlung und phänomenologische Reduktion. Grundlagentexte zu Architektur, Design und Kunst*. Münster: LIT Verlag, S. 71–105.

Anmerkungen

1 Wölfflin 2007 [1886], S. 73.

2 „An index stands for its object by virtue of a real connection with it, or because it forces the mind to attend to that object.", in: Peirce 1998 [1893–1913], S. 14.

3 Vitruv 1796 [um 30 v. u. Z.], S. 164.

4 Rösch 1802, S. 64.

5 Winckelmann 1964 [1762], S. 61.

6 Ebd.

7 Mies van der Rohe 1986 [1927], S. 323.

8 Frampton 1993, S. 2.

9 Ebd.

10 Goethe 1982 [1795], S. 36.

11 Ebd.

12 Loos 1962 [1908], S. 277.

13 Häuser waren für Loos Gebrauchsgegenstände. In seinem Aufsatz „Architektur" schreibt er: „Die Architektur gehört nicht unter die Künste. Nur ein ganz kleiner Teil der Architektur gehört der Kunst an: das Grabmal und das Denkmal. Alles, was einem Zweck dient, ist aus dem Reiche der Kunst auszuschließen!", a. a. O., S. 315.

Szenische Architektur

Roland Günter

> „Man sollte denken, die Baukunst arbeite allein für's Auge: allein sie arbeitet für einen Sinn der menschlichen Bewegung, der unter keinen anderen gebracht werden kann."
> *Johann Wolfgang von Goethe*

Gewöhnlich gehen wir davon aus, dass eine Menge von publizierten Texten und Fotografien sich mit der inneren Wahrheit der dargestellten Sache beschäftigt haben und wir ihrem Urteil trauen können. Dies mag die Absicht der Produzenten sein – aber ist das Vorhaben gelungen? Die Tatsache, dass Bauten im Foto wirklich vermittelt werden, muss man mit Fragezeichen versehen. Bauten sind dreidimensional – das Darstellungsmedium Fotografie kann zwar ein wenig davon auch in seiner Zweidimensionalität wiedergeben, und damit den Umständen und Möglichkeiten nach zufriedenstellend sein, aber die Dreidimensionalität des Objektes kommt dabei zu kurz – mit allem, was darin ausgedrückt wird. Oder: Es bildet sich eine Vorliebe, die ein altes gängiges Vorurteil festlegt, dass es nur um das Zweidimensionale geht. Damit macht es dies zu einem eigenen Wert. Zwar gibt es seit langer Zeit auch dreidimensionale Darstellungsmöglichkeiten, aber sie sind selbst mit den inzwischen vorhandenen digitalen Techniken meist unpraktisch und werden daher nur selten genutzt. Dies führte zu folgenreichen Verhaltensweisen. In den meisten Köpfen setzte sich die Verkürzung auf Zweidimensionalität naiv fest – als Normalität. Tatsächlich ist sie eine erheblich eingeschränkte Weise des Wahrnehmens, Verarbeitens und Beurteilens, die oft Wesentliches nicht erkennen kann.

Dies hat erheblichen Einfluss auf die Gestalten von Bauten. Und auf die Wahrnehmung. Sie folgt den Impulsen des Gelernten und folglich dem weithin Verbreiteten. Darin gibt es nur in Ausnahmen ein Interesse und einen Blick für Szenisches, das essenziell dreidimensional ist. Es dominiert die Vereinfachung in die Fläche, wie sie in Abbildungen verbreitet ist. In ihr geht es im Wesentlichen um Statisches. Dessen ästhetische Möglichkeiten sind zwar oft gut entwickelt, zum Beispiel als Faszination von Ritualisierungen, aber dabei bleibt es – auch in Bereichen, wo es mehr Anforderungen geben müsste oder könnte, etwa in der Stadtplanung und auch in einzelnen Bauten, zum Beispiel im Pavillon von Ludwig Mies van der Rohe (1886–1969) für die *Weltausstellung* 1929 in Barcelona, einem Meisterwerk räumlich-szenischer Architektur. Am ehesten ausgespielt ist Dreidimensionales seit jeher in der Landschaftsgestaltung. Prozessuales bleibt oft auf der Strecke. Vom genannten Werk von Mies kann man mit *einem* Foto nur so viel wiedergeben wie von einem Film mit einem Standbild. Man dürfte sich in solchen Fällen nicht auf ein Einzelbild beschränken. Meine Untersuchungen ergaben weiterhin, dass Bauten meist erheblich intensivere Wirkungen auf Menschen haben und nachhaltiger im Gedächtnis wirken, wenn sie mehr sind als eine komponierte Bild-Fläche: wenn es um eine Szenerie geht – und diese ist eigentlich immer dreidimensional – mehr oder weniger.

Darstellungsweisen prägen die Verhaltensweisen der Menschen in der Gesellschaft. In den Darstellungen von Räumen zeigen die Autoren vom fünfzehnten bis tief ins neunzehnte Jahrhundert meist Menschen. Komplexe Darstellungen bietet uns Georgius Agricola (1494–1555) in seinen Holzschnitten zum Bergbau (1556). Die Maler Giovanni Antonio Canal, genannt Canaletto (1697–1768), und Bernardo Belotto (1722–1780) zeigen in ihren Stadtansichten ein szenenreiches Leben. Für Goethe war diese öffentliche Lebhaftigkeit der erste faszinierende Eindruck auf seiner *Italienischen Reise* (1786). Ähnlich: die Fotos von Jacob Olie (1834–1905) in Amsterdam. In solchen Darstellungen wird die Beziehung von Menschen zu ihrer sinnlich erfassbaren Umgebung deutlich. Allerlei unterschiedliche Verhaltensweisen lassen sich beobachten, genießen, studieren. Es entsteht menschliche Betroffenheit zwischen Betrachter und Bild. Im neunzehnten Jahrhundert entwickelt sich ein völlig anderes Konzept. Heinrich Klotz (1935–1999) nennt es das „Reinlichkeitsideal der Wissenschaften“. Leere Räume. Raum ohne Menschen. Reine Architektur. Als Abstractum. Absurd: Fotos der *Spanischen Treppe* in Rom ohne Menschen. Tatsächlich gehört ihre Szenerie zu den belebtesten Orten in Europa.

Sichtbar wird der Verlust der menschlichen Bezüge. Solche Räume produzieren Emotionslosigkeit. Praxis und Wissenschaften haben Traditionen gebildet, die dann zur Orthodoxie wurden. Es ist schwer, davon wieder herunterzukommen, einen frischen Blick zu gewinnen. Wissenschaften haben – in cartesianischer Tradition – die Komplexität ihrer Objekte und folglich auch von Räumen weitgehend reduziert. Dies hatte Auswirkungen auf das Planen und Gestalten. Die Darstellungen zur Ruhr-Siedlung Eisenheim haben in den 1970er-Jahren die uralten Fäden wieder aufgenommen: mit Fotografien, die Bezüge haben – zu Menschen und zu Milieus.[1]

Mit einer Szenerie ist fast jeder Beobachter oder Benutzer mehr beschäftigt als mit einem Bild oder einer Fassade. Sie beschäftigt ihn praktisch – mit mehreren Sinnen. Allerdings ist ein Bild oft eher begrifflich beschreibbar. In einem Zeitalter, in dem Wissenschaft sich gern und oft mit Zwängen im cartesianischen Sinn einengt auf Eindeutigkeit, ist der Griff zum bequemen Nächstliegenden eher verbreitet als die Neigung, sich mit Komplexität und Ambivalenzen zu beschäftigen. So überwiegt meist das Statische gegenüber dem Prozesshaften. Resümiert bedeutet dies: Das Medium Fotografie beherrscht in erheblichem Umfang die Wahrnehmungsweise. Dadurch kommt oft die Wirklichkeit zu kurz. Kritische Reflexionsfähigkeit wird nur selten gelehrt und diskutiert. Man greift nach dem Einfachen, das sich zudem verbal- und bild-rhetorisch effizienter in Auftragssituationen zum Verkauf eignet. Selten ist der zukunftsweisende Gedanke, dass man durch differenzierte und andere Denkweisen weite Bereiche der Baugeschichte anders verfassen müsste oder zumindest erweitern sollte. Aber Wissenschaft darf sich nicht bestimmen lassen von eingefahrenen Geleisen, von Bequemlichkeit und von der Zustimmung von Kollegen. Im Wesenskern verlangt Wissenschaft danach, selbst zu denken und auch radikal zu sein, wenn es der Sachverhalt nahe legt. Kurz: Die Bau- und Kunstgeschichte sowie die Denkmalpflege thematisieren in ihren Publikationen noch kaum das Szenische – sowohl in der Gestaltung von Räumen wie als Umfeld.

Nichts im normalen Leben ist völlig flach und eben. Was immer als Fläche erscheint, ist eine künstlich gestaltete Form. Alle sichtbare Geometrie ist eine Erfindung. Dies spielte für die Architektur insgesamt und besonders für das

Bauen im zwanzigsten Jahrhundert eine bestimmende Rolle. Ihm liegt im Prinzip die Vorstellung einer Künstlichkeit zugrunde. Die Künstlichkeit hat seit jeher viele Gestalter beschäftigt. Sie waren fasziniert von idealtypischen Figuren. In der vorindustriellen Welt war dies die seltene Ausnahme. Man konnte sich durch Künstlichkeit abheben. Künstliches erhielt viel Aufmerksamkeit. Und sein Besitz verschaffte Status. Die menschliche Wahrnehmung wurde davon beeinflusst. Fast alle Architekturfotografien, die die Wahrnehmung im zwanzigsten Jahrhundert weitgehend vorformten, haben, ohne sich dessen klar zu werden, von ihren Objekten und Räumen die hineingelegte Vorstellung oder sogar die explizite Idee, mehr oder weniger abstrakte Formen darzustellen. Auch wenn dies selten puristisch möglich ist, wird die Idee spürbar und oft sehr deutlich. Die Konzeption der *Abstrakten Kunst* hat dies besonders gefördert. Dies hängt zusammen mit der Entwicklung der Technik. Aus diesem industriegeschichtlichen Prozess entstanden im neunzehnten Jahrhundert heftige wechselseitige Impulse. Der wichtigste Pionier dafür war Peter Behrens (1868–1940). Man kann den Eindruck haben, dass diese Künstlichkeit alle industriellen Produktionen durchsetzt. Nach einem Jahrhundert Industrieepoche erscheint dies heute als Normalität.

Die Arbeit, aus dem unregelmäßigen Zustand der Dinge zu einem Idealzustand der Glätte zu gelangen, begann schon vor langer Zeit. Diese Tätigkeit versuchte unter anderem, den Erdboden im Haus und später auch in der Umgebung durch Pflasterung und Asphaltierung eben zu machen. Denn dies erscheint funktional bequem und ästhetisch elegant. Hinzu kam als Verstärkung, dass die Glätte in der Industrieepoche Voraussetzung für viele technische Vorgänge war. Vor allem hat der Wunsch, viele Abläufe immer schneller zu machen, dies gefördert.

Doch ganz so weit, dass alles glatt gemacht werden kann, kam es nicht, und kann es wohl nicht kommen. Denn weil von Natur aus, also anthropologisch, nichts glatt ist, ist und bleibt diese Welt doch weitgehend uneben. Unebenheit eröffnet für Gestalter auch viele Möglichkeiten. Ich möchte mich hier mit diesem Bereich beschäftigen, weil er nach wie vor zu den Fundamenten des Gestaltens gehört und auch in Zukunft faszinierende Potenziale besitzt. Es gibt nämlich nicht nur Künstlichkeit, sondern auch darunter, dazwischen und daneben das, was wir mit dem Stichwort Anthropologie des Menschen andeuten können. Die Anthropologie des normalen Lebens ist geprägt von der Unregelmäßigkeit des Aussehens von Menschen, Tieren und Pflanzen – ja der ganzen Landschaft. Kein Mensch sieht wie der andere aus. Charakteristiken sind meist individuelle Ausprägungen. Ohne sie könnten wir kaum etwas unterscheiden. Die Bedeutung der Anthropologie wurde in der Industrieepoche aus den oben genannten Gründen lange Zeit dermaßen unterschätzt, dass es kaum mehr einen Gedanken daran gab. Aber: Die anthropologische Dimension ist fast nie konsequent ausschaltbar. Sie kann häufig sogar bewusst gesucht werden – als künstlerisches Mittel und vor allem in künstlerischen Fantasien. Die Unregelmäßigkeit beginnt beim Menschen – und dies sehr deutlich. Der Mensch ist, wie sehr er sich auch anstrengt darüber hinwegzukommen, fundamental auch ein animalisches Wesen. Wolfgang Schivelbusch hat einen wichtigen Aspekt dessen untersucht: die Weisen der Bewegung. Er stellt die animalische und die mechanische Bewegung einander gegenüber. „Das Tier bewegt sich nicht gleichmäßig und kontinuierlich vorwärts, sondern auf unregelmäßig humpelnde Weise. Wobei sich der Körper bei jeder wechselseitigen Bewegung der Glieder anhebt und zurückfällt. [...] Auch wenn wir selber gehen oder laufen, bewegen wir uns nicht regelmäßig vorwärts. Jeder Schritt hebt unseren Körper an und läßt ihn zurückfallen. [...] eine Maschine kennt derartige Beschränkungen nicht; die Lokomotive fährt gleichmäßig schnell auf den Schienen. [...] Bewegung zu Lande folgt den natürlichen Unebenheiten der Landschaft und ist eingebunden in die physische Leistungsfähigkeit des Zugtieres."[2] Die Ambition der Industrialisierung zielt auf die Beseitigung von Störfaktoren. Dabei wird ein erheblicher Teil der sinnlichen Faktoren ausgeschaltet. Die organische Natur aber spricht alle Sinne an. So sehr die Industrialisierung sich bemüht, es bleibt meist ein Rest an Sinnlichkeit. Lediglich die Digitalisierung kann dies noch weiter beseitigen. Selbst in der größten Anstrengung, die zu möglichst purer Abstraktion gelangen möchte, bleibt immer eine Paradoxie erkennbar: Abstraktes existiert stets in Bezug zum Konkreten. Dadurch wird es überhaupt bemerkbar. Dies liegt fundamental daran, dass der Mensch, wenn er wahrnimmt, seine organische Natur nie vollständig ablegen kann.

Bauten von Hans Scharoun (1893–1972), zum Beispiel die *Scharounschule Marl* (1960), galten lange Zeit als exotisch. Es schien schwierig zu sein, sie zu verstehen. Ich denke, man kann sie erst in Kenntnis der anthropologischen Dimension begreifen. Ihre Wände sind oft nicht lotrecht, die Fußböden nicht eben und die Decken scheinen sich zum Emporfliegen bereit zu machen. Dadurch empfinden wir Räume als wankelnd. Sie wirken, als ob sie aus Wolken von sanfter Atemluft aufgeblasen wären. Normal ist, dass jeder Mensch auf Schritt und Tritt wankelnd steht und sich wankelnd bewegt. Er muss einen Gleichgewichtssinn entwickeln, um aufrecht stehen zu können. Dies heißt: Er muss balancieren. Der Gleichgewichtssinn befähigt ihn, sich in unterschiedlichen Räumen und zwischen vielen Dingen zum Beispiel zwischen Möbeln gefahrlos bewegen zu können. Mühsam hat der Mensch diese Balance gelernt, und er muss immer wieder sich der Mühe unterziehen, sie zu trainieren, vom Aufstehen bis zum Zu-Bett-Gehen. Vor allem in fortgeschrittenen Jahrzehnten. Dies aktiviert den Menschen. In Räumen von Scharoun bewegen sich Menschen anders als in straffen Geometrien, die disziplinieren und ihn in der einen oder anderen Weise beherrschen und ihn beherrscht leiten wollen. Die wolkenhaften Atemräume besitzen keine solche Bestimmtheit, vielmehr geben sie ein Gefühl von Freiheit, sie lassen eher eine selbstbestimmte Bewegungsweise des Menschen zu. Dies war von Scharoun – in der Zeit nach dem NS-Regime, als das gesellschaftliche Leben sich auf neue Grundlagen stellen und an anderen Zielen orientieren sollte – durchaus politisch gemeint. In diesen Räumen kann man seinen natürlichen, kamelhaften Gang, den wir anthropologisch besitzen, realisieren. Und dem Gefühl des Atems folgen. Räume in einer solchen Weise zu gestalten, erforderte Mut, vor allem im Bereich der Architektur, in dem seit langer Zeit erhebliche orthodoxe Festlegungen dominierten. Zudem ist dieser Bereich hochgradig den Anforderungen bequemer Vermarktung unterworfen. So blieben in einem riesigen Terrain die Abweichenden die Außenseiter: Hans Scharoun und sein Freund Hugo Häring (1882–1958, *Gut Garkau* 1923) sowie einige weitere Autoren, unter anderem Gestalter mit anthroposophischen Impulsen wie Rudolf Steiner (1861–1925, *Goetheanum Dornach* 1913). Aber sie gehören keineswegs in eine Außenseiter-Kategorie. Es mag paradox erscheinen – sie arbeiteten im Kern dessen, was das Bauen bewegen müsste: nämlich nicht nur in minimalistischer Technokratie, als Schutz vor dem Wetter und als Komfort, sondern sie wollten weit darüber hinaus intensive Bezüge zur Menschlichkeit gestalten und erlebbar machen. Ich nenne sie daher Avantgarde: Es sind die Vorausgehenden – die Pioniere zu sozialkulturellen Reformen. Von ihnen gehen weitreichende Innovationen aus. Die anthropologische Dimension ist sowohl von Kunsthistorikern wie von Architekten und weiteren Planern im zwanzigsten Jahrhundert bagatellisiert worden. Ihre Sicht ist nicht etwa antiquiert, wie es manche Leute annehmen, die sich im Computer eingegraben haben, sondern sie wird mit dem menschlichen Leben aufgrund von dessen unaufgebbaren Strukturen auch in aller Zukunft elementar bleiben.

Zu diesem Thema noch einige skizzenhafte Hinweise. In der Anthropologie geht es um grundsätzliche Befindlichkeiten von Menschen. Ein Beispiel: Kein Mensch ist mit der Künstlichkeit eines Fliegers auf die Welt gekommen – er wird erst mit einem langen Training zu einem Flieger. Zur Anthropologie gehört eine Reihe von Stichworten: Körperlichkeit, Fantasie, Traum, Landschaft, Szenerie, Sinne. Darin gibt es vieles, was intensiv körperlich und sinnlich erfahrbar ist – mit beiden Beinen, mit Mühe und mit Lust. Und es gibt Gedanken, die oft im Zusammenhang mit solchen Erfahrungen assoziiert werden – also vieles in der Fantasie. Man hat davon gesprochen, dass es „vor dem [inneren] geistigen Auge“ entsteht, manche Leute sagen auch „virtuell“ dazu. Es sind unterschiedliche Worte für ungefähr dasselbe.

Das wohl Bedeutendste an Szenerie ist die Inszenierung einer Treppe in Rom: 20 Meter Höhe, 54 Meter Breite und ein Weg von 80 Meter Länge – dies alles auf Stufen, Podesten, kleinen Plätzen – eine umfangreiche Bühne. Auf der *Spanischen Treppe* führen viele einzelne Szenen in die Höhe – oder herab. Die Struktur ist platzartig. Selbst die Stufen: Jede ist so breit, dass mehrere Leute darauf ihren mediterranen Mittagsschlaf halten können. In seiner Ausdehnung ist das Bauwerk eine szenische Landschaft. Ich kenne keinen Ort, der mehr und unterschiedlichere Aufenthaltsqualitäten besitzt. Oft halten sich Menschen hier viele Stunden auf. Obwohl die Treppe beim ersten Anschauen einen schnellen und bequemen Weg von unten auf die Höhe des Hügels verspricht, dominiert der Aufenthalt. Ein Paradox der Baukunst. Dies diente in vielerlei Weise dem ganzen Stadtviertel – ja der Stadt. Der Architekt Francesco de Sanctis (1693–1740) schuf eine szenische Anlage (1721–1726), die bewusst öffentlich sein sollte – und tatsächlich ein Höchstmaß an Öffentlichkeit zustande bringt. Die Anziehungskraft erfolgt sowohl durch Statik, das heißt durch breite Stufen und zwischengeschaltete Plattformen, wie durch den Gegensatz zur Statik, durch Bewegung. Es gibt unterschiedliche Abläufe, aus denen man wählen kann und die nahelegen, ja verlocken, sie nacheinander auszuprobieren. Dies hält die Menschen vom bloßen Durchgehen ab (wie nebenan auf einer weiteren Treppe von einem anderen Entwerfer) und führt fast immer zu der einen oder anderen Beschäftigung, die sie auf der Treppe festhält. Es arbeitet gegen die Ursprungsintention, ein Durchgang zu sein. Der Gegensatz erzeugt Spannung. Jeder Benutzer wird interessant beschäftigt: Es gibt viele Richtungen und Richtungswechsel – man steht vor einer Wahl: dorthin oder dorthin? Spannende Ambivalenzen. Mehrere Dramaturgien der szenischen Folgen. Diese Gestaltung lenkt und prägt Verhalten – man kann Veränderungsprozesse beobachten. Oben beginnen Menschen ungelenk und kommen nach wenigen Schritten in fließende Bewegungen und Rhythmen – wie durch Musik, die dem Tänzer den Auftritt und die Choreografie nahelegt. Treppe als Bühne. Mit einer Weise der Aneignung, die beste städtische Tradition weiterführt, sich mit höfischer Parkbildung anreicherte und dies mit einer spielerischen Mentalität durchsetzte. Nicht für gemessen schreitende Honoratioren, sondern für jedermann, auch für Straßenjungen, gratis. Diese Bühne ist bewusst völlig in die Verfügung der Bevölkerung gegeben. Ein vielfältiger Handlungsraum. Jeder kann selbst zum Akteur werden. Sehen und gesehen werden, die Treppe als Interaktionsfeld. Ein Höchstmaß an wechselseitiger Erlebbarkeit. Der Einzelne erfährt sich als Individuum und zugleich als Anteil am Ganzen. Anregung war eine Anlage der Arbeitswelt: der *Porto di Ripetta*. Beim Entladen der kleinen Flussschiffe transportierten die Träger über Treppen ihre Lasten zum hoch liegenden Kamm des Ufers, über viele Podeste für Pausen in der schweren Arbeit. Leider ist diese Gestaltung nicht erhalten, aber durch eine Abbildung gut überliefert. Zur *Spanischen Treppe* gibt es eine Forschung, die ihrer Vielschichtigkeit auf den Grund geht. Die daraus entstandene Publikation machte unter anderem eine seltene

Untersuchung: Sie beschreibt wie die Treppe von den Leuten rezipiert, das heißt verarbeitet wurde.[3] Dieses Buch hatte eine Wirkung, von der Autoren nur träumen können: Der Architekt Niklaus Fritschi (Düsseldorf) gestaltete mit diesen Impulsen – nach eigener Aussage – das Rhein-Ufer der Stadt Düsseldorf als eine lange, umfangreiche, vielgestaltige Szenerie.[4] Ebenso nahm der Architekt Peter Busmann (Köln) das Buch als Anregung zu seinem Entwurf für den Abhang zwischen Dom und Rhein-Ufer in Köln. Diese Szenerien kann man auch heute lesen als Herausforderung zur Weiterentwicklung des Szenischen. Roland Günter und Janne Günter arbeiten an einem Buch mit dem Titel *Szenische Architektur*. Es stellt eine Vielzahl von Elementen vor und lässt sich so auch zum Entwerfen nutzen. Viele Beispiele stammen aus Städten wie Amsterdam, Anghiari und Berlin sowie Siedlungen in der Region Ruhr.

Der Mensch ist ein immens komplexes Wesen. Dies wird am deutlichsten und am besten aufgenommen und gestaltet in Englischen Gärten. Die Landschaft, die im achtzehnten Jahrhundert als Landschaftspark oder als Englischer Garten entstand, erfuhr 1779–1785 eine großartige Theorie von Christian Cay Lorenz Hirschfeld, publiziert in seinem fünfbändigen Buch *Theorie der Gartenkunst*.[5] Hirschfeld skizziert die Wirkungen ihrer Elemente und Zusammenstellungen, das heißt ihrer Kompositionen auf den Menschen: Es ist eine komplexe Psychologie. Die Szenerie besitzt eine spannungsreiche Inszenierung des Wechsels von Kunstvollem und ausdrücklich dargestelltem Natürlichen mit vielem Crescendo und Decrescendo. Und von unterschiedlichen äußeren Stimmungen, die man entstehen lassen kann und die dann innere Stimmungen hervorbringen, durch unterschiedliche Arten von Bäumen, Kompositionen, farbigen Erscheinungen.

Schon früh entsteht der Gedanke, Gärten und Parks szenisch zu entwickeln und, in einer zweiten Schicht, mit skulptierten Figuren zu besetzen, die explizite Bedeutungen haben und als ein Geflecht, das heißt als eine Ikonologie, Weltanschauungen verbreiten. In Italien, Frankreich, Deutschland. Die Auftraggeber entwickelten darin ein Programm ihrer Repräsentation. Es lag nahe, dies zur Steigerung der Wirkungen mit dem Blick zum Theater zu tun. Dadurch wurden viele Szenerien immer mehr Theater. In Dessau realisierten Fürst Franz von Anhalt (Regierungszeit 1758–1812) und der Architekt

Friedrich Wilhelm von Erdmannsdorf (1736–1800) die Gestaltung und Theorie eines kompletten und außerordentlich aufgeklärt entwickelten Staates: das „Gartenreich“ mit dem *Wörlitzer Landschafts-Park*.[6] Friedrich Ludwig von Sckells (1750–1823) Denkschrift über den *Englischen Garten in München* vom 6. März 1807 beschreibt den Weg der Gedanken eines berühmten Planers. Auszüge: Es soll „der eingeschlossene traurige Hofgarten geöffnet, und der außen gelegene Königliche große Garten der Natur hereingezogen“ werden. Dies soll in einer zweiten Ebene intensiviert werden, „wo sich Griechische Tempel, Monumente, Monumente im höheren Stil der Baukunst zeigen sollten“. – „Dann aber kann ein großes Bild sich vor dem Königlichen Palaste aufstellen, es kann in der Gegend im Vordergrund eine starke Anhöhe zeigen, [...] und den lieblichen Abhang bilden. Auf dieser Höhe würde sich ein Griechischer Tempel, der alten Tugend geweiht, erheben, den die schönsten Bäume überschatten und tausende der mannbaren Jugend beleben würden, während der majestätische Wald Hirschanger mit seinen Auen und Bächen die reizende Ferne schließen dürfte.“ – Es geht darum, Wirkungen „entdecken [zu] lassen, die Verwunderung erregen. Im letzteren Fall wird die schöne Erfindung des Hains angewendet, welche die Grenzen der Phantasie überlässt, sie nach Gefallen zu bestimmen“.[7]

In manchen Industriebauten, bei denen man extreme Rationalität annehmen muss, kommt es – ungewollt, aber tatsächlich – durch die Komplexität der Konstruktionen, Objekte und Leitungen zu einer Relativierung der eigentlich gemeinten Abstraktion: Ein Hochofen-Werk wie im *Landschaftspark Duisburg Nord* hat – obwohl es völlig funktional konstruiert ist – auch den Charakter eines Labyrinths. Es ist eine Landschaft von tausend technischen Dingen – Stäben, Gerüsten, Szenen in vielen Ebenen. Von solcher Szenerie lebt auch der *Gasometer Oberhausen* (1928, heute eine riesige Ausstellungshalle) und die *Zeche Zollverein* in Essen (1928, heute teilweise Museum). Es war nicht beabsichtigt, aber die Gebäude besitzen eine theaterhafte Struktur. Dies wurde in den 1970er-Jahren entdeckt und formuliert – in Wert gesetzt. Dies trug zur Attraktivität bei und half, diese komplexen Gebilde als Baudenkmäler zu erhalten. In Kupferstichen formulierte Giovanni Battista Piranesi (1720–1778), der dem Theater verbunden war, seine Raumfantasien – „Carceri“

genannt (1745–1750) – Erfahrungen von Träumen und Albträumen. Darin wird viel Elementares herausgefordert: Oben und Unten, Kreuz und Quer. Perspektive wird angesetzt, Räume als Folgen, und harsch abgebrochen. Viele Industrieräume lassen sich ähnlich erfahren. Solche Beispiele und Überlegungen halfen der Industriekultur seit den 1970er-Jahren in der gesellschaftlichen Öffentlichkeit, der dieser Bereich bis dahin völlig fremd erschien, sich praktisch und theoretisch zu legitimieren. Sie trugen vor allem in der Diskussion zur Erhaltung beziehungsweise Denkmalpflege entscheidend bei zum Überleben und zur kulturellen Nutzung.

Bibliografie

Fachhochschule Bielefeld. Projektgruppe Eisenheim (1972): *Rettet Eisenheim. Eisenheim 1844–1972 – Gegen die Zerstörung der ältesten Arbeitersiedlung des Ruhrgebietes*. 2. Auflage. Berlin: Verlag für das Studium der Arbeiterbewegung.

Günter, Roland, Wessel Reinink und Janne Günter (1978): *Rom – Spanische Treppe. Architektur – Erfahrungen – Lebensformen*. Hamburg: VSA Verlag.

Günter, Roland (1981): „Architekturfotografie in gesellschaftlichem Zusammenhang". In: *Marburger Jahrbuch für Kunstwissenschaft. Zur Integration und Desintegration von Menschen in Fotografien von architektonischen Räumen*. Band 20. Marburg: Verlag des Kunstgeschichtlichen Seminars der Philipps-Universität Marburg, S. 123–137.

–, (1985a): *Fotografie als Waffe. Zur Geschichte und Ästhetik der Sozialfotografie*. Reinbek: Rowohlt Verlag.

–, (1985b): „Architektur als Bühne". In: Eduard Führ (Hrsg.): *Worin noch niemand war: Heimat. Eine Auseinandersetzung mit einem strapazierten Begriff. Historisch – philosophisch – architektonisch*. Wiesbaden und Berlin: Bauverlag, S. 75–83.

–, (1998a): „Deutscher Städtebau-Preis 1998. Düsseldorfs Rhein-Ufer". In: *Basler Magazin*. 43. Jahrgang 43. Jahrgang, Nummer 7, S. 12–13.

–, (1998b): *Hexenkessel. Ein Reisebuch zu Sachsen-Anhalt*. Halle: Mitteldeutscher Verlag.

Hallbaum, Jakob (1927): *Der Landschaftsgarten, seine Entstehung und seine Einführung in Deutschland durch Friedrich Ludwig von Sckell. 1750–1823*. München: Hugo Schmidt Verlag.

Hirschfeld, Christian Cay Lorenz (1779–1785): *Theorie der Gartenkunst*. Fünf Bände. Leipzig: M. G. Weidmanns Erben und Reich.

Klotz, Heinrich (1971): „Über das Abbilden von Bauwerken". In: *Architectura*. 1. Jahrgang, Nummer 1, S. 11–14.

Rose, Hans (1931): *Eine unveröffentlichte Denkschrift Friedrich Ludwig von Sckells über den Englischen Garten in München*. München: Callwey Verlag.

Schivelbusch, Wolfgang (2000): *Geschichte der Eisenbahnreise. Zur Industrialisierung von Raum und Zeit im 19. Jahrhundert* [1977]. Frankfurt am Main: S. Fischer Verlag.

Anmerkungen

1 Vgl. Fachhochschule Bielefeld. Projektgruppe Eisenheim 1972.
2 Schivelbusch 2000 [1977], S. 14–15.
3 Vgl. Günter, Reinink und Günter 1978.
4 Vgl. Günter 1998a.
5 Vgl. Hirschfeld 1779–1785.
6 Vgl. Günter 1998b.
7 Rose 1931.

Die Form der Stadt. Ein methodischer Vorschlag

Vittorio Magnago Lampugnani

Das Werden einer Stadt ist von zahlreichen Determinanten abhängig: von der Topografie, der Bodenbeschaffenheit, den Baumaterialien, den Bautechniken, dem Klima, der Hygiene, der Demografie, dem Baurecht, den ökonomischen Verhältnissen und Mechanismen und nicht zuletzt von der Kultur des Ortes als Komplex von Traditionen, historischen Überlieferungen und Lebensgewohnheiten. Diese Voraussetzungen müssen untersucht werden, wenn man verstehen will, warum eine Stadt ihre spezifische physische Ausprägung erhalten hat und keine andere. Denn eine Stadt wächst nicht, sie wird von Menschen gemacht. Und das, was die Menschen mit einer Stadt tun, ist nie zufällig, sondern hat immer Gründe – so merkwürdig und irrational sie manchmal anmuten mögen.

Beginnen wir bei der Topografie. Der Ort, an dem eine Stadt entsteht, ist nie beliebig und nie indifferent. Städte wurden oft an Flüssen gegründet, wo sie eine Furt überwachten und wirtschaftlich oder militärisch nutzten; so unter vielen Rom, Wien oder Paris. Sie wurden an der Meeresküste angelegt, dort, wo sich diese als Hafen eignete, wie etwa Neapel, Marseille oder Hamburg. Sie wurden aus Anhöhen errichtet, um sich besser verteidigen und das Umland beherrschen zu können: Beispielhaft dafür sind Bern, Carcassonne, Perugia oder Noto. (Abb. 1) Und sie wurden in den Ebenen gebaut, an bedeutenden Verkehrsknoten oder mitten in Agrargebieten, so wie Mailand. Das hat zu besonderen, jeweils der topografischen Situation angepassten Stadtformen geführt, wobei die flachen und weiten Terrains abstrakte geometrische Anlagen gestattet und angeregt haben.

Die Bodenbeschaffenheit hat ebenfalls Einfluss auf die Form der Stadt. Venedig etwa, auf sumpfigen Inseln in einer Lagune gebaut, ist extrem verdichtet, um den kostbaren Boden möglichst gut auszunutzen, wobei die Häuser konstruktive Besonderheiten aufweisen, die dem Nachgeben des Grundes sowie der Beanspruchung durch das Salzwasser Rechnung tragen. Berlin, auf

Abb. 1: Paul Hofer, Rekonstruktionsversuch von Burg und Siedlung Nydegg vor Erbauung der Stadt

lockerem märkischen Sand errichtet, weist historisch nahezu ausnahmslos eine moderate Bauhöhe auf und breitet sich stark in der Fläche aus. In Manhattan stehen immer dort, wo der Granitgrund knapp unter der Sandoberfläche liegt – in Downtown und Midtown –, die Hochhäuser, die seine *Skyline* berühmt gemacht haben: weil sie dort einfacher und wirtschaftlicher zu gründen sind. Dazwischen, in Greenwich Village oder Soho, aber auch Uptown, setzt sich die geometrische urbane Struktur fast durchgängig aus eher niedrigen Bauten zusammen, die keine aufwendigen Fundamente benötigen. Einen extremen Sonderfall stellen die Städte dar, die sich auf erdbebengefährdetem Boden befinden. So wurde das Zentrum von Lissabon 1755 durch ein berüchtigtes Beben und eine sofort darauf ausgebrochene Feuersbrunst zerstört, nach einem neuen, orthogonal ausgerichteten Plan wiederaufgebaut, für den die Militäringenieure Eugénio dos Santos Carvalho und Carlos Mardel verantwortlich zeichneten. Die rechtwinkligen Grundstücke sollten den Bau möglichst widerstandsfähiger Häuser ermöglichen, die überdies mit einem eigens entwickelten Holzgerüst versehen wurden, das im Katastrophenfall eine zusätzliche Sicherheit vor dem Einsturz gewährleisten sollte. Auffälliges Kennzeichen Tokios ist eine Bebauungsstruktur, bei der sich die einzelnen, dicht aneinandergedrängten Häuser nicht berühren, sondern stets frei stehen, um einen minimalen, baupolizeilich festgesetzten Sicherheitsabstand zu wahren.

Auch die Materialien, die in der Umgebung einer Stadt verfügbar sind, haben wesentliche Auswirkungen auf ihre Bebauung. Santiago de Compostela ist eine Granitstadt, weil eben dieser Granit in den Bergen Galiziens in großen Mengen gebrochen wird. So gut wie ganz Bath besteht aus Sandstein, weil er in Steinbrüchen gewonnen wird, die sich nur wenige Meilen vom Stadtgebiet entfernt befinden. Ferrara ist eine Backsteinstadt, weil in ihrer unmittelbaren Nachbarschaft kein Stein verfügbar ist, der sich als Baumaterial eignen würde; stattdessen aber Lehm, der sich zu Ziegelsteinen brennen lässt. Gleiches gilt für Lübeck oder Siena.
Zusammen mit dem Material bestimmt auch die Bautechnik die Form der Stadt. Der Holzfachwerkbau hat vom Mittelalter bis in die Spätrenaissance das Erscheinungsbild ganzer Städte geprägt, vor allem in Mitteleuropa, aber auch in England: zum Beispiel Würzburg oder Lavenham. Der Wiederaufbau des Stadtzentrums von Catania nach dem verheerenden Erdbeben von 1693 erfolgte, wie übrigens derjenige Lissabons, nicht zuletzt deswegen auf einem vergleichsweise elementaren geometrischen Raster und mit weitgehend uniformer Bebauung, weil dadurch möglichst viele Bauteile standardisiert und mithin rationell produziert werden konnten; überdies erleichterte der rechte Winkel statisch biegesteife Verbindungen zwischen zwei Wänden. Ohne die Verfeinerung der Stahlbautechnik, vor allem aber ohne die Erfindung des Sicherheitsaufzugs, den Elisha Graves Otis 1853 anlässlich einer geschickt inszenierten öffentlichen Aktion im *New York Crystal Palace* präsentierte, hätten sich Chicago und New York in der Folgezeit nicht in die Hochhausstädte verwandelt, die bald auch in Europa zum Leitbild avantgardistischer Stadtplanung geraten sollten. Die lineare Anordnung etlicher Siedlungen des *Neuen Bauens*, etwa derjenigen, die Walter Gropius zwischen 1926 und 1928 in Törten bei Dessau realisierte, lässt sich auf die, praktischerweise gerade gelegte, Kranbahn zurückführen, welche die Montage der teilweise industriell vorgefertigten, großen und entsprechend schweren Bauteile erforderte.
Dann das Klima: Südländische Städte wirken dicht und geschlossen, mit engen Gassen, die kühl und schattig sind, und introvertierten Häusern, die sich vor dem blendenden Licht und der Sommerhitze schützen. Im Norden hin-

gegen öffnen sich Straßen, Plätze und Häuser, um über das ganze Jahr hinweg selbst noch den letzten Sonnenstrahl einzufangen. Dabei werden auch spezifische stadtarchitektonische Strategien entwickelt: In Bologna etwa, wo es im Sommer sehr heiß sein kann und im Winter viel regnet, gibt es nahezu 38 Kilometer Arkaden, unter denen man geschützt durch die Stadt laufen kann. Und in Houston, Texas, wo die Sommertemperaturen extrem sind, und dies bei entsprechend hoher Luftfeuchtigkeit, hat man seit 1947 ein ganz und gar privates, insgesamt etwa fünf Kilometer langes unterirdisches Passagensystem angelegt, das eine ähnliche Funktion erfüllt wie die Arkaden: Es erlaubt den Bürgern, trotz des widrigen Klimas die verschiedenen Orte der Stadt über gekühlte und im Winter geheizte Raumsequenzen zu Fuß zu erreichen. In Montreal erstreckt sich ein ähnliches Verbindungsnetz über zehn Kilometer; in Calgary, Alberta, existiert ein noch weitläufigeres Fußgängerverkehrssystem als klimatisierter *Skywalk* auf zwei Ebenen oberhalb des Stadtbodens.

Eng mit der Determinante des Klimas verbunden ist die der Hygiene. Bereits Vitruv empfahl eindringlich, Städte nur in gesunden Gegenden anzulegen, und zwar so, dass durch die Ausrichtung der Straßen die Winde, „die weh tun, wenn sie kalt sind, kränkeln lassen, wenn sie warm sind, und der Gesundheit schaden, wenn sie feucht sind", von den Hauskanten gebrochen werden[1] – Mahnungen, die in zahlreichen römischen Stadtgründungen beherzigt wurden. 1661 prangerte John Evelyn in seinem Traktat *Fumifugium* die „Inconvenience of the Aer and Smoak of London" an und schlug entsprechende „Remedies" vor[2]: Umsiedlung emissionsstarker Gewerbebetriebe in den Ostteil der Stadt, Begradigung der Straßen, Anlage von Friedhöfen *extra muros* und Pflanzung von süßriechenden Bäumen in den Vorstädten. Dabei betrachtete der englische Architekt und Stadtconnaisseur den Wind nicht als Bedrohung, wie es noch der römische Architekturtheoretiker getan hatte, sondern als Verbündeten im Kampf gegen Luftverschmutzung und Krankheit. Einen Höhepunkt erreichte diese Vorstellung im neunzehnten Jahrhundert mit der Theorie der *Miasmen*, jener stagnierenden und übelriechenden Luftschwaden, die für die Übertragung so gut wie sämtlicher Krankheiten, vor allem aber der Cholera, verantwortlich gemacht wurden. Generationen von

Stadtplanern und Stadthygienikern waren damals damit beschäftigt, der Tränkung des Bodens mit Fäulnis vorzubeugen, das Aufsteigen von Giftdämpfen aus dem Boden zu verhindern und überhaupt sämtliche Reservate des Gestanks hermetisch abzuriegeln. So wurde in Paris, aber mitnichten ausschließlich dort, alter Mörtel entfernt und erneuert, Wände wurden abgeschabt, vermeintlich faulende Steine herausgestemmt sowie Straßen und Plätze möglichst flächendeckend gepflastert, um sie zu versiegeln und abwaschbar zu machen. Sogar ganz und gar neue Straßen wurden durch das bestehende Stadtgefüge gebrochen, um es zu belüften, auszutrocknen und zu „sanieren", sprich: von seinen Krankheiten zu heilen. Selbst Camillo Sitte, dem es primär um künstlerische Grundsätze des Städtebaus ging, postulierte 1909 „Großstadtgrün" im urbanen Gefüge.[3] Diese hygienische Besorgnis mündete in den Ruf nach Licht, Luft und Sonne, den sich fast die gesamte städtebauliche Moderne des zwanzigsten Jahrhunderts zu eigen machen sollte. Zentrale Bedeutung für die Form der Stadt kommt deren Demografie zu. Es ist etwas anderes, ob eine Stadt ein paar Tausend oder ein paar Millionen Menschen Platz zu bieten hat, und es geht dabei keineswegs nur um Größe: Die Komplexität der Probleme, mit denen sie sich auseinanderzusetzen hat, nimmt exponentiell zu. Auch die Bevölkerungsschwankungen im Leben einer Stadt beeinflussen ihre Planungsstrategien und ihre Gestalt. So Rom, das um 700 vor Christus als Ansammlung von Hirtendörfern begann, um 300 nach Christus Millionenstadt war, mit der Verlegung bedeutender Hauptstadtfunktionen nach Konstantinopel auf weniger als die Hälfte schrumpfte, bis es um das Jahr 500 nur mehr 100000 Bürger hatte, deren Zahl nach dem *Sacco di Roma* 1527 von 60000 auf 20000 sank, um sich danach stetig zu erholen. Oder Florenz, wo vor den verheerenden Seuchen des vierzehnten Jahrhunderts um die 100000 Menschen lebten, dessen Einwohnerschaft 1349 auf 32000 dezimiert war, sich 1373 schon wieder auf 60000 und 1520 auf 70000 belief. Das Bild der Städte änderte sich entsprechend. Besonders einschneidend wirkte die Kombination von Bevölkerungswachstum und Verstädterung im Zusammenhang mit der industriellen Revolution: Wenn die Zahl der in London lebenden Menschen von bereits einer Million Ende des achtzehnten Jahrhunderts auf über zweieinhalb Millionen im Jahr 1850 hochschnellte,

Abb. 2: Francesco di Lorenzo Roselli, Folter des Savanorola, um 1498

warf das für die Organisation der Stadt und ihrer Infrastruktur neue und zunächst unlösbar erscheinende Probleme auf. Es war vor dem Hintergrund dieses enormen Auswucherns und dessen dramatischer Folgen, dass Ebenezer Howard um die Wende vom neunzehnten zum zwanzigsten Jahrhundert sein Konzept der *Gartenstadt* entwickelte: eine Alternative zur anscheinend unkontrollierbar gewordenen Metropole, deren Hauptvorzug gerade in ihrer menschenfreundlichen Überschaubarkeit lag.

Zu alledem kommen die baurechtlichen Vorschriften. Verbindlich festgelegte Baufluchtlinien bestimmen von jeher die Anlage der Gründungsstädte, seien diese ägyptisch, griechisch, phönizisch oder römisch. Die stadträumliche und architektonische Harmonie mittelalterlicher Städte wie Florenz, Siena oder Arezzo ist nicht das Ergebnis glücklicher Fügungen und auch nicht die Summe des guten Geschmacks ihrer Fürsten, Stadtherren oder Architekten, sondern in erster Linie die Folge detaillierter Verordnungen, die jeder genau einzuhalten hatte (Abb. 2). Für Paris galten, wie auch für sämtliche größere französische Städte, seit dem *Ancien Régime* Baugesetze, die eine Regularisierung und Homogenisierung der Straßen- und Platzräume zum Ziel hatten.

Und das „Steinere Berlin“, das Werner Hegemann in seinem furiosesten Buch attackiert[4], die enggedrängte Mietskasernenstadt, die Ende des neunzehnten Jahrhunderts auf dem Grundlinienplan von James Hobrecht entstand, resultiert aus der Bauspekulation der Gründerjahre, aber auch aus der übermäßig permissiven „Bau-Polizei-Ordnung für Berlin und den weiteren Polizei-Bezirk“ von 1853 und ihrer unzulänglichen Revision von 1887.
Damit eng verknüpft und nicht minder bestimmend sind die ökonomischen Prämissen und Mechanismen, die der Stadtentwicklung zugrunde liegen. Die *domus* und die *insulae* im antiken Rom folgen sowohl typologisch als auch in ihrer Verteilung auf dem Stadtareal den Eigentums- und Einkommensverhältnissen. Die überwiegend kleinteilige Parzellierung der meisten alten europäischen Städte, darunter Florenz und Amsterdam, führte zu einer ebenso kleinteiligen Straßenbebauung mit Reihen- oder Etagenwohnhäusern. Im Gegensatz dazu wurde das, zunächst nur auf den Katasterplänen existierende, Linienmuster der ausgedehnten aristokratischen oder institutionellen Grundbesitztümer in den Londoner Erweiterungsgebieten durch die gleichermaßen großflächigen Square-Wohnbebauungen im späten achtzehnten und frühen neunzehnten Jahrhundert stadtarchitektonisch sichtbar gemacht. Auch der Plan, den John Nash 1812 bis 1814 für *The Regent's Park* entwarf, folgt exakt den unregelmäßigen Grenzen der königlichen Liegenschaft, die der Prinzregent zu spekulativen Zwecken bebaute und verpachtete.
Ebenso können Infrastrukturen zu städtischen Generatoren werden. Entlang wichtiger Straßen sind nicht nur Straßendörfer, sondern auch Straßenstädte entstanden. Die römischen Kolonien hingen wie Perlen an der Kette der großen Überlandstraßen des Imperiums. Edinburgh entwickelte sich entlang der *Royal Mile*, der eindrucksvollen geradlinigen Sequenz von Castle Hill, Lawn Market, High Street und Canongate, die das räumliche und funktionale Rückgrat der mittelalterlichen Bausubstanz bildet. Las Vegas, ursprünglich Zwischenstation des Wagentrecks und der Eisenbahnlinie zwischen Kalifornien und New Mexico, ist mit seinem *Strip* ein spektakuläres Beispiel für eine moderne Straßenstadt. (Abb. 3) Mit der *Ciudad Lineal*, die Arturo Soria y Mata 1882 konzipierte und 1890 bei Madrid zu bauen begann, unternahm er den Versuch, das Prinzip der linearen Stadt, deren Hausparzellen entlang

Abb. 3: Robert Venturi und Denise Scott Brown, *The Strip,* 1972

einer zentralen Straße mit Pferdebahn und der gesamten technischen Infrastruktur aneinandergereiht sind, eine universale Besiedlungsstrategie zu etablieren.

Auch Eisenbahnknotenpunkte beschränken sich nicht darauf, Städte zu erschließen, sondern bestimmen auch ihre Entwicklung und ihre Form: so in Chicago, Berlin und Bologna. Euralille, 1988 bis 1995 nach dem Masterplan von Rem Koolhaas mit dem *Office for Metropolitan Architecture* errichtet, ist eine radikale zeitgenössische Bahnhofsstadt. Überdies mutieren zunehmend die großen internationalen Flughäfen zu neuartigen Städten neben den Städten: vom Rhein-Main-Flughafen in Frankfurt am Main über Zürich-Kloten bis Schiphol bei Amsterdam.

Schließlich beeinflusst und formt die Kultur des Ortes die Stadt: als Komplex von Ideen, Träumen, Gewohnheiten und Traditionen, die den Entwurf der Stadt prägen und das Leben der Bewohner bestimmen. Sie sind zunächst von anderen und pragmatischen Determinanten abhängig, etwa von den Bautechniken oder vom Klima, verselbstständigen sich jedoch im Lauf der Geschichte. In der Tat kommen zu den eben aufgezählten Determinanten weitere hinzu. Sie gehören der Kultur im engeren Sinn an und sind für das Werden einer

Stadt mindestens genauso bedeutsam wie die materiellen Einflüsse, die auf sie wirken. Einer dieser ebenso subtilen wie unnachgiebigen Einflüsse ist die Philosophie. Die egalitäre Vision des Menschen und der Gesellschaft, die Protagoras entwickelt hatte und Platons *Politeia* beeinflussen sollte, fand im regelmäßigen Stadtgrundriss von Thurioi bei Sybaris einen unmittelbaren Niederschlag: Auf Betreiben von Perikles um 443 vor Christus neugegründet, erhielt die Kolonie eine demokratische Verfassung, die der sophistische Philosoph selbst schrieb, und wurde nach einem Plan von Hippodamus von Milet angelegt. Die erregende Ideenwelt von Friedrich Nietzsche, der in *Menschliches, Allzumenschliches*[5] eine „Oligarchie des Geistes" postuliert und in *Also sprach Zarathustra*[6] eine neue Weltgestaltung beschworen hatte, inspirierte bis in ästhetische Details hinein die expressionistischen Stadtvisionen von Wenzel August Hablik und die Kristall-Landschaften von Bruno Taut.

Auch die Religion drückt Städten ihren Stempel auf. In Utrecht wurden Anfang des elften Jahrhunderts unter Bischof Bernold um den Dom vier weitere Kirchen zu einer Kreuzform angeordnet und den Heiligen Johannes, Peter, Paul und Maria geweiht. Damit wurde der Stadt eine religiöse Topografie auferlegt, die auf das *Himmlische Jerusalem* verwies und der eine schützende Wirkung unterstellt wurde. In Rom hatte die urbane Neugestaltung, die Domenico Fontana zwischen 1585 und 1590 im Auftrag von Papst Sixtus V. realisierte, vornehmlich die Aufgabe, „jenen den Weg [zu] erleichtern, die, durch Gläubigkeit oder Gelübde bewogen, die heiligsten Plätze der Stadt Rom wiederholt besuchen, im besonderen die sieben Kirchen, die für ihre grossen Ablässe und Reliquien so berühmt sind", was tatsächlich durch „höchst geräumige, gerade Strassen" geschah.[7] Damit wurde die gesamte *urbs* in ein christliches Heiligtum umgedeutet. Scherpenheuvel, eine kleine Idealstadt in Belgien, wurde von Erzherzog Albrecht VII., Sohn Maximilians II. und Neffe Philipps II., nach seinem militärischen Erfolg und der Kapitulation Ostendes 1605 aufgrund eines Gelöbnis als *Marienstadt* angelegt: als Siebeneck in Erinnerung an die sieben Freuden und Schmerzen der Gottesmutter, mit einem Stern, einem *Turris Davidica* und einem *Hortus conclusus*.

Gleichermaßen ist die Ideologie eine stadtprägende Größe. Schon Thukydides berichtet mit Billigung, sogar mit Lob, von antiken Städten, die mit Bauten

und Monumenten derart ausgeschmückt wurden, dass sie weit mächtiger schienen, als sie in Wirklichkeit waren. Der Ausbau der Festung Sabbioneta zur idealen Residenzstadt, den der Feldherr Vespasiano Gonzaga von 1554 an betrieb, sollte die kleine Ansiedlung in der Nähe von Mantua in ein „neues Rom" verwandeln, was am eindrucksvollsten die illusionistischen Wandmalereien im Theater von Vincenzo Scamozzi suggerieren, die einen Blick auf das Kapitol und auf die Engelsburg freizugeben scheinen. Das absolut gleichmäßige, wenngleich in sich subtil differenzierte quadratische Raster mit diagonal abgeschnittenen Ecken, den der progressistische Ingenieur Ildefons Cerdà i Sunyer 1859 dem radial aufgebauten Plan seines Kontrahenten, Antoni Rovira i Trias, als Erweiterungskonzept für Barcelona entgegenstellte, war in erster Linie ein Instrument und eine Metapher für die Verwandlung der katalanischen Hauptstadt in eine egalitäre Stadt für eine egalitäre Gesellschaft. Die acht opulenten Hochhäuser, die im Moskau der Stalin-Ära um den zentralen Höhepunkt des gigantischen und nie verwirklichten Sowjetpalastes von Boris Iofan an städtebaulich besonders empfindlichen Stellen geplant und mit einer Ausnahme auch realisiert wurden, sollten nicht nur eine neue, zutiefst „russische" Silhouette bilden, sondern auch und vor allem den Triumph des Sozialismus mit eindringlicher und von weither sichtbarer Gestik verkünden.
Oft sind städtebauliche Projekte politische Projekte. Die Pläne der griechischen Kolonialstädte, die vom siebten Jahrhundert vor Christus an im Mittelmeerraum zuerst als Streifenstädte und später nach dem ambitionierteren, Hippodamus von Milet zugeschriebenen Rastersystem angelegt wurden, spiegeln das politische Programm der „Isonomia" wider, der Gleichstellung aller Siedler, die gleiche Grundstücke, gleiche Häuser und sogar gleiche Gräber erhalten sollen (Abb. 4). Schloss, Park und Stadt von Versailles verbinden sich zu einer grandiosen Inszenierung des absolutistischen Herrschaftssystems, das Ludwig XIV. als *Roi Soleil* kongenial verkörperte und dessen Ritual sich in den Alleen, Parterres und Bosketten von André Le Nôtre, vor den Fassaden von Louis Le Vau und Jules Hardouin-Mansart sowie in den von Charles Le Brun prunkvoll dekorierten Raumfluchten geradezu idealtypisch abzeichnete.

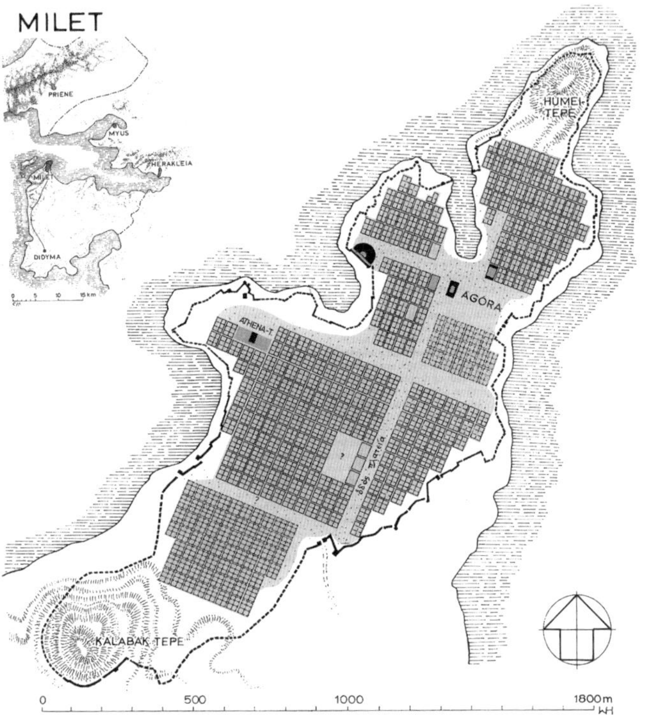

Abb. 4: Milet, Rekonstruktionsversuch des Stadtzentrums der Neustadt von 478 vor Christus

Die *grands travaux,* die Georges-Eugène Haussmann zwischen 1853 und 1868 in Paris durchführte, sollten in erster Linie das Regime des *Seconde Empire* stützen: als Bauspekulation im großen Stil, die das Besitzbürgertum für sich einnehmen wollte, als Arbeitsbeschaffungsmaßnahme, die zumindest einen Teil des Proletariats zu beschwichtigen versuchte, und als Konstruktion eines städtischen militärischen Dispositivs, das dank breiter und gerader Straßen die rasche Bewegung der kaiserlichen Truppen von einem Arrondissement ins andere sowie den Einsatz der Artillerie im Barrikadenkampf ermöglichte. Auch Ebenezer Howards Gartenstadt war ein Instrument, das mit seiner neuartigen extensiven Besiedlungsstrategie und seiner Bestimmung, zu einem sozialen Ort zu werden, einer umfassenden politischen Reform dienen sollte.

Schließlich wirken Einflüsse aus der Literatur, der Malerei und dem Film auf die Stadt, auf ihre Architekturen und ihre Parkanlagen. Der *Sacro Bosco*, den der kultivierte Aristokrat Vicino Orsini zwischen 1547 und 1580 in Bomarzo, unweit von Rom, gestalten ließ, ist eine nahezu originalgetreue Materialisierung der Traumreise, die Francesco Colonna ein halbes Jahrhundert zuvor in seinem vielbeachteten Buch *Hypnerotomachia Polyphili*[8] geschildert hatte. Edward Bellamys unerhört erfolgreicher utopischer Roman *Looking Backward. 2000–1887*[9] von 1888 beeinflusste mit seiner Vision großartig angelegter amerikanischer Städte, in denen sich ein neuer Gemeinsinn architektonisch manifestierte, unmittelbar die City-Beautiful-Bewegung, die von der *White City* für die *World's Columbian Exposition* von 1893 in Chicago ihren Ausgang nehmen sollte. Tony Garniers *Cité* industrielle (1899–1917) ist nichts anderes als die stadtarchitektonische Umsetzung und Ausarbeitung von *La Crécherie*, jener Idealstadt der befreiten Arbeit, die Émile Zola, Garniers Lieblingsschriftsteller und sozialistischer Weggenosse, im Roman *Travail*[10] (1901) beschwor.

Motive aus Gemälden von Nicolas Poussin oder Claude Lorrain wurden immer wieder in den englischen Landschaftsgärten des achtzehnten Jahrhunderts zitiert und sogar nachgestellt, besonders spektakulär auf dem Anwesen Henry Hoares des Jüngeren, in Stourhead, das Lorrains *Aeneas in Delos* von 1672 nahezu *à la lettre* reproduziert. Kasimir Malewitschs suprematistischen Bilder und Skulpturen nehmen von 1914 an Kompositions- und Gestaltungselemente des sowjetischen konstruktivistischen Städtebaus vorweg. Die Themen der *Pittura metafisica* von Giorgio de Chirico und Carlo Carrà finden sich über ein Jahrzehnt später in der abstrakt historisierenden Stadtarchitektur des *Novecento italiano* um Giovanni Muzio und Giò Ponti sowie in der ambitionierten *città di fondazione* des italienischen Faschismus wieder, am elegantesten neuinterpretiert in Guidonia und Sabaudia, beide bei Rom.

Filme wie *Aelita* von Jakow Protasanow (1924) oder *Metropolis* von Fritz Lang (1927) antizipieren Stadtkompositionen, die später tatsächlich entworfen und realisiert werden sollten (Abb. 5). Jacques Tatis *Playtime* von 1967 ist nicht nur eine ebenso heitere wie erbarmungslose Kritik der modernistischen Stadt der europäischen Nachkriegszeit, sondern gerät auch zum unfreiwilligen

Abb. 5: Fritz Lang, *Metropolis,* Filmausschnitt, 1926

Vorbild ihrer Weiterentwicklung zur grenzenlos austauschbaren Kulisse aus Metall und Glas. Dass Tati flexiblerer Szenenkompositionen wegen seine eigens für den Film gebauten Bürotürme auf Rollen montieren ließ, um sie beliebig hin und her schieben zu können, gehört gleichermaßen zu den Ironien des Zufalls wie die Tatsache, dass die skurrile „Tativille“ am Rand von Paris unmittelbar nach den Dreharbeiten abgebrochen wurde, um einem riesigen Verkehrskreisel Platz zu machen. Ridley Scotts *Blade Runner* beschwört 1982 eine düstere Stadt des postmodernen Zeitalters, deren ambivalente Bilder allzu rasch von der Großstadtwirklichkeit des ausgehenden zwanzigsten Jahrhunderts eingeholt wurden.

Um die bauliche Geschichte einer Stadt zu verstehen, müssen folglich neben der des Städtebaus zahlreiche weitere Disziplinen herangezogen werden. Vereinfacht ausgedrückt: Eine Geschichte der Architektur der Stadt ist nicht zu trennen von der Geschichte der Gesellschaft, ihres ideologischen Überbaus, ihrer Machtverhältnisse, ihrer ökonomischen Gesetze, ihrer Nutzungsstrukturen, ihrer Produktionstechniken und ihrer Kultur. Diese Disziplinen müssen freilich nur insoweit konsultiert werden, als sie dazu dienen, die Form der Stadt zu erklären. Und dürfen nicht als einseitige oder gar ausschließliche Erklärungsdispositive fungieren, sondern müssen mit anderen Determinanten zu vielschichtigen Deutungsmustern zusammengefügt werden. Die Stadt ist ein komplexes Gebilde und als solches nicht auf wenige Faktoren reduzierbar. Keinesfalls darf man dem einfältigen Determinismus verfallen, der aus bestimmten Voraussetzungen zwingend bestimmte Formen ableitet. Gerade in einem vielfach verwickelten Bereich wie dem Städtebau trifft dies nicht zu. So ist es beispielsweise ein Irrtum zu glauben, der Gestalt einer Stadt und der Ordnung, der in ihr ansässigen Gesellschaft, eignete grundsätzlich eine vergleichbare Struktur: Denn die frühen demokratischen Gemeinschaften des perikleischen Zeitalters, die altrömischen Militärbesatzungen, die mittelalterlichen Ständegemeinden, die Fürstenuntertanen der Renaissance und des Barock, die Kolonisten Nordamerikas und die bürgerlichen Gesellschaften des neunzehnten und zwanzigsten Jahrhunderts haben sich alle immer wieder ungeachtet ihrer politischen und sozialen Unterschiede in Rasterstädten niedergelassen, die einander zum Verwechseln ähnlich sind.

Wenn in diesem Sinn Städtebau keine souveräne Kunst ist – oder, wie teilweise von der Mitte des neunzehnten Jahrhunderts an behauptet wird, keine souveräne Wissenschaft –, so ist er ebenso wenig das unmittelbare, lineare Produkt gesellschaftlicher Situationen und Entwicklungen, von diesen wie von Prägestempeln geformt. Er ist eine durchaus eigenständige, klar abgrenzbare Disziplin, für die das Wort gilt, das der Schriftsteller Primo Levi auf die Literatur bezog: metaphysischer Spiegel der Wirklichkeit. Auch Städtebau ist ein autonomes, von der unmittelbaren Sklaverei des Faktischen befreites Ausdrucksmittel, zugleich ein Reservoir menschlichen Wissens und Lebens. Er folgt eigenen Gesetzen, wird jedoch von dem, was um ihn herum geschieht, immer wieder und nicht selten entscheidend beeinflusst. Diese Dialektik, genauer: diese Balance gilt es, in einer städtebaugeschichtlichen Forschung aufzuspüren.

Das ist nicht anspruchslos. Denn die Bedingungen, welche die Stadt in ihrem Werden prägen und ihre Form bestimmen oder mitbestimmen, tun es auf eigenwillige und auch wechselhafte Weise. Einmal ist es ein philosophisches oder religiöses Prinzip, das eine Stadtform hervorbringt. Ein andermal sind es die gesellschaftlichen Verhältnisse, die eine grundlegende Erneuerung des urbanen Gefüges forcieren. Die Eigentumsverhältnisse, die Mechanismen der wirtschaftlichen Verwertung der Grundstücke sowie die juristischen

Instrumente, die diese Verwertung regeln, können genauso zu einer besonderen *forma urbis* führen, wie die Voraussetzungen für ihre technische Produktion. Nicht zuletzt ist die Stadt die Materialisierung einer intellektuellen, literarischen oder künstlerischen Vision. Fast immer aber wirken alle Bedingungen auf einmal – freilich mit unterschiedlichem Gewicht und unterschiedlicher Transparenz. Hinzu kommt, dass solcherlei Beeinflussungen meist auf gewundenen und nicht selten auf unerwarteten Wegen erfolgen, eher auf gegenseitigem teilweisen Missverständnis, wenn nicht gar auf ausgesprochenem Unverständnis, als auf wirklicher Erkenntnis beruhen und so gut wie nie unmittelbar, durchschaubar und logisch sind. Inmitten eines feinverzweigten Labyrinths von Ereignissen und Ideen schafft sich der Städtebau seine vielen eigenen Episoden – Episoden, deren Erzählstränge manchmal nebeneinander her führen, manchmal auseinandergehen, einander überlagern oder entgegenlaufen.

Emblematisch für die Gleichzeitigkeit der Absichten und Einwirkungen ist der Fall Rom unter Sixtus V. Das bereits erwähnte religiöse Programm genoss mitten in der Konsolidierungsphase der Gegenreformation unbedingten Vorrang. Kaum minder ausschlaggebend waren jedoch die politischen Ambitionen, die der energische Emporkömmling Felice Peretti für die Hauptstadt seines weltlichen Machtzentrums verfolgte. Sie gingen mit sozialen und ökonomischen Strategien einher: Die Bürger Roms sollten dank der Neuordnungsmaßnahmen, mit denen zugleich ein umfangreiches Arbeitsbeschaffungsprogramm in Gang gesetzt wurde, zu besseren Wohnungen, frischem Trinkwasser, angemessenen Infrastrukturen und leidlichem Wohlstand kommen; und die darbende Wirtschaft der Stadt und des gesamten Kirchenstaates sollte angekurbelt werden. Was für juristische Mittel dafür erforderlich waren, offenbart die eindrucksvolle Sequenz von Bullen, die das päpstliche Amt in stadtplanerischen Belangen ausgab; was für technische Mittel, das kühne Unternehmen, mit dem der vatikanische Obelisk mitten auf dem Petersplatz aufgestellt und die ganze Welt in Erstaunen versetzt wurde. Schließlich verwirklichten sich in den „höchst geräumigen, geraden Straßen“ die räumlichen und ästhetischen Vorstellungen, die Maler und Szenografen seit der Frührenaissance entwickelt und zur Darstellung gebracht hatten.

Bibliografien

Bellamy, Edward (1888): *Looking Backward. 2000–1887.* Boston: Ticknor and Company.

Colonna, Francesco (1976): *Hypnerotomachia Polyphili* [1499]. Nachdruck. New York u. a.: Garland.

Evelyn, John (1661): *Fumifugium; or, The Inconvenience of the Aer and Smoak of London Dissipated. Together with Some Remedies Humbly Proposed by J. E. Esq. to His Sacred Majestie, and to the Parliament Now Assembled.* London: Printed by W. Godbid for Gabriel Bedel and Thomas Collins.

Fontana, Domenico (1979): *Della trasportazione dell'obelisco Vaticano e delle fabriche di nostro Signore Papa Sisto V.* [1590]. Mailand: Edizioni Il Polifilo.

Hegemann, Werner (1930): *Das steinerne Berlin. Geschichte der größten Mietskasernenstadt der Welt.* Braunschweig: Vieweg Verlag.

Nietzsche, Friedrich (1980a): „Menschliches, Allzumenschliches I und II [1878]". In: *Friedrich Nietzsche. Kritische Studienausgabe in 15 Bänden.* Band 2. Herausgegeben von Giorgio Colli und Mazzino Montinari. München, Berlin und New York: Deutscher Taschenbuch Verlag.

–, (1980b): „Also sprach Zarathustra I bis IV [1883–1885]". In: *Friedrich Nietzsche. Kritische Studienausgabe in 15 Bänden.* Band 4. Herausgegeben von Giorgio Colli und Mazzino Montinari. München, Berlin und New York: Deutscher Taschenbuch Verlag.

Sitte, Camillo (1909): *Der Städtebau nach seinen künstlerischen Grundsätzen. Vermehrt um „Großstadtgrün".* Vierte Auflage. Wien: Graeser Verlag.

Vitruvius Pollio, Marcus (1991): *Zehn Bücher über Architektur* [um 30 vor Christus]. Übersetzt von Curt Fensterbusch. 5. Auflage. Darmstadt: Wissenschaftliche Buchgesellschaft.

Zola, Émile (1901): *Travail.* Paris: E. Fasquelle.

Anmerkungen

1 „Qui [venti] frigidi sunt, laedunt; si calidi, vitiant; si umidi, nocent." Vitruv 1991 [um 30 vor Christus], S. 58. „Quas ob res convertendae sunt ab regionibus ventorum directiones vicorum, uti advenientes ad angulos insularum frangantur repulsique dissipentur." A. a. O., S. 64.

2 Evelyn 1661.

3 Sitte 1909, S. 187–211.

4 Hegemann 1930.

5 Nietzsche 1980a [1878].

6 Derselbe 1980b [1883–1885].

7 „[...] facilitar la strada a quelli, che mossi da devotione, o da voti sogliono visitare spesso i più santi luoghi della Città di Roma, & in particolare le sette Chiese tanto celebrate per le grandi indulgentie, e reliquie, che vi sono; ha in molti luoghi aperte molte strade amplissime, e drittissime [...]." Fontana 1979 [1590], Fol. 101 recto.

8 Colonna 1976 [1499].

9 Bellamy 1888.

10 Zola 1901.

Ein halbes Jahrhundert Nachdenken über Städtebau – wie weiter?

Thomas Sieverts

Vor rund 50 Jahren habe ich meine erste Arbeit veröffentlicht: eine Studie zu Stadtvorstellungen von Schulkindern im Berliner Arbeiterstadtteil Wedding, der damals noch ziemlich kriegszerstört und weitgehend von der „Mauer“ umschlossen war.[1] Diese Studie war angeregt von Kevin Lynchs *The Image of the City*, die 1960 in den Vereinigten Staaten von Amerika und 1964 in Deutschland erschienen war.[2] Seit dieser Zeit habe ich immer wieder neben der praktischen Berufsarbeit und fast immer im Zusammenhang mit der Lehre aus Neugier und Vergnügen über Städtebau nachgedacht und publiziert, ohne mir darüber Rechenschaft abzulegen, was ich da eigentlich mache. Im perspektivisch verkürzenden, reflektierenden Rückblick erscheint diese Nachdenkarbeit vielleicht als eine bestimmte Art des Theoretisierens, nicht im strengen Sinne der Arbeit an einem in sich schlüssigen Gedankengebäude, sondern im Sinn von Versuchen, eine systematische Antwort auf Fragen zu finden, wie ich sie, auch aus Freude am Widerspruch, in meinen kritischen Auseinandersetzungen mit dem üblichen Umgang mit der Stadt und ihrer Entwicklung aufdeckte.

Ziele des Nachdenkens über Städtebau

In der Zeit des Wirtschaftswunders der 1950er- und frühen 1960er-Jahre war der Städtebau als Disziplin ziemlich erstarrt. Er war verengt auf funktionale, technische und ökonomische Aspekte und intellektuell wenig anspruchsvoll. Erst im Verlauf der 1960er-Jahre kam Bewegung in diese Erstarrung. Es wurde begonnen, die Stadt in einem erweiterten sozialen und wirtschaftlichen Zusammenhang zu sehen, und es entstand allmählich eine ausdifferenzierte sozialwissenschaftlich orientierte Urbanistik. Das erwähnte Buch von

Lynch gehörte zu dem Aufbruch zu einer erweiterten Sicht auf die Stadt und machte Mut zu neuen Fragen und der Beschäftigung mit neuen Entwicklungsperspektiven. In meinem Nachdenken und Schreiben ging es mir damals schon, und geht es mir heute immer noch, um drei Hauptthemen.

Erstens: Aufdecken von Realitäten

Es geht um die Kritik und die kritische Erweiterung der herrschenden Denk-Konventionen. In der eingangs erwähnten Studie zu den Stadtvorstellungen beispielsweise wurden die konventionellen Ordnungs-, Kompositions- und Erschließungsregeln am Orientierungsverhalten von Kindern und Heranwachsenden reflektiert. In einer weiteren Studie wurde ein Teil des Zentrums von Westberlin als Zeichenfeld mithilfe semiotischer Theorien analysiert,[3] mit dem Ergebnis, dass Werbung und Verkehrszeichen die Anmutungsqualität der Innenstadt viel stärker prägen als Architektur. Andere Studien haben sich mit der Ästhetik des Selberbauens beschäftigt und dabei die Gleichrangigkeit von Funktion und Selbstrepräsentation herausgearbeitet und damit auch den Wert des Selbstausdrucks für die Menschenwürde herausgestellt.[4] Eine spätere Studie hat die Auffassung thematisiert, dass Stadt ihrem Wesen nach naturfeindlich, ja, dass das Bauen per se umweltzerstörend sei.[5] Eine Studie der stadtökologischen Befunde zeigt das Gegenteil: Die Stadt ist viel artenreicher als die Landschaft der umgebenden industrialisierten Landwirtschaft.[6] Im Nachdenken über Städtebau geht es also immer wieder darum, Realitäten aufzudecken, Konventionen zu hinterfragen und Ideologien zu erkennen.

Zweitens: Klärung der Entwicklungschancen

Es geht aber auch um eine Kritik der herrschenden Praxis und der sie bestimmenden Muster und Vorurteile. In meinem Buch *Zwischenstadt, zwischen Ort und Welt, Raum und Zeit, Stadt und Land*[7] und in den Veröffentlichungen des Forschungsprojekts *Mitten am Rand*[8] wurden zum Beispiel typische besiedelte Teile der Peripherie großer Städte daraufhin untersucht, ob die durchgehende Qualitätslosigkeit, die diesen suburbanen Gebieten in der veröffentlichten Meinung allgemein zugeschrieben wird, einer Überprüfung standhält. Ein Ergebnis war, dass diese Gebiete, in denen mehr als die Hälfte der Stadtbewohner leben und arbeiten, viel differenzierter betrachtet und beurteilt werden sollten. Ein weiteres Beispiel: Die Untersuchung von älteren Gewerbegebieten ergab, dass sich diese im Laufe der Zeit von reinen Produktionsstandorten zu differenziert gemischten Dienstleistungsstandorten mit erheblichen Wohnanteilen verändert haben. Gesetzliche Bestimmungen ebenso wie alte Vorurteile verhindern allerdings, dass sie in vorhandene gemischte Stadtgefüge integriert werden können. Aus diesen Beispielen kann man lernen, dass die herrschende Auffassung häufig auf Vorurteilen beruht, die den Blick auf die Realität verstellen. Im Nachdenken über Städtebau geht es demnach auch darum, verborgene Entwicklungschancen aufzuzeigen.

Drittens: Öffnen der Entwicklungswege auf das Neue

Ferner geht es um eine Form des Nachdenkens, das Vorurteile offen legt, diese aber nicht nur negativ kritisiert, sondern in und durch Kritik neue, positive und kreative Perspektiven eröffnet, die anregen, diese Praxis zu verändern und neue Wege zu gehen. Dazu ist es hilfreich, die Erkenntnisse auf den Punkt zu bringen und in einem neuen Bild zu fokussieren. So ist es beispielsweise möglich, den überraschenden Artenreichtum der Stadtlandschaft und ihre unerwarteten ökologischen Qualitäten als eine Entwicklungsperspektive für die Stadt als „Oase" und als „Arche Noah" weiterzuentwickeln, die vielleicht Lust macht auf eine noch artenreichere und Leben förderndere Stadt. In diesem Sinne habe ich mit dem mehrdimensionalen und vieldeutigen Begriff „Zwischenstadt" versucht, einen diffusen Tatbestand auf einen Punkt zu bringen, auf ein Bild zu fokussieren, das die Vorstellungskraft anregen soll, sich eine neue Form von Stadtlandschaft vorzustellen und zu entwerfen. Es geht im Nachdenken über Städtebau also auch darum, neue, unerwartete Entwicklungsperspektiven mithilfe von anschaulichen und ungewohnten Begriffen und Bildern zu veranschaulichen, um eine Diskussion anzustoßen, die im besten Fall zum Ziel hat, die Praxis zu verändern.

Ein solcher Denkansatz versteht sich in seinem intellektuellen Spiel als Kind seiner Zeit, das auf aktuelle Tatbestände und Vorgänge nach Antworten sucht, die nicht im Vordergründigen hängen bleiben. Ein solches Nachdenken und die Verbreitung seiner Erkenntnisse sollen aber nicht nur intellektuell befriedigen, sie wollen auch wirksam werden! Diese Wirksamkeit hat mehrere Bereiche: Erstens den Bereich der akademischen Welt, zweitens den Bereich der Ausbildung und drittens den Bereich der Praxis.

Erstens: Die akademische Welt

Betrachtet man die Wirksamkeit von Vorträgen und Veröffentlichungen im akademischen Umfeld, erscheint ein zwiespältiges Bild: Wenn man Glück hat, finden sich manche Veröffentlichungen in Zitaten bei Kollegen wieder. Die Wirksamkeit dieser Zitate muss aber mit gesundem Misstrauen betrachtet werden. Wird überhaupt noch ernsthaft gelesen? Bleiben die Zitate nur oberflächliche „akademische Dekorationen" oder gehen sie wirklich in das Denken der Kollegen und Fachleute ein? Vielfach werden nur griffige Buchtitel und Überschriften zitiert, wird nur aufgenommen, was die jeweils eigene Meinung zu bestätigen scheint. Die gründliche intellektuelle Auseinandersetzung bleibt selten. Aber es gibt natürlich immer wieder erfreuliche Ausnahmen, die den akademischen Diskurs weiterbringen.

Zweitens: Die Ausbildung

Die Ausbildung kann, wenn man Glück hat, ein verhältnismäßig dankbarer „Abnehmer" eines systematischen kritischen Denkens sein, insbesondere, wenn die Studenten im Sinne eines forschenden Lernens an diesem Nachdenken beteiligt werden. Ich habe mich – wie schon angedeutet – bemüht, das „forschende Lernen" zur Regel meiner Lehrtätigkeit zu machen. Die Zeiten, in denen ich als Hochschullehrer angefangen habe, die 1960er-Jahre, kamen einem solchen Bemühen entgegen, weil es sich – wie schon erwähnt – um eine Aufbruchszeit im Städtebau handelte, in der man mit den Studenten noch neue und grundsätzliche Forschungsfragen mit einfachen Methoden bearbeiten konnte. Unerwartet stießen die Ergebnisse in der Fachöffentlichkeit auf Interesse. Zu dieser Aufbruchszeit zählen für mich auch die Hochschulunruhen um 1968, in der ich viele Studenten offen für neue Fragestellungen erlebt habe. So sind es auch die Rückmeldungen von ehemaligen Studenten, die vielleicht auf eine gewisse anhaltende Wirksamkeit von systematischer und forschender Beschäftigung mit neuen Fragestellungen schließen lassen. Vielleicht kann man die Herausbildung einer reflektierenden Haltung den Tagesaufgaben gegenüber und eine gewisse andauernde kritische Neugier erkennen. Aber das ist – zugegebenermaßen – eine vage Wirkung, die zudem noch zu einem Gutteil dem Wunschdenken des alten Hochschullehrers entspringen mag. Vielleicht am nächsten an das, was ein solches Nachdenken im Studium leisten kann, habe ich mit der Studienarbeit *Null – Option, Stadtplanung ohne Bauen am Beispiel der Wohnsituation Frankfurts* von 1990 erlebt, in der als Modellfall durchgespielt wird, wie die Wohnungsfrage im Bestand gelöst werden könnte, ausgehend von der These, dass die gebaute Fläche insgesamt ausreichend ist, sie aber anders verteilt und bewirtschaftet werden müsste.

Drittens: Die Praxis

Die Wirkungen von Vorträgen und Veröffentlichungen auf die Praxis ist zumindest kurzfristig eher gering. Ich kenne aus eigener Erfahrung die Praxis zu gut, um mir Illusionen über die Wirksamkeit theoretischen Nachdenkens auf die Praxis machen zu dürfen. Trotzdem – wenn es auch paradox klingt – würde ich ohne die Illusion der Wirksamkeit meines Nachdenkens in der praktischen Welt womöglich kaum systematisch weiterdenken wollen. Die Hoffnung ist, dass gute Gedanken, wenn auch vielleicht auf verschlungenen Wegen, doch noch ihren Weg in die Wirklichkeit finden werden. Aber, wenn ich es noch einmal recht bedenke, auch ohne unmittelbare praktische Wirksamkeit, würde die Freude am Nachdenken über Städtebau als Denkmotivation ausreichen!

Zukünftiges Nachdenken über Städtebau

Gegenwärtig, nachdem ich seit bald 20 Jahren emeritiert bin, mache ich mir Gedanken, über welche Fragen und Themen ich heute wohl mit den Studenten nachdenken würde, wenn ich heute noch einmal als Hochschullehrer anfangen würde. Seit meiner Emeritierung, seit Beginn dieses Jahrtausends, hat sich die Welt grundlegend verändert, das brauche und kann ich hier nicht ausführen. Ein paar Stichworte müssen genügen: Die Globalisierung hat die ganze Welt miteinander vernetzt. In den nächsten Jahrzehnten, noch in diesem Jahrhundert, steht dem Globus die größte Urbanisierung bevor, die je stattgefunden hat. Die Menschheit wird noch in diesem Jahrhundert von etwa sieben auf zehn bis elf Milliarden Menschen anwachsen – danach wird diese Zahl wahrscheinlich zurückgehen. Hiervon werden mindestens 70 Prozent, eher noch mehr, in Städten leben. In absoluten Zahlen ausgedrückt ist das ein Stadtwachstum von heute dreieinhalb Milliarden auf sieben bis acht Milliarden Städter, das ist also mehr als eine Verdoppelung.[9] Diese Urbanisierung ist einer der stärksten Treiber des neuen Erdzeitalters, des Anthropozän, in dem die Menschen eine große Verantwortung für ihr weiteres Schicksal auf der Erde übernehmen müssen, damit der Globus nicht von der Urbanisierung überfordert wird.[10] Die riesige Urbanisierung muss so gestaltet werden, dass ein menschenwürdiges Leben auf dieser Erde möglich bleibt. Die Ernährung dieser gewaltig gewachsenen Menschheit wird mit ökologisch ausgerichteter Landwirtschaft allein nicht zu bewältigen sein. Ohne Gentechnik, Kunstdünger und Pestiziden, ohne Bakterien- und Aquakulturen wird es nicht gehen![11] Vor allem aber sollte die Stadt selbst einen Teil der Nahrungsmittelproduktion übernehmen können.

Neue Formen der New Frontiers

Wenn ich heute noch einmal Städtebau lehren müsste, würde ich wohl mit den Studenten über derartige Fragen nachdenken, die noch in diesem Jahrhundert, also fast noch in unserem Planungshorizont, beantwortet werden müssen, Antworten, die weit bis ins nächste Jahrhundert wirksam sein werden. Ich würde Denk- und Entwurfsaufgaben formulieren, die sich produktiv und kreativ mit ihrer Beantwortung beschäftigen. Aber welche Formen des Nachdenkens und des Projektierens wären der veränderten Form der Urbanisierung angemessen? Diese Situation ist ja nicht nur durch ihre Quantität gekennzeichnet, sondern auch durch ihre hochgradige Unbestimmtheit, nicht nur in technisch-materieller Hinsicht, sondern, mehr noch, im Hinblick auf das Verhältnis der Menschen untereinander und zur globalisierten Welt. In dieser Situation haben Prognosen nur eine sehr begrenzte räumliche und zeitliche Gültigkeit und Reichweite. In einer solchen Lage kann man sich nur mit räumlich und zeitlich begrenzten Versuchen und Experimenten behelfen, deren Auswirkungen kontrolliert und reversibel bleiben und in denen man Erfahrungen für den Umgang mit unterschiedlichen Zukünften sammeln kann. Diese Situation verlangt, in politischer Hinsicht darauf hinzuwirken, eine Gesellschaft beweglich und offen zu halten für grundlegende und friedliche Richtungsänderungen. In früheren Zeiten wurden derartige Richtungsänderungen an den *New Frontiers* gesucht, wurde Neues auf Neuland ausprobiert. Diese geografischen *New Frontiers* gibt es nicht mehr, die Welt ist ohne Rest erkundet, vermessen und erobert. *New Frontiers* müssen heute und in Zukunft im Inneren der Gesellschaft und ihres Territoriums gesucht werden. Das Abenteuer dieser Art von *New Frontiers* besteht in der Erprobung neuer Existenzweisen, die mit der Erde auf Dauer verträglich sind.[12] Eine Aufgabe der Disziplin des Städtebaus könnte zum Beispiel darin bestehen, das Zusammenspiel der sich entwickelnden neuen Existenzweisen mit einer zu verändernden Stadtstruktur zu erkunden und zu entwerfen. Das Entwickeln dieses Zusammenspiels könnte der Kern einer neuen Form der *New Frontiers* sein.

Reallabore

Eine gegenwärtig öffentlich diskutierte praktische Erprobungsbühne zeitgemäßer *New Frontiers* sind *Reallabore*, in denen unter Wirklichkeitsbedingungen neue und nachhaltige Existenzweisen erprobt werden: „Reallabore sind eine neue Form der Kooperation zwischen Wissenschaft und Zivilgesellschaft, bei der das gegenseitige Lernen in einem experimentellen Umfeld im Vordergrund steht. Der Begriff des Labors wird hier über seine klassische und natur- und ingenieurwissenschaftliche Bedeutung hinaus erweitert auf einen sozialen Kontext. Es wird erwartet, dass die über Reallabore entwickelten wissenschaftlichen Erkenntnisse leichter von Politik und Wirtschaft aufgegriffen werden und dass die Gesellschaft dadurch handlungsfähiger wird in Fragen einer nachhaltigen Entwicklung".[13]

Gegenwärtige und zukünftige Reallabore und ihre Abgrenzung zur Utopie

Im Bereich der Stadtentwicklungsplanung wurden vor wenigen Jahren, hauptsächlich in Baden-Württemberg, mehrere Reallabore eingerichtet. Bei allen begrüßenswerten Aktivitäten in dieser Richtung scheinen mir die meisten von diesen als erweiterte, wissenschaftlich begleitete und systematisch ausgewertete Formen der Bürgerbeteiligung ausgelegt zu sein. Damit greifen sie meines Erachtens zu kurz im Hinblick auf den Umgang mit den Unbestimmtheiten und Risiken des gerade begonnen Anthropozäns. Ich meine, wir sollten am Beginn des Erdzeitalters des Anthropozäns über weitergehende Versuchsfelder und Probebühnen nachdenken, um zukünftigen Bedingungen und Problemen, deren Eintreten als wahrscheinlich eingeschätzt werden muss, gedanklich und konzeptionell so gut es geht gewachsen zu sein. Es geht um Versuchsfelder, auf denen stellvertretend solche Existenzweisen systematisch erprobt werden können, die unter den Bedingungen des Anthropozäns menschen- und erdverträglich sind: Welche Bedingungen müssen für derartige Existenzweisen geschaffen und garantiert werden? Ich bin mir der Versuchungen und Gefahren bewusst, die darin liegen könnten, für solche Existenzweisen neue, umfassende Utopien etwa in der Tradition der Frühsozialisten zu entwerfen. Aber wenn man sich diese Versuchungen und Gefahren bewusst macht, kann man sie mit Skepsis und Pragmatismus wohl auch vermeiden. Vielleicht bedarf es aber an diesen *New Frontiers* auch ein wenig des utopischen Geistes?

Eine harte Bremse gegen ein zu abgelöstes, ausuferndes utopisches Denken stellen die Regeln des „stählernen Gehäuses" (Max Weber) unseres Verwaltungsstaats dar, und der Kampf um ihre notwendige Lockerung für eine begrenzte Zeit und in einem begrenzten Raum würde hart werden. Es geht um eine Lockerung oder gar Außerkraftsetzung von Regeln. Eine solche Regellockerung wäre für ein *Reallabor*, das angemessene Existenzweisen unter wissenschaftlich prognostizierten zukünftigen Bedingungen des Anthropozäns mit dem Klimawandel erproben soll, unabdingbar. Um *Reallabore* realisieren zu können, die diesen Namen verdienen, braucht es „Ausnahmeräume" und „Ausnahmezeiten". Vielleicht könnten die neuen Formen internationaler Bauausstellungen, wie die *IBA Emscher Park* und ihre Nachfolger, als Erfahrungsspeicher dienen? Trotzdem bleibt die Frage offen, ob und wie solche Lockerungen und Freiräume zur Erprobung neuer Existenzweisen in unser demokratisch-politisches System eingepasst werden könnten.

Mögliche Aufgabenfelder für Reallabore

Für welche Komplexe des Zusammenspiels von nachhaltigen Existenzweisen und von nachhaltigen Raum- und Stadtstrukturen sollten *Reallabore* eingerichtet werden? Diese Fragen könnten legitim erst nach einem gründlichen gesellschaftlichen Diskurs beantwortet werden. Ich könnte mir zum Beispiel folgende Schwerpunkte vorstellen: ein *Reallabor*, das sich im Schwerpunkt neuen Formen einer örtlichen, regionalen und internationalen Solidarität widmet wie beispielsweise die Altenpflege durch und in der Nachbarschaft, die Integration benachteiligter und behinderter Menschen und die Aufnahme von Immigranten im Zusammenhang mit der Organisation örtlicher, dezentraler Produktions- und Arbeitsprozesse. Ein *Reallabor*, das sich im Schwerpunkt mit kulturell reichen, aber materiell sparsamen Existenzweisen in enger Verbindung mit der Pflege der Stadtnatur und mit der Erzeugung von gesunden Nahrungsmitteln in der Stadt und in der Region beschäftigt. Ein *Reallabor*, das sich im Schwerpunkt mit dem Komplex der Mobilität und der Kommunikation beschäftigt, mit Fragen einer neuen Sesshaftigkeit in Verbindung mit einer Kultivierung der raumüberspringenden Medien und der dezentralen Arbeitsplätze.

Das sind einige Beispiele für Schwerpunkte, die mir bei dem Begriff „Reallabor" in den Kopf kommen. Bei aller Verschiedenheit der zentralen Zielsetzungen gibt es einige gemeinsamen Nenner, denen alle *Reallabore* genügen müssen, wie zum Beispiel Reduktion der gebauten Fläche pro Person, Langlebigkeit der Bauwerke bei Veränderbarkeit und Anpassbarkeit, Verwendung erneuerbarer Energiearten und Förderung ortsnaher Nahrungsmittelerzeugung. Alle diese Punkte erscheinen inzwischen als fast selbstverständliche Forderungen. In *Reallaboren* müsste ihre Verträglichkeit untereinander und ihre kulturell-zivilisatorischen Einflüsse auf ein humanes Leben ausprobiert und überprüft werden. Vielleicht stellen sie in ihrer Summe ja eine utopische Überforderung auch gutwilliger Pioniere dar?

Offene Fragen an Forschung, Lehre und Praxis

Wenn wir einmal davon ausgehen, dass es gelingen könnte, die politischen, gesetzlichen, wirtschaftlichen und gesellschaftlichen Voraussetzungen für die Einrichtung derartiger *Reallabore* herzustellen, sie zu betreiben und auszuwerten in Bezug auf die Übertragbarkeit ihrer Ergebnisse, sind immer noch wichtige Fragen offen:

- Gibt es in unserer Gesellschaft genügend Pioniere, die mit existenziellem Einsatz und Leidenschaft, stellvertretend für die Gesellschaft, neue Existenzweisen erproben wollen? Und welche Stellung in der Gesellschaft werden diese Pioniere einnehmen?
- Sollte man diese Art von *New Frontiers* einrichten und welche Positionen sollten sie in unserem demokratisch-politischen Gefüge einnehmen? Können derartige *Reallabore* einen Beitrag dazu leisten, unsere Gesellschaft offen und beweglich zu halten?
- Gibt es die geistigen Abkömmlinge der Lebensreformbewegungen, die neue interkulturelle, gesellschaftliche und spirituelle Wege im Zeitalter des Anthropozäns erkunden wollen?

Ich bin überzeugt davon, dass es genügend qualifizierte Pioniere gibt, die sich als neugierige Abenteurer auf *Reallabore* einlassen würden, wenn sie damit eine Qualifizierung und eine Lebensperspektive verbinden könnten. Aber sie fallen nicht vom Himmel, sie werden nicht gesucht, sie werden nicht herausgefordert.

Gegenwärtig leben wir wieder in einer Aufbruchszeit, und ich würde als Hochschullehrer heute die möglichen Themen von *Reallaboren*, die erforderlichen Randbedingungen, den Entwurf und die räumliche Gestaltung zum Gegenstand der Lehre und zum Inhalt forschenden Lernens machen. Auch wenn das vielleicht manchem heute noch als theoretisches Glasperlenspiel ohne ausreichenden Realitätsbezug in der Gegenwart erscheinen könnte – ich bin überzeugt, der Erkenntnisgewinn wäre für alle Beteiligten erheblich.

Bibliografie

Bense, Max (1967): *Semiotik. Allgemeine Theorie der Zeichen*. Baden-Baden: Agis-Verlag.

Bölling, Lars und Thomas Sieverts (2004) (Hrsg.): *Mitten am Rand, auf dem Wege von der Vorstadt über die Zwischenstadt zur regionalen Stadtlandschaft.* Wuppertal: Müller + Busmann.

Crutzens, Paul J. u. a. (2001): *Das Raumschiff Erde hat keinen Notausgang.* Berlin: Suhrkamp Verlag.

Haber, Wolfgang, Martin Held und Marcus Vogt (2016) (Hrsg): *Die Welt im Anthropozän. Erkundungen im Spannungsfeld zwischen Ökologie und Humanität.* Berlin: Oekom Verlag.

Lange, Rainer (2014): *Der Beitrag der Wissenschaft zum Umgang mit großen gesellschaftlichen Herausforderungen.* Vortragsmanuskript vom 18. Juni 2014. www.academia.edu/7891807/Der_Beitrag_der_Wissenschaft_zum_Umgang_mit_gro%C3%9Fen_gesellschaftlichen_Herausforderungen (1. Juni 2017). Bonn, keine Seitenangabe.

Latour, Bruno (2014): *Existenzweisen – Eine Anthropologie der Moderne*. Berlin: Suhrkamp Verlag.

Lorberg, Frank (2016) u. a.: *Urban Argriculture Europe.* Berlin: Jovis Verlag.

Lynch, Kevin (1960): *The Image of the City.* Cambridge, MA: MIT Press.

–, (1964): *Das Bild der Stadt* (= Bauwelt Fundamente 16). Basel: Birkhäuser Verlag.

Neumann, Klaus und Thomas Sieverts (1998): „Vom bösen Bauen und der guten Natur". In: Der Rotarier. 69. Jahrgang, Nummer 11, S. 22–28.

Reicholf. Josef H. (2007): *Stadtnatur. Eine neue Heimat für Tiere und Pflanzen.* München: Oekom Verlag.

Sieverts, Thomas (1966): „Stadtvorstellungen". In: *Stadt-Bauwelt.* 2. Jahrgang, Nummer 9, S. 704.

–, (1968): „Informationen einer Geschäftsstraße, Umwelt als Informationsfeld". In: *StadtBauwelt*. 4. Jahrgang, Nummer 20, S. 1496.

–, (1969): „Spontaneous Architecture". *AAQ. Architectural Association Quarterly*. 1. Jahrgang, Nummer 3, S. 37–43.

Sukopp, Herbert (Hrsg.): *Stadtökologie, das Beispiel Berlin.* Berlin 1990.

Sieverts: Thomas (1997): *Zwischenstadt, zwischen Ort und Welt, Raum und Zeit, Stadt und Land* (= Bauwelt Fundamente 118). Basel: Birkhäuser Verlag.

Zenghelis, Dimitri und Nicholas Stern (2016): „This is Humankind's Great Urbanisation, we must do it right or the planet will pay in". In: *The Guardian*. 8. November 2016, www.theguardian.com/cities/2016/nov/08/mankind-great-urbanisation-era-act-now-planet-pay (14. Juni 2017), ohne Seitenangabe.

Anmerkungen

1 Sieverts 1966.
2 Lynch 1960 und ders. 1964.
3 Bense 1967 und Sieverts 1968.
4 Sieverts 1969.
5 Neumann und Sieverts 1977 [1998].
6 Sukopp 1990.
7 Sieverts 1997.
8 Bölling und Sieverts 2004.
9 Zenghelis und Stern 2016.
10 Crutzen 2011.
11 Haber, Held und Vogt 2014. Vgl. besonders Haber „Welternährung zwischen humaner Pflicht und Naturbelastung", S. 33–34.
12 Latour 2014.
13 Lange 2014.

Bauen und Wohnen in der Stadt

Bernhard Waldenfels

Die Architektur zeichnet sich aus durch einen Lebensbezug und einen Weltbezug besonderer Art, indem sie das Ganze des Lebens und der Welt nicht nur berührt, sondern mitgestaltet. Dieser Bezug stellt sich her im Zusammenklang von Bauen und Wohnen, der die Lebenswelt durchdringt, aber als gespannte Einheit nicht frei ist von Missklängen und auch nicht frei von technologischen und politischen Allmachtsfantasien. Weder das Bauen noch das Wohnen versteht sich von selbst. Die Phänomenologie, die sich seit Längerem um ein solches Verständnis bemüht, kann wesentlich beitragen zur neuerlichen Wiederentdeckung des architektonischen Raumes.

Wiederentdeckung des Raumes

Die Aufwertung des Raumes, die neuerdings als *Spatial Turn* von sich reden macht, bedeutet für Phänomenologen eher eine Wiederkehr von Vergessenem. Die Neuentdeckung des Raumes, die sich nicht länger mit dem cartesianischen Auseinander der Dinge und einem homogenen Raum begnügt, reicht zurück bis ins Ende des neunzehnten und bis zum Anfang des zwanzigsten Jahrhunderts. Viele Disziplinen sind daran beteiligt. In der Architektur war es August Schmarsow, der die Architektur erstmals ausdrücklich als eine Raumkunst begriff, die sich am „Meridian des Leibes" orientiert.[1] In der Biologie hat Jakob von Uexküll die räumliche Umwelt der Lebewesen in ihren spezifischen Ausformungen systematisch durchforscht. Georg Simmel entwickelt eine Raumsoziologie, in der das Großstadtleben wie schon bei Charles Baudelaire eine zentrale Rolle spielt.[2] Die mathematische Topologie hat ein Raummodell entwickelt, das im Gegensatz zur planimetrischen Geometrie mit Konzepten wie Lage, Nachbarschaft oder Umgebung arbeitet. Im Theater findet seit Langem das Geschehen auf der Bühne vermehrte Aufmerksamkeit.

Schließlich hat sich die Phänomenologie des Raumes seit Edmund Husserl, Martin Heidegger, Maurice Merleau-Ponty und Gaston Bachelard kontinuierlich fortentwickelt. Auf diesem Boden bewegen sich auch die folgenden Überlegungen, die das Bauen und Wohnen von seinen räumlichen und leiblichen Voraussetzungen her in den Blick nehmen. Bei mir hat dieses begonnen mit einem ersten Versuch „Architektur am Leitfaden des Leibes",[3] und es hat sich in größerem Rahmen fortgesetzt unter dem Titel „Ortsverschiebungen, Zeitverschiebungen".[4] Mit dem Raum allein ist es aber nicht getan. In neueren Untersuchungen wird er oftmals kurzerhand als soziales Konstrukt oder als kulturelle Gegebenheit behandelt. So stellt sich für Phänomenologen die Frage: Welcher Raum kehrt wieder?

Bewohnte Orte und unbewohnbare Räume

Wie muss ein Raum beschaffen sein, damit er als Haus oder als Stadt bewohnbar ist? Terminologisch unterscheide ich zwischen Ort und Raum, die in jeweils verschiedener Weise auf die Wo-Frage antworten.

Der *Ort (topos, locus)* gibt an, wo sich jemand oder etwas befindet und wo etwas stattfindet (vgl. frz. *avoir lieu*, engl. *to take place*). Der Ort ist konstitutiv für einen orientierten und zentrierten Raum. Er verweist auf das Hier als den jeweiligen „Nullpunkt" des Raumfeldes,[5] der nicht selbst im Raum vorkommt, sondern an dem die Raumordnung entspringt und der sich von entsprechenden Dorts abhebt. In Karl Bühlers Sprachtheorie[6] entspricht dem die *Origo* als der Ursprungsort, der durch Zeigewörter wie „hier", „dort" oder „jetzt" und „ich" angezeigt wird. Das Hier-sagen fällt so wenig mit dem Hier-sein zusammen wie das redende Ich mit dem beredeten Ich.

Der *Raum (spatium)* bezeichnet andererseits den leeren Raum der neuzeitlichen Physik, der bei René Descartes als homogene Raumfläche und als leerer Raumbehälter auftaucht, worin sich alle ausgedehnten Dinge einordnen lassen. Darin gibt es Raumstellen und räumliche Abstände, aber kein bevorzugtes Hier, das in seiner beschränkten Reichweite qualifizierte Formen der Nähe und Ferne entstehen lässt. Alles ist *irgendwo* im Raum, niemand und nichts ist an seinem Ort oder an seinem Platz. Dieser leere Raum, der jede innere Zugehörigkeit ausschließt, ist im strengen Sinne unbewohnbar, im Gegensatz zum Ort als einem Lebensraum.

Ort und Raum sind jedoch nicht als zwei separate Lokalitäten zu verstehen. Sie sind miteinander verschränkt in Form eines *Ortsraumes*, in dem sich der Doppelstatus des Leibes als eines Leibkörpers widerspiegelt. Ähnlich wie ich laut Helmuth Plessner mein Leib *bin* und einen Körper *habe*, ähnlich bin ich an meinem Ort und habe ich mehr oder weniger Raum. Das Hier ist der Ort, wo ich beispielsweise eine Stadtkarte benutze; das Hier korrespondiert mit dem roten Punkt auf der Karte, ohne den die Karte nicht zur Orientierung taugen würde, es fällt aber nicht mit ihm zusammen. So wie der Leib als „Umschlagstelle" zwischen Geist und Natur fungiert,[7] so fungiert er auch als Umschlagstelle zwischen gelebtem und geografisch vermessenem Raum. Kafkas Landvermesser, der als Fremder den „Schloßbezirk" betritt und als Landstreicher verdächtigt wird, beleuchtet auf prägnante Weise den Doppelstatus des Menschen, der nirgends ganz zu Hause ist.

Leibliche, räumliche und architektonische Dimensionen

Die Vielfalt räumlicher Aspekte gruppiert sich um meinen Leib. Der Mensch, den Friedrich Nietzsche als „nicht festgestelltes Tier" bestimmt, entpuppt sich als ein nicht fest verortetes Wesen, das auf der Suche nach seinem Ort ist, im Gegensatz zum Tier, dessen Ort als Nest oder Höhle, als Weide oder Stall mehr oder weniger als Teil einer Umwelt vorgezeichnet ist. Die Frage „Wer bin ich?" ist nicht zu trennen von der Frage „Wo bin ich?" So wandelt uns immer wieder das untergründige Gefühl an, man könne auch anderswo sein oder anderswoher kommen. Dieses Gefühl, das auf besondere Weise den Ortswechsel des Reisens begleitet, steigert sich mit zunehmender Mobilität. So bekennt Baudelaire von sich selbst: „Il me semble que je serais toujours bien là où je ne suis pas, et cette question de déménagement en est une que je discute sans cesse avec mon âme. – Mir scheint, als gehe es mir immer nur dort gut, wo ich nicht bin, und die Frage, ob es nicht besser sei, den Wohnsitz zu vertauschen, gehört zu den Fragen, die ich unaufhörlich mit meiner Seele erörtere."[8] Der Raum stellt sich dar als ein dynamisch bewegter Zeit-Raum, da das Hier in der Form eines Von-Hier den Ausgangs- und Durchgangsort raumbildender Bewegungen bildet. Auch wer hier an Ort und Stelle bleibt, bewegt sich auf der Stelle wie die Spitze des Kreisels; das Bleiben ist selbst eine Form der Bewegung, reiner Stillstand käme dem Tod gleich.

So erweist sich das Haus, das sich in dem französischen Wort *demeure* ausdrücklich als Bleibe bestimmt, als alles andere als ein bloßer Behälter, als ein äußeres Gehäuse, sobald wir uns in die Lage häuslicher Bewohner versetzen. Für sie ist der Raum, ähnlich wie das Werkzeug, eine Art erweiterter Leib. Dabei lassen sich verschiedene Grunddimensionen unterscheiden, die allesamt der Leiblichkeit entspringen und in der Einrichtung des Hauses Gestalt annehmen.

Oben-Unten bilden eine Vertikale, die dem Auf und Ab der leiblichen Bewegung entspricht. So gliedert sich das Haus in Dach und Boden, Speicher und Keller. Die Statik des Bauens verweist auf den Erdboden, der allerdings nicht unerschütterlich ist, wie sich beim Erdbeben zeigt. Leiblich betrachtet korrespondiert der Aufriss des Baus mit dem aufrechten Gang. Ähnlich wie wir leiblich fallen und stürzen, können Häuser einstürzen. Stützbalken und Betonverschalungen sorgen ähnlich wie Wanderstöcke für Stabilität. Keine Statik entgeht völlig der Labilität. Hinzu kommt das Über- und Untereinander bewohnter Räume, das sich architektonisch in Form von Souterrain, Beletage und Dachstube abzeichnet und das nicht frei ist von den Differenzen einer sozialen Schichtung.

Die Differenz *Vorn-Hinten* versetzt uns in die Horizontale. Die Hausfassade bildet das Gegenstück zum Rückgebäude. Wiederum dient der Leib als Vorlage; die Fassade entspricht dem Gesicht, das im Face-à-Face die Selbstdarstellung ermöglicht. Soziale Differenzen machen sich auch hier geltend. Der Giebel zur Straße hin ist ein begehrter Platz, der einst den Status des Bürgers hervorkehrte, im Gegensatz zu den Zille'schen Hinterhöfen, die der zunehmenden Raumknappheit abgetrotzt wurden und vielfach in Slums übergingen.

Die Differenz *Rechts-Links* ist austauschbarer, wie sich im Gebrauch von rechter und linker Hand zeigt, aber auch sie ist nicht frei von politischen Bewertungen, beginnend mit der alten Sitzordnung im Parlament.
Die Differenz *Drinnen-Draußen* ist außerordentlich bedeutsam für die Bildung sozialer Räume. Hierbei handelt es sich um keine bloße Abgrenzung, die sich vom neutralen Standpunkt eines Dritten ergibt, der über der Sache steht. Vielmehr kommt es zu einer gleichzeitigen Ein- und Ausgrenzung; dabei ist das Drinnen als Ort der Unterscheidung markiert, sodass sich eine asymmetrische Beziehung ergibt.[9] Das Wohnen ist Sache von Ein-wohnern und In-sassen, die sich von bloßen Besuchern deutlich unterscheiden. Die leibliche Vorlage liefert die Haut als Grenz- und Berührungszone und als verletzliche Schutzzone, die in der abschirmenden Eigenschaft von Zimmer- und Hauswand wiederkehrt. Türen und Fenstern, die es unserem Leib oder dem Blick gestatten, ein- und auszugehen, und die den Kern einer reichen Metaphorik bilden, gleichen den Körperöffnungen. In der Raumpathologie begegnen wir der Polarität von Klaustrophobie und Agoraphobie; der Patient fühlt sich gefangen in einem Drinnen ohne befreiendes Draußen, oder aber entlassen in ein Draußen ohne bergendes Drinnen. Die extreme Verschlossenheit begegnet uns in Wohnhöhlen, die sich Grabkammern nähern können, während die extreme Offenheit von Glasbauten, in der sich die Materialität verringert, mit dem gläsernen Menschen liebäugelt.[10] Der Kontrast von Innen und Außen greift vom Leib des Menschen über auf einen Leib der Dinge, die sich in sich selbst zusammenziehen und gekrümmte Räume bilden, er greift schließlich über auf den Stadtraum.

Bauen und Wohnen

Betreten wir den Stadtraum, so stellt sich die Frage, wie Wohnen und Bauen ineinandergreifen. Wäre das Bauen als reines Herstellen zu verstehen, so entsprängen daraus festgefügte Gebäude, durch die der Raum konstruktiv genutzt würde. Doch anders sieht es aus, wenn wir von einem bewohnbaren Ort ausgehen und wenn wir uns klarmachen, dass das Wohnen sowohl in der produktiven wie in der rezeptiven Phase das Bauen von Grund auf mitprägt.[11]

Zunächst zeigt sich, dass das Bauen mehr besagt als eine freihändige Konstruktion, die sich lediglich vorgegebener Materialien bedient. Das Bauen beginnt mit dem Bauplatz als einem veritablen Fundort. Er bietet sich an als Bauort und Wohnort, er eröffnet Spielräume der Bearbeitung, und an eben diesem Ort findet das Bauen und später das Wohnen statt. Ich beziehe mich hierbei auf den amerikanischen Architekten Steven Holl, dessen Baukonzeption unter anderem auf Merleau-Pontys Phänomenologie des Leibes zurückgeht.[12] Im Mittelpunkt steht das Konzept *Site*, das die Lage des Gebäudes und speziell den Bauplatz bezeichnet. Der Architekt steht vor der Aufgabe, „die tiefe Einzigartigkeit eines jeden Ortes, sein Licht, sein Aussehen, seinen Geruch, sein farbliches Ambiente, seine Geschichte oder, besser gesagt, seine vielfältigen Geschichten zu erfassen".[13]

Das Bauen bedeutet ferner keine autonome Zwecktätigkeit, es vollzieht sich vom anderen her als eine Art von *Fremdbauen*. Darunter fallen nicht nur die Auftraggeber und Finanzierer, das Bauen steht vielmehr in einem inneren Bezug zu künftigen Bewohnern, für die gebaut wird. Darin gleicht das Bauen dem Heilen, das als solches auf das Leiden des Patienten antwortet. In beiden Fällen handelt es sich nicht lediglich um ethisches Beiwerk, um ein „Ethos am Bau" ähnlich dem „Kunst am Bau", sondern um die innere Dynamik des Handlungsvollzugs. Dies schließt natürlich nicht aus, dass die innere Dynamik dem ökonomischen Druck nachgibt.

Das Wohnen selbst vollzieht sich schließlich im Medium von Bauten und Gebäuden. Der Akt des Wohnens erhält seine *Vorprägung* von der Struktur der Wohnung, die als Klang-, Licht- und Schattenraum, als Geruchsfeld und Bewegungsraum fungiert. Der Architektur wohnt eine mannigfache Resonanz inne, die alle Sinne anspricht oder eben nicht anspricht und die im Falle einer leiblichen, vielfach altersbedingten Beeinträchtigung der Bewohner einer besonderen Pflege bedarf.[14] Der Bewohner ist auf gewisse Weise Gast im eigenen Hause, er ist nie völlig Herr im eigenen Hause. Wie der Eigenleib so ist auch das sogenannte Eigenheim mit Fremdheit durchsetzt. Die Verkennung und Missachtung des Fremden gehört zur Ideologie des Wohnens.

Auszugehen haben wir also von einem Ineinander, einem Geflecht von Bauen und Wohnen. Dazu gehört auch das *Unbebaute im Gebauten*, ein Rest von Rohbau, vergleichbar dem Unsichtbaren im Sichtbaren, mit dem es Maler zu tun haben. Kein Bau ist schlechthin fertig.

Benutzer und Besitzer

Das Ökonomische steht seit ältesten Zeiten in Verbindung mit dem Hauswesen, dem *oikos*. Der Bezug zum Wohnbereich verflüchtigt sich, sobald das Hauswesen mit dem Börsenwesen, das Wirtschaften mit der Ausführung von Finanztransaktionen und Aktienspekulationen gleichgesetzt wird. Es wird auch nicht besser, wenn Börsen sich wie in der *Wall Street* als Tempel des Geldes drapieren. Das Ökologische, das den Bezug auf das Häusliche auf andere Weise fortsetzt, könnte als Korrektiv dienen.

Das Wohnen ist von der herrschenden Ökonomisierung unmittelbar betroffen. Die Transformation von Nutzobjekten in Kapital, von Gebrauchswert in Tauschwert, von Sein und Haben in Soll und Haben tendiert zum *Ökonomismus*, wenn die Transformation von Wohnanlagen in Geldanlagen auf dem Wege einer „Realabstraktion" verschleiert wird. So wie ein kapitalistisches Wirtschaften Humankapital errechnet, so errechnet sie auch Wohnkapital. Der *Homo oeconomicus* erweist sich als die Parodie einer Ökonomie ohne *Oikos*. Allerdings kann nicht nur der Vermieter den Wohnraum auf eine pure Einnahmequelle reduzieren, auch der Mieter kann seine Wohnung als pures Streitobjekt behandeln, aus dem er seinen Profit zieht. Gäbe es keine Wohnkonflikte, so wäre das Wohnrecht überflüssig.

Ein wichtiger Faktor ist die zunehmende Ablösung des persönlichen Wohnsitzes und Wohnungsbesitzes, der an Ort und Stelle vor sich geht, von anonymem Eigentum, das irgendwo von irgendwem verwaltet und gegen Miete verrechnet wird. Die Grenzen überfliegende Globalisierung hat diese Tendenzen mächtig verstärkt. Das Lokale und Regionale lässt sich nicht gegen das Globale ausspielen, aber es bedarf der Stärkung. Natürlich gibt es seit Langem Gegenbewegungen, die mit Genossenschaftswohnungen oder städtisch geförderten Wohnungen dem Raubbau der Städte entgegensteuern. Die Hufeisensiedlung in Berlin-Neukölln oder die Borstei in München sind eindrucksvolle Exempel für eine Verzahnung von Wohn- und Stadtanlage. Wie sehr „gebaute Welt" und „gelebter Raum" in der städtebaulichen Praxis ineinanderspielen, zeigt Saskia Hebert in ihrer phänomenologisch fundierten Analyse der Siedlung Halle-Neustadt, in die nicht nur Expertenwissen eingegangen ist, sondern in der auch Wohnerfahrungen und Wohngeschichte ihren Platz finden.[15]

Stadt als „Stadtschaft"

Die Stadt ist eine Art „Stadtschaft" im Sinne von Walter Benjamin, vergleichbar der Landschaft als einer ländlichen Region. Sie ist eine historische Erfindung, die archaische Spuren aufweist. Ich beschränke mich hier auf das Muster der modernen Großstadt, die eine eigentümliche Ordnung erzeugt.[16] Die moderne Stadt lässt die alten Entwürfe einer Idealstadt weit hinter sich. Während Thomas Morus in seiner *Utopia* lapidar feststellt: „Wer eine Stadt kennt, der kennt sie alle"[17] und während Gottfried Wilhelm Leibniz in seiner *Monadologie* das Universum mit einer Stadt vergleicht, die unter verschiedenen Perspektiven als ein und dieselbe erscheint,[18] stürzt Robert Musil in seinem Roman *Der Mann ohne Eigenschaften* das zeitgenössische Wien in einen Wirbel von Bewegungen: „Wie alle großen Städte bestand sie aus Unregelmäßigkeit, Wechsel, Vorgleiten, Nichtschritthalten, Zusammenstößen von Dingen und Angelegenheiten, bodenlosen Punkten der Stille dazwischen, aus Bahnen und Ungebahntem, aus einem großen rhythmischen Schlag und der ewigen Verstimmung und Verschiebung aller Rhythmen gegeneinander, und glich im ganzen einer kochenden Blase, die in einem Gefäß ruht, das aus dem dauerhaften Stoff von Häusern, Gesetzen, Verordnungen und geschichtlichen Überlieferungen besteht."[19] Heißt dies, dass wir es mit einer Stadt ohne Eigenschaften zu tun haben? Ganz so ist es nicht, aber die Ordnungsmaßstäbe verschieben und vervielfältigen sich. Dabei lassen sich verschiedene Gesichtspunkte unterscheiden.

Die Eigenart der Städte bekundet sich in wechselnden *Physiognomien.* Städte unterscheiden sich optisch durch ihr wechselndes Weichbild, durch Veduten und *Townscapes.* Stadtviertel wie das Herz von Manhattan oder die Küstenstreifen von Hong Kong Island sind ganz und gar von der Vertikale beherrscht, ihre Wolkenkratzer schießen förmlich in den Himmel, während Städte wie München, die ihren ländlichen Ursprung stärker bewahrt haben, sich mehr in die Ebene ausbreiten. Akustisch betrachtet verdichten sich Städte in verschiedenen Klangbildern. Die Rhythmik der Bewegung ändert sich mit der Dichte der Verkehrsnetze, mit der Verteilung von Knotenpunkten und der Anlage von Umgehungsstraßen. Hinzu kommt die Eigenart der Bewohner, die sich bis in den Sprechstil hinein als typische Münchener, Berliner oder Dubliner zu erkennen geben. Mit zunehmender Mobilität schleifen sich diese Eigenarten allerdings ab oder beschränken sich auf Enklaven und Sonderdistrikte.

Im Gegensatz zu Rundsiedlungen, die sich wie Muschelschalen um einen Kern legen, oder zu Reißbrettplanungen, in der die räumliche Weite geometrisch gebändigt wird, erleben wir heute, wie Städte mehr und mehr ausufern. Städte, die über sich hinauswachsen, haben etwas von einem *Mobile*, dessen Schwerpunkte sich ständig verlagern. Im Gegensatz zur herkömmlichen Zentrierung westlicher Städte, die sich um Rathaus und Kirche herum versammeln, weisen traditionelle Städte des Fernen Ostens wie Kyoto seit eh und je eine *Polyzentrik* auf, bei der Tempelbezirke eine wichtige Rolle spielen.

Immer wieder stoßen wir auf eine *Simultaneität des Ungleichartigen*, die sich einer einheitlichen Überschau verweigert.[20] Die synchrone Vielfalt wird verstärkt durch eine diachrone Vielfalt, die jeden Stadtbewohner oder Stadtbesucher in verschiedene Epochen versetzt. Dazu nur ein Beispiel. Wer vor die Münchener *Feldherrnhalle* tritt, stößt in den Bronzefiguren von Tilly und Wrede auf die bayerische Kriegsgeschichte. Im Hallenbau kehrt die Florentiner *Loggia dei Lanci* wieder. gleichzeitig erinnern sich Geschichtskundige an den „Marsch auf die Feldherrnhalle" vom 9. November 1923 sowie an die vor der Halle postierte Mahnwache der Nazis, die oppositionelle Bürger, die den Hitlergruß aus dem Weg gehen wollten, dazu zwang, in die rückwärtige „Drückebergergasse" auszuweichen. Weniger geschichtskundige Besucher aus dem

Ausland vermuteten 1945, mit dem Wiederaufbau der *Feldherrnhalle* käme ein Führerbau zu neuen Ehren. Führerbauten gibt es natürlich genügend, aber an anderen Orten der Stadt; sie blieben unzerstört, und es fragt sich, wie man mit ihnen umgehen kann, ohne die Geschichtsmakel zu kaschieren. „Im Raume lesen wir die Zeit", so kennzeichnet der Stadthistoriker Karl Schlögel den Umgang mit den Spuren einer verkörperten Geschichte.[21]

Die Stadtanlagen werden geprägt durch besondere *architektonische Markierungen*. Dazu gehören Plätze wie der Berliner *Alexanderplatz*, der Münchener *Stachus* oder der Pariser *Place de la Concorde*; dies sind Orte, an denen sich die Wege und Straßen kreuzen. Außerdem gibt es naturnahe Parkoasen, wo das geschäftige Leben aussetzt, wo man spazieren geht, sich ausruht oder Reden hält wie im *Hyde Park*. Hinzu kommen überdachte Passagen, in denen sich Geschäftsleben und Geselligkeit verdichten und die einst halb häusliche, halb öffentliche Enklaven bildeten, wie Walter Benjamin sie als Wahrzeichen eines Jahrhunderts verewigt hat. Innenhöfe und Spielplätze bieten Orte an, an denen sich inmitten eines anonymen Umfeldes ein nachbarschaftliches Leben entfalten kann und die „Gleichgültigkeit gegen das räumlich Nächste" auf Grenzen stößt.[22] Berücksichtigt man solche *Townmarks*, wie man sagen könnte, so gleicht die Stadt dem Schrifttext mit seinen wechselnden Schriftarten, Lineaturen, Druckstärken und Leerstellen. Die Semiotik hat hier längst nachgeholt.

Aufs Ganze gesehen lebt die Anziehungskraft einer Stadt von Einsprengseln des Außerordentlichen, des Überraschenden, Fremden, Unheimlichen. Daraus erwächst ein Widerstand gegen die drohende Übernormalisierung und Überfunktionalisierung des Stadtraumes; Letztere entspräche einem „überhumanisierten Raum", vor dem der Paläontologe André Leroi-Gourhan warnt.[23]

Polis

Das alte Wort *Polis* bezeichnet die Stadt, das Gemeinwesen, den öffentlichen Ort des Zusammenseins von Bürgern, die als *Politēs* bezeichnet werden, vergleichbar dem späteren *citoyen* oder *citizen*. Die kritische Scheidelinie verläuft zwischen *Einheimischen* und *Fremden*; bei den Griechen kamen noch die Metöken hinzu als Übersiedler oder Ansiedler ohne volles Bürgerrecht. Was die Bürgerschaft angeht, so ist sie, wenn man den Ursprungssinn der Polis zugrunde legt, weder als eine Masse von Individuen zu verstehen noch als ein einheitliches Kollektiv, sondern vielmehr als eine Verflechtung von Einzelnen.[24] Das Geflecht ist mehr oder weniger dicht. Eigenheit und Fremdheit bilden somit keinen Gegensatz, sondern ein Spiel von Differenzen, das wechselnde Formen der Nähe und Ferne, des Zugehörigen und Abseitigen zulässt.

Ein heikler Punkt ist das *Wir*. Das „Wir-Sagen“ bildet eine sprachliche Falle, als stünde das Wir für ein großes Ich oder ein Ich im Plural. Tatsächlich gibt es jedoch kein Wir, das „Wir“ sagt, es ist immerzu jemand, der sich mittels der Wir-Rede inklusiv oder substitutiv auf ein Gruppen-Wir bezieht. Das bayerische „Mia san mia“ suggeriert eine massive Gemeinsamkeit, die nur erschlichen ist. Die Zugehörigkeit zum Wir unterscheidet sich je nach Art und Grad der Zugehörigkeit. Sie steigert sich ins Extrem, wenn wir eine rein inklusive Gemeinschaft ins Auge fassen, die sich alles Fremde einverleibt, oder eine rein exklusive Gemeinschaft, die alles Fremde ausscheidet. Im Gegensatz dazu zeigt die Phänomenologie des Fremden ebenso wie die Psychoanalyse, dass es *Fremdes im Eigenen* gibt, im eigenen Haus, in der eigenen Stadt, im eigenen Land. So haften auch dem Eigenort immer schon Züge eines Fremdortes an.

Am weiteren Horizont tauchen die Grenzfiguren des *Gastes* und des *Feindes* auf, die sich im lateinischen Wort *hostis* eng berühren. Es handelt sich um schillernde Figuren.[25] Das Haus kann sich einem Gasthaus nähern oder einer Burg. Während der Gast in Simmels bekanntem Exkurs[26] als Fremder auf der Schwelle in Erscheinung tritt, begegnet uns der Feind in Pascals *Pensées* als Rivale vom anderen Ufer. „Warum tötet Ihr mich, da Ihr mir doch überlegen seid? Ich habe keine Waffen. – Was denn, wohnt Ihr nicht jenseits des Wassers? Mein Freund, wenn Ihr auf dieser Seite wohntet, so wäre ich ein Mörder, und es wäre ungerecht, Euch auf diese Art zu töten. Aber da Ihr ja auf der anderen Seite wohnt, bin ich ein tapferer Mann, und es ist gerecht.“[27]

Die Fremdheitspolitik, die durch den Zustrom von Flüchtlingen auf neue, globale Weise herausgefordert wird, kämpft mit einer Balance zwischen Verfremdung und Überfremdung. Betrachten wir das Fremde im Weltmaßstab, so droht auf der einen Seite eine Fixierung auf das lokale Hier, die man in früheren Zeiten als Pfahlbürgertum zu karikieren pflegte. Auf der anderen Seite droht eine Verflüchtigung des Hier in einem globalen Überall und Nirgends. Demgegenüber sprechen die Orts- und Zeitverschiebungen, die unsere Erfahrung in Atem halten, für ein Zugleich von Hier und Anderswo, von Eigenem und Fremdem. Die Qualität einer Stadt oder eines Landes bemisst sich nicht zuletzt daran, welches Maß an Fremdheit man erträgt und zulässt. Ähnlich wie die Griechen das Schwarze Meer als das Gastliche *(euxenos)* zu bezeichnen pflegten, könnte man in einem elementaren Sinne von gastlichen oder ungastlichen Städten und Ländern sprechen. Die Architektur hat teil an der Gestaltung der Gastlichkeit.

Bibliografie

Baudelaire, Charles (1990): *Die Blumen des Bösen. Der Spleen von Paris* [1857]. Mit einem Nachwort von Manfred Starke. Leipzig: Insel Verlag.

Bühler, Karl (1982): *Sprachtheorie. Die Darstellungsfunktion der Sprache* [1934]. Stuttgart und New York: Gustav Fischer Verlag.

Elias, Norbert (1987): *Die Gesellschaft der Individuen* [1939]. Herausgegeben von Michael Schröter. Frankfurt am Main: Suhrkamp Verlag.

Führ, Eduard, Hans Friesen und Anette Sommer (1997) (Hrsg.): *Architektur im Zwischenbereich von Kunst und Alltag*. Münster: Waxmann Verlag.

Hebert, Saskia (2012): *Gebaute Welt/Gelebter Raum. Vom möglichen Nutzen einer phänomenologischen Raumtheorie für die städtebauliche Praxis.* Berlin: Jovis Verlag.

Holl, Steven (2003): *Steven Holl 1986–2003.* Madrid: El Croquis.

Husserl, Edmund (1952): *Ideen zur reinen Phänomenologie und phänomenologischen Philosophie. Zweites Buch: Phänomenologische Untersuchungen zur Konstitution* (= Husserliana 4). Herausgegeben von Mary Biemel. Den Haag: Martinus Nijhoff Publishers.

Leibniz, Gottfried Wilhelm (1956): *Vernunftprinzipien der Natur und der Gnade. Monadologie* [1714]. Hamburg: Felix Meiner Verlag.

Leroi-Gourhan, André (1984): *Hand und Wort. Die Evolution von Technik, Sprache und Kunst* [1964/1965]. Übersetzt von Michael Bischoff. Frankfurt am Main: Suhrkamp Verlag.

Metzger, Christoph (2015): *Architektur und Resonanz*. Berlin: Jovis Verlag.

–, (2016): *Bauen für Demenz.* Berlin: Jovis Verlag.

Meyer-Drawe, Käte (1996): *Menschen im Spiegel ihrer Maschinen.* München: Fink Verlag.

Morus, Thomas (1983): *Utopia* [1623]. Stuttgart: Reclam Verlag.

Mumford, Lewis (1979): *Die Stadt. Geschichte und Ausblick* [1961]. Übersetzt von Helmut Lindemann. München: Deutscher Taschenbuch Verlag.

Musil, Robert (1978): *Der Mann ohne Eigenschaften* [1930/1933/1943]. Reinbek: Rowohlt Verlag.

Pascal, Blaise (1997): *Gedanken über die Religion und einige andere Themen* [1669]. Herausgegeben von Jean-Robert Arnogathe, übersetzt von Ulrich Kunzmann. Stuttgart: Reclam Verlag.

Schlögel, Karl (2003): *Im Raume lesen wir die Zeit.* Über *Zivilisationsgeschichte und Geopolitik.* München und Wien: Carl Hanser Verlag.

Schmarsow, August (1894): *Das Wesen der architektonischen Schöpfung.* Leipzig: Anton Hiersemann Verlag.

Siebel, Walter (2015): *Die Kultur der Stadt.* Frankfurt am Main: Suhrkamp Verlag.

Simmel, Georg (1992): *Soziologie. Untersuchungen über die Formen der Vergesellschaftung* [1908] (= Gesamtausgabe 11). Frankfurt am Main: Suhrkamp Verlag.

–, (1995): *Aufsätze und Abhandlungen 1901–1908* (= Gesamtausgabe 7.1). Frankfurt am Main: Suhrkamp Verlag.

Waldenfels, Bernhard (1990): *Der Stachel des Fremden.* Frankfurt am Main: Suhrkamp Verlag.

–, (1999): *Sinnesschwellen. Studien zur Phänomenologie des Fremden 3.* Frankfurt am Main: Suhrkamp Verlag.

–, (2009): *Ortsverschiebungen, Zeitverschiebungen. Modi leibhaftiger Erfahrung.* Frankfurt am Main: Suhrkamp Verlag.

–, (2012): *Hyperphänomene. Modi hyperbolischer Erfahrung.* Berlin: Suhrkamp Verlag.

–, (2015): „Zur Phänomenologie des architektonischen Raumes". In: Susanne Hauser und Julia Weber (Hrsg.): *Architektur in interdisziplinärer Perspektive. Von Philosophie bis Tanz. Aktuelle Zugänge und Positionen* (= Architekturen 23). Bielefeld: Transcript Verlag, S. 73–95.

Anmerkungen

1 Vgl. Schmarsow 1894, S. 15.
2 Vgl. „Soziologie des Raumes" in ders. 1995 [1901–1908]; für die Gegenwart vgl. Siebel 2015.
3 Dieser anfängliche Versuch geht zurück auf das Symposium *Architektur im Zwischenraum von Kunst und Alltag,* das 1996 von Eduard Führ und seinen Kollegen an der Brandenburgischen Technischen Universität Cottbus veranstaltet wurde. Mein Beitrag wurde zuerst veröffentlicht in Führ, Friesen und Sommer 1997, wiederabgedruckt in Waldenfels 1999.
4 Vgl. Waldenfels 2009, insbesondere Kapitel 1–4, wo vieles von dem, was hier skizzenhaft bleibt, in aller Ausführlichkeit behandelt wird.
5 Husserl 1952, S. 158.
6 Bühler 1982 [1934], S. 102–120.
7 Husserl 1952, S. 286.
8 Baudelaire 1990 [1857], S. 486–487.
9 Vgl. Waldenfels 1990, Kapitel 2 „Auf der Schwelle zwischen Drinnen und Draußen".
10 Vgl. Meyer-Drawe 1996, Kapitel 5 „Eine gläserne Welt".
11 Vgl. zum Folgenden Waldenfels 2015, S. 73–95.
12 Dem Museum für Gegenwartskunst, das in den Neunziger Jahren in Helsinki entstand, gab er den Namen *Kiasma*, der sich an Merleau-Pontys Denkfigur des *chiasma* anlehnt.
13 Vgl. das 1998 mit Jeffrey Kipnis geführte Gespräch in Holl 2003, S. 42 (übersetzt von Waldenfels).
14 Vgl. Metzger 2015 *Architektur und Resonanz* sowie Metzger 2016 *Bauen für Demenz*.
15 Vgl. Hebert 2012.
16 Vgl. die Stadtgeschichte von Lewis Mumford, in der die Pathologien der Stadt nicht ausgespart sind, Mumford 1979 [1961].
17 Morus 1983 [1623], S. 62.
18 Leibniz 1956 [1714], S. 52–53.
19 Musil 1978 [1930/1933/1943], S. 10.
20 Vgl. dazu das Kapitel „Gleichzeitigkeit des Ungleichartigen. Moderne Ordnung im Spiegel der Großstadt" in Waldenfels 1990, S. 243–261.
21 Siehe Schlögel 2003.
22 Simmel 1992 [1908], S. 718.
23 Leroi-Gourhan 1984 [1964/1965], S. 428.
24 Elias 1987 [1939], S. 54–56.
25 Vgl. hierzu das Kapitel *Fremdheit, Gastfreundschaft und Feindschaft* in Waldenfels 2012.
26 Simmel 1992 [1908], S. 764–771.
27 Pascal 1997 [1669], S. 56 (Lafuma Fragment 51).

Praktiken, Erfahrungen, Aneignungen

Um die Ecke

Hannes Böhringer

Alles ist durcheinander. Ich bin durcheinander. Was soll ich tun? Was ist richtig, was falsch, was klug, was dumm? Ich muss mich sammeln. Es hat sich zu viel um mich herum oder in mir angesammelt. Wer oder wo bin ich überhaupt? Ich lebe in einem Durcheinander und finde nicht, wonach ich suche. Wenn ich nur wüsste, wonach ich eigentlich suche. Ich suche nach Spuren, die mich erinnern sollen, wonach ich suche. Die Suche verlängert sich immer mehr. Ich komme nicht auf ihren Grund und habe unterdessen den Faden verloren.

Immerhin spüre ich noch das Durcheinander. Also ist nicht alles durcheinander. Ich muss aufräumen, Ordnung, Klarheit schaffen, wenigstens in meinen vier Wänden, in meinem Kopf. Manchmal würde ich am liebsten alles aus dem Fenster schmeißen, um herauszufinden, was mir fehlen wird. Brauche ich mehr als zwei Hosen, eine zum Anziehen und eine zum Wechseln? Noch einmal alles von vorn! Aber das geht nicht, ich stecke längst mittendrin im Durcheinander von unabdingbar und überflüssig, von beiläufig und wesentlich, von undurchsichtig und klar.

Erfahrungen, Vorstellungen, Gefühle und Gedanken lassen sich nicht so einfach wegwerfen wie Sachen, aber sie brauchen Luft, Spielraum, Bewegungsfreiheit, damit sie bleiben oder sich von selbst davonmachen können. Für den Anfang mittendrin ist es gut, überhaupt etwas wegzuwerfen, etwas, womit ich gerade nichts anzufangen weiß, alte Papiere, Bücher, Wintermäntel, große Schüsseln. So nimmt das Aufräumen Fahrt auf und findet kein Halten mehr. Alles muss neu geordnet, aufgestellt und verstaut werden. Endlich kann ich mich wieder bewegen. Aber ich finde nichts mehr. Die Gewohnheit kommt mir in die Quere. Sie ist zäh. Sie bleibt. Ich suche die Dinge immer noch da, wo sie früher waren. Verstehen wenigstens die anderen meine neue Ordnung? Was taugt sie, wenn sie nicht kommunikativ ist, wenn weder ich noch andere sich in ihr zurechtfinden und wohlfühlen?

Aufräumen zwingt zur Unterscheidung: Was bleibt, was soll weg, was kommt wohin? Im Aufräumen Orte finden und Wege dorthin. Immer bleibt etwas Wichtiges übrig, das keinen Platz findet. Jeder Ordnungsversuch ist unzulänglich. Die Ordnung hält nicht lang und nur in Grenzen. Immer wieder muss aufgeräumt werden, und das auf einem begrenzten Feld, in einer Ecke, einem Zimmer, einer Wohnung, in einem Stadtviertel, einem Land. Auch ein gründliches Aufräumen bringt einen Raum nur fast in Ordnung, das Räumen stellt den Raum überhaupt erst her. Die Ordnung selbst ist nie ganz in Ordnung. Es bleiben immer Reste, die keinen Behälter, keinen angemessenen und eindeutigen Ort oder Platz finden. Die sperrigen Reste werden nach draußen gebracht, in ein Jenseits des geordneten Raums expediert, in das nächste Zimmer, in den Flur oder Keller, in ein anderes Land, in irgendeine Ecke. Es wird nur umgeräumt, die Unordnung herumgeschoben. Nie passt alles zusammen. Wenn alles zu passen scheint, stört die Langeweile. Manchmal gibt es kein Draußen, man kann den Unrat, die Reste nicht aus dem Raum herausschaffen, man kann sie nur beiseite kehren an die Ränder, in die Ecken. Die sind am schwersten sauber zu halten und aufzuräumen.

Wenn eine Wand auf eine Querwand trifft, entsteht eine Ecke. Selbst runde Räume haben Ecken. Schränke, Regale, Heizkörper: Schon sind Ecken entstanden. Der Raum wird gesaugt und gewischt. Dafür werden die Möbel an den Rand gerückt. In die Ecken kommt der Besen nie ganz hinein. Die Ecken machen Mühe. Sie sind zugestellt. Ihre Unordnung hält sich hartnäckig. So kehrt man den Dreck eher in die Ecken hinein als aus ihnen heraus. Die Ecken sind voll von Dingen, die nicht anders unterzubringen waren, nirgendwo sonst hineinpassten, die man ausrangiert hat, aber noch nicht übers Herz brachte wegzuschmeißen. Von den Ecken wächst das Durcheinander allmählich wieder in die Mitte des Raums hinein. Nach dem Aufräumen hat er wieder genug Platz für ein Durcheinander.

Selten setzt man sich in die Mitte eines Raumes, vor allem nicht, wenn er aufgeräumt und leer ist. Eher exzentrisch, etwas am Rand sucht man einen Platz. In der Sitzecke sind weiche Sessel. Da ist es gemütlich. Der Raum als ganzer ist langweilig, alles in Ordnung, ohne Spannung, Überraschung und Gegensätze. Er wird nicht benutzt. Das Aufräumen macht eigentlich nur ein

Angebot von Ordnung. Im Gebrauch erst bewährt sie sich. Im Gebrauch stellt sie sich überhaupt erst her. Gut ist die Ordnung, wenn sie sich selbst in Ordnung hält. In der Mitte herrscht Verkehr, in der Ecke ist es still. Da kann man wohnen.

Zwei Linien stoßen aufeinander und bilden einen Winkel. In diesem Winkel leben wir. Die Linien, die hier zusammenstoßen, folgen widerstrebenden menschlichen Neigungen: nach Sicherheit und Freiheit, Ruhe und Bewegung, nach Einsamkeit und Geselligkeit. Das Leben muss verlässlich sein, um die unvermeidlichen Überraschungen verkraften zu können. Verlässlichkeit und damit Sicherheit gewährt eine Ordnung, auch wenn sie keine Freiheit lässt. Immerhin kann ich mit einer Ordnung rechnen und mich auf sie verlassen. Ständige Unberechenbarkeit ist unerträglich. Je mehr Freiheit eine Ordnung zulässt, desto weniger Sicherheit kann sie versprechen. Eine gute Ordnung verbindet Sicherheit und Freiheit. Ein aufgeräumtes Feld stellt Bewegungsfreiheit her und verschafft mir die Sicherheit, mich in Grenzen frei bewegen und suchen zu können, wonach mich verlangt. So habe ich auch die Möglichkeit, das zu erlangen.

Verlässlichkeit beruhigt. Ich kann mich in eine Ecke zurückziehen und ausruhen. Doch im stillen Winkel steht die Luft. Nichts bewegt sich mehr. Gewohnheiten beherrschen das Wohnen. Immer mehr sammelt sich in meiner Ecke an. Ich gewöhne mich auch daran. Darum muss ich immer wieder an die frische Luft, mich in Bewegung setzen, das Weite suchen. Da lebe ich auf. Da passiert etwas. Überraschungen, Begegnungen, Erfahrungen. Ich bringe etwas zuwege, bin herausgefordert, verausgabe mich. Auch hier können sich die Gegensätze durchdringen. Ich räume das Durcheinander in einer Ecke auf und weite ihren Winkel. Von ihm aus betrachte ich die Welt. In meinen Blickwinkel ordne ich ein, was ich wahrnehme. Von der Ecke aus kann man gut beobachten, ohne selbst beobachtet zu werden. Ihre zwei Wände sind selten gut ausgeleuchtet. In die Ecke verzieht man sich, wenn einem die Gesellschaft zu viel wird. Der Eckensteher fühlt sich fremd in der Gesellschaft und möchte am liebsten für sich sein, allein. In einem geschlossenen und gemeinsamen Raum ist man in der Ecke am ehesten abseits, für sich, fast draußen. Aber auch zwei Leute ziehen sich in die Ecke zurück zu einem vertraulichen

Gespräch. Andere kommen hinzu. Am Ende bildet sich eine Runde in der Ecke. Der Winkel beult aus, ein Erker.

Einsamkeit ist mehr als bloßes Alleinsein oder Fürsichseinwollen: die Neigung zum einen, ein Verlangen, das Durcheinander von vielem in eine Ordnung zu bringen, ineinanderzufügen, alles in eins zu setzen: *harmonia mundi.* Doch das wollen andere auf ihre Weise auch. Wer hat Recht? Streit entsteht. Wie können die Einsamen sich einigen, gemeinsam räumen, einen gemeinsamen Raum schaffen, wo sie sich verstehen?

Das große Durcheinander ist in Ordnung gebracht, was nicht in sie hinein passte, beiseite geräumt. Das Sperrige sammelt sich in den Ecken. Sperrig ist das menschliche, in sich widerstrebende Wesen. Sperrig sind die Möbel, die sich sträuben, weggeworfen zu werden, Erb-, Familien-, Erinnerungsstücke, Dinge, die mit Ereignissen, Erinnerungen und Gefühlen getränkt sind. Die Vergangenheit lässt mich nicht los. Ich werde das Durcheinander nicht los, das mir die Geschichte hinterlassen hat. Es hält sich im Halbdunkel der Ecken und Nischen. In diesem Durcheinander muss ich wohl oder übel hausen. Die Ecken sind nicht nur gemütlich. In ihnen sind Erinnerungen einquartiert, die sich nicht genau von Einbildungen, Fantasien unterscheiden lassen. Menschen nisten in Nischen. Sie hocken in der Ecke eines Zimmers, eines Hauses, in einer Ecke des Weltraums (Pascal). Das Zimmer ist eine Ecke im Haus, die Erde dreht sich an einer Ecke einer Milchstraße. Menschen sind Winkelbewohner. Der Winkel ist exzentrisch. Die Menschen sind exzentrisch. Sie drängen in den Mittelpunkt und schauen sich dabei über die Schulter aus der Ecke an. Das Durcheinander ihrer Abseitigkeit quillt in die Mitte des Raums und wird immer nur mühsam in die Ecke zurückgedrängt.

Die Mitte ist schwach. Sie findet weder Maß noch Halt in sich und ist den Rändern und Ecken ausgeliefert. Die haben Wände im Rücken. Bewegliche Wesen rutschen leicht an den Rand und von dort in eine Ecke. Erst da haben sie Halt. Die Mitte ist nach allen Seiten hin offen und angreifbar, der Winkel von zwei Seiten geschützt. Die Ecken sperren sich gegen eine gemeinsame Ordnung im Raum. Sie sind im Durcheinander eingerichtet. Von dort aus entwerfen die Menschen eine Ordnung auf Entfernung hin, bewegen sich aber nur vorübergehend auf dem gemeinsam aufgeräumten Feld, bevor sie sich wieder in ihre Ecken verkriechen. Hier haben sie den Rücken frei. Aber es ist eng. Und es wird immer enger.

Von innen ist die Ecke eng, außen muss man um sie herumkurven, ein Hindernis auf dem geraden Weg, ein Umweg. Die Ecke springt vor und versperrt damit den Weg und den Blick zur Seite. Was verbirgt sich hinter der Ecke und überrascht mich von der Seite? Menschen sind neugierig, aber auch vorsichtig und auf Sicherheit bedacht. Sie wollen nicht von hinten oder von der Seite angegriffen werden. Und sie haben gelernt, dass es nicht klug ist, anzuecken, dass der längere Weg oft besser ist als der direkte. Der längere umkurvt die Ecken und Kanten. Klugheit, Höflichkeit und Kunst nutzen den indirekten Weg, um im richtigen Augenblick geradewegs auf das Ziel loszugehen. Man sieht einen Kirchturm mitten in einer Altstadt und muss doch im Zickzack auf ihn zusteuern.

Zwei Wege kreuzen sich, Handelswege. An der Kreuzung siedeln Menschen. Aus der Siedlung wird ein Städtchen, aus den Wegen werden Straßen. Die große Straßenkreuzung schneidet die Stadt in Viertel, Quartiere. Die Straßen entlang reihen sich Häuser aneinander. Das gelingt mit eckigen Grundstücken und Gebäuden leichter als mit runden. Sie fügen sich besser aneinander. Und doch stehen da und dort Ecken vor, entstehen verwinkelte Häuser und Gassen. Die Stadt, der Staat, muss Rücksicht auf Landschaft, Geschichte und Eigentum nehmen. Jede Straßenkreuzung erzeugt Ecken und Eckhäuser. In den Ecken hausen die Menschen. Vor den Ecken spielt sich das Leben ab. Geschäfte, Markt, Gaststätten, Cafés, Bars, Passanten auf der Straße. In den Ecken steht die Zeit still, vor den Ecken passiert sie. In den Ecken werden Verschwörungen angezettelt, der Umsturz findet draußen statt. Drinnen ist es still, draußen laut.

Der Spielraum ist eng, ein Winkel. Darum muss er frei sein, unverstellt. Sonst werde ich unruhig. Und die Decke fällt mir auf den Kopf. Ich muss nach draußen, eine Besorgung machen. Ich gehe nur um die Ecke. Ich habe etwas vor und nehme die Überraschungen in Kauf, die mich hinter der Ecke erwarten. Worauf ich aus war, habe ich nicht bekommen und muss nach Ersatz suchen. Dabei entdecke ich etwas Neues und lerne andere Leute kennen. Plötzlich fängt es an zu regnen: Zufälle, Unfälle, Glücksfälle, Ereignisse, die wie von einer Seitenstraße, aus einer nicht einsehbaren Ecke mir in die Quere kommen. Die Absichten geraten in das Durcheinander der Ereignisse und werden von ihnen abgelenkt um viele Ecken herum. Die Orientierung geht verloren. Wie komme ich wieder nach Hause?

Im Winkel steht die Zeit fast still. Hier laufen die Ereignisse aus in ein Erinnern und Nachdenken, in Dauer. Eigentlich ist alles Ereignis. Alles passiert, kreuzt sich, kommt dazwischen, in die Quere und versperrt den geraden Weg. Alle Absichten geraten in den Trubel des Unvorhergesehenen, kollidieren, ecken an oder biegen rechtzeitig ab und müssen immer wieder abbiegen, um ihre Richtung wiederzufinden. Unterschiedliche Absichten verkeilen sich zu Hindernissen und versperren Wege. Kaum, dass sie beiseite geräumt sind, entstehen neue. Aufräumen ohne Ende.

Die Menschen bauen eine Wand zwischen der inneren und äußeren Ecke, sperren sie so auseinander und fügen sie zugleich zusammen. Die Wand windet sich um Ecken. An ihrem Flechtwerk sind alle Künste, von den politischen bis zu den schönen, beteiligt. Für sie steht der Name Architektur, Baukunst. Der Baumeister zimmert, ein Zimmermann. Er baut Zimmer, Räume. Die entstehen und erhalten sich im Aufräumen, Pflegen, In-Ordnunghalten. Baumeister ist so besehen die Gemeinschaft. „Kommun" ist nicht nur der gemeinsame Dienst an der Stadtmauer (lat. *munia*, *moenia*), sondern auch innerhalb ihrer am Gefüge der Ecken: Wie scharf dürfen die Ecken und Kanten sein? Wo müssen sie abgerundet werden? Wie weit dürfen private Ecken in den öffentlichen Raum hineinragen? Wie viel Anstößiges erträgt eine Gesellschaft?

Eine verwinkelte Wand trennt und verbindet die Ecken nach innen und außen. Die Wand ist das Kunststück, das Ende aufzuschieben, umzuleiten um die Ecken herum, an ihnen vorbei. Die Ecken halten auf. Man muss anhalten und nach rechts und links schauen, bevor man weiterfährt. Die Ecken sind der Aufenthalt der Menschen. Um die Ecke rauscht der Verkehr. Ich höre ihn von drinnen. Alles passiert. Alles geht vorüber und vorbei. Das Erleben setzt die Vergänglichkeit des Lebens voraus, sein Ende. In den Ecken passiert wenig. Da dauert das Leben. Spuren, Reste der Ereignisse werden hereingeschleppt und abgestellt. Die Ecke wird enger, ein Durcheinander von vergangenen Dingen und Geschehnissen. Die Ereignisse werden von draußen hereingetragen und stranden in den Ecken. Von dort aus strahlen sie in die Mitte des Raums, wo gehandelt, aufgeräumt, umgeräumt und weggeworfen, wieder in die Ecke gestellt und Neues angeschafft oder fabriziert wird. Für die Nacht zieht sich ein jeder in seine Ecke zurück. Wie kann ich Ereignisse aufräumen? Sie hängen alle zusammen, sind passiert und nicht ungeschehen zu machen, vergangen und doch da. Ich muss mit ihnen leben, brauche aber Bewegungsfreiheit in ihren Maschen. Die Knoten lassen sich nur lockern.

Ich komme aus meiner Ecke heraus. Ich will handeln, mich bewegen, etwas tun. Oder ich bleibe in meiner Ecke, um mich auszuruhen, von hier aus die Gesellschaft zu beobachten oder mich ins Träumen, Nachdenken, Betrachten zu versenken. Handeln und Betrachten, Praxis und Theorie im alten philosophischen Sinn, bestimmen ebenfalls als divergente Linien den menschlichen Blickwinkel. Handeln heißt: Es gibt noch etwas zu tun. Das bloße Aufräumen, Umräumen. Neuverteilen im Raum allein bringt die Welt, in der wir leben, nicht in Ordnung. Man muss fabrizieren und handeln. Dinge müssen hergestellt werden, die gebraucht oder verlangt werden. Auch das Verlangen wird fabriziert. Man muss handeln, verhandeln, im Ernstfall kämpfen. Und das alles meist gar nicht, um die Welt zu verbessern, sondern um sie auszubessern, sie da und dort zu reparieren. Für das Handeln und Machen ist die Welt nicht perfekt, sondern defekt, imperfekt. Deshalb gibt es so viel zu tun. Aber die Perfektion lässt auf sich warten.

Der Eckensteher beobachtet das Treiben in der Mitte des Raumes und beobachtet dabei auch sich selbst, wie er in der Ecke steht. Er bleibt noch im Raum des Handelns. Erst der Betrachter verlässt ihn, er taucht in die Betrachtung ein und verliert sich in ihr. In dieser Versenkung werden Unterscheidungen durchlässig, die für das Handeln unabdingbar sind: ich und die anderen, ich und die Welt. Der Betrachter trachtet nach Einsamkeit, er wird eins mit der Betrachtung. Er betrachtet eine Welt, sei sie ein Käfer, ein Kunstwerk, der Nachthimmel oder eine alte Lampe. Die Betrachtung weitet ihren Gegenstand ins Unermessliche, Universale. Um die Ecke ist die Welt. Man muss sie nur sehen. Die Welt ist in Ordnung. Das heißt Kosmos: Welt, Ordnung, Schönheit.

Der Betrachter ahnt sie und ermisst einen Bruchteil aus seinem Blickwinkel. Die Betrachtung wirkt auf den Betrachter zurück. Das In-Ordnung-sein der Welt räumt seine kleine Nische gleich mit auf. Der Betrachter selbst ist aufgeräumt. Heiter hieß es in der alten Philosophie.

Das Handeln ist der Unterscheidung von gut und schlecht unterworfen. Was im Einzelnen gut und schlecht ist, darüber wird gestritten. Streit, Wettstreit, Widerstreit, Kampf, Gewalt, Einlenken, Sichverständigen gehören in das Reich des Handelns und Machens. Die Betrachtung ist friedlich. Die Gegensätze verlieren ihre Unbedingtheit. Alles ist gut, auch das Schreckliche. Es lässt den Glanz des Guten nur noch heller leuchten. Und so fällt er auch auf das Übel. Das Misslungene und Durchschnittliche gerät in den Blickwinkel der Betrachtung. Sie lässt es gelten. Es ist schon in Ordnung.

Diesen gewagten Blick der Betrachtung kann die Kunst lehren. Sie übt sich in der Vollkommenheit des Unvollkommenen, in der Schönheit des Zufälligen, im Zauber der Armut und in der Erhabenheit des Elends. Als könnten wir das Gute und Schöne nur haben, wenn wir das Ramponierte, Verfehlte, Mangelhafte, Schlimme daran teilhaben lassen. Das Handeln ist ernst, die Betrachtung heiter. Der moralische Sinn des Handelns empört sich über die Betrachtung der Welt und drängt sie zurück in die Ecke. Das Handeln will das Durcheinander von gut und schlecht in Ordnung bringen. Die Betrachtung stört dabei. Sie tut nichts und lässt die Dinge geschehen. Der Betrachtung tut der stille Winkel gut. Doch braucht sie die Herausforderung durch das Handeln. Das wiederum verfällt für sich selbst in immer größeren Aktionismus. Gut ist das schwierige Zusammengehen von beidem.

Für den Betrachtenden ist die Welt in Ordnung. Denn eine Welt ohne Ordnung wäre keine. Der Handelnde hingegen will sie erst schaffen. Wie aber Ordnung schaffen, wo schon Ordnung ist? Da und dort ein wenig aufräumen, nicht zu viel, sodass sich eine Ordnung immer wieder von selbst herstellen kann. Natürlich ist sie selbst nicht ganz in Ordnung. Sonst müsste man nicht gelegentlich aufräumen. Die Betrachtung mäßigt das Handeln. Zu tun gibt es immer mehr als genug. Von sich aus findet das Handeln kein Ende.

In seine Ecke zurückgekehrt erwartet den Handelnden schon das in die Ecke Gekehrte, Verkehrte, nicht in Ordnung zu Bringende, Unaufgeklärte. Gibt es nicht genug Raum, alle und alles gut unterzubringen? Warum gelingt keine Ordnung? Von außen ist die Ecke anstößig, von innen ihr Durcheinander. Woher das Durcheinander von gut und schlecht, Trefflichkeit und Versagen, Klugheit und Dummheit, Plumpheit und Eleganz, Wissen und Ignoranz, Elend und Glanz? Alles in Ordnung. Die Geraden ecken an. Die krummen Wege führen zum Ziel. In den Ecken stranden die unaufgelösten Reste.

Ich muss aufräumen. Das Quartier der Menschen schien mir aus vier Winkeln zu bestehen, in denen die Linien von Sicherheit und Freiheit, Bewegung und Ruhe, Geselligkeit und Einsamkeit, Handeln und Betrachten widerstrebend aufeinander zulaufen und sich treffen. Vielleicht aber lassen sich die letzten drei Gegensätze zusammenfalten und in eins fassen. Bewegung und Ruhe korrespondieren mit Handeln und Betrachten, aber auch mit Geselligkeit und Einsamkeit. Ich könnte mein Konstrukt leichter in der Ecke unterstellen. Aber ganz genau entsprechen sie sich nicht. Ich müsste sie in die Ecke quetschen. Wohin dann mit den anderen unerledigten Sachen?

Proto-Architektur

Achim Hahn

Mit Eduard Führ bin ich der Überzeugung, dass Architekturtheorie als eine empirische Wissenschaft „von unten" aufgebaut werden muss.[1] Die folgenden Gedanken kreisen deshalb um eine Proto-Architektur.[2] Dabei wird es darum gehen müssen, neben dem technisch-konstruktiven Können und den theoretischen Überhöhungen dieses Vermögens ebenfalls die Orientierung und Motivation für solche Aktivitäten vor dem Hintergrund der Unhintergehbarkeit des „Wohnens des Menschen" zu berücksichtigen. Denn ohne transzendente Erdung und lebensweltliche Verankerung hing der *Homo faber* in der Luft.[3] Dieser Proto-Architektur geht es deshalb um eine Fundierung des architektonischen Verhaltens und Handelns in der Lebenspraxis, also „unten". Unser fernes Ziel ist eine konstruktive Wissenschaftstheorie, die bis heute nicht einmal in Ansätzen vorliegt. Meine Konzeption einer Proto-Architektur reflektiert zum einen das Versagen der überkommenen Architekturtheorie, sich wissenschaftstheoretisch zu verankern. Zum andern geht sie davon aus, dass entsprechende „Anfangsgründe" nicht selbst theoretisch hergeleitet werden können, sondern vorwissenschaftlich-lebensweltlich sein müssen.

Einleitung

Für dieses Bemühen können wir uns am „methodischen Konstruktivismus" ein Beispiel nehmen: „Es geht um die besondere Form des Aufbaues wissenschaftlichen Wissens, d.h. um einen methodisch rekonstruierbaren Zusammenhang von theoretischen und vor-theoretischen bzw. lebensweltlichen Orientierungen. Die Behauptung lautet, daß sich ohne Rekurs auf lebensweltliche Orientierungen theoretische Orientierungen in einem [...] begründeten Sinn nicht aufbauen lassen."[4] Die Aufgabe einer Proto-Architektur besteht darin, zu untersuchen, wie sich wissenschaftliches Wissen von Architektur überhaupt bilden konnte; worauf kann und muss es aufbauen? Dazu wird ein Rekurs auf die Lebenspraxis nötig sein, denn nur als Vollzug eines praktischen Vermögens können wir uns dieses „Anfangen“ vorstellen, auch wenn wir einen „Beginn“ nie zu fassen bekommen werden, aber wir werden nicht auf ihn verzichten können.[5] Indes können wir uns keine Motivation für einen „ersten“ Anfang ohne Rück-Sicht auf schon gewonnene Einsichten und Erfahrungen vorstellen und denken. Unter einer Proto-Architektur verstehe ich also vorläufig den begründeten und zirkelfreien Aufbau der Lokalisierung und Verdichtung menschlicher (auch sprachlicher) Tätigkeiten in dem Ziel, Menschen ein Bleiben in Raum und Zeit einer vertrauten oder vertraut gewordenen Lebensumwelt zu ermöglichen. Dieses Ziel setzt die *Einsicht* in „unser“ Lebensführungswissen voraus, dass der Mensch nicht nur überleben, sondern sein Leben auch *gut* und *räumlich geborgen* führen will. Sein Leben und Wohnen sollen gelingen!

Im Folgenden kann ich nur erste Überlegungen zu einer Proto-Architektur als eine methodologische Herausforderung skizzieren. Da es um Verstehen, Wissen und wissenschaftliche Theorien gehen wird, stehen die Sprache und das Sprechen im Mittelpunkt dieser Proto-Architektur.[6] Jeder Anfang eines menschlichen Handelns setzt die sprachlich und intersubjektiv erschlossene Welt voraus. So sind uns kosmologische und erkenntnistheoretische Reflexionen des Anfangs, womit die Welt beziehungsweise womit das Erkennen zu beginnen habe, bekannt.[7] Selbstverständlich ist auch die Begründung von und die Reflexion auf Anfänge(n) eine sprachliche Handlung innerhalb einer notwendig vorgängigen Lebenspraxis. Suchen wir den Anfang einer entsprechenden Wissenschaft in ihrer unbedingten Kenntnisnahme von lebensweltlichen Überzeugungen, dann muss der Verbindlichkeit der Gebrauchs- und Umgangssprache[8] und dem verstehenden Nachvollzug fremder Geschichten eine besondere Aufmerksamkeit zuteil werden. Die benutzten Worte selbst haben eine Herkunfts- und Bedeutungsgeschichte, die weiter zurückreicht als jeder wissenschaftliche Einhegungs- und Definitionsversuch. Diesen Anfang bei der gesprochenen Sprache, dem lebensweltlichen Sprechen, haben Wilhelm Kamlah und Paul Lorenzen begründet. Er führt uns konsequent zu einer erkenntnistheoretischen Haltung, die „nicht selten eine situationsgebundene Vergegenwärtigung von Einstellungen und Grunderlebnissen (verlangt), um wirklich, nämlich nachvollziehend verstanden zu werden“[9]. Kamlah und Lorenzen schlagen vor, davon auszugehen, dass wir als Menschen in unserer Welt „immer schon“ sprechen und uns mit anderen über das Gesagte verständigen können. Damit gehen sie auf Erkenntnisse des Husserl Schülers Hans Lipps zurück, der fordert, die Dinge in ihrer *erlebten* Wirklichkeit zu betrachten: „Als ganze und im Rahmen einer Welt sind die Dinge sichtbar.“ (Lipps). Erkenntnistheorie hat die Aufgabe, dasjenige auszulegen, „was als vorwissenschaftliche und vorphilosophische Erfahrung von Welt schon immer da sein muß“[10]. Es geht also der phänomenologischen Hermeneutik niemals primär um den Gegenstand, das „Ding an sich“, sondern um das bereits eingespielte und vertraute Verhältnis des Menschen zur Welt des Wohnens, Entwerfens und Bauens. Wir dürfen also nicht so tun, als könnten wir mit einer Proto-Architektur bei „null“ beginnen.

Zur Gewinnung des „Vorwissenschaftlichen"

Zunächst muss der Anfang von Architektur als eine genuin menschliche Verhaltensweise (Wohnen, Entwerfen, technisch-konstruktives Handeln) bedacht werden. Eine bruchlose Kontinuität vom „Bauen“ der Tiere zum Bauen des Menschen wird abgewiesen. Das „tierische“ Bauen als eine Art protomenschliche Verhaltensweise aufzufassen, werden wir nicht verfolgen. Dennoch mögen Frühmenschen das „Bauen“ der Tiere beobachtet und auch nachgeahmt haben – aber eben *als* Menschen. Eine Proto-Architektur muss aber gerade auch aus dem Verhältnis Natur und Kultur rekonstruiert werden, wie es die philosophische Anthropologie schon seit Johann Gottfried Herder unternimmt.[11]

„Ursprünglich“ kann in unserem Zusammenhang zweierlei bedeuten: einmal im Sinne von menschheitsgeschichtlich „ursprünglich“, dann aber auch in einem logischen Sinne von „apriori“. Zunächst geht es um das erste Verständnis. Damit ist eine vor- oder frühhistorische Ausgangssituation benannt, die den Menschen als „vollgültigen“ Menschen auszeichnet. Eine Beschreibung dieser ursprünglichen Erfahrung gibt der Althistoriker Hermann Müller-Karpe. Er begreift die „akzeptierte Abhängigkeit von den Naturgegebenheiten sowie eine – freiwillige – Einordnung in die Daseinsordnung und ihre transzendente Dimension“ als einen menschlichen Urzustand, der so lange anhielt, bis neue Erfahrungen diese Eingliederung aufhoben.[12] Die allgemeine und vergleichende Altarchäologie nennt diese Zeit auch „Vorgeschichte“. Die Altarchäologie befasst sich mit den ältesten Abschnitten der Menschheitsgeschichte, der Altsteinzeit (Paläolithikum). Deren Ende kann in die Zeit um 8000 vor Christus datiert werden. Der Beginn dieser Epoche und darin eingeschlossen der „Anfang“ des Menschen „verlieren sich für uns im Dunkel unsicherer anthropologischer und artefakttypologischer Fundbestimmung und Datierung“[13]. Der *Homo sapiens*, der für den Typ des heutigen Menschen gültig ist, lebte im Jungpaläolithikum (etwa 35000 bis 8000 vor Christus). Das Bild vom Beginn menschlicher Kultur bleibt auch aufgrund archäologischer und paläoanthropologischer Funde diffus. Müller-Karpe denkt in diesem Zusammenhang an „kulturelle“ Belege für die Existenz und damit Geschichtlichkeit des Menschen. Er nennt den Zeitraum bis vor 100000 vor Christus, der durch volltypische, nämlich artifiziell hergerichtete Faustkeile und andere Gerätetypen gekennzeichnet ist, sodass man bis in diesen Zeitraum hinein von zwar ursprünglich-einfacher, jedoch ausgeprägt-vollgültiger menschlicher Kultur sprechen kann.

Müller-Karpe unterscheidet zwei wissenschaftliche Zugänge zu den Funden, einen naturalistisch-materialistischen und einen geschichtlichen. Hinter beiden Wissenschaften steht je ein Vor-Verständnis vom Wesen des Menschen, das selbst nicht beweisbar ist, aber das jeweilige Weltbild des Wissenschaftlers und damit seine Konstruktionen und Interpretationen bedingen. Wie lässt sich das Wesen des Menschen bestimmen angesichts der in den überlieferten Funden feststellbaren „technischen Intelligenz“? Gibt es eine Entwicklung von einem primären technischen Können zu einer sich daraus ergebenden sekundären Geistigkeit? Dann wäre, nach Müller-Karpe, der Weg vom Tier zum Menschen graduell. Oder aber, so der Althistoriker, ist mit dem Menschen etwas prinzipiell Neues in die Welt gekommen? Vor allem in der *Einleitung* seines fünfbändigen Werks *Grundzüge früher Menschheitsgeschichte* legt Müller-Karpe seinen Standpunkt, den Menschen primär „durch seine Personalität" zu verstehen, ausführlich dar. Er ist der Auffassung, dass eine primär auf der Technik beruhende Lebens- und Wirtschaftsweise es sicher nicht versäumt hätte, „auf die Optimierung von Hilfsmitteln zur Daseinsbewältigung" während einer oder zwei Millionen Jahre zu verzichten. „Für den Historiker [...] ist der Mensch nicht ein etwas höher entwickeltes Tier", vielmehr sei mit dem Auftreten des Menschen historisch ein prinzipieller „Neuanfang" gegeben.[14] „So sehr tierische Erfahrensweisen als Bedingung der Möglichkeit menschlichen Bewußtseins zu gelten haben, so wenig reicht eine bloß quantitative Steigerung zur Erklärung des spezifisch Menschlichen aus [...]"[15]. Dieses qualitativ Neue wird darin gesehen, dass wir es nun erstmalig mit „menschlichem Bewusstsein, Transzendentalität und Subjekthaftigkeit"[16] zu tun haben. Offensichtlich will Müller-Karpe darauf hinaus, die ausbleibende Weiterentwicklung der frühen Menschheit bei der technischen Unterwerfung seiner Umwelt *als* „Freiheit" des Menschen, über sich und sein Tun verantwortlich zu verfügen, zu erklären. Er sagt, die menschliche Freiheit, sich Alternativen vorzulegen und dann zu entscheiden, sei eine „Grundbefindlichkeit des Menschen, die als Möglichkeit seiner Selbstbestimmung und Verantwortung sein Dasein wesenhaft kennzeichnet"[17].

Müller-Karpe führt aus, wie in vorwissenschaftlicher Zeit die Menschen über den Anfang der Welt und den der Menschheit spekuliert haben. Darin zeige sich, dass offensichtlich überall auf der Welt und jedes Zeitalter sich eigene Vorstellungen über den Urzustand der Menschheit gemacht habe.[18] An diese mythologische Beschreibungen anschließend, fragt Müller-Karpe erneut nach eindeutigen Belegen für den Beginn menschlichen Bewusstseins. Ähnlich wie bei der Frage nach der Rolle der technischen Intelligenz stellt sich nun auch die nach der „Kultur", nach kulturellen Zeugnissen des frühen Menschen. Wieder versucht Müller-Karpe, sein Verständnis der einzigartigen historischen Bedeutung der Kultur gegen andere Standpunkte darzulegen. Vor allem anthropologische Theorien begreifen Kultur „ausschließlich unter dem Aspekt pragmatischer Verbesserung des physischen Daseins [...]; die für den Menschen spezifische Geistigkeit wird primär verstanden als Mittel zur Kompensierung somatischer Mängel, um dadurch die Gewinnung von

Nahrung und die Sicherung vor Bedrohung durch Witterung und Feinde zu erreichen“[19]. Eine *geschichtswissenschaftliche* Erforschung früher Menschheitsformen hat erst im 19. Jahrhundert begonnen. Vor allem die Entdeckung von Kult- und Bestattungsgegenständen und urzeitlichen Kunstwerken gab der kulturhistorischen Forschung Auftrieb. „Die Vielgestaltigkeit regionaler Kulturerscheinungen und Traditionen wurde nun herausgestellt.“[20] Entscheidend war die Überzeugung, dass die überlieferte Monumentalkunst, Vollplastizität und Künstlerschaft „Ausdruck einer religiösen Vorstellungswelt sein müsse“[21]. Heute geht die Wissenschaft von der „Abfolge von Alt-, Mittel- und Jungpaläolithikum“[22] aus. Alle Stufen sind durch charakteristische Funde gekennzeichnet. Insgesamt lässt sich das Paläolithikum durch das Verhältnis der Menschen zur natürlichen Umwelt charakterisieren. Vor dem Hintergrund des zuvor begründeten Standorts des Autors wird das Paläolithikum folgendermaßen dargestellt: „Wie im Jung- und Mittelpaläolithikum die Historizität der Menschen – bei allem Verhaftetsein den Naturgegebenheiten gegenüber – in ihrem Bewußtsein bestand, so werden wir dieses von allem Vormenschlich-Naturhaften nicht nur graduell, sondern prinzipiell angehobene urmenschliche Bewußtsein als altpaläolithischen Beginn von menschlicher Existenz und damit von Geschichte werten dürfen. Dieses vorauszusetzende geschichtlichkeitsbegründende Bewußtsein der paläolithischen Menschen erfährt aufgrund der Kulturzeugnisse in einer wesentlichen Hinsicht eine Erhellung, indem als integrierender Bestandteil der Personalität des Paläolithikum seine Religiosität in Erscheinung tritt. In Anbetracht der Quellenlage ist der Schluß berechtigt, daß die religiöse Dimension dem urmenschlichen Bewußtsein von Anfang an eigen war und dieses wesentlich mit konstituierte, indem das Urbewußtsein als spezifische Erkenntnisweise des eigenen Ich, des Mitmenschen und der natürlichen Umwelt prinzipiell auf das alles übersteigende ‚Ganze‘ bezogen war.“[23]

Damit charakterisiert die religiöse Bindung an eine Weltordnung *mit* das ursprüngliche Bewusstsein des Menschen. Diese Haltung zum „Ganzen der Welt“ durchzieht das frühmenschliche Selbstbewusstsein von Grund auf und bestimmt dieses Menschsein in seiner grundsätzlichen Anlage und Verhaltensweise.[24] Diese frühe Menschheitsstufe ist im Vergleich mit späteren Entwicklungsformen dadurch bedeutsam, dass die Menschen des Paläolithikums ihre geistigen und handwerklich-technischen Fähigkeiten nicht dafür einsetzten, in die Naturgegebenheiten „zum eigenen Nutzen" einzugreifen, sondern sie ihre Abhängigkeit von der natürlichen Umwelt akzeptierten und sich „freiwillig" in die vorgefundene Daseinsordnung einfügten. Diese Seinsweise erinnert den Autor an Thomas von Aquins Beschreibung der Urmenschheit im Paradies. In dessen Interpretation der biblischen Überlieferung lebten die Urmenschen („Adam und Eva") in einfachen sozialen Verhältnissen, darin sie sich nicht veranlasst sahen, „so wie Gott werden" zu wollen. „Recht betrachtet, war dies eben die Haltung, die in biblischer Terminologie als ‚paradiesisch' umschrieben wurde [...], als Menschheitszustand ohne das – die Sündigkeit ausmachende – Streben nach ‚Sein wollen wie Gott', d.h. autonom, unabhängig sein wollen wie Gott als Inbegriff des ‚Ganzen'. Demnach wäre das ‚Paradies' als ein das praktische und soziale Verhalten prägendes, nach Harmonie mit der natürlichen und mitmenschlichen Umwelt strebendes inniges Sichverbundenwissen mit dem Dasein in all seinen Erscheinungen natürlicher, sozialer und transzendent-religiöser Art, das insgesamt als ‚Demut' vor der allmächtig und ewig erahnten, personal erlebten Ganzheit – Gott – umschrieben werden kann, nicht eine theologisch-heilstheoretische Fiktion, sondern ein reales historisches Zeitalter der Menschheitsgeschichte."[25] Um die Richtung dieser Bestimmung des Menschen bei Müller-Karpe philosophisch näher einzuordnen, möchte ich auf Georg Picht verweisen, der in seinen Vorlesungen, die Aristoteles gewidmet sind, zu dessen Bestimmung des *nous theoretikos* und des *nous praktikos* sagt: „Das Denken des Menschen ist kraft dieses Vermögens in jedem Menschen und immer universal, ob er das weiß und anstrebt oder nicht. Das können wir aus dem Studium der Mythen und der Religionen lernen. [...] ‚Universal' bedeutet [...], daß jeder Mensch allein schon dadurch, daß er Mensch ist, in die Weite des Universums hinausverwiesen ist. Hat er vom Universum kein klares und gesichertes Wissen, so bevölkert er es mit mythischen Vorstellungen, in denen vielleicht mehr Wahrheit enthalten ist, als der bornierte Menschenverstand des 20. Jahrhunderts sich einbildet."[26] Das darin angesprochene Verhältnis von Logos und Mythos wird uns noch bei unserem „Anfangen" zu beschäftigen haben.

Hermann Parzinger spricht vom „modernen Menschen" und ordnet ihn aufgrund von Fundsachen in die Zeit zwischen 100000 und 40000 Jahren vor unserer Zeitrechnung ein. „Der fortan weltweit verbreitete *Homo sapiens* gilt jedoch nicht nur in anatomischer Hinsicht als moderner Mensch, sondern all das, was wir über ihn und sein Handeln wissen, weist ihn auch als kulturell modern aus."[27] Aber wie schwer tatsächlich die präzise Bestimmung der Zeitabschnitte und Übergangsformen ist, beweist die folgende Äußerung: „Immer mehr Merkmale modernen menschlichen Verhaltens, die man bislang in erster Linie dem Homo sapiens zugeschrieben hat, erkennen wir – mit fortschreitendem Kenntnisstand – auch als Kulturäußerungen der vorangehenden Epoche."[28] Für uns allein wesentlich ist, dass das Auftreten des „modernen Menschen" und Funde seiner kulturellen Leistungen sich gegenseitig bedingen. Was verstehen Parzinger und seine Disziplin, die Altarchäologie, unter einem „modernen Menschen", unter „kultureller Modernität? Sie unterstellen für den modernen Menschen als Wesensmerkmal die Fähigkeit, mit aktuellen Herausforderungen sinnvoll und begründet umzugehen. Und „kulturelle Modernität" wird dann angenommen, wenn ein Verhalten als dem heutigen vergleichbar erscheint.[29] Sprache wie verbale und nonverbale Kommunikation sind Voraussetzung für die frühmenschliche Lebensform: „Die Menschen produzierten komplizierte und standardisierte Geräte und Werkzeuge, entwickelten ein Gefühl für Schönheit und Ästhetik, was sie beispielsweise durch Anfertigen und Tragen von Schmuckstücken, zum Ausdruck brachten, sie beschäftigten sich mit dem Tod und, wie erste Bestattungen zeigen, auch mit dem Leben danach; schließlich brachten sie auch figürliche Kunst und sogar Musik hervor, die – so ist zu vermuten – mit Ritualen und Festen in Verbindung gestanden haben dürfte."[30] Diese Menschen hatten sich etwas zu erzählen und waren in der Lage, sich etwas vorzustellen, vorauszuplanen und einem technischen Artefakt eine Gestalt zu geben. Insofern ist von einem Umgangs- und Gebrauchswissen sowie von einer herstellenden oder technischen Praxis auszugehen, ohne dass es bereits ein theoretisches Verfügungswissen gab, das ja eine Wissenschaft vorausgesetzt hätte.[31] Parzinger nennt mannigfache Typen von Behausungen, die die Beherrschung unterschiedlicher technisch-konstruktiver Praktiken erfordern. Er spricht in diesem Zusammenhang von „Konstruktionen mit ganz unterschiedlichen Grundrissen“[32]. Auch dies deutet auf ein „modernes“ Zweck- und Entwurfsverständnis hin.

Ursprungssinn bei Husserl

Ich komme nun auf einen weiteren Umgang mit dem „Ursprünglichen“[33] zu sprechen, wofür ich als Beispiel Edmund Husserl referieren werde. Jetzt geht es mir um den Anfang in einem starken *methodischen* Sinne, näher hin um den Anfang eines Erkenntnisprozesses. Die Phänomenologie will bekanntlich zu den „Sachen selbst“ vordringen, warnt zugleich davor, „Sachen und Probleme“ „mit empirischen ‚Tatsachen‘ [zu] identifizieren“[34]. In diesem „methodologischen“ Zusammenhang verwendet Husserl den Begriff des *Ursprünglichen.* Dieser Begriff ist bei ihm verknüpft mit der jeweiligen Geschichtlichkeit einer Wissenschaft und deren Verständnis von der eigenen Geschichte. Eugen Fink, ein Schüler Husserls, hat den Begriff des „Ursprungs“ mit den Intentionen des späten Husserls, der vor allem mit dem Problem der „Intersubjektivität“ beschäftigt war, verbunden. Die Kritik an der Lebenswelt- und Sinnvergessenheit der neuzeitlichen Wissenschaften hat bei Husserl zu dem Bemühen geführt, „die Wissenschaften selbst einmal umzuwenden durch die Rückfrage nach den sie tragenden, aber in Dunkelheit verschlossenen Fundamentalevidenzen. Das Zurücklaufen durch die innere Sinngeschichte der Wissenschaften in ihren Sinn-Ursprung, das Wiederausgraben der verschütteten Anfänge […]“[35]. Hinter dieser Motivation steht ein bestimmtes Verständnis, worauf wissenschaftliches Fragen und theoretische Überzeugungen zu reflektieren haben. Bezog sich eine ursprüngliche vorwissenschaftliche Neugierde, die man „naiv“ nennen könnte, selbstverständlich auf Probleme des gelebten Lebens, so hat, nach Husserls Urteil, die neuzeitlich reflektierte Neugierde diesen Impuls selbstgewiss hinter sich gelassen. In diese Ursprungsvergessenheit hat sich die moderne Wissenschaft krisenhaft verstrickt. Husserl selbst spricht in einem Text von 1936 von „der Rückfrage nach dem ursprünglichsten Sinn“ einer wissenschaftlichen Beschäftigung.

Wie die moderne Wissenschaft ihren „Ursprungsinn" vergessen konnte, soll im Folgenden interessieren. Husserl sieht die Ursache der europäischen Krisis historisch begründet. Philosophie als universale Wissenschaft habe mit den Griechen eingesetzt, indem eine neue Form des Wissens entstanden ist, die auf Unendlichkeit ausgerichtet ist. Eine „neuartige Einstellung zur Umwelt" ist mit dieser Haltung aufgekommen, die Husserl das „Urphänomen des geistigen Europas" nennt. Gegenüber den in der „vorwissenschaftlichen Menschheit vorhandenen Kulturformen, mit den Handwerken, mit der Bodenkultur, der Wohnkultur usw.", zeichnen die wissenschaftlichen Erzeugnisse eine „ganz andere Zeitlichkeit" aus, da sie auf „Unendlichkeit" sich eingestimmt haben. Lebensweltliche Kulturen sind dagegen im Hier und Jetzt verstrickt. Was wissenschaftliches Tun erwirbt, ist nichts Reales, sondern etwas Ideales. Das einzelne theoretische Interesse hat nur relative Endziele im Auge. Diese sind lediglich „Durchgang zu immer neuen, immer höherstufigen Zielen in einer als universales Arbeitsfeld, als ‚Gebiet der Wissenschaft' vorgezeichneten Unendlichkeit"[36].

Das Geschäft der Wissenschaften ist die „Wahrheit". Die in einem unendlichen Erzeugungsprozess hergestellte wissenschaftliche Wahrheit konkurriert seit ihrer Erfindung durch die Griechen mit der „Wahrheit des vorwissenschaftlichen Lebens", wie Husserl es nennt. Sie setzt sich damit ebenso von den überkommenen Wahrheiten der einzelnen Kulturen ab. Die wissenschaftliche Wahrheit erhebt den universellen Anspruch, „unbedingte Wahrheit" zu sein. „Darin liegt eine Unendlichkeit, die jeder faktischen Bewährung und Wahrheit den Charakter einer nur relativen, einer bloßen Annäherung gibt, eben bezogen auf den unendlichen Horizont, in dem die Wahrheit an sich sozusagen als unendlich ferner Punkt gilt. Korrelativ liegt dann diese Unendlichkeit auch in der ‚Allgemein'-Gültigkeit für ‚jedermann' als das Subjekt je zu leistender Begründungen; er ist nun nicht mehr jedermann in dem endlichen Sinne des vorwissenschaftlichen Lebens."[37] Das Subjekt dieser Wissenschaft muss überindividuell und damit jenseits aller konkreten Lebenswelten angesetzt werden.

Husserl zeichnet in seinen späten, um den Begriff der „Lebenswelt" kreisenden Vorträgen und Texten der Jahre 1935 bis 1937 den einmaligen historischen Prozess in Europa nach, der es mit gewollten Umstellungen von ursprünglichen Einstellungen zu tun hat. Und diese Umstellungen, weil hinter ihnen ein menschlicher Wille steht, müssen motiviert sein. Das heißt, die Motivation zielt auf wissenschaftliche Wahrheit ab, der Anstoß dazu kann hingegen *nicht* wissenschaftlich begründet sein, denn Wissenschaft soll ja erst entstehen. Vielmehr muss diese neuartige Interessenrichtung als ein echtes Lebensphänomen gesehen werden. Damit möchte Husserl die wissenschaftliche Einstellung als eine aus der vorwissenschaftlichen lebensweltlichen Einstellung herausgewachsene verstanden wissen, ohne dass jene diese völlig ignorieren oder ersetzen kann. Husserl fasst unter dem Begriff der Einstellung eine jede Kultur auszeichnende Art der Lebens- und Orientierungsweise: „Einstellung, allgemein gesprochen, besagt einen habituell festen Stil des Willenslebens in damit vorgezeichneten Willensrichtungen oder Interessen, in den Endzwecken, den Kulturleistungen, deren gesamter Stil als damit bestimmt ist. In diesem bleibenden Stil als Normalform verläuft das jeweilig bestimmte Leben. Es wechselt die konkreten Kulturgehalte in einer relativ geschlossenen Geschichtlichkeit. In irgendeiner Einstellung lebt die Menschheit (bzw. eine geschlossenen Gemeinschaft wie Nation, Stamm usw.) in ihrer historischen Lage immer. Ihr Leben hat immer einen Normalstil und eine beständige Historizität oder Entwicklung in diesem.“[38] Aus dieser Herleitung ergibt sich, dass jede Umstellung, also auch diejenige der theoretischen Einstellung, sich „zurück [bezieht] auf eine vorgängige, eine früher normale Einstellung“.

Wie aber ist dieser Rückbezug „logisch“ zu begreifen, wie „methodisch“ zu organisieren? Diese „vorgängige und früher normale“ Einstellung, davon ist Husserl überzeugt, ist „die an sich erste, bzw. daß ein gewisser normaler Stil menschlichen Daseins (in formaler Allgemeinheit gesprochen) eine erste Historizität bezeichnet, innerhalb deren der jeweils faktische Normalstil des kulturschaffenden Daseins bei allem Aufsteigen oder Herabsinken oder Stagnieren formal derselbe bleibt“[39]. Der Begriff der Lebenswelt wird in diesem Vortrag nicht verwendet. Aber sein Sinn ist präsent. Ursprünglicher Normalstil drückt dessen Inhalt schon aus: „Wir sprechen in dieser Hinsicht von der natürlichen, urwüchsigen Einstellung, von der des ursprünglich natürlichen

Lebens, von der ersten ursprünglichen Form von Kulturen: höheren und niederen, ungehemmt sich entwickelnden oder stagnierenden."[40] Geschichte im eigentlichen Sinne einer neuartigen Zukunftserwartung („Fortschritt") beginnt für Husserl in dem Augenblick, als dieses natürliche Leben seine eigenen ursprünglichen Horizonte transzendierte. Das eigentliche Rätsel betrifft dann das Aufkommen der Motive, die dieses Leben veranlasst haben, über die gegebenen Grenzen hinauszugehen. „[E]s müssen in einer der historisch faktischen Menschheiten natürlicher Einstellung aus der konkret gewordenen inneren und äußeren Situation derselben an einer Zeitstelle Motive entspringen, die zunächst einzelne Menschen und Gruppen innerhalb derselben zu einer Umstellung motivieren."[41]

Husserl beschreibt dann die wesensmäßig ursprüngliche Einstellung, in welcher der Mensch die historische Grundweise des menschlichen Daseins auslebt. Die ursprüngliche vor-wissenschaftliche Einstellung ist von Selbstverständlichkeiten und Fraglosigkeiten geprägt. „Das natürliche Leben charakterisiert sich nun als naiv geradehin in die Welt hineinleben, in die Welt, die als universaler Horizont immerfort in gewisser Weise bewußt da ist, aber dabei nicht thematisch ist."[42] Ausgerichtet ist diese ursprüngliche Einstellung auf die Ereignisse, die in ihrem eigenen Welthorizont liegen. Für unser Anliegen der Proto-Architektur ist der Zusammenhang aufklärungsbedürftig, dass jede thematische Umstellung auf grundsätzlich Neues und davon Verschiedenes „aber besonderer Motive (bedarf), damit der in solchem Weltleben Begriffene sich umstellt und dazu kommt, sie selbst irgendwie zum Thema zu machen, für sie ein bleibendes Interesse zu fassen"[43]. Wollten wir Husserls Analysen über Ursprung und Ursprungssinn aufgreifen, dann hätten wir eine Wissenschaft aufzubauen, deren Anfang und Fundament nicht durch wissenschaftliche Objektivität gesetzt und normiert wird, sondern unsere Aufgabe bestünde primär in der Erschließung der lebensweltlichen Sinnebene selbst, die uns die mögliche Bedeutsamkeit einer Fragestellung – ihre Motivation – erst einmal vorführt. Auf dieser Ebene des leiblichen und sprachlichen Apriori liegen Einsichten und Erfahrungen, die den Menschen veranlasst haben mögen, auf eine neue, unerwartete Weise über Wohnen, Entwerfen und Bauen nachzudenken und im Rahmen einer vorhandenen Weltordnung auch praktisch zu vollziehen. Es darf nicht mehr, so Husserls Fazit, auf Prämissen und Axiomen (Husserl spricht von „Einbildungen") irgendeiner Wissenschaft „blind" weitergebaut werden. Stattdessen benötigt die Wissenschaft Anfangsgründe, die auf anschaulichen Auslegungen von Phänomenen basieren.

Für Husserl liegt der *Anfang* auf der Ebene der lebensweltlichen Grundlagen unseres Welt- und Selbstverständnisses. Er spricht von dauerhaftem Fundament und Boden und identifiziert beide als „Subjektivität". Husserl sah die durch die naturwissenschaftliche Dominanz aufgewertete Objektivität als Krisenerscheinung der modernen Wissenschaften und damit der europäischen Kultur insgesamt. Seine eigene Lösung, nämlich der radikale Rückgang auf die „leistende Subjektivität", die zudem eine Scheidung von Welt und subjektivem Leben vorsieht, scheint nicht möglich.[44] Aber der von Husserl vehement in Anschlag gebrachten Problematik einer begründeten Methodologie dürfen und sollten wir uns nicht verschließen. Es ist die radikal gestellte Frage nach dem Anfang, nach dem Ausgangspunkt einer Wissenschaft, deren Phänomene lebensweltlich anschaulich und bedeutsam sind. Das heißt, die Phänomene bedeuten in unserer Welt immer schon etwas, bevor eine Wissenschaft oder eine Expertenprofession sie sich zum Thema machen. Wir müssten also versuchen, noch vor die wissenschaftlichen Konstruktionen, welche die Tradition des architektonischen Betriebs kategorisch aufgerichtet haben, zu kommen. Mit Husserl sollte uns vor allem die Haltung und Motivation interessieren, an denen eine Wissenschaft ihren Ursprung hatte, „zunächst als Vorhabe und dann in gelingender Ausführung ins Dasein tretend"[45].

In diesem Zusammenhang ist es aufschlussreich, dass auch Hans Blumenberg, ein ausgewiesener Kenner des Husserl'schen Gesamtwerks, in dem nachgelassenen Band *Theorie der Lebenswelt* von der „Vorgeschichtlichkeit der Lebenswelt" spricht[46]. Zum einen befinden wir uns „in" unserer Lebenswelt, insofern unser Wohnen, Entwerfen und Bauen fraglos und selbstverständlich erledigt werden. „Geschichte" beginnt erst in dem Augenblick, wenn das Leben selbst Motive hervorbringt, das Selbstverständliche infrage zu stellen. Zum anderen kann jeder Mensch wieder und wieder „ursprüngliche" oder „unmittelbare" Erfahrungen machen, wenn diese nicht theoretisch-wissenschaftlich angeleitet und systematisch eingegliedert, sondern spontane Weltwiderfahrnisse sind. Eine ursprüngliche Erfahrung ist dann für einen Menschen die Erfahrung, die ihn selbst betrifft derart, dass sie seine Lebenserfahrung und damit sein Leben in der Welt auf eine neue Stufe stellt. Entsprechende Erfahrungen leuchten uns unmittelbar ein und führen uns zu Einsichten und Grundüberzeugungen unserer Lebensführung. Daraus erwächst die eigentliche Aufgabe der Theorie, insofern sich diese wieder mit dem Sinn auseinanderzusetzen hat, den die Welterfahrung in ihrem „Ursprung" hatte. Der „Ursprung" steht hier für die vorwissenschaftliche „naive" ursprüngliche Erfahrung, den die Wissenschaften nicht nur vergessen haben, den sie in ihrer „modernen" methodologischen Einstellung auch nie erreichen wird. „Die Wiederanschließung der Objektwelt an die Lebenswelt durch Theorie ist so etwas wie ‚Erinnerung' an den ihr aus dem Ursprung zugewachsenen und mitgegebenen, aber im Maße des Erfolgs der Objektivierung vergessenen, wenn nicht sogar verkehrten Sinn. Da Wissenschaft nicht mehr ihren Sitz im Leben selbst hat und haben kann, nicht einmal ihre Resultate an das Leben zurückzuliefern vermag, muß sie ihren Ansatz in der Lebenswelt als ihren ‚Stiftungssinn' sich zurückholen, soll nicht in Verdruß und Überdruß umschlagen, was seinen Inhalten nach sich vor dem Leben nicht oder nicht mehr zu rechtfertigen vermag."[47]

Vitruv über Ursprung und Entstehung der Architektur

Natürlich stellte sich auch Vitruv die Frage nach dem Anfang, dem Ursprung. Aber es ging ihm nicht darum, zu erläutern, auf welches einmal erkannte Problem der Hausbau reagierte. Wie wir gleich sehen werden, deutet er die Architektur als eine Erfindung *ex nihilo*. Für diese Haltung hat das Kapitel *Vom Ursprung der Gebäude*[48] paradigmatische Bedeutung. Darin variiert Vitruv die offensichtlich der Stoa und dem Spät-Hellenismus entnommenen Kulturentstehungslehren.[49] In der Lesart Vitruvs übernimmt der Architekt die führende Rolle für die Entwicklung („Evolution") der Menschheit, und die Architektur erringt die Bedeutung der „Ur-ars"[50]. In diesem Zusammenhang muss das für Vitruv relevante Verständnis vom Menschen als Erfinder, die zentrale Rolle der *téchnai* sowie das Fortschrittsdenken der frühen römischen Kaiserzeit ebenfalls berücksichtigt werden.[51] Darüber hinaus ist aber die intellektuelle „Stimmung“ jener Zeit nachzuvollziehen, aus der heraus und in die hinein Vitruv sein Werk besorgte und die Wilhelm Dilthey, wie unten gezeigt wird, auf den Punkt bringen konnte. Diese Thematik kann ich im Folgenden nur anreißen. Immerhin sollte ihre wissenschaftstheoretische Problematik aufgehen.

Vitruv stellt zunächst so etwas wie einen menschlichen Urzustand fest und beschreibt anschließend seine Überwindung. Zu diesem Zweck erzählt der Text von der „Urerfindung des Hausbaues“ *(antiquis inventionibus aedificiorum)* beziehungsweise vom Ursprung der Architektur. Er unterteilt die menschliche Geschichte in eine ereignislose tierhafte Urzeit, in der die „Menschen wie die wilden Tiere [...] zur Welt kamen“ und vereinzelt-zerstreut ein von vielen Gefahren bedrohtes Leben vor sich hatten. Dann ereignete sich der rettende Ur-Sprung in eine neue Zeit, verursacht durch einen Zufall, den die Menschen sich aber kunstvoll zu Nutzen machten und so zu einer ersten „altertümlichen Bauweise“ kamen. Schließlich die Zeit der Gegenwart des Vitruv, in der die Menschen, von Handwerksmeistern *(fabri)* angeführt, „Schritt für Schritt vom Häuserbau zu den übrigen Künsten und Wissenschaften fortgeschritten waren, die menschliche Gesellschaft von einem wilden und tierhaften zu einem friedfertigen, gesitteten Leben“. Es ist der Weg von einem vor-menschlichen Urzustand zur Kulturentwicklung, den Vitruv in diesem Kapitel der *Zehn Bücher über Architektur* beschreibt. Am Ende wird klar, dass er den Architekten als Erfinder und zugleich als Vollender dieser ursprünglich einsetzenden, kulturstiftenden Tätigkeit des Häuserbaus begreifen will.

Die Kunst der Architektur und die Könnerschaft des Architekten beginnen für Vitruv mit dem äußeren naturhaften Ereignis, einem Feuer, das sich *zufällig* entfacht. Die noch vertierten Menschen aber spüren, dass die vom Feuer ausgehende Wärme ihnen körperlich angenehm ist. Die Nähe des Feuers bringt eine soziale Nähe der Menschen mit sich. Sie lernen, das Feuer zu unterhalten, seinen Nutzen zu erkennen. Über diesen sozialen Austausch, unterstützt durch Gebärden und das Ausstoßen von Lauten, entsteht schließlich die Gewohnheit, ihrem Tun auch durch Worte Ausdruck zu verleihen. Durch diese Reihung von Nützlichem wurde die Sprache erfunden. Das damit einsetzende Sprechen, dessen Veranlassung also das Unterhalten des Feuers gewesen ist,

ist der Beginn für Zusammenkunft und Zusammenleben der Menschen an einem Ort, der Grund für Sesshaftigkeit. Auch der Vorzug des aufrechten Ganges, der den Menschen vor allem anderen Lebendigen auszeichnet, macht es ihm möglich, in die Weite zu schauen, nämlich die „Herrlichkeit des Weltalls und der Gestirne" anzublicken. Diese Orientierung am „Kosmos"[52] mag auf die Weltansicht und den Zahlenmythos der Pythagoreer hindeuten, die auch für Vitruv und seine Zeitgenossen wichtig waren. Schließlich kommt es, da der vergemeinschaftete Mensch es verstand, Werkzeuge herzustellen und die Umwelt zu bearbeiten, zu ersten Behausungen, die Vitruv in Laubhütten, gegrabene Höhlen und aus Lehm und Reisig verfertigte Behausungen unterteilt. Nach diesen ersten Versuchen setzte ein Wettbewerb ein, wer im Bereich des Bauens zu den besten Neuerungen und Urteilen kommt. Den hierbei erfolgreich tätigen Menschen zeichnet vor allem seine Erfindungskraft aus. Die nun bei Vitruv einsetzende detaillierte Beschreibung der unterschiedlichen Fertigkeiten hebt die Vielfalt und den Wettbewerb im Erfinden technischer Innovationen heraus: „Und zuerst richteten sie Gabelhölzer auf, schoben Zweige dazwischen und bedeckten Wände mit Lehm. Andere schichteten Mauern aus luftgetrockneten Lehmklumpen, verbanden sie miteinander durch Holz und bedeckten sie, um Regenstürme und Hitze abzuhalten, mit Schilf und Laub. Später machten sie, als diese Dächer während der Winterstürme den Regen nicht aushalten konnten, Giebel, bestrichen die schrägen Dächer mit Lehm und leiteten durch Traufen das Regenwasser ab." Mit diesen bautechnischen Neuerungen endet die Geschichte vom Ursprung der Häuser. Anschließend verweist Vitruv auf noch erhaltene und zu besichtigende Bauten, um den Leser davon zu überzeugen, dass seine Ausführungen allein der „historischen" Wahrheit dienen. An den überkommenen Beispielen von altertümlichen Bauten könne nun jeder nachvollziehen, dass es tatsächlich so gewesen ist und es sich so abgespielt habe, wie er, Vitruv, es berichtet hat.

Aber Vitruv hatte ja nicht die Absicht, ein Buch darüber zu verfassen, „woraus die Baukunst hervorgeht"[53], sondern die Rolle und Stellung des Architekten innerhalb dieser Praxis herausstellen. Dass es in dem Menschen von vorne herein angelegt sei, dass dieser „wissenschaftlich" vorzugehen habe, glaubt Vitruv, bereits erwiesen zu haben. Aber was ist aus dem „ersten Handarbeiter" geworden, der zunächst nur wusste, seine Hände immer besser für den Hausbau einzusetzen? Dieser hat sich durch Geschicklichkeit und Übung des „Geistes“ zum Handwerksmeister *(fabri)* gebildet. Vor allem ist es ihm gelungen, herkömmliche Verfahren zu einer Kunstfertigkeit zu vollenden. Diese am Hausbau geschulten geistigen Leistungen sind insgesamt dafür verantwortlich zu machen, dass es den Menschen gelang, sich über die übrigen Lebewesen und deren Wildheit zu erheben. Beim Häuserbau begonnen, durch Künste und Wissenschaften fortgeschritten, habe sich schließlich eine gesittete und friedfertige menschliche Gesellschaft gebildet. Die dafür verantwortlichen Kräfte entwarfen nun auch bewusst für die Zukunft Häuser aus Stein auf Grundmauern. Für diese Berufsausübung wurden schließlich auch Beobachtungen und Berechnungen nötig, um zu sicheren Urteilen zu kommen. Es wurde nun ebenfalls darauf geachtet, dass die Bearbeitung der verwendeten Baumaterialen dazu beitrug, die inzwischen verfeinerte Lebensart durch Genuss der Bauwerke zu befriedigen. Endlich ist Vitruv bei der Bestimmung des Architekten und der Baukunst selbst angekommen. Dieser muss so ausgebildet sein, dass er die Vollendung des ursprünglich Entstandenen sich zur Aufgabe setzt.

Karl Reinhardt, der in einer bedeutenden philologischen Schrift den griechischen Philosophen Poseidonios untersucht hat[54] und dabei auf Hinweise zu diesem bei Vitruv gestoßen ist, deutet den Exkurs zum Hausbau so, dass Vitruv nicht mythologische Reden halten, sondern ein begründetes Urteil abgeben wollte. Wir haben es bei Vitruvs Schilderung mit einem Entwicklungsgang zu tun, der ohne die Erfindung der Architektur so nicht möglich gewesen wäre: „Über die Baukunst ging der Weg, der sie [die Menschheit] aus roher Urwildheit zu wahrer Menschlichkeit geführt hat.“[55] Schaut man etwas genauer hin, so bleibt es freilich unbefriedigend, dass die technische Entwicklung der Baukunst auf einem Zufall basieren soll, das heißt ohne jenes grundlos entfachte Feuer die Menschheit sich niemals hätte zur Architektur empor arbeiten können. Dieses Missverhältnis scheint auch Vitruv geahnt zu haben. Reinhardt macht darauf aufmerksam, dass wir von Vitruv im Abschnitt *Vom Ursprung der Gebäude* zwei Entwicklungsgeschichten der Architektur präsentiert bekommen. Eine erste, die auf dem zufälligen Ereignis des

Feuers basiert, das schließlich die inzwischen vergemeinschafteten Menschen dahin geführt hat, „aus Laub Häuser zu bauen, [...] am Fuß von Bergen Höhlen zu graben; [...] die Nester der Schwalben [nachzuahmen] und [...] aus Lehm und Reisig Behausungen [herzustellen]“[56]. Hier ist, was die Innovationen der Menschen selbst angeht, kein Fortschreiten erkennbar. Die zweite Entwicklungsgeschichte ruft indes eine gestufte Reihung auf: „1. Hütten, und zwar diese wieder in verschiedenen Stadien der Entwicklung“[57] zunächst aufgerichtete Gabelhäuser aus Lehmwänden mit eingeschobenen Zweigen; dann Hütten aus luftgetrockneten Lehmziegeln, welche die Menschen mit Schilf und Laub bedeckten, um vor Nässe und Hitze geschützt zu sein. An späterer Stelle seines Textes führt Vitruv diese Entwicklung fort, indem er (2.) Häuser mit Grundmauern und Wänden aus Ziegeln oder Stein unterscheidet. Am Ende der Entwicklung entstehen (3.) Gebäude für die „feinere Lebenshaltung“, die auf „Berechnungen symmetrischer Verhältnisse“[58] beruhen und an deren Ausstattung weitere Künste beteiligt sind. Reinhardt gibt für diesen Entwicklungsgang, der völlig anders angelegt ist als der erste zufallstheoretische, folgende Erklärung: „[D]urch die Konsequenz der Stufen soll sich eine Konsequenz des Menschengeistes selber zu erkennen geben: seine eingeborene Urteilskraft, die ihn methodisch, Schritt für Schritt, die Möglichkeiten hindurchführt, die ihm von der Natur gegeben sind. [...] Insofern als zwischen Natur und Künsten ein einheitlicher Zweckzusammenhang besteht, ist alles Erfinden kein Erschaffen, sondern Urteil und Beurteilung der Möglichkeiten, die in diesem Zweckzusammenhang von Anfang an als feste Zahl enthalten ist“.[59] Der Techniker Vitruv will also, so Reinhardt, an dieser Stelle seiner Theorie den Ursprung und den Erfolg der technischen Künste auf die menschliche Urteilskraft und eben nicht auf den Zufall zurückführen. Auch an anderer Stelle seiner *Zehn Bücher über Architektur* werden Zahl und Zahlenverhältnisse, wie sie Vitruv und seiner Zeit durch die Pythagoreer überliefert wurden, zu einem entscheidenden „wissenschaftlichen“ Kriterium für die auszubildende Urteilskraft des Architekten. Vitruvs Verständnis von Symmetrie und damit seine Theorie von der Schönheit wird konsequent auf klassisch-hellenistische Zahlenmaße zurückgeführt.

Vitruv hält also angesichts der vielfältigen Entwicklungen und aufgrund der einen Erfindung des Hausbaues stets den Blick auf den Ursprung gerichtet. Im Entfalteten soll das Nichtentfaltete mit gesehen, im noch unausgewickelten Ursprünglichen das schließlich Ausgewickelte in eins geschaut werden. Die reichhaltige Beschreibung der verschiedensten altertümlichen architektonischen Formen, die aus der Urerfindung entstanden sind, haben, nach Reinhardt, ihren Wert darin, dass diese Mannigfaltigkeit „ihren Sinn durch die Beziehung auf den Urzustand nicht weniger erhält, wie umgekehrt der Urzustand durch eben diese Beziehung zu einem noch Gegenwärtigen, Geschauten und Erlebten wird“[60]. Reinhardt deutet diese Haltung als eine von Poseidonios (etwa 135 bis 50 vor Christus), einem griechischen Philosophen, Naturforscher und Historiker, der auf seinen Reisen unter anderem nach Rom auch Cicero kennenlernte, herrührende und von Vitruv übernommene „besondere Art des Sehens“, „dadurch daß im Ausgebreiteten und Mannigfaltigen die anfängliche Einheit und Entwicklung mitgeschaut wird, ebenso wie in den Ursprüngen bereits die ausgewickelte Vielheit“[61].
Der prägende Einfluss von Vitruvs *Zehn Bücher über Architektur* und deren „universalistischer Anspruch“ (Thorsten Fögen) auf die Geschichte und Ausrichtung des Faches „Architekturtheorie“ bis heute sind unbestritten. Vitruvs apodiktische Setzung eines „Anfangs“ bedeutet die Hinnahme, Schönheit sei durch „Ordnung“ „rational“ herstellbar, zum anderen, die Hierarchisierung von Fachwissen und Laienmeinung sei ein uneinholbarer Erkenntnisfortschritt. Damit ignoriert Vitruv die „ursprüngliche“ Einheit von Machen und Gebrauchen, von der Platon und Aristoteles ausgegangen waren. Husserl, wie oben gezeigt, anerkennt zwei Einstellungen zur Wahrheit. Der Unterschied zwischen Fach- und Laienwissen ist, wie uns Ludwik Fleck gezeigt hat[62], kein kognitiver. Er markiert den Übergang in eine andere Lebensform, in einen anderen Denkstil. Wir müssen deshalb historisch und auch „logisch“ *vor* die Vitruv’schen Axiome kommen. Denn sie bedeuten zugleich die sich bis heute durchhaltenden Disqualifizierungen sowohl dessen, was wir „Widerfahrniserfahrung“ nennen wollen, als auch dessen, was wir „Gebrauchs- oder Umgangswissen“ mit Architektur, allgemein mit Gebautem, nennen können.

Wir werden Vitruv als einen typischen Vertreter von Fachliteratur im frühen römischen Kaiserreich einordnen müssen.[63] Für diese Zeit ist ein gegenüber der griechischen Antike neuer Denkstil mit neuer Willensstellung paradigmatisch geworden, dem sich auch Vitruv nicht entziehen konnte. Jeder Fachschriftsteller hat seine Disziplin an die Spitze einer fortschrittlichen Menschheitsentwicklung gestellt, so auch Vitruv den Architekten und die Architektur. Er verleiht der Architektur einen zentralen Platz innerhalb der Entwicklung der Kultur. Aber auch die Art und Weise, wie eine Tätigkeit diszipliniert, durch Regeln und Vorschriften durchgesetzt und als vorbildlich aufgezeigt wird, ist, nach Diltheys Urteil, zeittypisch: „Die Stellung des Willens in den Verhältnissen von Herrschaft, Freiheit, Gesetz, Recht und Pflicht bildet hier die Ausgangspunkte des Weltverständnisses und der metaphysischen Begriffsbildung. Begriffe, welche uns teilweise schon in der Begriffssymbolik des religiösen Verhaltens begegnet sind, werden nun hier zentral und leitend. So das Imperium eines souveränen höchsten Willens über die ganze Welt, die Abgrenzung der verantwortlichen Freiheit der Person gegen dies Imperium, die Abgrenzung der Herrschaftssphären der Einzelwillen voneinander in der Rechtsordnung der Gesellschaft, Gesetz als Regel dieser Abgrenzung, Herabdrückung des Objektes zu der dem Willen unterworfenen Sache, äußere Teleologie."[64] Mir scheint, dass dieser unbedingte Wille, das Tun und Lassen abgeleiteten Regeln und einem Gesamtordnungswillen zu unterstellen, auch in Vitruvs *Zehn Bücher über Architektur* ein- und ausgeht. Schönheit beziehungsweise Ästhetik lässt sich allein durch Ordnung erzielen. Diese Ordnung basiert aber auf rationalen Verhältnissen. Architektur insgesamt hat sich diesem Willen des Architekten zu fügen. Man kann den Eindruck gewinnen, Architekturtheorie soll das Bauen in eine universalistisch geltende Rechtsordnung überführen: „Vom Rechte aus werden für den römischen Geist Willensherrschaft, Zweckmäßigkeit, Utilität und Regel zu Organen für das Gewahren und Begreifen schlechthin."[65]

Vorgeschichtlich gab die Architektur keinen Anlass, über ihren Sinn und ihre Bedeutung zu reflektieren. Primär ging es um das Haus im jeweiligen Kontext eines mythischen Weltentwurfs, mit dem sich das Reden der Menschen auseinandersetzte. Worin liegt der Übergang, nicht mehr von Haus und der

Geborgenheit, die es spendet, sondern über Architektur im Sinne eines Vitruv zu sprechen? Inwiefern hat sich mit diesem Übergang der Status des Gebauten verändert? Haben wir es hier mit ersten Einbrüchen in die ursprüngliche Erfahrung zu tun, wenn Architektur, wie von Vitruv intendiert, gezielt als eine Wissenschaft aufgefasst werden soll und damit entsprechenden Axiomen und Interpretationen unterliegt, die bildungssprachlich in „Architekturbüchern" vertieft und in sogenannten „Entwurfslehren" mit ihren Kategorien überprüft werden? Solche theoretischen Abhandlungen produzieren Erwartungen, die nun aber nicht mehr auf Einsichten und Erfahrungen beruhen. Was zuvor anschaulich erkannt wurde, muss jetzt zur begrifflichen Erkenntnis werden. Vitruv will ein Prinzip der Architektur begründen, das den Anspruch erhebt, für *jede* Art von Architektur gültig zu sein. Prinzip und Theorie sind hier eins. Jedes Bauwerk kann von nun an beurteilt werden als ein Fall, der unter diese vitruvianistische Theorie subsumiert werden soll, ihr also entspricht oder nicht. Das ist das Schicksal, dass wir jenem berühmten Beginn des Ersten Kapitels der *Zehn Bücher über Architektur* verdanken: „Architecti est scientia." Vitruv unternimmt diese Auslegung der Architektur als wissenschaftliche Theorie auch deshalb, weil er der Auffassung ist, dass dies die Aufgabe einer Wissenschaft von der Architektur sei: apodiktisch festzulegen, was unter ihren Begriff gehört und was nicht. Jede Theorie grenzt aus und trennt auf eine bestimmte Weise das voneinander, was zuvor noch ganz ohne Theorie vielleicht recht gut beieinander stehen konnte. Vitruv unternimmt also mit seiner Schrift die „Legitimation der architectura durch die Theorie", wie es Alste Horn-Oncken ausgedrückt hat.[66] Dieser Ausgang von der Theorie ist der Gang weg von Anschaulichkeit, Widerfahrnis und Lebenspraxis hin zu Definition von Prämissen und auffindbaren Eigenschaften der Dinge.

Der Anfang des Wissens entwächst dem „Vorwissen" einer Lebenspraxis

Im Griechischen *(ἀρχή)* wie im Lateinischen *(principium)* bedeutet das eingedeutschte Wort „Prinzip": *Anfang* bzw. *Ausgangspunkt.* Unter Prinzip indes

ist nichts Sachliches zu fassen, sondern ein bestimmtes *Wissen.* Prämissen, von der eine Wissenschaft ihren Anfang nimmt und die uns zu den Prinzipien der Sache selbst führen sollen, können nicht syllogistisch abgeleitet werden und aus keiner wissenschaftlichen Feststellung herrühren, dennoch aber sollen sie gesichert sein und überzeugen. Dieses Verständnis von Prinzipienfindung liegt der aristotelischen Epagoge oder Induktion, wie sie auch genannt wird, zugrunde. „Zur Vermeidung eines unendlichen Regresses im Beweisen muß die Wissenschaft von unbeweisbaren Grundsätzen *(ἀρχαί)* ausgehen, die zugleich wahr, unvermittelt und früher sind als der Schlußsatz. Die Erkenntnis dieser Sätze beruht auf *ἐπαγωγή.*"[67]
Im Jahr 1942 legt Ernst Kapp eine zunächst auf Englisch erschienene Schrift mit dem Titel *Greek Foundations of Traditional Logic* vor. Darin zeigt er, dass die „Logik" ihren Ursprung einer eingeübten intersubjektiven Lebenspraxis verdankt, nämlich dem Gespräch zwischen Lehrer und Schüler: Im mündlichen Austausch sollte überprüft werden, wie man am besten sein Gegenüber von der Wahrheit überzeugen könne. Die moderne Logik, so führt Kapp weiter aus, erfand stattdessen eine Logik für den einsamen und isolierten Denker, der es allein mit seinem Denken zu tun hat. Die Platon und Aristoteles nachfolgenden „Logiker" hatten nicht erkannt, dass etwa Aristoteles' Verwendung des Wortes *logos* zeigt, „daß die Logik ursprünglich verstanden wurde als eine Wissenschaft von dem, was geschieht, wenn wir nicht für uns selbst denken, sondern wenn wir reden und versuchen, einander zu überzeugen"[68]. Dabei interessieren vor allem Lebenssituationen, in denen einer dem anderen seine Erfahrungen mitteilen will, zugleich davon überzeugt ist, dass Erfahrungen selbst *keine* Beweise sind. Es ist nämlich ein Unterschied, ob ich wie die modernen Denker das Denken „als ein Gespräch mit mir selbst" oder als einen gedanklichen Austausch mit einem anderen, der eine „geistige Erfahrung" über das Gesprochene macht, verstehe. Im ersten Fall komme ich nur zu einer, „meiner" Meinung. Im zweiten Fall gibt es eine lebensweltliche Situation, die sowohl Zu- als auch Widerspruch, auf die wiederum gesprächsweise eingegangen werden kann, zulässt. Die „moderne" Logik hat zwar Aristoteles als ihren Urahnen anerkannt, aber es versäumt, einen überzeugenden Zugang zur *Epagoge* zu gewinnen. Es wurde nicht berücksichtigt,

dass die Logik des Aristoteles *immer schon ein Wissen voraussetzt*, wenn man mit einer Wissenschaft beginnen will.[69] Der epagogischen „Methode“ geht es um die Hinführung des Gesprächspartners zu diesem „anfänglichen“ Wissen.

Prinzipien, auf denen die Wissenschaften fußen, dürfen nur dort entsprungen sein, wo es keinen Irrtum geben kann. Sie können deshalb auch nicht bewiesen werden. Es darf also von den Prinzipien selbst keine Wissenschaft geben. Aristoteles nennt hier den *Nous* (unmittelbar evidente Einsicht) als einzig mögliche Quelle der Prinzipien: „Wenn man von hier ausgehend sieht, daß der Beginn des Beweises nicht selbst ein Beweis sein kann und der Beginn des wissenschaftlichen Wissens nicht wieder ein wissenschaftliches Wissen, so dürfte wohl, wenn wir sonst außer der Wissenschaft keinen Zugang zur Wahrheit haben, die unmittelbare Einsicht (der *Nous*) der Anfang des wissenschaftlichen Wissens sein. Dies dürfte wohl also der Ursprung der ersten Prinzipien sein, und die ganze Wissenschaft verhält sich ebenso zu ihrem gesamten Gegenstand.“[70] Anders als bei Platon ist bei Aristoteles der *Nous* nicht auf die Ideen, sondern auf das, was den Gegenständen an sich zukommt, bezogen.[71] Dies wird in den „ersten Sätzen“, von denen jede beweisende Wissenschaft ausgehen muss, ausgesagt. Die Einsicht in die ersten Prinzipien vollzieht sich aber durch *epagogé*. Da „das Allgemeine durch das Einzelne hindurch unmittelbar erfaßt werden“ kann, „[genügt] ein einziges Beispiel“[72].

Die Epagoge war eine antike Methode, um an die Prinzipien des Wissens heranzukommen. Man wurde so an Einsichten und Erfahrungen herangeführt, die den Orientierungsbedingungen einer Lebensform zugrunde lagen. Was kann, was soll es heißen: Der Sitz der Architektur sei im Leben? – Die Antwort lautet: Dass wir hier nur weiterkommen, wenn wir die Einsicht der Lebenserfahrung reflektieren! „Lebenserfahrung hat nur der, der die Dinge in konkreten Situationen kennengelernt hat.“[73] Wir benötigen den Rückgang auf die Lebenspraxis und auf praktische Orientierungsverhältnisse und konkrete Verhaltenssituationen: Wohnen, Entwerfen beziehungsweise Konstruieren und Bauen. Im Umgang mit Architektur verhalten wir uns zu menschlichen Möglichkeiten. Es soll schließlich im Tun, besser: durch das Tun dem

Menschen etwas ermöglicht werden. Der Mensch, einmal auf der Welt, muss irgendwo bleiben. Das ist die menschliche Grundsituation. Dauerhaft an einem Ort verweilen heißt wohnen. An Umständen, Kompetenzen, Umwelten, Ziel- und Zweckbestimmungen reiben sich unsere Möglichkeiten, das Bleiben (Wohnen) zu gestalten und dauerhaft zu bewältigen. Architektur ist in der Welt und keine Welt für sich. Und Menschen, die sich verhalten, verhalten sich in ihrer Welt zu den Möglichkeiten, die diese ihnen bietet und die sie „an sich selbst" entdecken. Verhalten und Lebensführung haben ihren tieferen Grund in einem Verständnis, das der Mensch von sich und seinen Zielen in seiner Welt hat. Das gilt für vormoderne wie für moderne Zeiten. Ein Verständnis von den „letzten" Zielen und Zwecken seines Tuns und Lassens, damit auch vom Möglichkeits-Grund seiner Welt überhaupt, ist zu keiner Zeit eigens begrifflich hinterlegt oder ausdrücklich zu Bewusstsein gebracht. Auch die aufgeklärteste, *nicht* bildungssprachlich ausgerichtete Architekturtheorie kann hier nur nachtragen, was dem Menschen für seine Lebensführung bedeutsam geworden ist, insofern dieser sich in seinem Verhalten nach Bedeutsamkeiten ausgerichtet hat. Welches Grundverständnis den Menschen jeweils „trägt" und „tragen wird", muss theoretisch-begrifflich offen bleiben. „Die philosophische Aufklärung mag ihn dann darüber zu belehren suchen, daß dieses Verständnis etwa ein magisches oder mythologisches war und der begrifflichen Erkenntnis nicht standhält. Aber es hat ihn zuvor schon immer in seinem Verhalten und der Führung seines Lebens geleitet."[74] Damit ist etwas Entscheidendes getroffen: Das „architektonische" Verhalten (hier: bauen, entwerfen, wohnen) kann nicht jenseits der Welterfahrungen und Lebensauffassungen der handelnden Menschen wirklich begriffen werden. Alle Möglichkeiten, zu denen wir uns als Menschen verhalten, sind Möglichkeiten dieser unserer Welt.

Fragen wir nach der menschlich-kulturellen Leistung, die mit dem Bauen verbunden sind, dann gilt unser Interesse auch historisch-empirischen Erkenntnissen, zum Beispiel einer „Geschichte der Architektur". Vor dem Hintergrund der antiken Kulturentstehungslehre, die Vitruv offensichtlich in der ihm überkommenen Version des Poseidonios rezipiert hat, wird jedes anfänglich-primitive Bauen durch einen unaufhaltsamen Fortschritt in der Entwicklung der Menschheit überholt, an deren Ziel und Höhepunkt der Architekt als einzige Autorität die Regeln des Tuns vorgibt. Wie denkt darüber unsere zeitgenössische Architekturgeschichtsschreibung? Wir stellen zunächst fest, dass diese das sogenannte „primitive“ Bauen in ihrer historischen Abfolge von Epochen des Bauens aufnimmt.[75] Allerdings treten die Anfänge des Bauens lediglich als eine unbedeutende Phase für die Geschichte der Architektur in Erscheinung. Heinrich Klotz beispielsweise blickt, wenn er von den Anfängen der Architektur spricht, alleine auf die konstruktive Seite des Bauens, wenn er schreibt: „Die Anfänge der Behausung sind also nicht identisch mit den Anfängen der Architektur. Erst der Schritt zur künstlichen Herstellung der Behausung, der letztlich von der Identität des Menschen mit der Natur fortführte, markiert den Beginn des Wohnbaus.“[76] Gibt es wohlmöglich einen Beginn „vor“ dem eigentlichen Anfang? Was soll aber unter der „Identität des Menschen mit der Natur“ verstanden werden? Dass der Mensch, vergleichbar einem Tier, zufällig auf eine Höhle trifft, in der er, allein von Trieb und Instinkt geleitet, Unterschlupf sucht und findet? Parzinger stellt überhaupt infrage, dass „Höhlen wirklich als Wohnplätze genutzt wurden“.[77] Man habe sie lediglich aus Furcht vor großen Tieren zur Abhaltung von Riten genutzt. Welchen Grund hätte der Mensch aber, diesen tierhaften Naturzustand einmal aufzugeben, wenn er nicht von Anfang an schon nicht im Einklang, sondern in einem Bruch mit seiner Natur lebte, auf den Helmuth Plessner verwiesen hat.[78] Haben wir es bei den „Anfängen der Behausung“, die für Klotz offensichtlich einen wesentlichen Unterschied machen, überhaupt schon mit einem vollwertigen Menschenwerk zu tun? Welchen primären Naturzustand meint Klotz, insofern, nach ihm, dieser sich durch Vor-Künstlichkeit auszeichnen soll? Von woher, das heißt weltanschaulich wo stehend, aber soll der „Schritt zur künstlichen Herstellung“ unternommen worden sein, insofern doch der Mensch ohne technisches Können, das er zum Beispiel zur Herstellung von Werkzeugen einsetzen muss, kein Mensch ist? Dieser „Schritt“ von einem natürlichen, vor-menschlichen Zustand hin zu einem künstlichherstellenden menschlichen ist offensichtlich eine Fiktion.

Bernhard Irrgang spricht von Frühmenschen als von „Steinkonstrukteuren“: „Bereits in der Zeit der Jäger und Sammler gab es von Menschen konstruierte

Wohnungsstrukturen im Sinne von Schutzvorrichtungen, die über 13 Meter lang waren […].“[79] Wer „Werkzeuge“ herstellen und an Bedingungen anpassen kann, der muss auch über ein begriffliches Distanz- und Abstraktionsvermögen verfügen: „Schon die paläolithischen Werkzeuge sind daher ‚steinerne Begriffe‘, sie schließen das Bedürfnis und Gedanken der Menschen mit den Sachbedingungen zusammen.“[80] Jeder Herrichtung eines Lagerplatzes oder einer Hütte liegt schon eine technische Praxis zugrunde. Zu ähnlichen Erkenntnissen ist auch die empirische Frühhistorie vorgedrungen unter Betonung der bewussten Zwecksetzung der damaligen Menschen: „Daß bereits älteste Behausungen artifiziell hergerichtet waren, kann angenommen werden, analog der planvollen, zweckdienlichen Herstellung früher Steingeräte“, so Müller-Karpe zur Kennzeichnung der älteren Abschnitte des Paläolithikums.[81] Der Mensch ist von Natur künstlich, wie uns die philosophische Anthropologie gelehrt hat: „Daß der Mensch biologisch ein Mangelwesen ist, heißt, daß er sozusagen von Natur ein Kulturwesen ist.“[82] Der Mensch, der baut, wohnt und sesshaft ist, wird bei Klotz erst „später“ zum „Homo faber“, der sein Leben und seine Umwelt allein „technisch-künstlich“ bewältigt. Was Klotz unter „der Identität des Menschen mit der Natur“ versteht, darüber erfährt der Leser nichts. Nach Klotz soll das Aufkommen des *Homo faber* einen historischen Umbruch bedeutet haben, der das Bauen selbst betraf? Auch dieser Umbruch zur Architektur wird von Klotz rein kausal erklärt: „Jedes vom Menschen hergestellte Konstruktionsgebilde, das dem Wetterschutz dient, ist Architektur.“[83] Mit dieser Erklärung von Handlungen, die das Bauen betreffen, wird der Mensch mit seiner Hinwendung zur Architektur allein auf seine biologischen Daseinsbedingungen und materielle Lebenserhaltung reduziert. Sicher hat der Schutz vor den Unbilden des Wetters und vor großen Wildtieren auf konstruktive Leistungen sich ausgewirkt, aber die biologische Lebenserhaltungsstrategie als ursächlich für das Aufkommen von Architektur zu erklären, ist historisch unhaltbar. Können und Machen des frühzeitlichen Menschen dienen nach diesem Verständnis dem puren Überleben und Am-Leben-bleiben, das Leben selbst muss aber so *nicht* auch auf „höhere“ Ziele und Zwecke hin *orientiert* werden. Ein „Bedürfnis“ wie das nach Sicherheit, auf das auch Tiere reagieren und das animalisch ist, muss für den

Menschen als „tiefer“ angelegt gedeutet werden: als vorsorgende und effiziente Daseinssicherung, die Entlastung schafft. Eine Ausrichtung auch an „wahren“ Orientierungsverhältnissen und an nicht konstruktiv-technischen Zielen des Bauens ist somit nicht eine ausdrücklich, durch wen oder was auch immer, veranlasste Zugabe späterer aufgeklärter Zeitalter und ihrer Ideologien, sondern vorgeschichtlich verwurzelt und verursacht im können den Verhalten des Menschen zu sich, seiner Umwelt und seinen Möglichkeiten. Unsere These lautet: Der Mensch existiert in der Unverfügbarkeit über sein Wohnen und Bleiben in seiner Welt. Zu diesem Menschsein gehört das leibliche Spüren, auf räumliche Orientierung angewiesen zu sein, für die entwerfend-bauend gesorgt werden muss. Ohne räumliche Orientierung gibt es keine Orientierung in der Welt (Charles Taylor). Der Mensch ist nämlich „von Natur“ an Geborgenheit gebunden. Geborgenheit ist eine Widerfahrniserfahrung mit leiblich-räumlichen Situationen. Wilhelm Kamlah spricht deshalb in seiner philosophischen Anthropologie auch von „natürliche[r] Geborgenheit“[84].

Dem Verhältnis des Menschen zur Natur entsprechen seine Haltungen, die wiederum auf Erfahrungen mit der Lebensumwelt und ihren Möglichkeiten zurückgehen. Architektur ist keine in sich abgeschlossene, autonome „Welt des konstruktiven Verhaltens“, sondern Wohnen, Entwerfen, Konstruieren und Bauen sind integriert ins *Ganze* des Lebens und seiner Bewältigung. Hier haben sie seit Urzeiten ihren Sitz. Von diesem Ganzen besitzt der Mensch immer schon ein Wissen, dass wir Transzendenzbewusstsein nennen können. Wir können uns bei unserer Kritik an Klotz zusätzlich auf zentrale Erkenntnisse zur frühen Menschheitsgeschichte beziehen: „In Anbetracht der Quellenlage ist der Schluß berechtigt, daß die religiöse Dimension dem urmenschlichen Bewußtseins von Anfang an eigen war und dies wesentlich mit konstituierte, indem das Urbewußtsein als spezifische Erkenntnisweise des eigenen Ich, des Mitmenschen und der natürlichen Umwelt prinzipiell auf das alles übersteigende ‚Ganze‘ bezogen war. Nicht als Summe erfahrbarer Einzelheiten, sondern diesen vorausgehend und sie insofern bedingend (in ihrer Kreatürlichkeit und Ordnungsteilhabe), konnte das schöpferisch-allmächtige Ganze als etwas Personales erfahren werden, mit dem emotional wie auch urgedanklich in Beziehung treten zu können zu den Wesenszügen urmenschlichen Bewußtseins und damit menschlicher Personalität und Geschichtlichkeit gehörte."[85] Wenn Klotz allerdings zu der Aussage kommt: „Ob zwei schwere Astgabeln einen Firstbalken getragen haben, ließ sich nicht feststellen"[86], dann übersieht er, dass die Verbindung von Firstsäulen und Firstbalken nicht nur konstruktive Probleme der Lastabtragung löst, sondern dass sich in ihrer Verknüpfung, die einer „Zusammenfügung" der zwei Weltachsen gleichkommt, eine mythische Auffassung des Universums spiegelt, dass mit anderen Worten ein Ganzes an Lebensform und Weltbewusstsein präsent ist, in welches sich einzelne praktische Maßnahmen (wohnen, entwerfen, konstruieren, bauen) selbstverständlich einfügen. Eine andere Auffassung vom „Bautyp der Urbehausung" als Klotz vertritt freilich Kenneth Frampton. Er kritisiert ausdrücklich „unser weltlich eingestelltes Zeitalter", da es „die kosmischen Konnotationen" der verschiedenen Bauarten nicht zur Kenntnis nimmt und schlicht übersieht.[87] Freilich benutzt Frampton hier einen anderen Begriff von Welt als wir, insofern wir keinen großen Unterscheid machen wollen zwischen „weltlich" und „kosmisch", da wir beides mit „geordnet" übersetzen können.

Entgegen der Reduzierung des menschlichen baulichen Tuns auf ein rein „mechanisch-biologisches" Reagieren, das folglich auch ein „tierisches Bauen" sein könnte, wie wir etwa vom „Bau des Bibers" oder vom „Ameisenbau" oder „Nestbau" sprechen, ist das Bauen des Menschen von vorneherein etwas anderes. Es ist darum etwas anderes, weil das Bauen, wie jedes menschliche Handeln, um bewusste Zwecke und Ziele willen geschieht. Alles menschliche Bauen wird auf Zwecke und Ziele hin *entworfen*. Das Ganze aus Zielen, Zwecken, Möglichkeiten nennen wir auch „die Welt". Zu dieser dem Menschen sprachlich erschlossenen Welt gehören auch die Mitmenschen, mit denen ich mich über gemeinsame Ziele und Zwecke austauschen, streiten und verständigen kann. Wir *verstehen* die Ziele und Zwecke des (früh)menschlichen Bauens nur, wenn wir sie *auf die mit anderen gemeinsame Welt beziehen* können, in der die Menschen als mit ihrer Welt ihre Erfahrungen gemacht haben. „Die Frage nach der Welt, nach ihrem Wesen, nach ihrem Ursprung, nach ihrem Sinn ist eine Grundfrage des Menschen [...]. Seit wir menschliche

Spuren und Zeugnisse haben, können wir feststellen, daß sich Menschen einen Gesamtentwurf, ein Gesamtbild vom Aufbau, Ursprung und Ende, vom Ziel des Ganzen gemacht haben. Solche Entwürfe gibt es aus allen Epochen der Menschheitsgeschichte [...]“, so Thomas Rentsch.[88] Wir müssen also das menschliche Verhalten von einem Gesamtentwurf her uns versuchen klarzumachen, in Bezug darauf das „architektonische“ Entwerfen *als eine Unterform* zu denken ist. Diese Sinnorientierung am faktisch zu führenden Leben ist für menschliches Tun und Lassen nicht hintergehbar. Wobei wir allerdings Unterschiede feststellen können, betrifft gewisse „Inhalte“ oder Weltanschauungen.

Orientierung im Leben setzt Orientierung im Raum voraus

Inwiefern darf die früheste menschliche Lebens- und Bauweise, die heute möglicherweise noch an Formen „primitiven Bauens“ bei indigenen Völkern rekonstruiert werden kann, als Ausgang für eine Proto-Architektur verstanden werden, und welche nicht-technischen Sinn- und Bedeutungsebenen gehen in das Entwerfen und Errichten von „vor-architektonischen“ Bauwerken ein, die ganz ohne architektonisches Verfügungswissen auskommen? Ist also von einer „ursprünglichen“ oder auch früh-menschlichen Einheit von Orientierungswissen, Transzendenzbewusstsein und handwerklichem Können auszugehen? Es gilt, einen Begriff von menschlicher Lebensform zu gewinnen, der die Praxisform des „Bauens“ aus den Lebensverhältnissen und Welterfahrungen der Menschen versteht und erklärt. Im Mittelpunkt steht, was ich die „Orientierung im Raum“ nennen möchte.
Die drei Praxisformen Wohnen, Entwerfen und Bauen müssen in ihrer unverstellten Grundständigkeit gezeigt werden. Vom handwerklichen Bauen her betrachtet ist Architektur ein Gerüst, ein bauliches Gefüge, das jedoch *ohne* ein ursprüngliches „Bild“ vom Menschen kaum nachvollzogen werden kann. So muss nach Jost Trier zum Beispiel das Bauwort „Giebel“ als „eine von Haus und Bauwesen gelenkte Sicht auf den Menschen“ interpretiert werden.[89] Die Praxis des Wohnens versteht Haus und Architektur primär als eine

Bleibe und als einen Rückzugsort des Menschen von einer „unheimlich" anmutenden Außenwelt.[90] *Leben, Welt und Raum* müssen wieder in ihrem einheitlichen Zusammenhang begriffen werden. Um zu verstehen, wie dieses Zusammen gedacht werden kann, hilft ein Blick auf die Religionswissenschaften. Für Mircea Eliade sind das Erlebnis und die Erfahrung des Heiligen das Grundereignis, Raum wahrzunehmen. Das Heilige (Göttliche) zeigt sich dem Menschen räumlich: „[Der Herr] sprach: Tritt nicht herzu, zieh deine Schuhe aus von deinen Füßen; denn der Ort, darauf du stehst, ist ein heilig Land." (2. Moses 3.5) Damit ist die Unterscheidung von einem schwachen und neutralen und einem starken und bedeutungsvollen Raum entdeckt und getroffen: profaner versus heiliger Raum. Die mythische Lebensform kannte qualitative Unterschiede von umweltlichen Gegenden aufgrund besonderer räumlicher Welterfahrungen. Die „religiöse Erfahrung der Inhomogenität des Raums (stellt) eine Urerfahrung dar"[91]. Dieser Bruch in der Gleichwertigkeit des Raums kann nicht hoch genug angesetzt werden. Seine Erfahrung ermöglicht erst die „Konstituierung der Welt, denn erst er [der Bruch] schafft den ‚festen Punkt', die Mittelachse, von der jede künftige Orientierung ausgeht"[92]. Ohne gründende Konstituierung einer Welt gäbe es keine Orientierung im Raum. „Um in der Welt leben zu können, muß man sie gründen."[93] Aber diese Gründung ist kein souveräner Akt, sondern ist erwirkt. Das Verständnis von Raum, Grenze und Bedeutsamkeit ist wesentlicher Bestandteil jeder Weltauffassung, der vormodernen wie der modernen. Mit einem Mal gibt es Schwellen, Schranken, Übergänge, welche die Räume der Welt voneinander trennen (privat und öffentlich) oder miteinander verbinden. Von nun an ist es notwendig, den Zutritt zu regeln. Auch der Mittelpunkt des Weltraumes muss räumlich markiert und abgegrenzt und zu einem sichtbaren Ort werden.

Ohne die Bestimmung von bedeutsamen Orten, ohne die Unterscheidung zwischen dem besonderen und dem belanglosen Raum kann der Mensch sich nicht in seiner Welt orientieren. Drang und Wunsch nach einem heiligen Raum, so Eliade, haben zu einer Ausbildung von „Orientierungstechniken" geführt, „die eigentlich Techniken zur Konstruktion eines heiligen Raums sind"[94]. Es zeigt sich, dass der Orientierung suchende Mensch in vielerlei

Hinsicht an seine räumliche Umgebung und ihre Güter gebunden ist. Einen „relativen" Raum, der durch pure Homogenität bestimmt ist, könnte er überhaupt nicht bewohnen. Und sollte kein „Zeichen" den Menschen eine Richtung anzeigen, dann führt man Zielpunkte aktiv herbei, um so eine Orientierung im unübersichtlichen Raum zu erzwingen. Welt und Ordnung beziehen sich deshalb schon früh räumlich auf das Gebiet, das der Mensch mit seinem Verband bewohnt. Jenseits der Grenzen des Vertrauten und Gewohnten, jenseits „unserer" Welt, verbleibt ein „dämonischer" Ausdehnungsraum ganz ohne Weltordnung, gefüllt mit schwarzen Löchern.

Thomas Mann hat in seinem vierteiligen Roman *Joseph und seine Brüder* den Gründungsmythos eines heiligen Orts nacherzählt. Jakob, ermüdet von der Flucht, legt sich zum Schlafen nieder und wählt einen Stein als Kopfstütze. „‚Komm', sprach er, ‚tröstlicher alter Stein, erhebe dem Friedlosen das Haupt zur Nacht!'"[95] Im Traum erscheint ihm eine Engelsleiter. Nach dem Aufwachen, so der Erzähler, „[ging] er unter den Sternen umher in dem Kreise von Steinen und [betrachtete] denjenigen, der ihm zu solchem Schauen den Kopf gestützt"[96]. Der Stein markiert ab sofort eine neue Raumstelle. „Bevor er weiterzog nach Osten und gegen das Wasser Naharina, stieg er noch einmal zur Traumstätte empor, richtete den Stein, auf dem er geschlafen, gerade auf, als ein Denkmal, goß reichlich Öl darüber und sprach dabei: ‚Beth-el, Beth-el soll diese Stätte heißen und nicht Luz, denn sie ist ein Haus der Gegenwart […]."[97] Solche und andere „Denkmale" aus Holz oder Stein dienten und dienen den Menschen als sichtbare Verbindungen zur als etwas Absolutes verehrten Gottheit,[98] als „Öffnungen zum Transzendenten" (Eliade), ohne die man befürchten musste, im Chaos zu versinken. In eine säkularisierte Form bringt diese primäre Ortsbestimmung Vittorio Gregotti, wenn er schreibt: „Bevor der Mensch eine Stütze in eine Säule, ein Dach in ein Tympanon verwandelte, bevor er Stein auf Stein legte, legte er zunächst einen Stein auf den Boden, um mitten in dieser unbekannten Welt eine Stelle zu markieren, die er in Betracht ziehen und verändern könne."[99] Allerdings unterschlägt Gregotti den motivationalen Sinnzusammenhang, aus dem allein hervorgehen könnte, inwiefern der Mensch überhaupt etwas „in Betracht ziehen und verändern" kann und will.

Solche Pfähle, Pfosten, Stützen und Säulen sesshafter Völker und mythischer Lebensformen tragen als „Himmelspfahl beziehungsweise -leiter" oder „Weltsäule" die *Welt* ihrer Bewohner. Sie sind das „bauliche" Zeichen, an welcher Stelle sich das Zentrum der Welt befindet, in dessen Umkreis die Menschen wohnen wollen. Dies gilt in erster Linie für sesshaft gewordene Menschenverbände[100] die den Pfahl, der die Weltachse symbolisiert, nicht mehr ständig auf ihren Wanderungen mit sich tragen müssen und dessen Verlust und Zerstörung ein großes Unglück bedeutete. Das Leben und Wohnen ist so von Anbeginn an dieser Achse, der *axis mundi*, ausgerichtet. „Sich in einem Gebiet niederlassen heißt, dieses Gebiet weihen. Für die seßhaften Völker, die sich nicht wie die Nomaden nur für kurze Zeit, sondern für immer an einen Ort festsetzen, bedeutet jedes Sich-Niederlassen eine lebenswichtige Entscheidung, an die die Existenz der ganzen Gemeinschaft gebunden ist. Sich an einem Ort ‚situieren', ihn organisieren, ihn bewohnen, sind Handlungen, die eine existenzielle Wahl voraussetzen: die Wahl des Universums, das man ‚schaffen' und dadurch auf sich nehmen will. Dieses ‚Universum' aber ist immer die Nachbildung des exemplarischen Universums, das die Götter geschaffen haben und bewohnen; es hat also teil an der Heiligkeit des göttlichen Werks."[101]
Jost Trier hat die Entstehung und Bedeutung der deutschen Bauwörter „Giebel" und „First" in einen ähnlichen Zusammenhang gerückt. Die Gefüge „Welt" oder „Kosmos" spiegeln sich im „Gerüst" des Hauses. Das Haus wurde ursprünglich als ein Gefüge, technisch als ein Gerüst aufgefasst.[102] Der ungeübte Blick von außen sieht allerdings das Haus nur „flächig, fassadenhaft, innenblind"[103]. Die alltägliche Vorstellung vom Giebel meint damit ein dreieckiges Wandstück. Seine Entstehungszeit hat aber den „Begriff Giebel als einen Innenbegriff, als einen Begriff aus dem Bereich des Gefüges geprägt"[104]. Wir dürfen das architektonische Gerüst nicht allein auf eine durch Maß und Zahl ausdrückbare technische Konstruktion reduzieren. Um jene ursprüngliche Prägung zu verstehen, ist auf die Stelle im Gefüge zu achten, an welcher der Firstbaum von mindestens zwei Firstsäulen getragen wird. In früherer Zeit hat man die Firstsäulen nach oben in einer „Gabel" auslaufen lassen, darin der Firstbaum sicher einliegen konnte: „Der Kern der Sache ist das

Ruhen in der Gabel der Säule. Diese Stelle im Gerüst, diese Verbindungsstelle zwischen dem waagerechten Längsholz und dem senkrechten stützenden Gabelholz ist es, die mit dem Worte Giebel benannt wurde Das ist der sachgeschichtliche Grund für den etymologischen Zusammenhang von *Giebel* und *Gabel.*"[105]

Offensichtlich wiederholt der Mensch durch die Errichtung von Häusern und Wohnbauten die Schöpfung der Welt, auch wenn dies die meisten modernen Architekten und Bauherren vergessen haben.[106] Denn der Mensch vollbringt durch Architektur als technisches Gefüge und als singuläre Besetzung eines Ortes Aufgaben des Weltgründens und des leiblichen Bergens. Der Gleichförmigkeit des Raumes wird ein Entwurf entgegengebracht, der erst eine Orientierung im Raum einer Lebenswelt ermöglicht. Der Mensch lebt dann mit seinen Erfindungen zusammen, die auf ihn und seine Vermögen zurückweisen. Ihm stellen sich seine eigenen Werke wie auch die Hervorbringungen der Natur, die ihm in Begegnungserlebnissen bedeutsam geworden sind, auch immer wieder deutlich sichtbar als Zumutungen entgegen. Jeder bewohnte Bau qualifiziert eine Weltmitte und ermöglicht seinen Bewohnern, einen Innenraum von einem äußeren Raum zu unterscheiden. Ein gleichförmiger, leerer Raum ist dem Leben hart aufdringlich. In ihm ist weder Halt noch Orientierung möglich. „Ich bin, ich habe gebaut, ich wohne", heißt es im *Deutschen Wörterbuch*[107] sinngemäß und bringt das Daseinsverständnis des wohnenden und bauenden Menschen auf den Punkt. Der Mensch lebt die Andersartigkeit, die zwischen drinnen und draußen besteht, nicht nur, er erlebt sich selbst in dieser Räumlichkeit. So wird die doppelte räumliche Verankerung in der Welt möglich: in der Geborgenheit des Hauses und in der diffusen und riskanten Offenheit der Welt außerhalb. Wir haben allen Anlass, bereits dem frühzeitlichen, vormodernen Weltbewusstsein ein räumliches Entwerfen zu unterstellen.

Zusammenfassung, Fragen und Ausblick

Dieser Text zu Ehren von Eduard Führ hat einen Vorblick gewagt auf eine, wie ich meine, notwendige, aber gewiss noch ausstehende Wissenschaftstheorie der Architektur. Dafür schien es mir unverzichtbar, die Frage nach dem Anfang, den Prinzipien oder ἀρχαί einer Wissenschaft zu stellen. Das Problem des Anfangs von Wissenschaft war vor allem seit Husserl unter seinem Hinweis auf die „Lebensweltvergessenheit" in die Wissenschaftstheorie eingegangen. Für den Aufbau unserer Architekturtheorie suchten wir den gemeinsamen Zusammenhang, in den sich sowohl theoretische als auch vortheoretische beziehungsweise lebensweltliche und leibliche Orientierungen stellen lassen.

Architekturtheorie als Erfahrungswissenschaft sieht sich mit ihrem Erkenntnisinteresse hineingestellt in die schon immer geschehende Selbstauslegung des menschlichen Daseins in seinen Situationen. Wenn das so ist, dann dürfen wir mit Einsichten und Umgangswissen einer Lebenspraxis anfangen, insofern entsprechende „ursprüngliche" Erfahrungen Orientierungen vorhalten, die als eine Begründungsbasis einer empirischen Wissenschaft gelten können. Insofern das leibliche und lebensweltliche Apriori den vorwissenschaftlichen Anfang jeder Wissenschaft markiert, dann kann nicht die Architektur als Gegenstand einer Theorie, als objektiver Sachverhalt oder empirische Tatsache unser Ausgangspunkt sein, sondern allein der Mensch in seiner ihm sprachlich erschlossenen Welt, in der er sich zur Architektur wohnend, entwerfend und bauend „immer schon" verhält.[108] Um zu verstehen, was die Lebenswelt an Zugängen zum menschlichen Verhalten eröffnet, muss man die Lebenswelt zwar „überschritten" haben, darf sie aber *methodisch nicht* unterschlagen. Ansonsten würde man sich in einem bewusst trans-lebensweltlichen Wissenschaftsverständnis, wie dem hier angestrebten, nicht zurechtfinden können. Wie aber kann der Zugang „von dort aus" zur ursprünglichen Erfahrung gelingen? Welches Vorverständnis kann und muss der Architekturtheoretiker zugrunde legen? Jedenfalls geht es nicht um die Beherrschung von wissenschaftlichen Definitionen, sondern um den Gewinn wesentlicher Grundeinsichten in den räumlichen „Entwurf" unserer Welt, den wir benötigen, um uns in ihr dauerhaft orientieren zu können. Eine Proto-Architektur kann wohl nur im methodisch kontrollierten Nachgang erschließen, was Menschen schon als gekonntes Weltwissen praktizieren und im Wohnen, Entwerfen, Bauen vollziehen.

Bibliografie

Blumenberg, Hans (1989): *Höhlenausgänge. I: Erinnerung an den Anfang.* Frankfurt am Main: Suhrkamp Verlag.

–, (2010): *Theorie der Lebenswelt.* Frankfurt am Main: Suhrkamp Verlag.

Borbein, Adolf Heinrich (1982): *Tektonik. Zur Geschichte eines Begriffes der Archäologie.* In: *Archiv für Begriffsgeschichte.* 27. Jahrgang, Nummer 26, S. 60–100.

Dihle, Albrecht (1986): „Philosophie – Fachwissenschaft – Allgemeinbildung". In: Hellmut Flashar und Olof Gigon (Hrsg): *Aspects de la Philosophie Hellénistique.* Genf: Fondation Hardt, S. 185–231.

Dilthey, Wilhelm (1940): *Auffassung und Analyse des Menschen im 15. und 16. Jahrhundert* (= Gesammelte Schriften 2). 4. Auflage. Leipzig und Berlin.

Eliade, Mircea (1984): *Das Heilige und das Profane. Vom Wesen des Religiösen.* Frankfurt am Main: Suhrkamp Verlag.

Fink, Eugen (1938): „Vorwort". In: Edmund Husserl: *Die Frage nach dem Ursprung der Geometrie als intentional-historisches Problem* (= Revue internationale de philosophie 1.2), Univ. Libre de Bruxelles, Soc., Presses Univ. de France, S. 203–225.

Fleck, Ludwik (1993): *Entstehung und Entwicklung einer wissenschaftlichen Tatsache. Einführung in die Lehre vom Denkstil und Denkkollektiv.* 2. Auflage. Frankfurt am Main: Suhrkamp Verlag.

Fuhrmann, Manfred (1974): „Die römische Fachliteratur". In: Ders. (Hrsg.): *Römische Literatur.* Frankfurt am Main: Suhrkamp Verlag.

Frampton, Kenneth (1993): *Grundlagen der Architektur.* München-Stuttgart: Oktagon Verlag.

Freyer, Hans (1957): „Philosophie der Urkultur". In: *Merkur.* 11. Jahrgang, Nummer 11, S. 291–295.

–, (1965): *Schwelle der Zeiten. Beiträge zu einer Soziologie der Kultur.* Stuttgart: Deutsche Verlagsanstalt.

Fögen, Thorsten (2009): *Wissen, Kommunikation und Selbstdarstellung. Zur Struktur und Charakteristik römischer Fachtexter der frühen Kaserzeit* (= Zetemate, Monographien zur klassichen Altertumswissenschaft 134). München: C. H. Beck Verlag.

Führ, Eduard (2002): *Denken im Bestand. Zur Praxis der Architekturtheorie* (= Auf der Suche nach einer Theorie der Architektur 8). Hamburg: Material Verlag.

Gabriel, Gottfried (2008): *Grundprobleme der Erkenntnistheorie. Von Descartes zu Wittgenstein.* 3. Auflage. Paderborn: Verlag Ferdinand Schöningh.

Gehlen, Arnold (1986): *Urmensch und Spätkultur. Philosophische Ergebnisse und Aussagen.* 5. Auflage. Wiesbaden: Aula-Verlag.

Grimm, Jacob und Wilhelm Grimm (1971): *Deutsches Wörterbuch* [1838–1961]. http://woerterbuchnetz.de/DWB/?sigle=DWB&mode=Vernetzung&lemid=GB01283#XGB01283 (1. März 2017).

Habermas, Jürgen (1977): „Philosophische Anthropologie [1958]". Wiederabgedruckt in: Jürgen Habermas: *Kultur und Kritik. Verstreute Aufsätze.* 2. Auflage. Frankfurt am Main: Suhrkamp Verlag, S. 89–111.

Hahn, Achim (2017): „Empirische Architekturtheorie: Reflexionen über den Anfang". In: Karsten Berr (Hrsg.): *Architektur- und Planungsethik – Zugänge, Perspektiven, Standpunkte.* Wiesbaden: Springer VS Verlag, S. 87–109.

Halbfas, Hubertus (1990): *Das Welthaus. Ein religionsgeschichtliches Lesebuch.* 4. Auflage. Düsseldorf: Patmos Verlag.

Horn-Oncken, Alste (1967): *Über das Schickliche.* Göttingen: Vandenhoeck & Ruprecht.

Husserl, Edmund (1910/1911): „Philosophie als strenge Wissenschaft". In: *Logos. Internationale Zeitschrift für Philosophie der Kultur.* 1. Jahrgang , Band 1, Heft 3, S. 298 –341.

–, *Die Frage nach dem Ursprung der Geometrie als intentional-historisches Problem* (= Revue internationale de philosophie 1.2). Univ. Libre de Bruxelles, Soc., Presses Univ. de France, S. 203–225.

–, (1954): Die Krisis der europäischen Wissenschaften und die transzendentale Phänomenologie. Eine Einleitung in die phänomenologische Philosophie. Herausgegeben von Walter Biemel (= Husserliana 6). Den Haag: Martinus Nijhoff.

Irrgang, Bernhard (2010): *Von der technischen Konstruktion zum technologischen Design. Philosophische Versuche zur Theorie der Ingenieurspraxis.* Berlin u. a.: LIT Verlag.

Janich, Peter (2011): Stichwort „Anfang". In: Petra Kolmer und Armin G. Wildfeuer (Hrsg.): *Neues Handbuch philosophischer Grundbegriffe.* Band I. Freiburg und München: Verlag Karl Alber, S. 136–155.

Kambartel, Friedrich (1973): „Wie abhängig ist die Physik von Erfahrung und Geschichte? Zur methodischen Orientierung apriorischer und empirischer Elemente in der Naturwissenschaft". In: Kurt Hübner und Albert Heinrich Menne (Hrsg.): *Natur und Geschichte.* Hamburg: Felix Meiner Verlag.

Kamlah, Wilhelm (1949): *Der Mensch in der Profanität.* Stuttgart: Kohlhammer Verlag.

–, (1975): *Von der Sprache zur Vernunft. Philosophie und Wissenschaft in der neuzeitlichen Profanität.* Mannheim und Wien, Zürich: Bibliographisches Institut.

Kapp, Ernst (1965): *Der Ursprung der Logik bei den Griechen.* Göttingen: Vandenhoeck& Ruprecht.

Klotz, Heinrich (1995): *Geschichte der Architektur.* 2. Auflage. München: Prestel Verlag.

Kollhoff, Hans (1992) (Hrsg.): *Über Tektonik in der Baukunst.* Wiesbaden: Vieweg.

Kranz, Walther (1955): Kosmos. In: *Archiv für Begriffsgeschichte.* 1. Jahrgang, Nummer 2, S. 7–266.

Krüger, Gerhard (1958): *Grundfragen der Philosophie. Geschichte. Wahrheit. Wissenschaft.* Frankfurt am Main: Suhrkamp Verlag.

Landgrebe, Ludwig (1956): *Das Problem der ursprünglichen Erfahrung im Werke von Hans Lipps.* In: *Philosophische Rundschau.* 4. Jahrgang , Heft 3 und 4, S. 166–182.

–, (1976): „Philosophische Anthropologie. Eine empirische Wissenschaft?" In: Walter Biemel (Hrsg.): *Die Welt des Menschen – Die Welt der Philosophie. Festschrift für Jan Patočka.* Den Haag: Nijhoff Verlag, S. 1–20.

Levinas, Emmanuel (1993): *Totalität und Unendlichkeit. Versuch über die Exteriorität.* München: Verlag Karl Alber.

Lipps, Hans (1977): *Die Verbindlichkeit der Sprache* (= Werke 4). 3. Auflage. Frankfurt am Main: Suhrkamp Verlag.

Mann, Thomas (1986): *Joseph und seine Brüder. Die Geschichte Jakobs.* Frankfurt am Main: Fischer Taschenbuch Verlag.

Mittelstraß, Jürgen (1970): *Neuzeit und Aufklärung. Studien zur Entstehung der neuzeitlichen Wissenschaft und Philosophie.* Berlin und New York: Walter de Gruyter.

–, (1991): „Das lebensweltliche Apriori. Paul Lorenzen zum 70. Geburtstag". In: Carl Friedrich Gethmann (Hrsg.): *Lebenswelt und Wissenschaft.* Bonn: Bouvier Verlag, S. 114–142.

Müller-Karpe, Hermann (1998): *Grundzüge früher Menschheitsgeschichte. Erster Band. Von den Anfängen bis zum 3. Jahrtausend vor Christus.* Darmstadt: Wissenschaftliche Buchgesellschaft.

Müller, Reimar (2003): *Die Entdeckung der Kultur. Antike Schriften über Ursprung und Entwicklung der Kultur von Homer bis Seneca.* Düsseldorf und Zürich: Artemis und Winkler Verlag.

Parzinger, Hermann (2015): *Die Kinder des Prometheus. Eine Geschichte der Menschheit vor der Erfindung der Schrift.* 2. Auflage. München: C. H. Beck Verlag.

Picht, Georg (1992): *Aristoteles' „De anima".* 2. Auflage. Stuttgart: Klett-Cotta Verlag.

–, (1994): *Glauben und Wissen. Vorlesungen und Schriften.* 2. Auflage. Stuttgart: Klett-Cotta Verlag.

Plessner, Helmuth (1982): *Mit anderen Augen. Aspekte einer philosophischen Anthropologie.* Stuttgart: Reclam Verlag.

Reinhard, Wolfgang (2006): *Lebensformen Europas. Eine historische Kulturanthropologie.* München: C. H. Beck Verlag.

Reinhardt, Karl (1921): *Poseidonios.* München: Olms Verlag.

Rentsch, Thomas (1999): „Was ist eine Welt? Bemerkungen zum Verhältnis von Philosophie und Weltanschauung". In: Johannes Rohbeck (Hrsg.): *Philosophie und Weltanschauung.* Dresden: Thelem, S. 49–65.

–, (2003): „Einführung in den Konstruktivismus – Proto-Ethik und didaktische Transformation". In: Johannes Rohbeck (Hrsg.): *Didaktische Transformationen.* Dresden: Thelem, S. 139–149.

–, (2005): „Entwurf und Horizontbildung aus philosophischer Sicht". In: *Ausdruck und Gebrauch.* 3. Jahrgang, Nummer 6, S. 73–84.

–, (2005): *Gott.* Berlin: De Gruyter.

Ruzicka, Rudolf. (1976): Stichwort „Induktion". In: Joachim Ritter, Karlfried Gründer und Gottfried Gabriel (Hrsg.): *Historisches Wörterbuch der Philosophie.* Band 4. Darmstadt: Wissenschaftliche Buchgesellschaft, S. 323–330.

Scholten, Helge (2009): „Technischer Fortschritt im Denken Vitruvs". In: *Archiv für Kulturgeschichte.* 106. Jahrgang, Nummer 91, S. 21–44.

Tillich, Paul (1975): „Das Wohnen, der Raum und die Zeit". In: Ders.: *Die religiöse Substanz der Kultur* (= Gesammelte Werke 9). 2. Auflage. Stuttgart: De Gruyter.

Trier, Jost (1939): *Giebel.* In: *Zeitschrift für deutsches Altertum und Literatur.* 98. Jahrgang, Nummer 76, S. 13–44.

Vitruv (1991): Zehn Bücher über Architektur. Vitruvii De architectura libri decem [etwa 30 vor Christus]. Übersetzt und herausgegeben von Curt Fensterbusch. 5. Auflage. Darmstadt: Wissenschaftliche Buchgesellschaft.

von Fritz, Kurt (1964): *Die ἐπαγωγή des Aristoteles. (= Sitzungsbericht der Bayerischen Akademie der Wissenschaften, Philosophisch-Historische Klasse). Nummer 3, S. 3–64.*

Welter, Rüdiger (1986): *Der Begriff der Lebenswelt. Zweiter Teil: Der Begriff der Lebenswelt bei Edmund Husserl.* München: Fink Verlag.

Welter, Rüdiger (1991): „Die Lebenswelt als ‚Anfang' des methodischen Denkens in Phänomenologie und Wissenschaftstheorie". In: Carl Friedrich Gethmann (Hrsg.): *Lebenswelt und Wissenschaft. Studien zum Verhältnis von Phänomenologie und Wissenschaftstheorie.* Bonn: Bouvier Verlag, S. 143–163.

Anmerkungen

1 „Architektur und Theorie werden jedoch von konkreten Leuten im Wohnen gemacht", so Eduard Führ in Führ 2002, S. 36.

2 Methodisch orientiert ist mein Vorblick auf eine Proto-Architektur unter anderem an Thomas Rentschs Konstruktion einer „Prototheologie" in Rentsch 2005, S. 48–50, ders. 2003, S. 139–149, sowie Welter 1991, S. 143

3 Einen ersten Überblick bietet Reinhard 2006.

4 Mittelstraß 1991, S. 114.

5 Siehe dazu Blumenberg1989, S. 14.

6 „Menschliches Verstehen ist zwar nicht überhaupt Verstehen von Gesprochenem, aber doch überhaupt sprachliches Verstehen", so Kamlah in Kamlah 1975, S. 129.

7 Vgl. die entsprechenden Analysen von Mittelstraß über „Das Problem des methodischen Anfangs" in Mittelstraß 1970, S. 377–413. Siehe auch Janich 2011, S. 136–155.

8 Vgl. Lipps 1977, S. 107–120.

9 Gabriel 2008, S. 7.

10 Landgrebe 1956, S. 174.

11 Vgl. den Lexikonartikel von Jürgen Habermas in Habermas 1977, S. 89–111.

12 Müller-Karpe Darmstadt 1998, S. 71.

13 A. a. O., S. 3.

14 A. a. O., S. 5.

15 Ebd.

16 Ebd.

17 Ebd.

18 Auch Vitruv gibt davon Zeugnis, wie unten gezeigt wird.

19 Müller-Karpe 1998, S. 8.

20 A. a. O., S. 10.

21 Ebd.

22 A. a. O., S. 13.

23 A. a. O., S. 69–70.

24 Dass diese Haltung bis heute die menschlichen Sinnentwürfe auszeichnet, hat Rentsch eindrücklich gezeigt in Rentsch 2005, S. 73–84.

25 Müller-Karpe 1998, S. 71.

26 Picht 1992, S. 360.

27 Parzinger 2015, S. 60.

28 A. a. O., S. 61.

29 „Dabei besteht inzwischen in der Forschung weitgehende Einigkeit, dass sich der *Homo sapiens* des Jungpaläolithikums ab 40.000 vor heute in seinen kulturellen Fähigkeiten nicht mehr grundlegend vom heutigen Menschen unterschied." A. a. O., S. 62.
30 Ebd.
31 „Wissen aber im Kontext einer Praxis ist nicht als theoretisches Wissen zu konzipieren, sondern hat die Struktur des ‚tacit knowledge'", so Bernhard Irrgang in Irrgang 2010, S. 13.
32 Parzinger 2015, S. 72.
33 *Ursprünglich* kann in einem logisch-philosophischen Verständnis auch „vor jeder Erfahrung" bedeuten. Kambartel untersucht dazu den Gebrauch des Ausdrucks „apriori". Vgl. Kambartel 1973.
34 Husserl 1910/1911, S. 341.
35 Fink 1938, S. 203–225.
36 Husserl 1954, S. 314–348, S. 323.
37 A. a. O., S. 324.
38 A. a. O., S. 326.
39 Ebd.
40 A. a. O., S. 326–327.
41 A. a. O., S. 327.
42 Ebd.
43 Ebd.
44 Welter 1986, S. 41–115.
45 Husserl 1938, S. 203–225, S. 208.
46 Blumenberg 2010, S. 79.
47 A. a. O., S. 26.
48 Vitruv [etwa 30 vor Christus] 1991, S. 79–87.
49 Vgl. als Übersicht Müller 2003.
50 Fögen 2009.
51 Vgl. Scholten 2009, S. 21–44.
52 Vgl. Kranz 1955.
53 Vitruv [etwa 30 vor Christus] 1991, S. 85.
54 Reinhardt 1921.
55 A. a. O., S. 402–408.
56 Vitruv [etwa 30 vor Christus] 1991, S. 79–80.
57 Reinhardt 1921, S. 404.
58 Vitruv [etwa 30 vor Christus] 1991, S. 85.
59 Reinhardt 1921, S.405.
60 A. a. O., S. 407.
61 A. a. O., S. 408.
62 Fleck 1993.
63 Vgl. Fögen 2009; siehe auch Dihle 1986, S. 185–231 sowie Fuhrmann 1974, S. 181–194.
64 Dilthey 1940, S. 10.
65 Ebd.
66 Horn-Oncken 1967, S. 118–120.
67 Ruzicka 1976, S. 323.
68 Kapp 1965, S. 26.
69 Vgl. ausführlich dazu Hahn 2017. S. 87–109.
70 von Fritz 1964, S. 38.
71 „Aristoteles sagt vom Einsehen *(νοῦς)*, es sei ein Berühren *(θιγγάνειν)* des Wahren; er stellt sich also den Gegenstand des Denkens als etwas unausweichlich Gegebenes vor, an das der Denkende gleichsam anstößt", so Gerhard Krüger in Krüger 1958, S. 86.
72 von Fritz 1964, S. 39.
73 Krüger 1958, S. 241.
74 Landgrebe 1976. S. 10.
75 Vgl. Klotz 1995.
76 A. a. O., S. 17.
77 Parzinger 2015, S. 73.
78 „Der Mensch, in seine Grenze gesetzt, lebt über sie hinaus, die ihn, das lebendige Ding, begrenzt. Er lebt und erlebt nicht nur, sondern er erlebt sein Erleben. Ihm ist der Umschlag vom Sein innerhalb des eigenen Leibes zum Sein außerhalb des Leibes ein unaufhebbarer Doppelaspekt der Existenz, ein wirklicher Bruch seiner Natur," so Helmuth Plessner in Plessner 1982, S. 10.
79 Irrgang 2010, S. 29.
80 Gehlen1986, S. 12.
81 Müller-Karpe 1998, S. 52.
82 Freyer 1957, S. 291.
83 Klotz 1995, S. 18.
84 Kamlah 1949, S. 16.
85 Müller-Karpe 1998, S. 70.
86 Klotz 1995, S. 19.
87 Frampton 1993, S. 8.
88 Rentsch 1999, S. 49.
89 Trier 1939, S. 13.
90 Vgl. Tillich 1993.
91 Eliade 1984, S. 23.
92 Ebd.
93 A. a. O., S. 24.
94 A. a. O., S. 29.
95 Mann 1986, S. 141.
96 A. a. O., S. 144.
97 Ebd.
98 Georg Picht gibt einen Einblick in die mythische Lebensform im Übergang vom Wander- und Hirtenvolk zur sesshaften Gemeinde. Mit dem Sesshaft-Werden benötigen nicht nur die Menschen einen dauerhaften Raum, sondern auch ihre Götter. Schließlich muss der vormals ortlose Fetisch nun der tektonisch verankerten Statue als Götterbild

weichen. Im Unterschied zum Vakuum bzw. leeren Raum der neuzeitlichen Physik wusste der Mythos vom gefüllten Raum als die Gegend, in die der Gott – sich darin ganz ausfüllend – gebannt werden kann. Das Haus des Gottes, seine Wohnstätte, ist nun im Boden gegründet und umgrenzt. Sesshaftigkeit führt zu neuen tektonischen Formen. „Das Wesen des Idols ist seine Ortlosigkeit. Die Statue hat durch ihre Standfläche einen festen Platz. Sie steht in einem tektonischen Zusammenhang und hat selbst eine tektonische Gestalt. Deshalb entstehen jene künstlerischen Formen, die dann die ägyptische Kunst beherrschen – Skulptur, Relief und gemalter Fries –, gleichzeitig mit dem tektonischen Raum, das heißt mit dem Tempel und dem architektonisch gestalteten Grab". Picht 1994, S. 240.

99 Zitiert bei Frampton 1993, S. 9.

100 „‚Zwei an ihrem Gipfel sich kreuzende Stangen voran, zwei hinten und eine Stange querüber zum First', so beschreibt Goethe in dem Aufsatz ‚Von deutscher Baukunst' und dann wieder im Prometheus-Fragment die erste Hütte. In solchen Firstbäumen ist das Haus enthalten, der Weiler, das Dorf, die Stadt. [...] Nicht als ob das Spätere im Frühen, das Höhere im Niederen schon vorgebildet wäre und sich aus ihm mit Naturnotwendigkeit entwickelte. Das Wesentliche ist vielmehr, daß sich in diesen Anfängen der Seßhaftigkeit ein System von Kategorien auftut, das sich befestigt, schließlich alle Bezirke des Lebens durchwirkt und das ganze Dasein des Menschen in seine Führung nimmt. Nicht nur der Geist, auch die Hand und der Tritt schränkt sich auf das Nahe, Umliegende ein." Freyer 1965, S. 13.

101 Eliade 1984, S. 34.

102 Vgl. auch die Hindeutung von Tektonik auf „strenge Fügung", auf „Ordnung im Zusammenhang" bei Adolf Heinrich Borbein1982, S. 68. Siehe auch Kollhoff 1992.

103 Trier 1939, S. 14.

104 Ebd.

105 A. a. O., S. 15.

106 Vgl. Halbfas 1990.

107 Deutsches Wörterbuch 1854–1961.

108 Damit ist auch entschieden, dass der Architekturtheoretiker die ihm auch von Architekten zugedachte Haltung des „ästhetischen Zuschauers" ein für alle Mal hinter sich gelassen hat.

Das Haus im Bild. Die Rolle der Fotografie in der Architekturtheorie

Jürgen Hasse

Ohne Fotografie hätten die Menschen aus eigener Anschauung nur von Bauten in ihrer sinnlich „erreichbaren“ Umgebung eine Vorstellung. Jedes Wissen über Gebäude außerhalb ihres Mobilitätsradius müsste sich auf Beschreibungen und Mitteilungen aus zweiter Hand stützen. Seit Mitte des neunzehnten Jahrhunderts ist die Fotografie zu einem visuellen Kommunikationsmedium aufgestiegen, das „die Wahrnehmung, das Wissen und die Kommunikation der Menschheit verändern“[1] sollte.

Fotografie und Architektur

Das Wissen um Architektur ist von ihrer Präsenz im fotografischen Bild nicht zu trennen. Deshalb sagt Monika Melters: „Die Architektur, wie wir sie vor allem im 20. Jahrhundert kennengelernt haben, wäre in diesem Sinne am treffendsten vielleicht aber als Hybrid von Architektur und Fotografie zu beschreiben.“[2] In der programmatischen Inszenierung eines Bauwerkes erfüllt die Architekturfotografie eine medial unverzichtbare Aufgabe – sie ist nicht nur eine Geste des Zeigens, sie steigert auch „den Marktwert von Architekturen und die Reputation von ArchitektInnen“[3], wie die des Bauherren.
Architekturfotografie unterscheidet sich vom privaten „Knipsen“ (von Eigenheim, Schloss und Dorfbrunnen) durch ihren systemischen und dramaturgischen Inszenierungscharakter. Wohnhäuser des „täglichen Gebrauchs“ werden von ihren Bewohnern für das private Fotoalbum abgelichtet, *signifikante* Bauwerke von professionellen Fotografen ästhetisch auratisiert. Die berufsmäßig betriebene Fotografie für Architekturjournale hat quasi-rituellen Charakter. Wie die Taufe des Säuglings vom Pastor und die eines Schiffes vom Eigner nicht von irgendjemanden vollzogen wird, der rein praktisch dasselbe

könnte, so erfolgt die zeremonielle Bildnahme durch den von seiner *Community* und der Meinung einflussreicher Akteure gleichsam „geweihten" Fotografen. Erst in der Eindrucksmacht der doppelten Aura von Architektur und Fotograf verspricht das medial am „richtigen" Platz präsentierte Bild die schwungvolle Kommunikation. Stararchitekt und Starfotograf führen eine symbiotische Existenz. Die Fotografie signifikanter Architektur – und um sie geht es in der Sache und gesellschaftlichen Funktion der Architekturfotografie in aller Regel – steht schon im Moment ihres ästhetisch-technischen Arrangements in einer hoch komplexen Ordnung von Bedeutungen und – mit Erwartungsgefühlen aufgeladenen – Beziehungen.

Wo Architekturfotografie zum Gegenstand der Architekturtheorie wird, sind multiple Beziehungsgefüge zu reflektieren, in denen sich das Bild nicht in einem naiven Sinne als „Abbildung" eines Hauses zu verstehen gibt, sondern als Gegenstand repräsentationstheoretischer Kalküle. Darin spielt die Art und Weise, nach der eine Fotografie formal-ästhetisch inszeniert wird, eine entscheidende Rolle. Lambert Wiesing merkt zur nicht sichtbaren Seite der Fotografie an, das Bild sei nicht nur „Zeichen für Gegenstände"[4], es zeige auch, „wie sie [die Bilder] zeigen, was sie zeigen"[5].

In der ästhetischen Disposition der Architekturfotografie ist der weithin als selbstverständlich geltende Standard der Abbildung von Bauwerken ohne sichtbar anwesende Personen bemerkenswert. Das von visuell erkennbarer menschlicher Gegenwart gleichsam „bereinigte" Bild, setzt dabei die Möglichkeit voraus, ein architektonisches Objekt könne überhaupt „an sich" sinnvoll zur Geltung gebracht werden. Der Preis dieses formalästhetischen Prinzips ist die symbolische Entstellung eines Bauwerks aus seiner lebendigen Nutzung und Aneignung. Durch die überhöhte Inszenierung des in einem stofflichen Sinne Architektonischen soll dieser Schwund aufgewogen werden. Indes darf die Entbindung der Bauten aus dem gelebten Raum wie der gelebten Zeit schon deshalb nicht als ästhetizistische Marginalie angesehen werden, weil ein Stil als dispositives Regulativ fungiert, wonach dem Bild einer Architektur regelmäßig ein wesentliches Moment des Gesellschaftlichen fehlt. Beispielhaft für diese Tradition kann in der Geschichte der Architekturfotografie der Nachkriegszeit das Bild *Blau-Gold-Haus am Dom* von Karl Hugo

Abb. 1: Karl Hugo Schmölz, *Blau-Gold-Haus am Dom,* Köln 1952

Schmölz aus dem Jahre 1952 stehen. (Abb. 1) Es zeigt aber auch die Grenzen einer letztlich „rein“ idealisierten Darstellung von Bauten auf. Zwar ist das Bild insofern tatsächlich „leer“, als weit und breit kein Mensch zu sehen ist. Aber die Gardinen hinter den Fenstern und die Auslagen in den Schaufenstern insistieren doch im Medium des Ästhetischen auf einer hinzuzudenkenden, wenn auch aktuell verdeckten Virulenz tätiger Personen.

Selbst unter den als Künstlern in *akademischen* Institutionen anerkannten Fotografen reüssiert dieser in gewisser Weise aseptische Stil der Inszenierung von Architektur. In dieser Hinsicht stechen zum Beispiel Bernd und Hilla Becher heraus, wobei das scheinbar einfache Prinzip der ästhetischen Isolierung von Bauten einen ganz speziellen Eindruck vermittelt. Beide Künstler zelebrieren einen stereotypen Formalismus, den Boris von Brauchitsch auf der Kippe zum Absurden wie zur Komik sieht.[6] Zwar stehen die Dinge in ihrer Banalität und Infra-Gewöhnlichkeit auch im Zentrum der Arbeiten von Becher und Becher für sich – wenngleich mitunter auch in einer unübersehbaren Exzentrik. Die inszenierten Ansichten verweisen aber geradezu immersiv auf eine der Sichtbarkeit entzogene Tiefenschicht, sodass die Dinge fragwürdiger werden, als stünden sie in der Mitte menschlichen Lebens. Bodo von Brauchitsch sieht in Arbeiten vom Stile Bechers einen monumentalen Detailreichtum, „ohne dass es ‚etwas zu sehen‘ gegeben hätte“[7]. Die gleichsam fahl wirkenden und stets im rechten Winkel aufgenommenen Fassaden standardisieren die Wahrnehmung der fotografierten Objekte. Indem es das Sehen auf eine singuläre Form festlegt, sind die Optionen der Anschauung stark eingeschränkt. Zum einen intensiviert der rein visuelle Blick die aktuelle Faktizität des Gebauten, zum anderen abstrahiert er aber auch vom phänomenalen Wandel seiner Gesichter.

Fotografie-historische Retrospektive

Von Architekturfotografie *im engeren Sinne* sind all jene Fotografien zu unterscheiden, die – zumindest in aller Regel – weder für einen Architekten, noch für einen Bauherrn gemacht worden sind, sondern Ausdruck lebensweltlicher, künstlerischer oder politischer Motive sind. Bilder, die dem Genre einer „anderen" Architekturfotografie zuzurechnen sind, eröffnen die Perspektive einer ganz eigenen architekturtheoretischen Reflexion. Diese hebt sich dadurch vom Nachdenken über architektonische Gestaltungen ab, dass sie diese nicht isoliert. Dabei ist an eine ganze Reihe großer Fotografen zu denken, die sich seit dem neunzehnten Jahrhundert dem Gegenstand der gebauten und gelebten Stadt gewidmet haben. Die Geschichte der Entwicklung der modernen Stadt und ihrer Architektur ist untrennbar mit ihren Fotografien verbunden. Zu den bekanntesten Autoren gehören John Thomson (1837–1921), Eugène Atget (1857–1927), Alfred Stieglitz (1864–1946), Jacob August Riis (1849–1914), Heinrich Zille (1858–1929), Alvin Langdon Coburn (1882–1966), Charles Sheeler (1883–1965), Lewis Hine (1874–1940), Berenice Abbott (1898–1991), André Kertész (1894–1985) und – mit ausgeprägt revolutionspolitischem Programm in der Frühphase der UdSSR –Alexander Michailowitsch Rodtschenko (1891–1956). In jüngerer Zeit stehen unter anderem die bereits genannten Bernd Becher (1931–2007) und Hilla Becher (1934–2015) sowie Thomas Struth (*1954) für einen ausgeprägten Stil in der (Architektur)Fotografie der Stadt.
In den Fokus rückt damit eine „Architektur"-Fotografie, die sich vielleicht besser als Stadtfotografie beschreiben ließe. In ihr steht die urbane Welt der Bauten im Mittelpunkt und nicht die segmentierte Szene „reiner" Architektur.

Das Haus kommt im Bild der Stadt zur *Anschauung*[8], wird also nicht in einem visualistisch eingeschränkten Sinne aus ihrem Kontext gelöst. Die Aufnahmen thematisieren folglich weiterreichende Fragen, als würde das Gebaute aus seinem städtischen Umfeld herausgeschält. Am Beispiel der Fotografie *New York, Thames Street 22* (1938) von Berenice Abbott wird das deutlich. (Abb. 2) Abbott setzt ebenso wenig ein *einzelnes* Haus ins Bild wie einzelne Dinge (Feuertreppen, Straßenlaternen oder Caféhaus-Schilder), auch wenn all dies auf ihrer Fotografie zu sehen ist. Vielmehr bringt sie eine – durch das langgestreckte Hochformat zudem perspektivisch verzerrte – *städtische* Szene zur Anschauung. Dennoch fotografiert sie *Architektur*, denn dächte man sich alles Architektonische aus diesem Bild gleichsam weg, bliebe ein leerer Himmel. Mit anderen Worten: Ihre Methode der Veranschaulichung von Architektur ist durch einen *Situationsbezug* gekennzeichnet. Im *situativen* Rahmen scheinen Bedeutungen vor, die latent mit allem, was sich im Bild zeigt, in einer Verbindung stehen.

Den Begriff der „Situation" verstehe ich hier im Sinne der *Neuen Phänomenologie* von Hermann Schmitz. Danach ist eine Situation durch Ganzheitlichkeit und innere Verklammerung von Bedeutungen gekennzeichnet: „In all solchen Fällen wird vieles verstanden (Sachverhalte), vorgenommen (Programme) und bewältigt (Probleme), ohne dass mehr als weniges davon einzeln bewusst wird (gar nichts bei ganz unwillkürlichem Tun)."[9] Sachverhalte sind in dem Bild *Thames Street 22* in einem doppelten Sinne erkennbar: Zum ersten bezeugt die Fotografie, *dass* jemand (Berenice Abbott) die Aufnahme in einer bestimmten Situation eines Tages an diesem Ort in der Thames Street gemacht hat. Zum zweiten weist das Bild auf etwas hin, das es in der Thames Street tatsächlich gegeben hat. Mit Roland Barthes ließe sich sagen, es lässt sich „nicht leugnen, daß die Sache dagewesen ist. Hier gibt es eine Verbindung aus zweierlei: aus Realität und Vergangenheit."[10] Das Bild verweist auf der Ebene der Sachverhalte also zunächst auf sich selbst, zugleich aber auch auf seine Referenzwelt, in der die Bauten, Feuertreppen, Lampen und Schilder tatsächlich existiert haben.

Auch Programme kommen auf zwei Ebenen vor. Zunächst steht das Bild selbst für die vollzogene Umsetzung eines fotografischen Programms, wonach

Abb. 2: Berenice Abbott, *New York, Thames Street 22, 15. Februar 1938*

Berenice Abbott *diese* städtische Szene ins Bild gesetzt hat. Daneben scheinen aber auch in der sichtbar gemachten Referenzwelt der Fotografie Programme vor, die mit dem Akt des Fotografierens nichts zu tun haben. So spiegeln die Bauten einen Willen zur Gestaltung der Stadt wider, einen von zahllosen Arbeitern geleisteten Kraftaufwand und vieles mehr. Schließlich lässt die an eine urbane Situation gebundene Aufnahme alltägliche Aneignungspraxen erkennen, welche die gebaute Welt mit sozialem Sinn verknüpfen. Auf der Ebene der Probleme im oben genannten Sinne kündigt sich schließlich – mit Bezug auf die Referenzwelt der Thames Street im Moment der Aufnahme – die unsichere für das Programm *dieser* Fotografie nicht unwichtige Frage an, ob die im Bild vorscheinende *aktuelle* Situation vielleicht durch einen bevorstehenden Regen kurz vor einer atmosphärisch einschneidenden Verände-

Abb. 3: Berenice Abbott, *Pine and Henry Streets, 6. März, 1936*

rung gestanden haben mag. Dieser Stil der fotografischen Veranschaulichung der Stadt ist für das Werk von Berenice Abbott charakteristisch. Stets war ihr an der Erfassung dessen gelegen, was die Lebendigkeit einer Stadt ausgemacht hat. Im Grunde war sie an der Darstellung von Urbanität als wertfreier Ausdruck der Lebendigkeit städtischer Räume interessiert. Auch das Beispiel der Fotografie *Pine and Henry Streets (1936)* zeigt dies. (Abb. 3)

Fotografie als ästhetische Praxis

Schon die wenigen Beispiele lassen erkennen, dass die Fotografie spätestens im zwanzigsten Jahrhundert „das Kommunikationsmittel für Architektur schlechthin“[11] wird. Ein bedenklich großer Teil der feuilletonistischen Diskussionsbeiträge zum Thema „guter“ und „schlechter“ Architektur basiert nicht erst in der Gegenwart allein auf massenmedial zirkulierenden fotografischen Bildern und kaum noch auf dem sinnlichen Eindruck und Erleben eines Gebäudes *in situ*. Das kollektive Wissen einer Gesellschaft über signifikante Bauten einer Zeit sowie aktuell herrschende Architekturstile bezieht sich sogar fast ausschließlich auf Bilder. Die *Bild*-Eindrücke des

Abb. 4: Europäische Zentralbank im Frühjahr 2016, hier mit Großmarkthalle

Doppelturmes der *Europäischen Zentralbank* (EZB) in Frankfurt am Main (Abb. 4) dürften das Reservoir kulturellen Wissens über dieses Gebäude nahezu in Gänze bestimmen und nicht Eindrücke aus unmittelbarer sinnlicher Begegnung. Im größten Teil der Bilder der EZB ist zum Beispiel die brachiale Verbindung mit der von Martin Elsaesser entworfenen und 1928 eingeweihten Großmarkthalle (seit 2014 in die EZB „integriert") gar nicht zu sehen.

Damit illustriert sich nicht nur die Macht der massenmedialen Emission von Architekturfotografien. Zugleich insistiert die Lücke im Sichtbaren auf der architekturtheoretischen Reflexion anästhetischer Kehrseiten „schöner“ Fotografien. Die Entkoppelung des über Bilder vermittelten Wissens von jeder sinnlich-eigenleiblichen Erfahrung[12] verlangt aber weit über die Kritik *einzelner* Bilder hinaus vor allem die nachhaltige Reflexion der Fotografie als ästhetischer Praxis. Damit rücken sowohl machtpolitische als auch epistemologische Fragen in den Fokus der Architekturtheorie. Fotografie entfaltet schon darin einen Einfluss auf massenmedial kommuniziertes Wissen und so auch auf die Produktion von mentalen Bildern und Einstellungen zu einem Bau wie seiner Funktion usw., als sie bestimmte, aber mögliche Ansichten *nicht* realisiert und der Kommunikation sowie dem kritischen Denken entzieht. Auch das Barthes'sche „so ist es gewesen“[13] wird angesichts evidenter epistemischer Differenzen zwischen Bild-Produzent und -Rezipient zu einem kommunikationstheoretischen Problem und architekturtheoretischen Thema. Das fotografische Bild suggeriert in der vermeintlichen „Unbestechlichkeit“ seiner technischen Herstellung eine Scheinauthentizität, die auf einer von der Ästhetik des Bildes verdeckten Inkommensurabilität zwischen einem Erscheinenden und einem tatsächlich Existierenden beruht.

Das Beispiel der global zirkulierenden Fotografien der Glamourseite der EZB-Architektur illustriert, in welcher Weise Bilder von all jenem Wissen abstrahieren können, das im Verständnis eines abgebildeten Objekts seiner systemischen Sache nach im Prinzip unverzichtbar ist. Das fotografische Bild sitzt dem Dilemma einer mehrschichtigen Inkommensurabilität auf, die infolge einer Differenz der Rationalitäten (der wörtlichen Rede zum einen und der Geste des Zeigens zum anderen) das Wissen in spezifischer Weise formatiert. Der selektive Charakter der Fotografie steht immer in einer defizitären Beziehung zum *möglichen* Wissen. Das sichtbar Gemachte deckt noch nicht einmal alle potenziell *sichtbaren* Facetten einer Sache ab. Im mehrdimensionalen Entzug von Themen möglicher Verständigung über sichtbar vorscheinende Facetten eines Wirklichen liegt die erkenntnis- wie architekturtheoretische und zugleich machtpolitische Brisanz architekturfotografischer Erzeugnisse – aber auch ihr architekturtheoretisches Potenzial.

Zwischen Präsentation und Repräsentation

Die erkenntnistheoretischen Dilemmata der Architekturfotografie entfalten sich in besonderer Weise in der Spannung zwischen Präsentation und Repräsentation, zwischen dem, was das Bild zu sehen gibt, und dem, was es bedeutet. Damit wird das Bild im Allgemeinen zu einem Problem im phänomenologischen Sinne, verbindet es sich doch mit der unsicheren Frage, ob und inwieweit das, was es zu sehen gibt, dem entspricht, was wirklich ist. Dieser ikonologische „Gap" intensiviert zwangsläufig die Imagination. Damit kommt es in einem kreativitätsfördernden Sinne dem Entwurfsprozess (in der Ex-ante-Situation) und im Sinne einer Steigerung von Bedenklichkeit dem Reflexionsprozess (in der Ex-post-Situation) entgegen. Wenn Andreas Nierhaus feststellt, Architekturfotografie „repräsentiert Architektur nicht nur, sie wirkt in Entwurf und Rezeption, in Form und Wahrnehmung zurück auf das Gebaute"[14], so verdanken sich die transversalen Sprünge auch dieser Differenz zwischen Präsentation und Repräsentation. Damit verbunden ist schließlich eine Herausforderung für die Verständigung über Architektur mithilfe von Bildern, muss doch die nonverbale Bild-„Sprache" in die wörtliche Rede übertragen werden. Schon die mit der syntaktischen Struktur des fotografischen Bildes verbundenen Inkommensurabilitäten stellen sich als prädestinierte Herausforderung für die architekturtheoretische Reflexion dar.

Mit anderen Worten heißt dies, „dass, wenn wir von Architektur sprechen und also Architektur verhandeln, wir meistens von Bildern dieser Bauten sprechen, und wenn wir Architektur beschreiben, Bilder erzeugen und zugleich auf bereits vorhandene Bilder rekurrieren".[15] Die Referenzebenen der Kommunikation durch und über Architektur verlangen schon aufgrund der „chaotischen Mannigfaltigkeit"[16] ihrer Verstrickung die architekturtheoretisch *nach*denkende Rekonstruktion, verschwimmen die reflexiven Bezugsebenen doch ineinander, wo immer Kommunikation über und *durch* Architektur stattfindet. Lars Blunck lehnt deshalb jede Identitätssuggestion des Barthes'schen „so ist es gewesen" ab und bevorzugt die Rede von einer Ähnlichkeitsbeziehung zwischen einem Gewesenen und dem auf einer Fotografie Sichtbaren.[17] Die Beziehung zwischen Präsentation und Repräsentation wird aber

Abb. 5: Hanielgarage in Düsseldorf im Zustand 2012

dadurch noch vertrackter, dass gar nicht selbstverständlich davon ausgegangen werden kann, dass es repräsentationstheoretisch überhaupt einen Weg der Annäherung an den Charakter eines Bauwerkes im Medium des fotografischen Bildes geben kann, der nicht *a priori* durch Interessen „kontaminiert" ist. Wolfgang Kemp stellt am Beispiel der Fotografien von Albert Renger-Patzsch aus den 1920er-Jahren fest, „dass es nicht ganz leicht ist, die ‚künstlerische Eigengesetzlichkeit' eines Bauwerkes zu treffen".[18]
Darin bringt sich eine kritische Distanz gegenüber einem verbreiteten dokumentaristischen Anspruch der Fotografie zur Geltung. Die in der Sache berechtigte Zurückhaltung gegenüber dem Vertrauen auf etwas fotografisch sichtbar Gemachtem kann aber nicht darüber hinwegtäuschen, dass Programme wie Erwartungen einer im Medium der Fotografie stattfindenden „Dokumentation" unhintergehbar sind. Schon rein praktisch akkumuliert die Fotografie – wie auch immer – im Bereich der Architektur immens umfangreiche Archive, deren Bedeutung weit über Stadtgeschichte und Heimatkunde hinausgeht. Gerda Breuer illustriert dies unter anderem am Beispiel von Darstellungen signifikanter Baudenkmale wie der Düsseldorfer *Hanielgarage* von Paul Schneider-Eisleben, die vor ihrer gerade noch gelungenen Aufnahme in die Denkmalliste des Landes Nordrhein-Westfalen nur noch auf Fotografien in ihrem ursprünglichen Gesicht zu sehen ist. (Abb. 5) Es

Abb. 6: Bildsimulation am Bauzaun der Römerbergbebauung Frankfurt am Main, hier Hühnermarkt

ist gerade der Ansichtscharakter dessen, was sich im Bild zeigt und was ganz offensichtlich die Utopie einer „dokumentarischen“ Fotografie immer wieder nährt.[19] Nicht zuletzt ist es der dokumentarischen Architekturfotografie zu verdanken, dass sich das kulturelle Gedächtnis an bildlich vermittelte Vorstellungen halten kann. Und so fungieren die fotografischen Archivalien der Denkmalpflege in der architekturtheoretischen Rekapitulation historisch strittiger Umbauten (wie die Integration der Frankfurter Großmarkthalle in den Neubau der EZB) als unverzichtbare Medien einer sachverhaltlichen Orientierung.

Das Dilemma von Präsentation und Repräsentation ist aber nicht auf das *fotografische* Bild beschränkt. Das Beispiel der Architekturzeichnung[20] verweist auf strukturelle Ähnlichkeiten mit den der Architekturfotografie vergleichbaren erkenntnistheoretischen Problemen. Indes weist die Zeichnung keine der Fotografie vergleichbare Referenz zu einem Wirklichen auf. Sie zeigt Aufrisse, Umrisse und Formen von Dingen, die erst sein *sollen.* Sie hat im Potenzial möglicher Auflösung keine latenten „Tiefen“ der Sichtbarkeit, die gleichsam „in“ der Fotografie beziehungsweise „unter“ ihrer Oberfläche lägen[21] – sie ist die *reine* Repräsentation. Während sie ein Gebäude, zumindest im Entwurfsprozess), aus der Ex-ante-Perspektive bedenklich macht, leistet die Fotografie dies aus der Ex-post-Perspektive. In die Logik der Architekturzeichnung sind jene Bildsimulationen einzuordnen, die auf der Grundlage von Computerprogrammen das „realistische" Bild eines noch gar nicht existierenden Bauwerks generieren.

Wo vor der Zeit der *Neuen Medien* schmutzige Baustellen mit Bretterzäunen aus dem Bild der Stadt „herausgehalten" worden sind, werden in der Gegenwart Glamourfolien über Metallgitter gespannt, auf denen der Öffentlichkeit ein Bild dessen geboten wird, was sich bestenfalls in Fundamenten erst ankündigt. (Abb. 6) Nicht zuletzt liegt im fotografisch-simulakrenhaften Spiel mit Erwartungen ein neues Thema architekturtheoretischer Reflexion, fungiert das Bild doch nun als epistemisches Dispositiv, das auf einen gleichsam „gegenstandslosen" Diskurs einwirkt und in dieser Wirkungslogik medienpolitisch auch eingesetzt wird.

Fotografie als Medium des Verstehens

Worin die Architekturfotografie auch immer ihre Funktion hat, vermittelt sie sich kommunikativ, setzt ein Vermögen des Bild-Verstehens also voraus. Aufgrund der Vieldeutigkeit des Verstehensbegriffs bedarf dessen Verwendung im Rahmen einer Diskussion zur Relevanz der Architekturfotografie für die Architekturtheorie einer einschränkenden Vorbemerkung. Wenn die Bedeutung fotografischer Bilder als Medien der Kommunikation zur Diskussion steht, ist damit eine insofern kognitiv „gelingende" Bildwahrnehmung vorausgesetzt, als das im Bild Gezeigte auch verstanden werden, im Sinngefüge eines Individuums also auch einen Platz finden kann. Es darf insofern nur von einem „gewissen" Verstehen die Rede sein, weil dessen Reichweite vom Willen und mehr noch vom Können interpretativen Reflektierens bestimmt ist und prinzipiell ins Unendliche führen kann. In aller Regel wird es beim lebensweltlichen Gebrauch von Bildern auf die schnelle, relativ wenig spezialisierte wie intellektuell nicht besonders geübte Interpretation ankommen. Von der philosophischen *Methode* des Verstehens – nach Gadamer im

Unterschied zum naturwissenschaftlichen „Erklären" – unterscheidet sich dieses alltagspraktische Verstehen dadurch, dass es eben *keiner* expliziten Methoden bedarf.[22] Was sich in der Lebenswelt zeigt und umstandslos als „Dieses" erkannt wird, versteht sich von selbst. Diese Rezeptionskultur muss vom berufsmäßigen Bildgebrauch in der Architektur unterschieden werden. In professionellen Situationen genügt der „erste Eindruck" oft nicht. Sowohl im Entwurfsprozess wie in der kritischen Reflexion eines realisierten Bauwerks bewährt sich das Bild in seinem kommunikativen Wert deshalb auch erst vor dem Hintergrund einer nachhaltigen Betrachtung nach sachlichen und ästhetischen Erwägungen. Dieser Bildgebrauch folgt eigenen Gebrauchserwartungen und darauch sich ergebenden Sinnstrukturen.

Jede Fotografie eines im städtischen Raum platzierten und situierten Bauwerks steht in der Logik ihrer Zeit. Gerda Breuer verweist deshalb auf die Spiegelung des Geistes einer Zeit im Medium der Fotografie. „Fotografie gerät vor diesem Hintergrund in die Rolle eines erinnerungspolitischen Akteurs."[23] Auch in der Architekturtheorie richtet sich *ein* Interessenstrang auf diese mnemotechnische Funktion der Fotografie. Ein anderer ist eher auf den Nutzen des Bildes für den aktuellen Diskurs über Stadt und Architektur bezogen. Die Dimension der Zeit spielt im Prozess des Bild-Verstehens schon deshalb eine zentrale Rolle, weil jedes fixierte Bild in einem asymmetrischen Verhältnis zu seiner Erlebnisgegenwart steht. Was unsere aktuelle Gegenwart ausmacht, gehört immer einer anderen Zeit an, als das im Bild Sichtbare. Gleichwohl besteht eine paradoxe ästhetische Nähe zum Bild, liegt es doch vor unseren Augen und vermag affektiv unmittelbar zu berühren. Es ist aber gerade diese Nähe, die jene Distanz erschwert, welche das kritisch-reflektierende Bild-*Verstehen* fordert.[24] Diese „ferne Nähe" hat einen schleichenden Bedeutungswandel architekturfotografischer Archivalien zur Folge, der nicht im Erscheinen der Bilder begründet ist, sondern im historischen Werden der Dinge und Bedeutungen. Am Beispiel der deutschen Ruinenfotografie der 1950er-Jahre macht Rolf Sachsse das deutlich.[25] Im Wandel der sich historisch mitunter schnell verändernden Rezeptionskulturen, Bilderwartungen und Sehroutinen liegt eine Herausforderung der Architekturtheorie im interpretierenden Umgang mit Architekturfotografien.

Die dispositive Macht der Bilder

An dieser Stelle sei noch einmal explizit auf die Macht der Fotografie als ästhetisches Dispositiv hingewiesen. Die Problematik der Verstrickung der Architekturfotografie in Diskurse lässt sich am Beispiel von Fotografien des russischen Konstruktivisten Alexander Rodtschenko (1891–1956) zuspitzen. (Abb. 7) Als Avantgardekünstler wandte er sich den Zielen einer neuen Gesellschaft zu und setzte Bauten der Stalinzeit in Szene, um symbolisch mächtige Eindrücke einer für lebenswert gehaltenen Zukunft zu kommunizieren. So machte er für die Zeitschrift *SSSR na stroike* 1933 geradezu zahllose Aufnahmen vom Bau des *Weißmeer-Ostsee-Kanals*, der St. Petersburg mit Archangelsk am Weißen Meer verband; er wurde auch „Stalin-Kanal" genannt.[26] Zum Konstruktivismus passten zwar seine verzerrenden Perspektiven, mit denen er seine Bilder dem gewohnten Blick entzog[27], um sie einem kreativen neuen Denken zugänglich zu machen. Auf ganz andere Weise fügte sich das Motto „Lügt nicht! Fotografiert, fotografiert"[28], in den Konstruktivismus ein, hatte Rodtschenko doch bei seinen Aufnahmen des *Weißmeer-Ostsee-Kanals* den Hinweis unterschlagen, dass zu dessen Bau im wesentlichen Zwangsarbeiter herangezogen wurden.

Um im medientheoretischen Sinne mehr zu sein als nur ein lichttechnischer Abdruck von etwas, das es irgendwo irgendwie gegeben hat, müssen die Bilder den Nerv der Zeit, des Zeitgeistes, treffen. Das leisten Fotografien besonders dann, wenn sie Atmosphären zum Vor-Scheinen bringen oder zumindest Facetten atmosphärisch vitaler Situationen in einem spürbaren Sinne zu erkennen geben. Über ihren ästhetischen Ausdruck entfalten Bilder in einem phänomenologischen Sinne eine auf zeitgemäße Diskurse einwirkende Macht.

Fotografie und ihre Beziehung zu Gefühlen und gelebten Bedeutungen

Macht lässt sich vor allem dann nachhaltig entfalten, wenn im fotografischen Bild über Sachverhalte hinaus auch atmosphärische Vitalqualitäten explizit

Abb. 7: Alexander M. Rodtschenko,
Das Haus an der Mjasnitzkaja, 1927

werden. In medientheoretischer Hinsicht folgt daraus, dass das Verstehen sozialer Situationen, die in aller Regel mit Gefühlen „besiedelt" sind, wesentlich über Bilder angebahnt und vermittelt werden kann. Mit direktem Bezug zur Architekturfotografie hebt Locher einen sich *a priori* mit der Fotografie verbindenden Bruch mit dem Wirklichen hervor. Fotografien generieren danach „vorzugsweise atmosphärische Wirklichkeiten" beziehungsweise zeigen ein Gebäude weniger, „wie es ist, als wie es aussehen soll".[29] Damit sind die Programme angesprochen, die sich mit dem Bild eines Gebäudes verbinden. Bild-Programme sollen im Bild-Erleben eines Rezipienten „ankommen", und so steht zumindest im Hintergrund eines jeden in die Welt gesetzten Bildes die Frage nach den weit verzweigten Netzen *affektiver* Bild-Beziehungen. Dass Fotografien mit dem Verdeckten spielen, sich geradewegs über das Verdeckte inszenieren und situieren, wissen berufsmäßig gut ausgebildete und sich der Motive und Gründe ihres Tuns bewusste Fotografen am besten. Als Repräsentant der *Düsseldorfer Fotoschule* spricht Jörg Sasse den Charakter des im Bild Verborgenen explizit am Beispiel der Architekturfotografie an: „Das Unsichtbare ist fester Bestandteil von Architektur. Ein Photo als solches zeigt alles. Erst in der Betrachtung wird das ‚Unsichtbare' hinzugefügt."[30] Indes setzt schon die Möglichkeit solcher Ergänzung voraus, dass das Bild einen appräsentierbaren Überschuss ausstrahlt, der nicht der Materialität des gegenständlichen Bildes anhaftet. Die Explikation von Atmosphären setzt deshalb ein Verständnis von Fotografie voraus, das über die Darstellung von etwas im engeren Sinne nur Sichtbarem hinausgeht. Die bildliche Erfassung von Atmosphären im Medium der Fotografie ist deshalb auch einer „*transpikturalen* und *multisensoriellen* Auffassung des Fotografischen selbst geschuldet."[31] Ilka Becker hebt eine der fotografischen Linse eigenen Paradoxie hervor: ihr meta-optisches Vermögen, mit dem Sichtbaren zugleich das – im visualistischen Sinne – Nicht-Sichtbare einzufangen. Gerade dieses ist Hort von Gefühlen und Bedeutungen, die erst in der architekturtheoretischen Reflexion transparent und der Kritik verfügbar gemacht werden können.

Das dissuasive Versprechen

Fotografien machen chorologische und chronologische Versprechen. Zunächst wecken sie die Erwartung, das ins Bild Gesetzte gebe es im tatsächlichen Raum einer Stadt, eines Dorfes oder eines anderen räumlichen Arrangements wirklich, zum Beispiel als temporäre Installation einer *Weltausstellung*. Schließlich macht die Fotografie ein chronologisches Versprechen, indem sie die Erwartung begründet, das Fixierte sei dank seiner Archivierung dem Vergessen entzogen[32], eine aktuelle Situation augenblicklichen Erscheinens gleichsam über die Zeit hinweg gerettet. Damit rückt die Fotografie in eine dem Denkmalschutz ähnliche Rolle, wenn sich die Materialität der Gegenstände auch kategorial unterscheidet. Das unter Denkmalschutz gestellte tatsächliche Haus kann unter Einsatz beträchtlicher monetärer Mittel bedingt vor Verfall, Vandalismus oder stilentfremdender Modernisierung geschützt

werden; das im Bild konservierte Objekt steht dagegen, abgesehen von seiner technischen Reproduzierbarkeit, allein unter dem zeitlichen Druck der Vergilbung.
Aber die Versprechen der Fotografie stehen auf einem schwimmenden Boden. Sie haben eher den Charakter einer Geste als den einer Versicherung oder Beglaubigung. So gesehen impliziert der Akt des Fotografierens eine narzisstische Komponente, *unterstellt* die Geste bildlichen Zeigens doch eine gewisse Sehenswürdigkeit dessen, was sichtbar gemacht und gezeigt wird. Umso mehr begründet sich darin die phänomenologische Denkwürdigkeit des fotografischen Bildes. Gerade in der „Luzidität" seines Erscheinens hält es das Denken in Bewegung; es „beurkundet" schließlich nichts, was es genau so zu sehen gäbe, es ist immer vom Zweifel kontaminiert. So evoziert es das produktive Nach- und Durchdenken der offenen Flanken des Ungewissen. Es fordert zur mikrologischen Autopsie der in einem Bild allein vorscheinenden Abgründe heraus. Dieses Feld tut sich „hinter" der Ebene der Sichtbarkeit auf. Indem das Bild auf eine halb verdeckte Referenzwirklichkeit verweist, ruft es dazu auf, sich in das bildhaft Erscheinende zu vertiefen – aber „nicht wie in ein Problem (ein Thema), sondern wie in eine Wunde: ich sehe, ich fühle, also bemerke ich, ich betrachte und ich denke".[33] Darin kündigt sich ein mimetischer Prozess an, in dem die Sinnlichkeit eine unverzichtbare Bezugsebene aller Reflexion ist. Das Bild wird zum Medium einer „zweiten Rationalität" der Verarbeitung von Eindrücken sowie der Explikation von Ausdrücken. Neben dem Wort steht, diesem gleich-gültig und gleich-wertig, das Bild – auch wenn Wort und Bild inkommensurabel bleiben, es also nur Beziehungen von der Art der Ähnlichkeit zwischen beiden gibt und keine Spiegelung des einen im anderen.

Zum Verhältnis von Architekturfotografie und Architekturtheorie

Dass die im fotografischen Bild gebotenen „Ansichten" nur in Grenzen Medien der *Veranschaulichung* sind, ergibt sich schon aus der technisch zwangsläufigen Abstraktion von allem Nicht-Visuellen. Nicht zuletzt sind es genau diese „Entzüge“ des Wirklichen, vom Realen ganz zu schweigen, die als das der ästhetischen Rationalität des Bildes Inkommensurable der Architekturtheorie Nahrung bieten.

Die Architekturfotografie hat im architekturtheoretischen Diskurs, zumindest optional, eine doppelt produktive Rolle. Zum einen *zeigt* sie den Gegenstand gestalterischen Entwerfens sowie praktisch herstellenden Handelns und gibt damit dem Gegenstand der Theorie ein Bild. Zum anderen weckt genau dieses Bild in dem, was es visuell lediglich *sichtbar* machen kann, den Zweifel. Das architekturfotografische Bild ist erkenntnistheoretisch von Anfang an defizitär, auch wenn es in ästhetischer Hinsicht noch so gelungen sein mag. Es ist das dem Bild Entzogene, das die Fragwürdigkeit des bildlich Inszenierten in besonderer Weise steigert. Streng genommen kann eine Fotografie auch dann nur wenig von der Wirklichkeit eines Bauwerkes zeigen, wenn es dieses beinahe „in Gänze“ ins Bild zu setzen scheint. Und so stellt die Architekturfotografie auch weniger das architektonische Objekt vor, als dass sie es in einem vagen Sinne ästhetisch „thematisieren“ würde. Sie „benennt“ es in gewisser Weise im Medium der ästhetischen Rationalität in *Segmenten* beziehungsweise Facetten. Damit steht das Bild als ikonografische Explikation neben jenen sprachlichen Aussagen, die noch nicht einmal im engeren Sinne Theoriesätze sein müssen.

Architektur versteht sich im Fokus ihrer Theorie nie von selbst. Auch ihr Bild kann Identität nur suggerieren. Über die Simulation von Ähnlichkeitsbeziehungen gelangt selbst die beste Fotografie nicht hinaus. Je nach der Funktion, die sie (noch in der fotografischen Simulation oder in einer Zeichnung wie sie Frank Lloyd Wright für das *Mile-High Illinois* machte[34]) im Prozess des Entwurfs *von* beziehungsweise der Kommunikation *über* Architektur erfüllt, kommt sie dem Bedenken eines Vorhabens in besonderer Weise entgegen. Sie dient der Orientierung, der Optimierung des Machbaren sowie der Anregung kreativer Ressourcen. Sie hilft dem Architekten im Planungsprozess bei der Vergegenwärtigung seiner Ideen; in der Kommunikation mit einer Öffentlichkeit visualisiert sie das ästhetische „Bild“ einer *a priori* strittig bleibenden Zukunft. Fotografien von architektonischen Objekten fordern die architekturtheoretische Reflexion geradezu heraus. Das fotografische Bild eines

Bauwerks kommt dann nicht als dokumentarisches „Zeugnis“, sondern als *dispositiver* Schachzug in den Blick, als polemische Inszenierung und Geste der Macht im Kampf um Aufmerksamkeit, Geltung und Anerkennung. Es provoziert das Bedenken des Möglichen, spielt mit Visionen und Projektionen. Nicht zuletzt provoziert die Fotografie die kritische Revision der *Fehlschläge* von Architektur und Stadtentwicklung, die auf dem Wege gewöhnungsbedingter Sedierung schon lange selbstverständlich geworden sind, wie zum Beispiel die Bauten des sogenannten „sozialen“ Wohnungsbaus der 1960er- und 1970er-Jahre. Solche Praxis im Gebrauch von Fotografien überschreitet die ästhetische Dimension der Bilder und führt die Denkwürdigkeit des Gebauten wie des zu Bauenden vor Augen.

Bibliografie

Barthes, Roland (1985): *Die helle Kammer. Bemerkung zur Photographie* [1980]. Übersetzt von Dietrich Leube. Frankfurt am Main: Suhrkamp Verlag.

Becker, Ilka (2010): *Fotografische Atmosphären. Rhetoriken des Unbestimmten in der zeitgenössischen Kunst*. München: Wilhelm Fink Verlag.

Blunck, Lars (2016): „Etwas ist gewesen. Zur Authentizität und Referenz fotografischer Bilder". In: Günter Burkhart und Nikolaus Meyer (Hrsg.): *Die Welt anhalten. Von Bildern, Fotografie und Wissenschaft.* Weinheim und Basel: Beltz Verlagsgruppe, S. 96–106.

Bollnow, Otto Friedrich (1981): *Philosophie der Erkenntnis. Erster Teil. Das Vorverständnis und die Erfahrung des Neuen* [1970]. Stuttgart u. a.: Kohlhammer Verlag.

Brauchitsch, Boris von (2002): *Kleine Geschichte der Fotografie.* Stuttgart: Reclam Verlag.

Breuer, Gerda (1997): „Photographie und Architektur". In: Gerda Breuer und Henry-van-de-Velde-Gesellschaft (Hrsg.): *Außenhaut Innenraum. Mutmaßungen zu einem gestörten Verhältnis zwischen Photographie und Architektur.* Frankfurt am Main: Anabas-Verlag, S. 6–11.

–, (2012): „Einleitung". In: Dies. (Hrsg.): *Architekturfotografie der Nachkriegsmoderne* (= Wuppertaler Gespräche 5). Frankfurt am Main: Stroemfeld Verlag, S. 1–41.

Färber, Alexa (2013): „Untiefen des Kulturellen: ethnographisch-fotografische Reproduktion von Oberflächen in der Stadtforschung". In: *Österreichische Zeitschrift für Volkskunde.* 67. Jahrgang, Nummer 1 und 2, S. 199–219.

Kemp, Wolfgang (2016): „Albert Renger-Patzsch und sein Bildband ‚Das Münster in Essen. Der Meister des Einzelbildes widmet sich einem architektonischen Komplex'". In: Hubert Locher und Rolf Sachsse (Hrsg.): *Architektur Fotografie. Darstellung – Verwendung – Gestaltung* (= Transformationen des Visuellen 3). Berlin und München: Deutscher Kunstverlag, S. 56–71.

Locher, Hubert (2016): „Zur Einführung: Fotografie als Darstellungs-, Entwurfs- und Gestaltungsmedium der Architektur im 20. und 21. Jahrhundert". In: Hubert Locher und Rolf Sachsse (Hrsg.): *Architektur Fotografie. Darstellung – Verwendung – Gestaltung* (= Transformationen des Visuellen 3). Berlin und München: Deutscher Kunstverlag, S. 9–22.

Löffler, Petra und Kathrin Peters (2010): „Aufzeichnen. Einleitung in den Schwerpunkt". In: *Zeitschrift für Medienwissenschaft. 2*Jahrgang, Nummer 2, S. 10–13.

Melters, Monika (2014): „Die Versuchungen des Realismus. Zur Theorie und Forschungsgeschichte der Architekturfotografie". In: *Fotogeschichte. Beiträge zur Geschichte und Ästhetik der Fotografie.* 33. Jahrgang, Nummer 123, S. 5–14.

Minkowski, Eugène (1971): *Die gelebte Zeit. Band 1. Über den zeitlichen Aspekt des Lebens* [1933]. Ins Deutsche übersetzt von Meinrad Perrez und Lucien Kayser. Salzburg: Otto Müller Verlag.

Nierhaus, Andreas (2016): „Moderne Architektur und Fotografie um 1900. Zum Beispiel Otto Wagner und Adolf Loos". In: Hubert Locher und Rolf Sachsse (Hrsg.): *Architektur Fotografie. Darstellung – Verwendung – Gestaltung* (= Transformationen des Visuellen 3). Berlin und München: Deutscher Kunstverlag, S. 112–130.

Noever, Peter (1991) (Hrsg.): *Alexander M. Rodtschenko – Warwara F. Stepanowa. Die Zukunft ist unser einziges Ziel.* Österreichisches Museum für Angewandte Kunst. München: Prestel Verlag.

Otti, Margareth (2014): „Jenseits der Repräsentation. Architekturfotografie der Gegenwart". In: *Fotogeschichte. Beiträge zur Geschichte und Ästhetik der Fotografie*. 33. Jahrgang, Heft 132, S. 25–36.

Raschke, Brigitte (1996): *Frank Lloyd Wright: The Mile-High Illinois. Utopie oder Architekturkritik.* München: Scaneg Verlag.

Sachsse, Rolf (2012): „Ästhetischer Wiederaufbau – Architekturfotografie in der Bundesrepublik Deutschland 1945–60". In: Gerda Breuer (Hrsg.): *Architekturfotografie der Nachkriegsmoderne* (= Wuppertaler Gespräche 5). Frankfurt am Main: Stroemfeld Verlag, S. 121–145.

Sasse, Jörg (1997): „(un-)sichtbar". In: Gerda Breuer und Henry-van-de-Velde-Gesellschaft (Hrsg.): *Außenhaut Innenraum. Mutmaßungen zu einem gestörten Verhältnis zwischen Photographie und Architektur.* Frankfurt am Main: Anabas-Verlag, S. 72.

Schmitz, Hermann (1999): *Der Spielraum der Gegenwart.* Bonn: Bouvier Verlag.

–, (2009): *Kurze Einführung in die Neue Phänomenologie.* Freiburg und München: Verlag Karl Alber.

Scholz, Oliver Robert (1990): „Verstehen". In: Hans Jörg Sandkühler (Hrsg.): *Europäische Enzyklopädie zu Philosophie und Wissenschaften.* Band 3. Hamburg: Felix Meiner Verlag, S. 2905–2909.

Wiesing, Lambert (2000): *Phänomene im Bild.* München: Wilhelm Fink Verlag.

Anmerkungen

1 Brauchitsch 2002, S. 34.
2 Melters 2014, S. 13.
3 Otti 2014, S. 25.
4 Wiesing 2000, S. 12.
5 A. a. O., S. 15.
6 Vgl. Brauchitsch 2002, S. 241.
7 Ebd.
8 Anschauung überschreitet in ihrem geisteswissenschaftlichen Verständnis bei Weitem die visualistischen Grenzen des Sehen. Alle Erkenntnis muss – so Bollnow – bei der Anschauung beginnen, um von da zu den Begriffen aufzusteigen. Anschauung galt gerade in der Geschichte der Pädagogik lange Zeit, zum Beispiel bei Pestalozzi, als Fundament aller Erkenntnis. Vgl. Bollnow 1981, S. 70. Was später Rudolf zur Lippe als „progressive Regression der Wahrnehmung" fordern wird, war in einem allgemeinen Verständnis schon Bollnows Anliegen: der produktive Rückgang hinter die Routinen eingeschliffener Wahrnehmungsweisen und die von Begriffen (vor)gelernten Wahrnehmungserwartungen.
9 Schmitz 2009, S. 48–49.
10 Barthes 1985, S. 86.
11 Breuer 2012: S. 11.
12 An der Architekturfotografie kritisierte Rudolf Schwarz schon 1951, „dass dem fotografischen Architekturbild die leibliche Erfahrung des Raumes, die menschliche Aneignung des Baus fehle", zitiert bei Breuer 2012, S. 13.
13 Barthes 1985, S. 126.
14 Nierhaus 2016, S. 113.
15 Ebd.
16 Ich verwende den Begriff hier im Sinne von Hermann Schmitz als Verweis auf eine Diffusität und ganzheitliche Verklammerung der eine Situation ausmachenden Elemente. Vgl. auch Schmitz 1999, S. 43–46.
17 Vgl. Blunck 2016, S. 104.
18 Vgl. Kemp 2016, S. 60.
19 Vgl. Locher 2016, S. 10.
20 Beispielhaft kann hier auf die geradezu exzentrische Architekturzeichnung Frank Lloyd Wrights zum Entwurf seines Hochhauses *Illinois-Mile-High* verwiesen werden. Die Präsentation des Entwurfs fand schon aufgrund des übergroßen Formats der ausgestellten Zeichnung mit einer Höhe von über acht Metern eine ungewöhnliche Resonanz in der Presse. Vgl. Raschke 1996, S. 12.
21 Vgl. dazu auch Färber 2013.
22 Vgl. auch Scholz 1990.
23 Breuer 2012, S. 41.
24 Vgl. in diesem Sinne Minkowski 1971, S. 27.
25 Vgl. Sachsse 2012.
26 Siehe dazu auch das Umschlagbild der deutschen Ausgabe Nummer 32 aus dem Jahr 1933. Vgl. Noever 1991, S. 221.
27 Vgl. die Arbeiten zur Serie *Das Haus an der Mjasnitzkaja* ab 1925; vgl. a. a. O., S. 228–229.
28 Vgl. a. a. O., S. 237, ursprünglich abgedruckt in der Zeitschrift *Nowy LEF*, Nummer 4 aus dem Jahr 1928.
29 Locher 2016, S. 9.
30 Sasse 1997, S. 72.
31 Becker 2010, S. 183.
32 Vgl. auch Löffler 2010, S. 10.
33 Barthes 1985, S. 30.
34 Vgl. dazu Raschke 1996.

Forschende Geste. Zeichnen mit der Hand – eine Methode der Architekturforschung

Alban Janson

> „Beim Zeichnen bewegt sich die Hand empfindsamer.
> Hand und Bild (-vorstellung) sind intimer verbunden als
> bei irgendeiner anderen Technik.
> Zeichnen ist fein und konzis; Zeichnen ist anmutig.
> Stell sie Dir als Räume vor.
> Das sind meine Zeichnungen."
> *(Brice Marden)*[1]

Ziel architekturtheoretischer Bemühung ist es, die Wirklichkeit der Architektur zu begreifen. Um dieses Ziel zu erreichen, gibt es nicht nur die Methode des theoretischen Diskurses. Auch das Zeichnen ist ein Mittel des Forschens. Forschen bedeutet, etwas über die Wirklichkeit zu *erfahren*, etwas zu entdecken. Forschen heißt aber auch, das Eingreifen in die Wirklichkeit zu erproben und dient schließlich dem *Erfinden.*
Indessen ist das Zeichnen mit der Hand auch eine Form der Bewegung, als ausdruckshafte Bewegung eine Geste. Zum Denken und zur Theorie kann das Zeichnen ein Pendant auf der Ebene körperlicher Bewegung bilden. Es geht dabei nicht um eine grafische Unterstützung der Theorie in Form von Analysezeichnungen, Schemata, Diagrammen usw. Stattdessen geht es darum, durch gestische Bewegungen einen räumlichen oder auch architektonischen Sachverhalt zum Ausdruck zu bringen, der sich durch begriffliches Denken, durch Sprache und Diskurs nicht – oder nicht so treffend – ausdrücken lässt. Auch ohne Zeichenstift kann bereits die Gestik der Hände architektonische Zusammenhänge veranschaulichen, wie es etwa Frank Lloyd Wright gerne demonstrierte. Das Zeichnen mit der Hand ist, wenn auch verschieden vom theoretischen Diskurs, einerseits eine Methode des Erkennens und Erfahrens und andererseits eine Methode des Erfindens.

Das forschende Suchen wird durch die Zeichnung wie durch kein anderes Medium begünstigt, indem man das Zeichnen als ein vorsichtiges Tasten begreift, ein suchendes Fühlen mit den Fingern oder Fingerspitzen, verlängert durch den Stift. Zuerst noch ganz im Unklaren, zeichnet sich allmählich etwas undeutlich ab, wird im weiteren Tasten und Fühlen langsam deutlicher und schließlich identifizierbar, als etwas Bekanntes oder aber als etwas bis dahin Unbekanntes, das entdeckt wird oder neu entsteht.
An solchen Bewegungen ist nicht nur der Stift beteiligt, sondern über die Hand auch der Arm, die Schulter, je nach Haltung auch der ganze Körper. Das Begreifen architektonischer Wirklichkeit geht über das Greifen, ihr Erfassen geht hier über das Anfassen von Stift und Zeichengrund. Viele Faktoren sind wirksam, angefangen von der Handhaltung, die der Stift erfordert, dem Widerstand der Zeichenunterlage, der Reibung und dem Geräusch, welche die Rauigkeit des Bildgrunds erzeugt, bis zu der Kraftaufwendung, dem Bewegungsduktus, den unterschiedlichen Körperhaltungen, die man beim Zeichnen einnehmen kann. Da beim Zeichnen der gesamte Körper und alle Sinne beteiligt sind, wird nicht nur ein Objekt, sondern eine komplexe räumliche Situation visuell erfasst. Auch das gegenständliche Zeichnen ist somit nicht nur eine abbildhafte Vermittlung zwischen einem vorgegebenen oder vorgestellten Objekt und dessen Repräsentation, sondern eine *Situation*, in der ich durch das Zeichnen als vermittelnder Instanz mit der Objektwirklichkeit und dem ganzen Umfeld in einer untrennbaren Verbindung stehe. So könnte das Zeichnen als das adäquate Gegenstück zu einer architekturtheoretischen Haltung aufgefasst werden, welche die Architektur, vom Möbel bis zur Stadt, ebenfalls als *Situation*[2] in einem umfassenden Erlebniszusammenhang begreift, in dem auch reale und imaginierte Bewegungen einen essenziellen Bestandteil bilden.
Infolge des unmittelbaren Einflusses von eigener Sinneswahrnehmung, Körperhaltung und Bewegung in der Zeichnung ist auch das Ergebnis des zeichnerischen Forschens stärker von den Bedingungen der konkreten Situation abhängig als bei anderen Visualisierungstechniken. Das gilt vor allem dann,

wenn der reale Raum in die Darstellung einbezogen wird: Architektur in einem weiten Sinn als Gegenstand der Zeichnung. Die Größe und Weite des erfassten Umweltausschnitts, die Erstreckung des Raumes, seine Lagerung und Gerichtetheit sind Bestandteile des konkreten Kontexts. Distanz, Blickwinkel, die eigene Position im Raum, die Finger, Hand-, Arm- oder Körperbewegung. Alles sind räumliche Verhältnisse, zu denen ich selbst genauso gehöre wie vorhandene bauliche Objekte. Indem das Zeichnen selbst raumbezogen und bewegt ist, unterstützt es eine nicht-statische, räumliche Auffassung von Architektur. Durch die Beteiligung des Körpers, insbesondere der Hand, wird neben dem Sehen eine körperliche Wahrnehmungsebene aktiviert, welche die visuelle Wahrnehmung ergänzt. So nimmt etwa die Hand beim Aufzeichnen Unstetigkeiten wahr, erkennt Höhepunkte, Akzente, Zäsuren, Rhythmen, die dem Sehen sonst vielleicht entgehen würden. Das Zeichnen stellt ein Modell für architektonische Erfahrung dar. Zeichnen ist Sonde, Seismograf, Raumschreiber und effizienter als die gewöhnliche visuelle Wahrnehmung von Architektur.

Was uns durch diese eigentümliche Methode des Erkennens und Erfahrens von der Wirklichkeit im Sehen vermittelt wird, fließt also über die Hand in die Zeichnung ein. Unmittelbar damit gekoppelt ist ein Kontrollvorgang, in dem wiederum über das Sehen das bereits Gezeichnete wahrgenommen, geprüft und mit der wahrgenommenen oder vorgestellten Wirklichkeit verglichen wird – bereits der nächste Strich kann darauf reagieren. Denn nicht nur das Auge, sondern auch die Hand ist an diesem Rückkoppelungsvorgang beteiligt, indem durch die manuelle Bewegung des Zeichnens – über das Sehen hinaus – das Gezeichnete ebenfalls wahrgenommen, kontrolliert und ergänzt werden kann. Die Unmittelbarkeit dieses wechselseitigen Übertragungsvorgangs über Gehirn, Auge, Hand und Zeichnung sowie umgekehrt macht das Zeichnen zu einem sich selbst analysierenden Vorgang, der schnell zwischen Entwurf und Kontrolle wechselt, die nicht als getrennte Vorgänge stattfinden, sondern im Duktus des Zeichnens selbst das Ergebnis steuern (ein simples Beispiel dafür ist das Ziehen der sogenannten „Architekten-Zitterlinie“). Somit ist die Zeichnung nicht nur analysierend, sondern zugleich synthetisierend.

Jede noch so analytisch aufgefasste Zeichnung enthält ein Moment der Erfindung. Der Abstraktionsgrad, der bei der Zeichnung höher ist als bei vielen anderen Medien, zwingt zur Entscheidung und damit zu mehr oder weniger individuellen Interpretationen der gesehenen oder vorgestellten Wirklichkeit. Bereits mit einem noch ganz unsicheren Tasten erprobt die Zeichnung das Eingreifen in die Wirklichkeit. Umso mehr schließlich durch die energische Bewegung und die entschiedene Setzung.

Was das Tasten betrifft, beschränkt sich der zeichnerische Versuch womöglich nur auf vorsichtige Andeutungen realer Möglichkeiten, auf Anregungen für Realisierungen. Vage stochernd oder einem bestimmten Suchmuster folgend, kreisend, streifend, punktweise tupfend usw. Dem entsprechend sehen die zeichnerischen Gesten aus. Durch das großflächige, ziellose Schweifen über das Papier, das lockere Bestreichen des Zeichengrundes mit dem Stift, oder mit breiter Kreide, kann zunächst so etwas wie „Weißes Rauschen" entstehen. Man beginnt zu zeichnen, ohne zu wissen, was man zeichnet. Man traut sich schon einmal anzufangen. Doch man verteilt nicht einfach Grafit oder Pigment auf dem Papier, sondern die Hand stochert und tastet aufmerksam in der diffusen Fläche herum. Beim lauernden und suchenden Herumkritzeln kann unversehens etwas im Rauschen aufscheinen, herauswachsen, kann sich andeutungsweise eine Konfiguration abzeichnen. (Ähnlich wie etwa aus der melodielosen *Minimal Music* beim aufmerksamen Hören Zusammenhängendes und melodische Figuren auftauchen können.) Jetzt muss man reagieren und nachfühlen, schließlich zupacken und kann durch unwillkürlich-willkürliches Herausgreifen von Elementen allmählich Gestalt identifizieren. Dies ist eine extrem ergebnisoffene Form der Annäherung an eine Zeichnung. Eine ähnliche Haltung kann sich aber auch auf gegebene Strukturen (Landschaft, Nachbarschaft, Raster, Typologie) stützen und aus ihnen Gesten entwickeln, die ähnlich offen bleiben, aber doch einer nicht beliebigen Richtung folgen.

Im Gegensatz zur tastenden Geste, durch die eine Zeichnung ihre zunächst nur erahnte Identität erst suzkzessiv entwickelt, gibt eine gezielt initiierende

Geste der Zeichnung von Anfang an die Richtung vor. Ausdruck und Bewegung unseres Körpers als Ausgangspunkt und Steuerung der Geste verleihen der Zeichnung Charakter und Identität. Und sie besitzt durch die Räumlichkeit der Bewegung eine Affinität zur Räumlichkeit der Architektur. Durch dieses räumliche Moment verschafft die Geste dem Zeichnen Möglichkeiten, die für die Architektur selbst relevant werden können. Bereits in der Bewegung des Kritzelns und Krakelns kann man die Erfahrung des räumlichen Hineinwühlens machen. Es entsteht eine Art von Kavernen und Höhlungen zwischen dichteren Stellen und Massen, deren Verhältnis dem Wechselspiel von Massen und Hohlräumen in der Architektur entspricht. Von da ist es nicht weit zum zeichnerischen Modellieren von körperhaft erscheinenden Massen, die man analog zum Plastizieren durch Packung und Verdichtung von Strichlagen und Schwärzen erzielt. Das präzise Ziehen von Linien in einer strengen Ordnung wiederum zeichnet den geordneten Aufbau einer architektonischen Struktur vor und unterstützt deren rationale Kontrolle. Die ausholende, raumgreifende Geste dagegen bringt eine räumliche Dynamik in die Zeichnung, die Raum schaffend, orientierend oder rhythmisierend wirksam wird. Die Geste des Suchens, ob tastend oder als kraftvolle Setzung, ruft selbst das Objekt hervor.[3]

Bibliografie

Marden, Brice (1985): Ohne Titel. In: Peter Weiermaier (Hrsg.): *Vom Zeichnen. Aspekte der Zeichnung 1960–1985*. Frankfurt am Main: Frankfurter Kunstverein, S. 252.

Wolfrum, Sophie und Alban Janson (2016): *Architektur der Stadt*. Stuttgart: Karl Krämer Verlag.

Anmerkungen

1 Marden 1985, S. 252.

2 Wolfrum und Janson 2016, S. 23–27.

3 Zeichnungen: Alban Janson, Ohne Titel (Hochstadt), 29,7 × 21 Zentimeter, Bleistift auf Papier.

Eyes That Do Not See: or *Surveying* as a Way of Practicing Architectural Theory

David Leatherbarrow

> "We must always say what we see. Above all, and more difficult, we must always see what we see."
> *Le Corbusier*[1]

> "[...] the idea lies in the 'place' more than in the mind – for those who are capable of seeing [...]"
> *Alvaro Siza*[2]

> "[...] anything observed requires the presence of an observer, who, if he is observed by what he is observing, himself becomes an object of observation, a banal logical interaction, which, however, transposed into reality, has a destabilizing effect [...]"
> *Friedrich Dürrenmatt*[3]

Theory is a word with a fascinating but disputed history. For centuries its meaning has been debated by philosophers, philologists, and linguists – to say nothing of theoreticians, in and outside the field on which I will focus, architecture. Ever since antiquity there have been disagreements about whether the word derives from *theos* (god) or *thea* (sight, spectacle, or seeing). Today no choice seems possible, for current research maintains a two-part origin, as if the gods and seeing were connected at birth, though papers attesting to that infancy have never been discovered.[4] The context in which their sibling association was most evident in the ancient world was the festival, especially an event that occurred in some unfamiliar location on some atypical day. For the purposes of the arguments set out here, there is no need to enter into the discussion of etymological origins, let alone take a stand. The opening points I'd like to secure should be non-controversial: 1) theory in both its ancient and modern senses has always involved a particular kind of *seeing* and 2) that that seeing is always *of something*, something that changes one's understanding of the world and place in it, even if the target of the view can't be easily named because it lacks the profiles of a well-defined object (like a building). Philosophically speaking, this observation about *seeing something* is generally rendered as the intentionality of perception. Consciousness, according to thinkers such as Brentano, Husserl, and Merleau-Ponty, and many that followed, is always consciousness of something; not necessarily, one should add, the positing consciousness of an authoritative ego in full possession of itself and its "constitutive acts," though both Brentano and Husserl accented this, but an intentionality realized through the several modalities of experience, variously cognitive and bodily, engaged in everyday affairs, sometimes unthinkingly and incompletely defined, rather like a project destined to a world it neither encompasses nor possesses but is ceaselessly directed.

In architecture today, when so much intellectual and practical work is concerned with know-how and technique, it seems not only timely but necessary to concentrate on the *seeing* and the *something* that can be called theoretical. All I'll offer to recommend this line of approach is a working premise that I hope my reader will accept as self-evident: that the world one sees is richer than our ideas of it, that the natural and cultural contexts that present us with building opportunities and tasks also hold the key to architectural order, insofar as the cultural meaning of those opportunities and practical nature of those tasks give reflection and design their points of reference, their grounds, and their prompt. I'll take two architects as my guides along this path of thought, the one who popularized the phrase I've selected for my title, Le Corbusier, and another who is practicing today, Alvaro Siza. What they wrote will be partly my concern, but more largely, their drawings, because the making of a drawing is also a way of seeing and, I want to show, of *theorizing*.

Deadened Eyes

"Eyes that do not see" is a phrase well known to architects, due to its use by Le Corbusier in *Vers une architecture* as an indictment of early twentieth-century

French architects and architecture.[5] It was also, of course, the prompt for his vision of *une architecture,* having asserted that then there wasn't one to be seen. A brief indication of the term's meaning was presented in his introductory summary of the book's arguments. Criticizing contemporary architecture culture he wrote: "Our era fixes its style every day. Our eyes [he meant those of early twentieth-century architects], unfortunately, are not yet able to discern it."[6] In this and related passages he distinguished between a style of living and of architecture, the first there for those who could see it – such as Le Corbusier himself – and the second not yet apparent, because it was either *passé* or not yet realized. Of course eyes that couldn't see were unable to practice theory; thus, his need to redefine architecture.

What had blinded or blinkered his contemporaries to the style of the times? Le Corbusier maintained that the "narrow confines" of what they had learned at school was the problem. Here, as in so many instances in later writings, he pointed to "the academy" as the source of neglect for modern reality, not only the institution's routine methods and stale expectations, but more largely the blind submission to authority it cultivated, as well as the uncritical acceptance of familiar models. *Institution* in the narrow sense of a particular school – such as the École des Beaux-Arts – may be the wrong word, for his complaint was about a widely established attitude, habit, or convention, regardless of its source. Nevertheless, he urged architects to forget what they thought they knew – that an ocean liner, for example, is only a means of transportation – and look at it with new eyes, observing its economy, standards, and precision, for those characteristics would also be the attributes of the new architecture.

Seeing some things meant not seeing others. In view of "pretty villas all around," he said "Let us close our eyes to what exists."[7] This recommendation for *unseeing eyes* is striking. We tend to neglect the fact that he advocated for eyes that both see and do not. Glimpsing modern *possibilities* meant overlooking current *realities* – those conditions other architects wrongly assumed were real.

In short, his provocation required an alternation between what was apparent and unseen. Use of the terms "hidden" or "concealed" is unhelpful because he insisted that the *real reality* was visible, no less so than what was routinely seen. Thus identified were two kinds of seeing: one that observed the style of living that was then emerging, and another that neglected this because it focused on representations of life styles that had run their course. Eyes that see in the first sense caught emerging modernity at its source, as it had come into being (partly through architecture), but did so by not seeing familiar forms that had lost their value.

Because the question of modernity was mixed up in this way of seeing reality (theory) Le Corbusier's alternative is a little more difficult than it may have first seemed; it was no less historical than perceptual. There was a seeing and not seeing of what existed then and not yet. The architectural order that had been visible was no longer, and what was presently worth noticing would not be seen until eyes had freed themselves from old habits. Architectural reality wasn't so much veiled – it was there to be seen – but it was also, at the same time, something other than what was commonly taken to be obvious. His sense of history was neither linear nor continuous, however. The turn away from the recent past did not prevent a turn toward architectures from distant ages, both familiar (Parthenon, Pantheon, Pompeii, etc. in *Vers une architecture*) and little known (the hundreds of vernacular buildings studied in his sketchbooks and publications).

Le Corbusier was not the first early modern cultural critic to *theorize* in this way, I mean to observe the blindness or "deadened eyes" of the period, though few in these years also recommended unseeing or "downcast" eyes as he did.[8] For example, a similar observation was offered by the poet Stéphane Mallarmé (1842–1898) a few years earlier in "*Le phénomène futur*." No less critical of poets than Le Corbusier was of architects, Mallarmé wrote that his contemporaries, "feeling their deadened eyes rekindle [at the sight of a noble creature – a woman from another time], will wend their way toward their lamps, brains briefly drunk with a confused glory, haunted by Rhythm and oblivious of existing in an era that had outlived beauty."[9] Also comparable, and most likely the source for Le Corbusier's use of the idea given the nearly exact repletion of terms (see the epigraph above), is the following observation from Charles Péguy (1873–1914): "One must always tell [say] what one sees. Above all, which is more difficult, one must always see what one sees."[10]

And there were other precedents, from earlier times, of which many, perhaps most, were unknown to Le Corbusier. Still, earlier usage clarifies his ambition. Consider, for example, a speech from two centuries earlier, one that another revolutionary – this time in politics – gave in support of the emergence of a new nation. Patrick Henry, in his famous "give me liberty or give me death" speech to the Virginia Convention in 1775, urged his contemporaries to squarely face the reality that was before them:

> "[...] it is natural to man to indulge in the illusions of hope. We are apt to shut our eyes against a painful truth – and listen to the song of that syren, till she transforms us into beasts. Is it [...] the part of wise men, engaged in a great and arduous struggle for liberty? Were we disposed to be of the number of those, who having eyes, see not, and having ears, hear not, the things which so nearly concern their temporal salvation?"[11]

Henry admitted later in the speech that his only guide was "the lamp of experience," by which he meant the past, his only way of "judging the future" – coupling again contemporary and historical perceptions. He cautioned against the illusions of hope and asked his auditors not to shut their eyes against the painful truth that contemporary conditions (what Le Corbusier meant by the style of the times) had changed; the old regime had lost its claim on authority and governance, and a new polity was emerging, one that would be vividly apparent if patriots would open their eyes to the reality they were living.[12]

The question concerning how one obtains a "vision" of a life style that was there to be seen but currently overlooked remains unclear, however. Is there some kind of preparation for the seeing required for this manner of insight? How had Le Corbusier acquired eyes that see, if not in the academy?

A Wandering Eye

In the acceptance speech he gave on the occasion of receiving the AIA Gold Medal in 1961 Le Corbusier offered an account of himself as follows:

> "I feel a bit like a puncher of metro tickets. Thinking what I see and seeing everything in architecture means leading a dog's life! There are problems before us. Values change daily. The world explodes. And I, for one, am still living a little in the skin of a student."[13]

He was 74 years old at the time, and would die three years later. If one doesn't jump to the conclusion that he was being glib with this rather modest self-portrayal, one wonders what he had in mind, given his lifelong opposition to "the academy." His student years should be located, I think, not in months of his limited schooling but his travels, particularly his several early trips, from which so many sketchbooks survived, but also his travels throughout later times, when working on buildings, seeking commissions, giving lectures, or visiting sites, alone or with friends. Nor should one underestimate the importance of leaving home, and all the familiarities it represented, for this was a decisive part of the process, a prerequisite for encounters with cultures that were strange to him and with the works he would *theorize*.[14]

After an encounter with a significant work came a report, mainly to himself, sometimes for others, in the form of publications and lectures. Testimony took different forms: drawings in the sketchbooks, of course, also written annotations on most of the pages, as well as photographic prints and letters. Early on, the materials and instruments of description or transcription were few: paper, pencil, ink, and watercolors, plus a camera. Sometimes sighting was aided by a pair of binoculars, for distant details. Several historians and critics have differentiated types of recordings. Most, however, note that his observations steadily became more economical, brief, and discerning of essentials. Perhaps this development was anticipated in his first travels when he wrote to his parents in 1907: "In the blink of an eye one is able to eliminate everything secondary; the only things I absolutely remember are the marvels. Everything is revealed little by little, like a negative being developed."[15] This *blink of an eye* (*clin d'œil*, or *augenblick*) interests me a great deal, for it suggests a particular kind of seeing (and not seeing): witnessing something suddenly, of course, therefore unexpected, but also something opportune, not less discerning for its abruptness, nor un-penetrating, even if glancing or oblique; a startling visual audit that took ahold of a work's defining elements, forms, and meanings as they presented themselves without prior authorization. For Le Corbusier, the economy of the sketch mirrored the propitious immediacy of the "marvel" he had happened to see.

Seeing by Drawing: The Survey

Drawing is one thing, seeing another. There is no doubt about that. The first requires instruments we do not naturally possess; the second occurs as soon as we open our eyes. Obvious as it is, this truism neglects their interdependence; I mean the fact that a drawing, too, intends something seen, and not only while it is being made, but after that, by the person with the pen or pencil and by others who do not draw (builders, clients, critics). The Portuguese architect Alvaro Siza described drawings as instruments of communication because they allow one to converse with oneself and others. More largely, he said the drawing is the architect's working tool, a way of learning, understanding, communicating, and transforming; in sum, a way of designing.[16] With this observation before us, it should not be controversial to say that survey drawings can be equally *descriptive* and *productive.*

Another truism that must be overcome if we are to see the theoretical potential of some architectural drawings (surveys), is the notion that drawings are created afresh, that each is *of its moment,* a spontaneous gesture, without precedent, indicating a unique and uniquely creative way of seeing the world. Siza's counterposition is this: "All gestures – including the gesture of drawing – are laden with history, with unconscious memory, with incalculable wisdom."[17] Put differently, the productive aspect of drawings – even the most rapidly executed ones – never cancels their mnemonic function. At the very same time that a survey precipitates project development it retains aspects of the location that are salient to design and construction.

Obviously, there are types of drawings. My concern here is principally with those that accomplish insight into both the particularity of a place and its capacities for project development. That they were important to Siza is plain from his written explanations. A few citations will be useful to amplify the introductory points I've made.

"I have always taken care," he recounted, "to 'look at the site' and do a drawing before calculating the square meters of the construction area. The process of designing comes from the initial confrontation of these two gestures."[18] In most cases these instances of "looking at the site" for Siza were perspective drawings. At later stages he added dimensions to some of the elements depicted in perspective projections. But the dimensioning of sketches was not the calculation of the construction areas; rather, the discovery of the conditions under which those calculations might find their place. The first, I think, is a metric equivalent to seeing and pacing distances, the second of their imagined coordination. Elsewhere in his writings he referred to the topics described in surveys as the project's "complex system of facts," with which the "desires" of the proposal would interact to form a matrix of representations that determined "all that there is to the design."[19] "As a working tool [the sketch] helps to establish a permanent dialectical relationship between intuition and precise examination, in a progressive process of full understanding and visualization."[20] The intuition is, of course, personal. By contrast, the examination subjects the interpretations to the limitations of the actual situation. The first, one can say, is brought to the site, and the second is the gift of the circumstances; internal and external interlocutors in a dialogue; as if one were working for oneself and for another. "The more you engage with the circumstances of your production," Siza wrote, "the more you are freed from it."[21] The freedom he names here is the liberty or opportunity to take decisions that really matter, to act on the basis of one's own interests and insights, as they take their place in concrete circumstances.

Perhaps Siza's most concise and helpful statement about the task and significance of site description is his account of the nature of the architect's task. As if viewing the work of another, whom he called "The Architect," Siza wrote: "he took his cue from ideas garnered during the preliminary visit to the site, convinced that proper design cannot be deduced merely from pieces of information, but that, when applied to a given idea, information serves to tailor it and give it definition; convinced also that the idea lies in the 'place' more than in the mind – for those who are capable of seeing – and hence it emerges at first sight; additional surveys by the architect or others are compiled with this first, and what began as something simple and linear becomes steadily more complex and closer to the reality – something truly simple."[22] No doubt the most challenging part of this wonderful passage is the conditional phrase "for those who are capable of seeing." One asks: "am I?" It is rather like Le Corbusier's equally challenging explanation of the architect's visual acuity: "We must always," he said, "say what we see. Above all, and more difficult, we must always see what we see."[23]

From Description to Design

Can the process Siza described be called theoretical? Is that what Le Corbusier had in mind when "eyes that see" enabled him to redefine architecture? I feel rather confident both would find the proposal improbable. That this type of work, theory, involves – or once involved – certain practices of *seeing* seems perfectly obvious after the researches of historians such as Rausch and Nightingale, as well as the interpretations of philosophers such as Gadamer, Blumenberg, and Gasché.[24] In the descriptive work of an architect trying to grasp the reality of a place, seeing is a two-step process: seeing what one sees (not seeing what seems so obvious, or what one has been told to look for), and then recording what has been seen. The report – particularly when it discerns primary order – is, I would like to say, what contains the germ of "theory." But would not it need to be verbal; a text, for example?

A verbal report was essential when the term *theory* first came into use, I mean in the ancient world. The *theoroi* of preclassical Greece were not philosophers but state-sponsored onlookers at feasts or festivals, observers of spiritual occasions and places, such as the pan-Hellenic games. At this time, or in this way, theory was a *cultural practice*. If it was conducted privately, the solitary practice was modeled on work that had social and political functions. The first thinker to conceptualize this practice was Plato. But his sense of theory as philosophy had a prephilosophical background; it was based on an institution

Nightingale has called "civic theory." Here is what it involved: "the *theoros* journeys forth as an official witness to a spectacle, and then returns as a messenger or reporter: at the end of the journey, he gives a verbal account of a visual and spectacular event. The journey as a whole, including [the departure, trip, spectacle, return, and] the final report, is located in a civic context."[25] The primary motivation for such a journey was to discover something significant in some strange location, something that would benefit one's home city. For Plato, the journey became rather more inward: a reflective soul's search for new insight. Yet, while no longer festive, the concreteness of the quest survived, at least in part. It was occasioned by dialogue, and it was place-bound. Perhaps the most well-known instances of philosophical departure and return occur in the *Republic*: Socrates left Athens for Piraeus, where he remained for a while (initially against his own will) for discussion with friends, after which he returned to the city streets, where he met his ultimate fate. The same departure and return occurred in the Parable of the Cave: first, the prisoner was released from the chains of unknowing, then ascended to the light of understanding, and finally returned to the darkness of common opinion, where he suffered the same end as Socrates. In both cases a report or record of some sort followed a stunning encounter. Even if the story is received badly, the honest attempt to convey the sense of the spectacle seems to have been an essential aspect of theoretical work. In Siza's terms, this second step was called *communication*.

Thus, in theoretical work there are always two topics, locations, or places: the manner of intelligence or kind of seeing, which is suitable for both the apparent and latent dimensions of what appears, and the kind of reporting or communicating that Siza says occurs with oneself and an Other.

Each kind of seeing assumes a point of view or "interest." Yet, while they are necessary, personal or subjective concerns are never sufficient. Descriptions are developed in the hope of transcending or enriching local interests with content that had been previously unknown and unseen – content that Siza summarized as a site's logic, content I tend to call *latent*. Just as there is no point in study other than to learn, there is no sense in taking a closer look at phenomena – the characteristics of a site – than to recast preunderstanding.

If one can say design and description are cut out of the same fabric, that projection is implicated in description, then a somewhat neglected commonplace of design education – that a good survey constitutes a substantial part of design development – might require reconsideration.
One more comparison may be helpful in clarifying this point. The first phase of historical study involves getting the story straight, getting the facts in order, as we often say. Siza's annotations performed a similar function: rectification. Fact finding is often thought to be an objective procedure, mainly because one can get it wrong or right. The right account is the one that makes sense to oneself and others. It is in this *inter-subjective verification* that the objectivity of the historical narrative consists. Yet, when assembling all the data one must make *selections*, for not everything has the same relevance, some things do not add to, may even distract from the account. This means that even in the most objective of procedures a degree of subjectivity enters in, attesting to the interests of the person collecting the data, as well as the likely interests of others who will find the story genuinely interesting – let us say a community of readers whose essential qualification is shared interest. There is, we have seen with surveys, an anticipation of the later narration, the story the data will substantiate. If this were not the case, how could the choices be made? The role of interests at the heart of data collection is what I want to stress, for they contain the germ of project development, or as we say more commonly, of design.
Although one could end this short study with these comments on what Siza called "the grace or gift of the site," it may be useful to add something more about the relationship between the seeing that happens in site surveys – which I have suggested might be a contemporary key to the work we call theory – and what happens in the verbal and written communications that commonly go by that name. The term I have introduced is *description*. That word, commonplace though it is, is my substitute for what is called close reading in literary criticism. A division in the kinds of thought that play important roles in architecture can help clarify what is intended with this term: simply put, description is not explanation. The latter is not unimportant, just derivative. Explanation is the aim of study in the natural sciences. When applied to

architectural concerns an example might be the causes of topographical erosion, or the failure of an undersized beam. There is nothing wrong or inferior about explanations of causality in the behavior of buildings – architects need that. The problem arises when this kind of thinking is applied to the human experience of architecture; more broadly, to cultural or historical phenomena, those that express individual or collective interests and attest to human freedom, the exercise of which cannot be explained by some agency or influence external to a person or people.

Unlike explanation, description finds its foothold in the subject matter under study. Further, it seeks not some (external) cause or ground that gives reasons for choices and appearances, but provides another view of things, some kind of image. It could be visual of course – as were Siza's drawings – but could equally well be verbal, instances of which would be metaphors, or, less creatively, similes, and more analytically, analogues. My suggestion is that writings and discussions that accept the limitations and enjoy the pleasures of verbal images can be seen as equivalent to the theoretical work I have called site surveys: ways of wondering about the world, its appearances and latencies, the order that design projects transform and enrich by inventing images that give rise to thought.

Bibliography

Blumenberg, Hans (1996): *Shipwreck with Spectator*. Cambridge, MA: MIT Press.

Dürrenmatt, Friedrich (1988): *The Assignment or On the Observing of the Observer of the Observers*. New York, NY: Random House.

Duval, Jean-Jacques (1985): "Le Corbusier parle." In: *Spazio e Societa* 8, no. 29 (March), p. 56–57.

Gadamer, Hans Georg (1998): *In Praise of Theory*. New Haven, CT: Yale University Press.

Gasché, Rodolphe (2007): "Theatrum Theoreticum." In: Idem: *The Honor of Thinking*. Stanford: Stanford University Press.

Jay, Martin (1994): *Downcast Eyes*. Los Angeles: University of California Press.

Jenger, Jean (2002) (ed.): *Le Corbusier. Choix de lettres*. Basel: Birkhäuser.

Le Corbusier (2007): *Towards an Architecture*. Introduction by Jean-Louis Cohen. Translation by John Goodman. Los Angeles, CA: Getty Publications.

Le Corbusier and Jean Petit (1956): *La Chapelle Notre-Dame du Haut, Ronchamp*. Paris: Forces Vives. Translation in: Anthony Eardley (1973): *The Athens Charter*. New York, NY: Grossman.

Le Corbusier-Saugnier (1923): *Vers une architecture*. Paris: Les Editios G. Crès.

Mallarmé, Stéphane (1994): "A Phenomenon of the Future." In: Idem: *Collected Poems*. Los Angeles, CA: University of California Press.

McNeill, William (1999): *The Glance of the Eye*. Albany: SUNY.

Nightingale, Andrea W. (2004): *Spectacles of Truth in Classical Greek Philosophy:* Theoria *in its Cultural Context*. Cambridge: Cambridge University Press.

Péguy, Charles (1943): *Basic Verities Prose and Poetry.* Translated by Ann and Julian Green. New York: Pantheon.

Rausch, Hannelore (1982): *Theoria: Von ihrer sakralen zur philosophischen Bedeutung*. Munich: Fink.

Rowe, Colin, and Fred Koetter (1978): *Collage City.* Cambridge, MA: MIT Press.

Siza, Alvaro (1997): *Writings on Architecture*. Milan: Skira.

Wirt, William (1817): *Sketches of the Life and Character of Patrick Henry*. Philadelphia, PA: James Webster.

Notes

1 Le Corbusier 1956. Le Corbusier's original is as follows: "Il faut toujours dire ce que l'on voit, surtout il faut toujours, ce qui est plus difficile, voir ce que l'on voit." Cited in Eardley 1973.

2 Siza 1997.

3 Dürrenmatt 1988.

4 See especially Nightingale 2004. Also useful are Gadamer 1998, particularly chapter 1, Blumenberg 1996, McNeill 1999, and Gasché 2007. Older, but still very useful is Rausch 1982.

5 Le Corbusier-Saugnier 1923, p. 65. In French, the chapter heading was: *Des yeux qui ne voient pas*. An article under that title had previously appeared in *L'Esprit nouveau*, no. 8 (May, 1921), p. 845–855.

6 Le Corbusier 2007, p. 87.

7 Ibid., p. 165.

8 Martin Jay has published a useful book under this title; see Jay 1994.

9 Mallarmé 1994, p. 87. Jean-Louis Cohen established this connection in his Introduction to the recent translation of *Towards an Architecture*, see Le Corbusier 2007, p. 13–17.

10 Péguy 1943, p. 47.

11 Wirt 1817, p. 120.

12 The background for Henry's speech is not obscure, he was rephrasing biblical lines. And in that source the references to the "eyes that do not see" phrase are abundant, in both the Christian and prechristian books; for example: Mark 8: 14–21, Matthew 13: 13–17, Isaiah: 6 9–10, and Psalm 115. Others who cited biblical sources for the observation that some eyes see and some do not include: Augustine, Aquinas, Goethe, Schiller, William Blake, Coleridge, and Kierkegaard.
Mine is not the only, nor the first suggestion that Le Corbusier adopted Christian symbols to advance his cause. Colin Rowe and Fred Koetter in *Collage City* famously described the "promise" of the new urbanism and a "new Jerusalem." The rhetoric of modern architecture appeared to them – rightly I think – as gospel, though secularized.

13 "Corbu," *Time Magazine* (May 5, 1961), p. 60–70. See also Duval 1985, p. 56–57.

14 With respect to the importance and consequences of travelling away from home in the official duties of the ancient official envoy, or *theoros*, H. Rausch has written: "in all instances of official theory, travel to another place is entailed. Change of place is always connected with theory and with the *theōroi*." Rausch 1982, p. 23.

15 Ch. E. Jeanneret, *Letter to His Parents*, Florence, 14 September 1907: "on arrive d'un clin d'œil à éliminer les choses secondaires, et je ne me souviens absolument que des merveilles. Tout se révèle peu à peu, comme un cliché au développement." In: Jenger 2002, p. 33.

16 "The Importance of Drawing," in: Siza 1997, p. 17.

17 Ibid.

18 Ibid., p. 23.

19 Ibid., p. 24.

20 Ibid., p. 25.

21 "Post Modern," in Siza 1997, p. 38.

22 "He Was Called an Architect," in Siza 1997, p. 176–177.

23 Cited in the epigraph to this essay.

24 As cited above, together with Blumenberg 1996.

25 Nightingale 2004, p. 4.

Architectural Theory as Meditative Thinking

Alberto Pérez-Gómez

In our present world driven by instrumental concerns, the efficiency of production and a fascination with novelty, the proper nature and role of architectural theory is often misunderstood. I would like to argue that the proper tone of such theory corresponds to a mode of thinking that Martin Heidegger qualified as *meditative*.

In his essay entitled *Discourse on Thinking*, first published in 1959, Martin Heidegger explains: "man today is in *flight from thinking*. This flight-from-thought is the ground of thoughtlessness. But part of this flight is that man will neither see nor admit it. Man today will even flatly deny this flight from thinking. He will assert the opposite. He will say – and quite rightly – that there were at no time such far-reaching plans, so many inquiries in so many areas, research carried on as passionately as today [...] and this display of ingenuity and deliberation has its own great usefulness. Such thought remains indispensable. But – it also remains true that [this] is thinking of a special kind."[1] This is what Heidegger called "calculative thinking," at the heart of science and technology; one which I have argued has also driven Western architectural production since the early nineteenth century, even in cases where seemingly artistic intentions were expressed. Heidegger explains that what characterizes calculative thinking is "the fact that whenever we plan, research, and organize, we always reckon with conditions that are given. We take them into account with the calculated intention of their serving specific purposes. Thus we can count on definite results. This calculation is the mark of all thinking that plans and investigates. Such thinking remains calculation even if it neither works with numbers nor uses an adding machine or computer. Calculative thinking computes. It computes ever new, ever more promising and at the same time more economical possibilities. Calculative thinking races from one prospect to the next. Calculative thinking never stops, never collects itself. *Calculative thinking is not meditative thinking*, not thinking which contemplates the meaning which reigns in everything that is."[2]

It should therefore come as no surprise that critical discourse in architecture is itself a contested endeavor. The seemingly self-evident need for incessant innovation in design, in the face of urgent world problems, ranging from ecological crises, inadequate housing and urban blight, has created an atmosphere of skepticism with regards to meditative thinking and philosophy. More particularly in our discipline, after the failures of functionalism and postmodernism, we have witnessed since the early years of the third millennium the raise in popularity of so-called "design intelligence," proposing a kind of practice disengaged from critical thinking, one that supposedly responds to the "chatter" of the information society to be in better position to innovate and is therefore in constant motion, celebrating its groundlessness or at best fluid foundations, engaging all instrumental modes of production placed at its disposal, without space or time to reflect and seek for genuine orientation.

This call-to-action seems justifiable in view of our pressing problems. Rem Koolhaas, flaunting his unquestionable success in our media culture, has famously observed that "there is in the deepest motivations of architecture something that cannot be critical."[3] This belief has dominated practice since the late 1990's, when critical theory was declared "dead" in some Euro-American circles. Michael Speaks, for example, argued that architecture was no longer propelled by "grand ideas or theories realized in visionary form."[4] He criticized all discourses that stemmed from the tradition of Karl Marx, Manfredo Tafuri, Jacques Derrida, Theodor Adorno, and various others. "Theory was interesting," he wrote, "but now we have work."[5]

The question of why or to which end we should act, however, ultimately cannot be avoided. Novelty for its own sake can hardly be its own justification, particularly in a cultural epoch where we have learned to question the unqualified ideal of progress as a utopic end. As professionals we are responsible for our intentions, and these are deeper than mere thrown action: often our unacknowledged preconceptions can be truly detrimental for others. Merely complying with a client's request for fashionable products, or actualizing what technology makes possible, is typical of a technocratic mentality that twentieth-century Spanish philosopher, José Ortega y Gasset, once qualified as "the barbarism of specialization."[6] He always insisted that professionals, regardless of their own particular area of expertise, had to account responsibly for the likely consequences of their actions in view of a whole undivided cultural situation, one that included its historical origins, the others in our human community, and the natural environment. In my own writing I have often explained the crucial importance of ethics in architecture, the quest for the common good, which is hardly coincidental with what economic, political or consumerist imperatives dictate, and that cannot be reduced to a deontological code nor to clear categories of "good" vs. "evil." I have carefully argued for the importance of historical interpretation (in the form of hermeneutics) for practicing architects to embrace a position that enables a well-grounded practice, always attuned to the particularities of each task, adept at differentiating between mere novelty and significant innovation, and capable of acknowledging that architectural meaning emerges from the encounter with pregiven situations, cultural habits, natural and urban landscapes.[7] Such a well-grounded practice would have no difficulty recognizing the fallacy of the architect as a creative genius that purportedly fabricates meaning from the top-down, through some novel geometry.

Contemporary hermeneutics incorporates the understanding of history articulated by Friedrich Nietzsche in his seminal essay of 1874, *On the Uses and the Disadvantages of History for Life.* Nietzsche articulated both the dangers and the possibilities opened up by history for a new man, particularly for the creative and responsible individual in the postcosmological era.[8] There are, of course, useless and problematic forms of history, particularly pseudo-objective progressive narratives that encourage preservation of the old for its own sake, monumental revivalism of older forms, and the feeling that we are "latecomers," dwarfs in the shadow of giants, and therefore incapable of significant action. But this should not result in an unwillingness to pay attention to history. In the absence of religion and socially-sanctioned mythologies, history is what we have: a retrospective understanding of what we have been. Nietzsche concludes that we need history *for* life, memory as food for creativity, and precedents in order to orient our actions in the absence of absolute moral truths. As I will elaborate later, there is a particular way to understand and "use" history as a framework for ethical creation. Lacking a living tradition for architectural practice since the nineteenth century, we are in fact called to reconstruct it, visiting and interpreting the traces and documents of our past, invariably with fresh eyes, to discover hitherto hidden potentialities for the future, like one recovers coral from the bottom of the ocean, or extracts pearls out of ordinary looking mollusks.

Let me emphasize: it is important to avoid the "presentism" often taken for granted nowadays. The only way towards a responsible practice is through a serious consideration of history. Thus my insistence in grasping architectural theory as critical hermeneutics. Architectural theory is not a methodology for design. Its aim is to provide the architect with an appropriate language to modulate his or her actions in practice, a broad *phronesis* or wisdom to make the appropriate decisions as a commission is accepted, modified or rejected, or in the process of design development. This sort of knowledge is not apodictic, it is based on circumstances and culturally-specific conditions. Like philosophical hermeneutics, this mode of theory is in the tradition of Aristotle's *practical philosophy*, at odds with the scientific tradition of philosophy from Plato to Kant, with which, for cultural reasons, traditional architectural theory, from Vitruvius to Perrault, had greater affinity. The issue is to develop a language that might help architects to better articulate the ethical and poetic role that architecture and urban design may play in our technological society.

Lacking, as we do, a theological *a priori,* we must start from our lived experience and its historical roots to construct a theory. As Giambattista Vico realized already in the eighteenth century, such a discourse cannot be considered legitimate unless it recognizes emerging (poetic and polysemic) language as the primary human means to address the questions that were born with humanity and are crucial to ground our mortal existence.[9] This is a mode of discourse kindred with the humanist rhetorical tradition and its Aristotelian sources, more appropriate for human questions (like those concerning architecture), acknowledging its differences from the language of scientific theory driven exclusively by "truth as correspondence."[10] It emerges from our recognition of the primacy of perception, which offers us a world as nascent *logos,* pregnant with meanings, both emotional and cognitive, prereflective and reflective. This enables a critical openness to the evident qualities of historical artifacts, aiming to recognize and valorize the particular answers produced in historical contexts that we recognize as significant to order. The same attitude encourages a careful and courteous reading of past documents – architectural theories for example – granting that questions about meaning underscore discourse over and beyond the limitations posed by local beliefs, prejudices, and power interests. The world of our experience includes the artifacts that make up our artistic traditions, and in turn those revelatory moments we call architecture: moments of recognition in spatio-temporal forms that are completely new, yet strangely familiar. Understanding these forms of specific embodiment and articulating their lessons in view of our own tasks, we will have a greater chance to construe an appropriate architecture, an intersubjective reality that might fulfill its social and political task as an affirmation of culture. The issue for architecture is the disclosure of a social and political order from the *chaosmos* of experience, starting from the perceptions of meaning that a culture has shared and embodied in habits and historical traces, while projecting imaginative alternatives going beyond stifling and repressive inherited institutions.

This is what Ricoeur in his late formulation of hermeneutics in *Time and Narrative* describes as our negotiation between the *space of experience* and the *horizon of expectation.*[11] The architect must be able to forget and remember at the same time. Here, Ricoeur is drawing from Nietzsche's description of how history must be placed in the service of life and creation rather than becoming a discipline for the accumulation of deadening information. The architect's narratives and programs must begin by accounting for experiences of value, thus articulating an ethical practice. Historical narratives (our theory) will constantly open up our *space of experience,* while fictional narratives (our practice) allow the imagination to engage the *horizon of expectation.* It is not necessary to choose between an eternal present (a cosmic presence without past and future) and a historical absent present (in which only past and future truly exist), between linear time and cyclical time. While we must accept our destiny as responsible historical beings, our personal self is not a Cartesian ego, necessarily deluded by games of power, originality or domination.[12] Consciousness is embodied and *in* the world, it is both prereflective and reflective, and it is enactive: far more than the thoughts that can be articulated at its surface.

The issue is to ground architecture and its meanings through its relationship to language, to understand history (stories) as the one mode of speech capable of articulating human truths – relevant concepts that orient action "here and now" – and therefore as the appropriate discourse of architectural theory. In polemical opposition to theories inspired by deconstruction and poststructuralism, hermeneutics demands closure in the form of pre-judice, *an ethical position,* a responsible self that questions and acts. It privileges rhetoric over writing. As well, in opposition to arguments made by Foucault in his earlier writings, often exacerbated by his disciples in art history, hermeneutics allows for both the discontinuity implicit in our historicity (the fact that cultures and times are truly different), and the necessity of constructing plots. We are our story, and our autobiography is always different and the same. Allowing for the reconciliation of discontinuity and continuity, stories thus become an architectural theory, a metadiscourse for architecture.

Through a dynamic of *distanciation* and *appropriation,* hermeneutics leads to self-understanding, crucial for all human beings, but particularly for architects responsible for political action. It is precisely due to our distance from the subject of study, that is, the texts and artifacts of our architectural tradition, that we can find future possibilities in the present. While it is true that our reconstruction of the "world" of the works we study is never endowed with absolute certainty, and that we cannot avoid being twenty-first century men and women, the wager is that this effort, coupled with a self-consciousness about our own prejudices, will amount to a *fusion of horizons,* similarly to what occurs in everyday dialogical discourse. This is both the aim and "method" of hermeneutics: the true understanding of the Other, regardless of whether the Other is remote historically or geographically, or both. This should be the ambition of an ethically motivated architectural practice in our global village. It is an ambition which acknowledges that this mode of understanding is the only one appropriate for human truths: an unveiling – to use Heidegger's Greek etymology (*alétheia*), unlike absolute mathematical truths with their claim to permanence.

Bibliography

Grassi, Ernesto (2001): *Rhetoric as Philosophy, The Humanist Tradition.* Carbondale, IL: Southern Illinois University Press.

Heidegger, Martin (1966): *Discourse on Thinking. A Translation of* Gelassenheit. New York: Harper and Row. Original: Idem (1959): *Gelassenheit*. Pfullingen: Neske.

Nietzsche, Friedrich (1983): "On the Uses and the Disadvantages of History for Life." In: Idem: *Untimely Meditations*. Cambridge, U.K.: Cambridge University Press, p. 57–123. Original: Idem (1874): *Unzeitgemässe Betrachtungen. Zweites Stück: Vom Nutzen und Nachtheil der Historie für das Leben.* Leipzig: Fritsch.

Ortega y Gasset, José (1932): *The Revolt of the Masses.* New York: Norton.

Pérez-Gómez, Alberto (1997): "Hermeneutics as Architectural Discourse." In: *Cloud-Cuckoo-Land/Wolkenkuckucksheim* vol. 2, no. 2, ed. by Eduard Führ. (http://www.cloud-cuckoo.net/openarchive/wolke/eng/Subjects/972/Perez-Gomez/perez-gomez_t.html). The essay with some revisions, has been reprinted in: Idem 2016, chapter 2.

—, (2006): *Built upon Love. Architectural Longing After Ethics and Aesthetics.* Cambridge, MA: MIT Press.

—, (2016): *Timely Meditations. Selected Essays on Architecture.* Montreal: RightAngle International, vol. 2.

Ricoeur, Paul (1965): *History and Truth*. Evanston, IL: Northwestern University Press.

—, (1974): *The Conflict of Interpretation*. Evanston, IL: Northwestern University Press.

—, (1988): *Time and Narrative*. Chicago, IL: The University of Chicago Press, 3 vols.

Speaks, Michael (2002): "Theory Was Interesting ... But Now We Have Work." In: *Architectural Research Quarterly,* vol. 6, no. 3, p. 209–212.

—, (2006): "Intelligence After Theory." In: *Perspecta,* vol. 38, p. 101–106.

Vico, Giambattista (1980): *The New Science*. Ithaca, NY: Cornell University Press.

Notes

1 Heidegger 1966, p. 43–56, esp. p. 45–46 (emphasis original).

2 Ibid., p. 46 (emphasis by A.P.-G).

3 Rem Koolhaas, quoted by Beth Kapusta, *Canadian Architect Magazine,* vol. 39 (1994), p. 10.

4 Speaks 2006, p. 106.

5 Speaks 2002, p. 209.

6 Ortega y Gasset 1932.

7 See Pérez-Gómez 1997 and 2016.

8 Nietzsche 1983, p. 57–123. Original: Idem 1874.

9 Vico 1980.

10 See Grassi 2001.

11 Ricoeur 1988, see esp. vol. 3. For hermeneutic theory in Ricoeur, see also *History and Truth* (Ricoeur 1965) and *The Conflict of Interpretation* (Ricoeur 1974).

12 For the issue of ethics and architecture see Pérez-Gómez 2006.

Network Theory: The Personal is Political

Alexandra Staub

Architectural theory, presented as an offshoot of philosophy, engineering, or the social sciences, is generally considered to be politically neutral. Formulated by philosophers, practicing architects, or social critics, architectural theory has become an intellectual foundation for design and planning, and a tool for generating ideas. Yet theory's neutrality, and with it its effectiveness as a design tool, must stand contested. The dissemination of theoretical ideas, especially in the form of manifestos, has often taken a path in which alternatives are disregarded or marginalized, while theory developed from aesthetic or social critiques is often based on only partial questions. Is there a more resourceful way to generate and use theory in architecture? This essay explores an augmentation and networking of theoretical frameworks in an attempt to find more comprehensive ways to understand the built world around us.

A False Neutrality

Reassessing theory as an instrument began, in my case, with a personal reflection on how theory is taught in architecture schools. I studied architecture in Berlin of the 1980s, a time when many practicing architects weren't building as much as writing about building. The talks and manifestos I was exposed to topped off a century of theory building about the built environment, theorization that developed ideas about space, human experience, and the social and spiritual role of architecture itself. Theories permeated our design work, either consciously or unconsciously. What almost all of those theories had in common was an assumption of their validity based on, among other things, their political neutrality.

It is in the nature of theory to find generalizations, yet architectural theory, like the foundations underlying many disciplines, is anything but "neutral."

One example will hopefully make this clear: Most disciplines have a long history of defining "humans" as gender-neutral individuals, which in reality means the male has been taken to represent the whole species. This has certainly been true in architectural theory, and can be seen in "human" figures from the Vitruvian man to Le Corbusier's Modulor figure, where the male is represented as the architectural norm. When women are represented in theoretical texts, it is often in specific situations that the writers see as pertaining to them, such as the women shown serving and cleaning in Ernst Neufert's *Bauentwurfslehre* (Architects' Data)[1] or threatened by strangers in Oscar Newman's *Defensible Spaces.*

This one simple, but glaring, example of how a large segment of humanity is erased or marginalized from the mainstream can be seen as indicative of a broader phenomenon: theory's false sense of neutrality. The word "neutral" comes from the Latin *neuter,* which can be translated as "neither" (of two). Even if gender were assumed to have only two categories (which itself is contested), common architectural representations such as the Vitruvian man or the Modulor figure demonstrate that conventional spatial conceptualization and planning are largely taken from only one perspective, that of the male. The man is the norm, and the woman is an aberration, the "other," the person with a societal role that is described rather than experienced.[2] This heteronormative viewpoint becomes a trap for theoretical analysis, as it perpetuates flawed ideas of dominance and hierarchy. As Rosalyn Deutsche points out, "If representations are social relationships, rather than reproductions of preexisting meanings, then the high ground of total knowledge can only be gained by an oppressive encounter with difference – the relegation of other subjectivities to positions of subordination or invisibility."[3] It is a point well taken, as it demonstrates how one set of personal experiences becomes favored over another.

The Personal is Political

The statement "The Personal is Political"[4] was a rallying call during the period of second-wave feminism of the 1960s. It expressed a belief that power relationships determined broadscale social patterns that found their expression on a personal level. Having knowledge of information retained on a personal level – such as individual experiences within a given situation – represented a first step to recognizing those experiences as part of a greater canon, a closer examination of which could lead to the recognition of new knowledge. Downplaying the validity of the personal became a sign of subjugating the experiences of entire groups of people, leading to the call that the personal is political.

Not surprisingly, the 1960s also saw the rise of alternatives to positivist thinking (in which a thesis or hypothesis is presented and tested), through new methods of examination such as grounded theory.[5] Grounded theory allows researchers to use an iterative process to generate theory in fields using qualitative methods: researchers collect data, analyze it, and, based on the analysis, seek additional data in order to refine both the question and the theoretical implications of the answers. Put another way, the objective "god-view" of research, in which the supposedly neutral examiner holds the key to which questions will be asked and answered, cedes to a less deterministic method, in which the researcher allows a flood of data points to shape theory building.

Grounded theory is used in the social sciences and is considered a qualitative research method. Its relation to architecture becomes evident if one sees the built environment as a reflection of society, at once expressing and shaping people's hopes, views, and actions.[6] If one sees data as little dots of information, grounded theory, like much qualitative research, allows those dots to be connected into patterns of meaning. Those meanings, moreover, are not absolute but represent interpretations of findings. Interpreting the meanings of data and formulating broader theoretical implications from those meanings is an inductive approach to making sense of the world, one that often seeks alternative readings. If we understand these alternative readings as having their own legitimacy, then we are well on our way to understanding how our personal experiences engaging with the built environment can be part of a network of meanings. This network rebuts not only the "god view" of the research process, it also challenges theories produced through the god-view process. What does the idea of grounded theory and its networks of data have in common with architectural theory? To understand this question, I find it helpful to examine how theory is created as an instrument, not only for understanding, but also for producing architecture.

Learning Theory

In my own architectural studies, we were indirectly told that theories relevant to our work started with the Modern movement. Although earlier concepts such as the Classic Orders, the Golden Section, or Marc-Antoine Laugier's Primordial Hut were mentioned, it was the Modern movement that was presented as having revolutionized architecture, toppling outmoded belief systems of the nineteenth century and before. Older ideals had been based on concepts such as architectural symmetry, seen as an interpretation of the human body which, early theorists maintained, was created in the image of God. Architects spelled out the modernist credo in manifestos, among them Antonio Sant'Elia and Filippo Tommaso Marinetti's "Futurist Architecture" (1914), Le Corbusier's "Towards a New Architecture" (1920) and "Guiding Principles of Town Planning" (1925), and Ludwig Mies van der Rohe's "Industrialized Building" (1924).[7] Longer treatises, such as Sigfried Giedion's 1941 *Space Time and Architecture,* further weighed in on the modernist era. None of these manifestos saw industrial rationalization or mechanization as an end to itself; rather the "modernization" they expressed stood proxy for a broader, social renewal. This social renewal was not only linear; upon closer examination, it could be found to persistently incorporate a set of hierarchies.

Many of my teachers of the 1980s still regarded Modernism as the most valid theory for producing architecture, although by then Modernism had ceded ground to Postmodernism, with Mies's call of "less is more" having been rebutted by Robert Venturi's call that "less is a bore." Nevertheless, the cartoonish quality of many resulting projects, such as Charles Moore's Piazza d'Italia in New Orleans or Michael Graves's Portland Municipal Services Building (beset by functional problems as well), warned us of theory's sometimes-disconnect with architectural and social needs.

The twentieth century presented itself to me as theoretically volatile: a belief that God guided the hand of the architect had ceded to belief in a system that was considered objective, based on an engineering aesthetic and structural honesty, with a bit of social engineering thrown in for good measure. From there theory had shifted to, among other things, a belief that architecture was the theorist's playground and should be complex and contradictory, or at least a bit more fun. Postmodernism's classicist gaze ceded to the deconstruction of space, aided by the philosophical writings of Jacques Derrida, while other approaches vied for our attention as they pointed us to incorporating perception, signs, language, or megastructures as the basis of architectural meaning. With Modernism waning, the late twentieth century seemed to be theory wild. If the late nineteenth century had been in search of a style, the second half of the twentieth seemed to be in search of new theories.

Theory in Context

Years after earning my professional degree, I began to understand architectural and spatial theory as a more substantial framework that reflects on how we position ourselves in the world. Theory was a way through which to understand systems of thinking and being, as well as the connections between and implications leading from events, places and thoughts. Theory allowed us to create a framework by which we could interactively trace activities, experiences, and even our consciousness in a complex world. Looking at the *history* of architectural theory made clear to me how theory went hand-in-hand with the scientific knowledge and social systems of a given era. Volumes such as Paul von Naredi-Rainer's *Architektur und Harmonie: Zahl, Maß und Proportion in der abendländischen Baukunst* provided a welcome survey of architectural production stripped from the sometimes crippling assumptions of theory as a recipe for action, while Ulrich Conrads's *Programs and Manifestoes on 20th-Century Architecture* made the flow of theoretical thought in the early- to mid-twentieth century more accessible. In the late 1990s, a series of anthologies designed for the classroom came out, including Kate Nesbitt's

Theorizing a New Agenda for Architecture: An Anthology of Architectural Theory 1965–1995, Neil Leach's *Rethinking Architecture: A Reader in Cultural Theory*, and K. Michael Hays's *Architecture Theory since 1968*. These anthologies shifted the focus from one particular theorist to a comparative approach that allowed the theories presented to coexist within a greater historical and social framework. The comparisons allowed me to better understand how theory had tacitly become politicized, in that individual theoretical approaches assumed a universality that ignored the displacement of alternatives. Theory, claiming neutrality, heightened one group's thoughts and experiences over those of others.

If theory is used to inform architectural design, the inverse is also true: Design thinking can be used to inform theoretical production. Architectural design thinking trains the practitioner to think both methodically and iteratively. It is this iterative thinking – the repeated loops around a problem, examining various approaches that might be possible, and testing them for a step or two before clarifying a path forward – that I found useful when consciously integrating theory into the design process. My own days as a student had largely been framed through Modernism expressed not only as an engineering problem (and one of social engineering), but as a quest for creative destruction, where the old was voided to create something new. Modernism was by definition permanently forward-looking, yet the movement also had a certain nihilism about it, or as Marshall Berman writes, the quest of the modern created a system in which the bourgeoisie lives to destroy and tear down things so that they can be built anew.[8] It is this constant renewal that has been a factor of theoretical approaches that came after Modernism, giving new sense to the term *esprit nouveau*, even as the theories themselves have shifted their focus.

The ideas of modernity, ideas that within architecture gained their largest impetus through the Modern movement, were presented to us as a guiding principle for architectural design, yet turned out to be anything but straightforward. A glance at the use of the word "modern" says as much: Rita Felski, surveying definitions of modernity in scholarly texts, found that the term has been interpreted as stability, coherence and world mastery, or alternatively as an experience of instability and discontinuity, as a culture of rupture, or as a rational autonomous subject with absolutist unitary conceptions of truth.[9] Once I had examined modernism within a larger social context, I began to better understand its limitations as a method for design. Modernism, assumed by its proponents to signify something akin to a universal truth, was in reality a multifaceted instrument whose nihilistic tendency favored a struggle for power and agency. It was this question of agency that I found troubling in the greater context of architectural production.

The Power to Create

Having agency to determine what will be torn down and what will be created in its place is a political condition. Lawrence Vale provides a clear example in his discussion of Brazil's new capital Brasilia, pointing out that its expressive modernism symbolically tore the country away from its colonial past and into a unique national future, yet paradoxically the capital city's hierarchically organized spaces evince a continued dominance of a ruling class over its people.[10] As such, the modernization of the country in a specific way – and one that has been shored up by the building of a city according to theoretical principles with a specific agenda – became a statement of dominance and power structures that were closely aligned to a political system.

When regarding architectural and spatial theory of the late twentieth century in this way, I found the political nature of the academic discourse to be quite striking. Unlike the design process, the process of theory building seemed to be less iterative and more revisionary: from the Modern movement, architectural theory moved to a set of conceptual approaches whose names often signaled a leaving behind of previous thinking as somehow outdated (in itself a view of theory-building as unidirectionally linear). Thus, Modernism yielded to Postmodernism, and Structuralism to Poststructuralism, a statement that we were clearly "done" with the previous affair. In an ever-rolling cycle, theoretical thought, through constantly tearing down the old in order to build anew, continued to be "modern" in a very distinct and sometimes cacophonic way.

Despite the rich production of thinking in the realm of architectural theory, the avant-garde cycle of creative destruction at the heart of Modernist ideology – destruction that began with the bid to leave the status quo – continued to find its way into theoretical thinking with its quest to shed a stability that was implied in the status quo. This rejection of stability was also present in the series of theoretical impulses that led to the rejection of what came before – actions that reminded me of a snake leaving behind its outgrown skin. Hilde Heynen has linked this trait of destruction to an idealized masculinity: "In as far as modernity means change and rupture, it seems to imply, necessarily, the leaving of home. A metaphorical 'homelessness' indeed is often considered the hallmark of modernity [...] [and] reinforces the identification of modernity with masculinity."[11] In other words, within the ideal world of theoretical production, the daring nomad is perceived as the avant-garde explorer, with the destructive force needed to overcome what is regarded as *passé* becoming a necessary prerequisite for (or consequence of) moving forward.

With this, I began to understand the whiplash pace of theory production as a political act of dominance. Seen through the distancing lens of retrospection, the accompanying theoretical debates seemed to be as much about dominating the discourse as about determining its outcome.

The Power of Networks

The process of thinking about who we are and how we interact with our physical and social environment empowers us to seek agency to determine our place in the world. If theory is to be of use to those who create space and design architecture, designers must have both the knowledge and the agency to determine alternatives and set goals for their work. Alternatively, for those who analyze, critique, or otherwise work with architecture or space as a way to understand social paradigms, theory should provide a full set of tools to perform such work.

I see these basic requirements – agency, coupled with a full intellectual toolbox – as a call for networks in lieu of hierarchy. Networks, coupled with agency,

give alternative readings of our built environment a voice, diffusing individual theories' lack of neutrality. Networks allow for a relative position of stability from which contrasting ideas may be further explored. What commonalities are there? How do agendas differ? How can different perspectives coexist or even further one another? Networks allow a structure to be built up supportively, whereas hierarchies in which older thoughts are continuously challenged and disproved (while uncomfortable alternatives are fought off) create structures that must be defended because they are in constant danger of being toppled.
To illustrate the power of networks: The richest texts I have come across have been by writers who have consciously resurrected challenging positions from the hidden corners or even the scrappile of history, resulting in the uncovering of concepts that have often been hidden in plain view through the supremacy of more dominant voices. Christine de Pizan's *Book of the City of Ladies*, finished in 1405, Janet Wolff's *flaneuse* (presented as a contrast to Charles Baudelaire's or Walter Benjamin's *flaneur*), James Blaut's alternative reading of geographical and social colonization, Rita Felski's analysis of the politics of avant-garde aesthetics and mass culture and the organizational power of historical narrative, and Gayatri Chakravorty Spivak's exploration of the repression of subaltern experience,[12] to name but a few, all represent interpretations of society that add variability to the mainstream and create a deeper understanding of the human condition. The knowledge of such varying positions within a network of theory has existed for years. Its suppression is guaranteed within the framework of a theoretical canon that requires the silencing of all but a small set of dominant voices.

Reseeking Theory as a Tool

If one sees theory as the philosophical arm of architecture, it follows that theory, seen broadly, drives architectural production. The more sophisticated instances of architectural and urban design make use of explicit theoretical principles, yet even simpler processes of design thinking involve decision-making based on some set of values or intellectual premises.

Recent texts on architectural ethics, which offer a framework for examining power structures in architecture, uncover the large role that agency and empowerment plays in design and building processes.[13]

Langdon Winner's 1980 essay "Do Artifacts Have Politics" presents a tangible example of how decision-making processes and the reasoning behind them have a political dimension that is often left unspoken. Examining how the creation of artifacts has effects and repercussions that an ethical analysis must take into account, Winner cites Robert Moses's decision in the 1930s to build overpass bridges spanning the Long Island Parkways, which connected the city of New York with Long Island towns and recreational areas, with such a low clearance that busses could not pass through. The bridges kept the working class, who did not own private automobiles and thus relied on busses, from accessing Long Island's acclaimed public beaches. The bridges themselves appeared as neutral objects of civil engineering, yet their low clearance allowed them to become political pawns.[14]

How can theory, reframed as a network of beliefs and perceptions, keep us from falling into the trap of ignoring power relationships that affect how we shape the built environment? The key is perhaps in the concept of multiperspective perception, a process that begins with the acknowledgement of a diverse set of users and their interactions with the built environment.

I return to feminist theory because it provides a good model with which to understand space as a series of polycentric perceptions that can overlap, but which must always be understood as a sum of many different impressions. Feminist theory highlights women's experiences ignored or suppressed by a masculinist mainstream, and thus points to the existence of multiple, simultaneous realities, of which conventional masculinist perceptions are but one among many alternatives. This understanding of how different realities can coexist allows us to better recognize conventional power structures, and with them the political dimensions of architecture theory, not only when regarding gender, but for many other parameters as well, including age, religion, national culture, physical or mental differences, among others.

The perception of power structures within the theoretical canon becomes a first step in breaking through boundaries set by conventional architectural theory. The second step is to question the binaries and linear hierarchies that so often permeate architectural theory and the process of its creation, through allowing fluidity among groupings, removing existing hierarchies, and reframing them within a linked network.[15]

"Neutral" in architectural theory is a step towards claiming universal validity. Neutrality simply cannot exist as long as we have different experiential possibilities in the perception and use of architectural and urban space. Understanding architectural theory's lack of neutrality makes clear that many realities must exist concurrently and as overlapping systems. In a world so seeped in linear hierarchies that threaten to suppress and thus erase valuable knowledge and insights, the acceptance of multiple perspectives that become part of a greater system of understanding is long overdue.

Bibliography

Berman, Marshall (1983): *All That Is Solid Melts into Air: The Experience of Modernity*. New York and London: Verso.

Blaut, James Morris (2012): *The Colonizer's Model of the World: Geographical Diffusionism and Eurocentric History*. New York: Guilford Press.

Borden, Iain, Barbara Penner, and Jane Rendell (1999) (eds.): *Gender Space Architecture: An Interdisciplinary Introduction*. London and New York: Routledge.

Conrads, Ulrich (1970) (ed.): *Programs and Manifestoes on 20th-Century Architecture*. Translated by Michael Bullock. Cambridge, MA: The MIT Press.

Corbin, Juliet, and Anselm Strauss (2014): *Basics of Qualitative Research: Techniques and Procedures for Developing Grounded Theory.* 4th edition. Los Angeles: Sage Publications.

De Beauvoir, Simone (2014): *The Second Sex* [1941]. New York: Random House.

Deutsche, Rosalyn (1996): "Men in Space." In: Idem: *Evictions: Art and Spatial Politics*. Cambridge, MA: The MIT Press, p. 195–202.

—, (1999): "Men in Space." In Borden, Penner, and Rendell 1999, p. 134–139.

Felski, Rita (1995): *The Gender of Modernity*. Cambridge, MA: Harvard University Press.

Giedion, Sigfried (1941): *Space, Time and Architecture. The Growth of a New Tradition.* Cambridge, MA: Harvard University Press.

Glaser, Barney, and Anselm Strauss (1999): *The Discovery of Grounded Theory. Strategies for Qualitative Research*. New Brunswick: Aldine Transaction.

Hays, K. Michael (2000) (ed.): *Architecture Theory Since 1968*. Cambridge, MA: The MIT Press.

Heynen, Hilde (2005): "Domesticity: Tensions and Contradictions." In: Hilde Heynen and Gulsum Baydar (eds.): *Negotiating Domesticity: Spatial Productions of Gender in Modern Architecture*. London and New York: Routledge.

Leach, Neil (1997) (ed.): *Rethinking Architecture: A Reader in Cultural Theory*. London and New York: Routledge.

Naredi-Rainer, Paul von (1989): *Architektur und Harmonie. Zahl, Maß und Proportion in der abendländischen Baukunst*. Cologne: DuMont.

Nesbitt, Kate (1996) (ed.): *Theorizing a New Agenda for Architecture. An Anthology of Architectural Theory 1965–1995*. New York: Princeton Architectural Press.

Neufert, Ernst (1936). *Bauentwurfslehre.* Berlin: Ullstein Verlag.

Newman, Oscar (1972): *Defensible Space*. New York: Macmillan.

Pizan, Christine de, and Rosalind Brown-Grant (2000): *The Book of the City of Ladies*. London and New York: Penguin Classics.

Spivak, Gayatri Chakravorty (2010): "Can the Subaltern Speak?" [1988]. In: Rosalind Morris (ed.): *Can the Subaltern Speak? Reflections on the History of an Idea.* New York: Columbia University Press, p. 21–78.

Staub, Alexandra (2017). "Ethics in Architecture: Introducing Concepts of Power and Empowerment." In: Manuel Jorge Rodrigues Couceiro da Costa et al. (eds.): *Architectural Research Addressing Societal Challenges*. Boca Raton: CRC Press, p. 1069–1075.

—, (2015): *Conflicted Identities: Housing and the Politics of Cultural Representation*. London and New York: Routledge.

Vale, Lawrence (1992): *Architecture, Power and National Identity*. London and New York: Routledge.

Wasserman, Barry, Patrick J. Sullivan, and Gregory Palermo (2000): *Ethics and the Practice of Architecture*. Hoboken, NJ: John Wiley & Sons.

Winner, Langdon (2010): *The Whale and the Reactor: A Search for Limits in an Age of High Technology*. Chicago: University of Chicago Press.

Wolff, Janet (1985): "The Invisible *Flaneuse:* Women and the Literature of Modernity." In: *Theory, Culture and Society,* vol. 2, no. 3, p. 37–46.

Notes

1 The book *Bauentwurfslehre* was first published in German in 1936. The current edition has been much revised and is available in numerous languages.
2 This point was made by Simone de Beauvoir in her 1941 book *The Second Sex* and in many ways it still holds true today.
3 Deutsche 1996, p. 198. A slightly altered version of this text appears in Deutsche 1999.
4 The exact origin of the phrase is unknown.
5 Glaser and Strauss 1999; Corbin and Strauss 2014.
6 For a discussion on how architecture and space is used to display and shape identity, see Staub 2015.
7 Conrads 1970.
8 Berman 1983, p. 99.
9 Felski 1995, p. 11–12. In part, Felski finds that the different understandings of the modern result from differences of view between national cultures and traditions, which have led to potential difficulties of translation.
10 Vale 1992, p. 115–127.
11 Heynen 2005, p. 2.
12 Pizan and Brown-Grant 2000; Wolff 1985; Blaut 2012; Felski 1995; Spivak 1988.
13 See Barry Wasserman, Patrick Sullivan and Gregory Palermo's 2000 book *Ethics and the Practice of Architecture*, a volume that is organized around ethical "awareness," "understanding," and "choices" as factors of the architect's agency. See also Staub 2017 for a discussion of using analyses of power and empowerment to develop alternatives for design and planning decisions.
14 The essay was reprinted in Winner 2010.
15 Jane Rendell has suggested a similar process to subvert hierarchical binary models through staging an "intervention," in which a new term is used to counter existing binary logics. See Rendell in Borden, Penner and Rendell 2000, p. 103–104.

Hermeneutiken des Architekturgebrauchs. Zur Sichtbarkeit des Lebens

Kirsten Wagner

„Wissen Sie, es ist immer das Leben, das Recht, der Architekt, der Unrecht hat …"[1]
Le Corbusier

Studien zum Gebrauch von Architektur

Mit diesem Zitat Le Corbusiers eröffnete Philippe Boudon 1969 seine Studie über die erste von Le Corbusier und Pierre Jeanneret in den 1920er-Jahren entworfene und in Teilen realisierte Wohnsiedlung *Pessac* bei Bordeaux. In Le Corbusiers Eingeständnis, dass das Leben gegenüber der Architektur das letzte Wort behalte, kam für Boudon ein grundsätzlicher Konflikt zwischen den Absichten des Architekten, die sich im Gebauten materialisieren, und den Reaktionen der Bewohner auf dieses Gebaute zum Ausdruck. Tatsächlich hatten die Bewohner aus den verschiedenen Wohnhaustypen *Pessacs* über die Jahre etwas je Eigenes gemacht, und Boudons Studie übernahm es, die entsprechenden Veränderungen an den Häusern, aber auch in den Gärten, 40 Jahre nach dem Erstbezug zu dokumentieren. Mit Le Corbusier und *Pessac* hatte sich der Architekt Boudon weder irgendeinen anderen Architekten noch eine beliebige Wohnarchitektur zum Untersuchungsgegenstand genommen. *Pessac* galt als eine der Inkunabeln modernen standardisierten Wohnungsbaus. Dabei war die Siedlung von Beginn an sowohl in Fachkreisen als auch in der Öffentlichkeit umstritten. Wurden einerseits die Umsetzung industrieller Serienproduktion und hygienischer Standards im Wohnungsbau begrüßt und die neue Formensprache in ihrer Überwindung von Masse und durch sie umschlossenes Volumen zugunsten von Linie und Fläche anerkannt, gab es andererseits früh schon Kritik an der fehlenden Berücksichtigung der

Vorstellungen und Praktiken der Bewohner, für die *Pessac* gebaut worden war.[2] Hinzu kam, dass Le Corbusier über die 1950er-Jahre zunehmend für die sich bereits in diesen Jahren abzeichnenden Probleme im Massenwohnungsbau in Haftung genommen wurde. Konzepte standardisierten Wohnungs- und funktional differenzierten Städtebaus, wie sie Le Corbusier vertrat, waren in den Großsiedlungen städtischer Randbezirke auf eine Weise verwirklicht worden, dass sich erste soziale Missstände in den neuen Vierteln bemerkbar machten. Gleichermaßen auf Le Corbusiers Hang zu Ordnung und Maß Bezug nehmend, hatten schon die Lettristen aus ihm den „le Corbusier-Sing-Sing" und damit einen Aufseher von in Wohn*zellen* festgesetzten Menschen statistischen Durchschnitts gemacht.[3] Die lettristische und später situationnistische Kritik an Le Corbusier beziehungsweise am modernen Wohnungs- und Städtebau war nur die Spitze eines Eisberges; man denke etwa an die Filme Jacques Tatis oder an *Deux ou trois choses que je sais d'elle* Jean-Luc Godards von 1967, in denen die Großsiedlungen selbst als sozial wirkmächtiger Akteur inszeniert wurden.[4]

Boudons Studie steht auf dem Hintergrund der Rezeption Le Corbusiers, die sich im Laufe der 1950er-Jahre mit der Kritik an den Großsiedlungen verknüpft hatte. Anders als bei der künstlerischen Avantgarde oder den Soziologen[5] dieser Zeit musste die Haltung der Architekten zu Le Corbusier vielschichtiger sein. Denn es war Le Corbusiers Verdienst, so zumindest suggerieren es seine Schriften[6], den Wohnungsbau als unauflösbaren Teil des Städtebaus überhaupt erst zur Entwurfs- und Planungsaufgabe der Architektur gemacht zu haben – und das mit ursprünglich anti-akademischer Volte. Auch an seiner Formensprache, die über das rein Geometrische und Funktionale dann doch hinausging, kamen die Architekten offensichtlich nicht vorbei. Eine entsprechende Ambivalenz Le Corbusier gegenüber lässt sich auch der Studie des Architekten Boudon entnehmen: Obwohl sie mit den Praktiken der Bewohner gegen den standardisierten Wohnungsbau der Moderne argumentierte, zeigte die Studie an Le Corbusiers Typenhäusern in *Pessac* und ihren Grundrisslösungen eine gewisse Offenheit in der räumlichen Abwicklung der einzelnen Wohn- und Verkehrsfunktionen auf, die es den Bewohnern ermöglicht hatte, sich den Wohnraum nach den eigenen Bedürfnissen einzurichten.

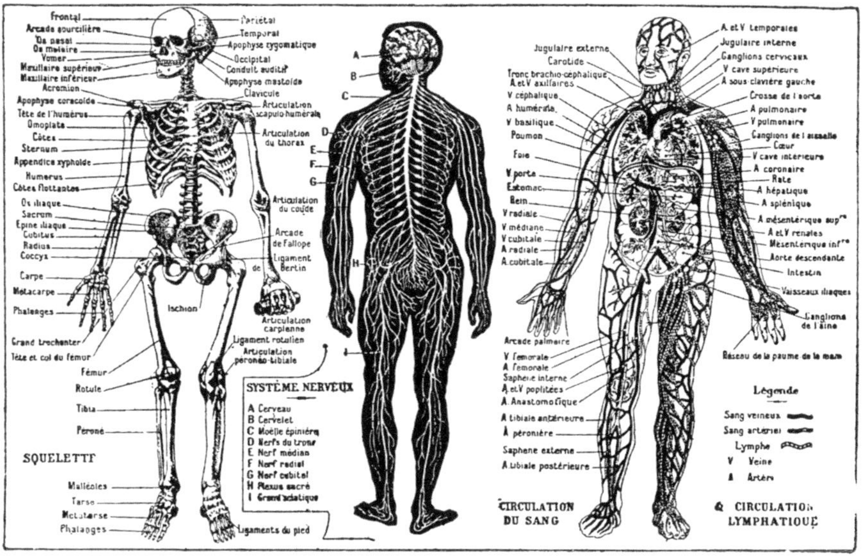

Abb. 1: Der Mensch als Gattungswesen, Bedürfnistypen auf Grundlage der anatomischen Ausstattung und der physiologischen Funktionen des Menschen nach Le Corbusier, 1925

Entsprechend konzedierte auch Henri Lefebvre im Vorwort der Studie Le Corbusier ein doppeltes Naturell, das sich als eines von Geist und Körper, abstraktem Plan und konkreter Praxis zu erkennen gibt: Für Lefebvre hatte Le Corbusier im Sinne der technischen Vernunft einen rein auf seine Funktionen berechneten geometrischen Raum umsetzen wollen, faktisch jedoch einen plastischen, modellierbaren Raum geschaffen, in den sich die Bewohner nicht wie in einen neutralen Behälter einfügten, sondern den sie, indem sie ihn bewohnten, mit gestalteten.[7] (Abb. 1)

Boudons Studie zeigte also, wie Menschen in moderner Architektur lebten und wie sie durch ihre alltäglichen Handlungen diese Architektur verändert hatten. Eine solche „nutzerorientierte" Perspektive auf die Architektur war nicht neu. Allerdings blieb dieser Nutzer im Rahmen des *Neuen Bauens* und Wohnens der 1920er- und 1930er-Jahre auf ein gleichermaßen universales wie abstraktes Gattungswesen beschränkt, das bei der Raumplanung lediglich in seiner anatomisch-motorischen Ausstattung und in seinen biologischen Funktionen berücksichtigt wurde. Wo die Nutzer über diese anthropologische und physiologische Rahmung hinaus als historische, soziale und symbolische Wesen in den Blick kamen, etwa weil sie auch noch die neusachlichste Wohnung mit allerlei Vorhängen, Gründerzeitmöbeln, Tand und Nippes bestückten, wurden sie als Störfaktor begriffen, den es über eine ästhetische Erziehung zu läutern galt.[8] Die moderne Architektur verstand sich an dieser Stelle selbst als ein Medium ästhetischer Erziehung, letztlich sozioästhetischer Erziehung zum neuen Menschen moderner Industriegesellschaften hin. Architektur sollte ihre Nutzer formen, nicht umgekehrt. Insofern stellt Boudons Studie zu *Pessac* einen Paradigmenwechsel dar. Denn sie nahm nicht nur die Perspektive der Nutzer auf Architektur ein, sondern demonstrierte, bis zu welchem Ausmaß diese die Architektur als das scheinbar fertig Geformte permanent weiter- und umformten. Das reichte von der Einrichtung der Wohnräume bis zu Um- und Anbauten im Innen- und Außenbereich der Häuser. In Boudons Studie trat der Nutzer als ein die Architektur ins Werk setzender, sie realisierender „Bewohner" auf.

Heute gilt die Studie, zusammen mit der soziologischen Kollektivarbeit von Henri Raymond, Nicole Haumont, Marie-Geneviève Dezès und Antoine Haumont über das Einfamilienhaus,[9] als eine der ersten empirischen Untersuchungen des „Gebrauchs" von Architektur; Gebrauch dabei nicht mehr als passive Nutzung eines bereits Gegebenen verstanden, hingegen als dessen aktive Aneignung im Rahmen alltäglicher Praktiken.[10] In beiden Studien stellte Gebrauch noch keinen methodischen Begriff dar, wenn überhaupt, wurde systematischer von Aneignung gesprochen, ein Begriff, den Lefebvre über die marxistische Theorie in die Analyse von Architektur und städtischem Raum eingeführt hatte. Erst seit den 1990er-Jahren ist in der Architekturtheorie eine Ausarbeitung des Gebrauchsbegriffs zu verzeichnen, die retrospektiv die Arbeiten zum Einfamilienhaus und *Pessac* aus den 1960er-Jahren als initiale Untersuchungen erfasst.[11] Von seinem Gegenstand her ist der Begriff des Gebrauchs unmittelbar mit dem Wohnen und dem Wohnbau verbunden. Fragen nach dem Gebrauch von Architektur stellten sich zuerst an Praktiken des Wohnens. Als auf die Architektur bezogener Begriff ist Gebrauch nicht nur ein historischer Begriff, der in bestimmten baupraktischen, gesellschaftlichen und

Abb. 2: Der Zaun als Aneignung des Raumes auf drei verschiedenen Ebenen: (1.) Markierung des Raumes durch Einfriedung als Territorialisierungsstrategie, (2.) Regelung sozialer Beziehungen über den Zaun als Grenze zwischen dem umfriedeten Bereich als dem Privaten und dem außerhalb liegenden Gebiet als dem Öffentlichen, (3.) Sicherung des Privateigentums über den Zaun als Teil der Ideologie kapitalistischer Gesellschaften, entnommen der soziologischen Studie zum Einfamilienhaus von Henri Raymond, Nicole Haumont, Marie-Geneviève Dezès, Antoine Haumont aus den Jahren 1964–1965

wissenschaftlichen Kontexten steht. Er setzt zugleich eigene Untersuchungsmethoden voraus, die es in den 1960er-Jahren zunächst zu entwickeln galt. Diese im dritten Teil dargestellten Methoden standen alle vor dem Problem, dass sie das, was sie nachweisen und zeigen wollten, allererst sichtbar machen mussten. Wenn etwas im Gebrauch ist, so die geteilte Ansicht über die verschiedenen materialistischen Wahrnehmungstheorien und existenzialen Philosophien hinweg, dann ist es nämlich gerade nicht sichtbar, sondern im Habituellen als einem dem reflexiven Bewusstsein verdeckten Bereich angesiedelt. Die Studien der 1960er-Jahre machten den Gebrauch von Architektur explizit, indem sie ihn über die Fotografie ins Bild setzten und Sprache werden ließen. Bild- und Sprachzeichen schufen, wenn man so will, den notwendigen *Distanzraum*, um das Leben als Leben betrachten zu können. (Abb. 2)

Im taktilen Verkehr mit den Dingen oder von der Zuhandenheit des Wohnzeuges, eine lebensweltliche Perspektive auf Architektur

Mit seiner Fragestellung nach dem Architekturgebrauch und dessen methodischer Untersuchung am Gegenstand des Wohnens, schließt der Beitrag an wenigstens drei Themenhefte der Zeitschrift *Wolkenkuckucksheim. Inter-*

nationale Zeitschrift zur Theorie der Architektur an. Bereits in der ersten Ausgabe der Zeitschrift setzte sich Eduard Führ im Kontext praktischer Ästhetik mit Alltagswelten auseinander.[12] Gegen die eindimensionale Definition des Nutzers von Architektur als biologisches Gattungswesen, wie sie für das *Neue Bauen* und Wohnen kennzeichnend ist, führte er dort unter anderem den Leib und einen phänomenalen Raum ins Feld. Aspekte des phänomenalen Raumes wurden mit dem Themenheft zu Martin Heideggers Darmstädter Beitrag *Bauen Wohnen Denken* von 1951 auf eine existenziale Daseinsanalytik und Räumlichkeit hin erweitert.[13] Das In-der-Welt-Sein eines mit dem zuhandenen Zeug seiner nächsten Umwelt hantierenden Leibes, das Heidegger schon in *Sein und Zeit* auf die Wohnung als häusliche Umwelt bezogen hatte[14], konnte damit für die Architektur weiter ausgearbeitet werden. Schließlich wurden jüngst die historischen Begriffe von *Funktion, Zweck, Gebrauch in Architektur und Städtebau* sowohl theoretisch als auch an konkreten Fallbeispielen diskutiert. Gebrauch zeigte sich dort als „eine Aktivität, die ein Ding einbezieht. Gebrauchen macht uns bekannt mit den Dingen. Es ist ein Erfahrungswert."[15] Ob Architektur als ein solches „Ding" zu betrachten ist, blieb offen.[16] Hingegen wurde auf verschiedene Gebrauchsweisen von Dingen verwiesen, eine zweckvolle und eine zweckfreie. Im ersten Fall ist das Ding Mittel für das Erreichen eines bestimmten Zweckes, in letzterem erlangt es eine gewisse Autonomie als Kunstwerk. Auf die Architektur übertragen hieße das beispielsweise: Architektur dient dem Wohnen, sie ist ein Mittel der Behausung (zeughafte Betrachtung der Architektur), oder eben: Architektur ist freies und harmonisches Spiel räumlicher Formen (ästhetische, jedoch nicht werkhafte Betrachtung der Architektur). Es ließen sich andere Zwecke benennen, ein allgemeiner wäre etwa die räumliche Anordnung von Körpern. Und auch andere ästhetische Betrachtungen wären möglich, so wenn Architektur von ihrer Form oder physischen Präsenz her ein Transzendentes wie Gott verkörpert oder aber einen Zugang zum Verstehen des Seins ermöglicht (Letzteres fällt unter eine werkhafte Betrachtung). Ute Poerschke und Eduard Führ zufolge eignet Dingen darüber hinaus ein „gewisse[s] Eigenleben"[17], sie erscheinen widerständig und entziehen sich bisweilen den Zwecken, denen sie zugedacht sind. Das kann ebenfalls auf die Architektur bezogen werden. Von

ihren Grundrissen, ihrer Form, ihren Öffnungen und ihrer Materialität her können sich Räume den von ihnen zu erfüllenden Zwecken verweigern.
Im weitesten Sinne bezeichnet Gebrauch von Architektur demnach den konkreten Umgang mit Gebautem, bei dem dieses Gebaute in seiner eigenen Physis erfahren wird. Dass diese Erfahrung von Architektur eine körperliche – um nicht zu sagen leibliche – Erfahrung ist, die sich vorbewusst, gleichsam unterschwellig bezieht, haben auf unterschiedliche Weise Walter Benjamin und Martin Heidegger gezeigt. Ihre theoretischen Überlegungen greifen den empirischen Untersuchungen des Gebrauchs von Architektur aus den 1960er-Jahren voraus und sind, wie Heideggers Beiträge zum Wohnen[18], in dieselben eingegangen.[19] Doch sie sind hier nicht nur in begriffsgeschichtlicher Hinsicht interessant. Die von Benjamin und Heidegger geteilte Auffassung, dass der Gebrauch von Dingen beziehungsweise von Architektur etwas Vorbewusstes ist und nur dann thematisch werden kann, wenn er eine Störung erfährt[20], soll auf die Thematisierung des Gebrauchs von Architektur selbst bezogen werden. Die Studien aus den 1960er-Jahren wären dann als ein Symptom dafür zu nehmen, dass das Wohnen als ein wesentlicher Zweck und Gebrauch von Architektur seine Selbstverständlichkeit verloren hat. Diese Störung des Wohnens muss nicht gleich im Heidegger'schen Sinne als unwiderruflicher Riss durch das Geviert von Erde, Himmel, Sterblichen und Göttlichen interpretiert werden, mit all den Ressentiments gegenüber der Moderne, die bei Heidegger daran geknüpft sind. Es reicht, von einer Veränderung des Verhältnisses auszugehen, das zwischen der Wohnform, dem Wohnzweck und dem Wohngebrauch von Architektur besteht.

Architektur wird im Gebrauch rezipiert

„Bauten begleiten die Menschen seit ihrer Urgeschichte", und sie resultieren aus dem beständigen „Bedürfnis des Menschen nach Unterkunft", schreibt Benjamin in *Das Kunstwerk im Zeitalter seiner technischen Reproduzierbarkeit*.[21] Seine Perspektive auf die Architektur ist eine zeughafte. Architektur dient vor allem dem Zweck der Behausung, und erfahren wird sie wesentlich im Gebrauch. Den Gebrauch denkt Benjamin vom Tastsinn her, das heißt von einem Leib, der mit der Haut über ein passiv Berührung empfindendes Organ und mit der Hand über ein aktiv tastendes Organ verfügt. Dieser Leib steht im taktilen Verkehr mit den Dingen seines Nahbereichs, zu denen die Architektur gehört. Neben der Architektur bestimmt der Tastsinn die Filmrezeption. Der Zusammenschluss von Architektur und Film, einem der ältesten und einem der jüngsten „Medien", ist auch dadurch motiviert, dass sie nicht in der Vereinzelung, sondern im Kollektiv wahrgenommen werden. Die Wahrnehmungshaltung ist bei beiden eine zerstreute. Die Zerstreuung mag auf das Kollektiv zurückgeführt werden, ist jedoch durch die Bewegung beziehungsweise Geschwindigkeit der Sinneseindrücke bedingt. Im Kino sind es die schnell aufeinander folgenden Bilder, die eine Sammlung vor und kontemplative Versenkung in das statische (Kult-)Bild als Gegenmodell zerstreuter Wahrnehmung verhindern. Bei der Architektur sind es die Bewegungen durch Wohnräume, aber auch durch urbane Räume, die zu einer Folge von Sinneseindrücken führen. Da diese Bewegungen in der modernen Großstadt beschleunigt sind, wird der Wechsel dieser Eindrücke nach Benjamin schockhaft erfahren. Auch hier greift das taktile Moment, insofern die Eindrücke unmittelbar auf den Körper eindringen. Der Möglichkeit beraubt, die rasch wechselnden Reize zu verarbeiten, kann der Städter sie nur mehr mit Ausweichmanövern und anderen Finten parieren. Der Städter reagiert mehr, als dass er agiert. Diese pathische Seite des Gebrauchs von Architektur, die Benjamin über die Großstadtwahrnehmung in Verbindung mit einem sie dominierenden Tastsinn nahelegt, tritt in den soziologischen Studien der 1960er-Jahre zugunsten eines aktivisch gedachten, aneignenden Gebrauchs in den Hintergrund. Gegenüber dem Tastsinn spielt der Gesichtssinn, der als Fernsinn die Dinge aus der Distanz erfasst, in der Wahrnehmung von Architektur eine untergeordnete Rolle. Gebäude können auch angeschaut werden, insbesondere ihre Fassaden, dann sind sie aber gerade nicht im Gebrauch, wie Benjamin unter Hinweis auf den touristischen Blick auf Architektur zu verstehen gibt.[22] Benjamin fasst entsprechend zusammen: „Bauten werden auf doppelte Weise rezipiert: durch Gebrauch und durch Wahrnehmung. Oder besser gesagt: taktisch und optisch. [...] Die taktische Rezeption erfolgt nicht sowohl auf dem Wege der Aufmerksamkeit als auf dem der Gewohnheit. Der Architektur gegenüber bestimmt diese letztere weitgehend sogar die optische Rezeption. Auch sie findet von Hause aus viel weniger in einem gespannten Aufmerken als in einem beiläufigen Bemerken statt."[23]

Folgende Bestimmungen für den Zusammenhang von Gebrauch und Architektur lassen sich daraus ableiten: Das Verhältnis zur Architektur ist durch den Gebrauch bestimmt. Dieser Gebrauch ist ein alltäglicher Gebrauch, architektonische Räume sind durch die Tätigkeiten und die Bewegungen, die in ihnen ausgeführt werden, vertraut. Benjamin benennt das mit „Gewohnheit". Eben weil wir aus den täglichen Handlungs- und Bewegungsroutinen gelernt haben, wo die Räume physische und symbolische Öffnungen und Schließungen haben, welche Dinge sich an welchem Platz in ihnen befinden, nehmen wir die Räume nicht mehr eigens wahr. Benjamin spricht hier von „beiläufigem Bemerken", also jener vorbewussten, unterschwelligen Wahrnehmung, die für den Gebrauch charakteristisch ist. Der im Hantieren und Bewegen zur Geltung kommende Tastsinn unterstreicht als Nahsinn die leibliche Involviertheit mit den Dingen und der Architektur. Benjamin hat damit eine Prototheorie des Gebrauchs von Architektur geliefert. Diese verblieb allerdings im übergeordneten Rahmen einer materialistischen Wahrnehmungstheorie, nach der sich mit den technischen Reproduktionsmedien das Gefüge von Tast- und Sehsinn und so die Wahrnehmung insgesamt historisch wandelt.

Architektur als Wohnzeug: die häusliche Umwelt des Dinggebrauchs

Dass das Dasein, also der Mensch, wesentlich durch den alltäglichen Gebrauch von Dingen bestimmt ist, ist eine der Grundthesen Heideggers.[24] Die Dinge sind nicht einem *Subjekt* gegenüberstehende *Objekte*, die das Subjekt denkend in ihrem Sein erfassen kann, sondern das Dasein ist im hantierenden Besorgen auf ekstatische Weise immer schon „draußen" bei den Dingen. Das gilt im Besonderen für die Gebrauchsdinge, bei Heidegger fallen sie unter den Begriff des Zeuges. Zum Zeug gehört, dass es dienlich ist. Zeug ist da, um mit ihm etwas zu machen, nicht, um angeschaut zu werden. Zwar können zeughafte Dinge ebenfalls nur angeschaut werden, vergleichbar der optischen Rezeption Benjamins, dann sind auch sie aber nicht im Gebrauch. Das reine Anschauen von Dingen, Heidegger nennt es ein „starres Begaffen“, ist „nur noch vernehmendes Erkennen“, das aus dem zuhandenen Gebrauchsding einen vorhandenen Gegenstand macht.[25] Wenn es im Gebrauch ist, fällt Zeug nicht auf. Es geht in der Handlung, die mit ihm vollzogen wird, beziehungsweise in dem Produkt, das aus dieser Handlung hervorgeht, auf: „Das Eigentümliche des zunächst Zuhandenen ist es, in seiner Zuhandenheit sich gleichsam zurückzuziehen, um gerade eigentlich zuhanden zu sein.“[26] Je unsichtbarer Zeug im Gebrauch ist, desto besser erfüllt es seine Aufgabe. Auch hier zeigt sich Gebrauch als etwas Unterschwelliges. Im Begriff des Zeuges steckt, dass es nie nur um das einzelne Gebrauchsding geht. Jedes von ihnen steht in einem größeren Verweisungszusammenhang, bildet mit anderen Dingen eine „Zeugganzheit“. Sie bezieht das mit ein, was die Herstellung des jeweiligen Gebrauchsdings selbst an Materialien, Geräten und Tätigkeiten zur Voraussetzung hat und was an anderen Dingen mit ihm gefertigt werden kann. Diese Verweisungszusammenhänge werden gestört, wenn ein Gebrauchsding abgenutzt oder beschädigt ist, wenn es sich nicht mehr oder noch nicht für einen bestimmten Zweck verwenden lässt oder überhaupt fehlt. Ebendann tritt das Gebrauchsding als Gebrauchsding in Erscheinung. Aus der Perspektive der Zuhandenheit wird es zu einem nur noch vorhandenen Ding. Selbst als einfach Vorhandenes bleibt es jedoch auf ein Zuhandenes, das es selbst einmal war, bezogen und ist nicht der zu allem auf Distanz gesetzte Gegenstand wissenschaftlicher Betrachtung. Insgesamt folgt daraus, dass es der Störung des Gebrauchs bedarf, damit sicher nicht nur die Dinge, sondern auch die Handlungen, die mit ihnen vollzogen werden, kenntlich werden: Im „Entdecken der Unverwendbarkeit fällt das Zeug auf.“[27] Das festgestellte Eigenleben, das Widerständige von Dingen hat hier seinen Ort.

Eine eigene Zeugganzheit macht das „Wohnzeug“ aus, all die Dinge des täglichen Bedarfs und Tuns, die in die „‚eigene‘ und nächste (häusliche Umwelt)“ eingelassen sind. Auch „diese ‚Dinge‘ zeigen sich nie zunächst für sich, um dann als Summe von Realem ein Zimmer auszufüllen. Das Nächstbegegnende, obzwar nicht thematisch erfaßte, ist das Zimmer, und dieses wiederum nicht als das ‚Zwischen den vier Wänden' in einem geometrischen räumlichen Sinne – sondern als Wohnzeug. Aus ihm heraus zeigt sich die ‚Einrichtung', in dieser das jeweilige ‚einzelne' Zeug."[28]

Architektur in Form der einen Raum, das Zimmer, umschließenden Wand erweist sich als ebenso unsichtbar wie die Dinge, die dieser Raum enthält. Die Dienlichkeit der Architektur besteht deshalb nicht darin, Behälter für Seiendes zu sein. Aus der von Heidegger entwickelten Räumlichkeit des Daseins geht hervor, dass architektonische Räume, indem sie den Dingen einen ihrer Zuhandenheit gemäßen Platz einrichten, ordnend sind. Sie setzen die Dinge und ihre Benutzer in eine räumliche, durch Richtungen sowie Nähe und Ferne bestimmte Beziehung zueinander. In diesem Sinne gibt Architektur dem Gebrauch nicht nur einen Raum, sondern orientiert ihn auch.[29] Für die Architektur gilt entsprechend: Je reibungsloser sie auf die nämliche Weise den Gebrauch von Dingen ermöglicht, desto unsichtbarer wird sie. In Bezug auf die Architektur wären folgende, die Sichtbarkeit des Gebauten erzeugende Störungen denkbar: Architektur ist so abgenutzt oder verfallen, dass sie weder dem Menschen noch den Dingen einen Platz einräumen kann. Oder sie ist von ihrer Form oder ihrem Material her ungeeignet, die Dinge in eine ihrem Gebrauch gemäße Ordnung zu bringen. In *Sein und Zeit* gibt die Architektur den vertrauten, den unauffälligen Hintergrund ab, auf dem sich nicht weniger verdeckt der Gebrauch von Dingen vollzieht. Architektur beschränkt sich dabei auf die häusliche Umwelt. Und sie kommt nur in zeughafter Hinsicht zur Sprache. Ihre Bedeutung für das Dasein bemisst sich aber gerade daraus. Als häusliche Umwelt macht sie einen wesentlichen Teil des In-der-Welt-Seins als „Seinsverfassung des Menschen" aus. Das In-der-Welt-Sein fundiert das Dasein, es ist für Heidegger ein unhintergehbares *Existenzial*, das er bereits in *Sein und Zeit* etymologisch vom Wohnen herleitet: „[…] ‚in' [von In-Sein] stammt von innan-, wohnen, habitare, sich aufhalten; ‚an' bedeutet: ich bin gewohnt, vertraut mit, ich pflege etwas; es hat die Bedeutung von colo im Sinne von habito und diligo. Dieses Seiende, dem das In-Sein in dieser Bedeutung zugehört, kennzeichneten wir als das Seiende, das ich je selbst bin. Der Ausdruck ‚bin' hängt zusammen mit ‚bei'; ‚ich bin' besagt wiederum: ich wohne, halte mich auf bei … der Welt, als dem so und so Vertrauten. Sein als

Infinitiv des ‚ich bin', d.h. als Existenzial verstanden, bedeutet wohnen bei …, vertraut sein mit …"[30]

Hier kündigt sich die spätere Ausarbeitung des Wohnens als „Grundzug des Menschseins"[31] an.[32] Dieses Wohnen überschreitet die Architektur, weil es in grundlegender Hinsicht einen Aufenthalt des Daseins bei den Dingen und seinen Umgang mit ihnen meint, unabhängig davon, ob sich das unter dem buchstäblichen Dach eines Gebäudes vollzieht oder über eine durch Architektur vermittelte räumliche Ordnung der Dinge. Entsprechend differenziert Heidegger in *Bauen Wohnen Denken* zwischen der konkreten Wohnung als Unterkunft und dem Wohnen als solchem, das mit dem Sein eines immer schon endlichen Daseins zusammenfällt. Daraus ergibt sich die viel zitierte Formel: „Mensch sein heißt: als Sterblicher auf der Erde sein, heißt: wohnen."[33] Das Wohnen, auf das von seiner ursprünglichen Wortbedeutung her zugleich alles Bauen bezogen ist, unterteilt Heidegger in *Bauen Wohnen Denken* noch einmal in ein Pflegen – und greift damit eine Bedeutungszuweisung aus *Sein und Zeit* auf – und in ein Herstellen von Werken. An Beispielen von Werken nennt Heidegger Schiffsbau und Tempelbau sowie die Brücke. Das Bauen, aus dem sie hervorgehen, ist kein pflegendes, sondern ein errichtendes. Spätestens hier tritt das Werkhafte neben das Zeughafte von Architektur. Einen Ausgangspunkt dafür bot der Vortrag *Der Ursprung des Kunstwerkes*, in dem Heidegger die Gebrauchsdinge von den bloßen Dingen und den Werken im Sinne von Kunstwerken absetzte.[34] Ein Werk ist zugleich Stase und Ekstase der gegenläufigen Bewegungen von sich eröffnender Welt und sich verschließender Erde. Auf ereignishafte Weise erfährt sich der Mensch am Werk in seinem Dasein und den Bezügen, in denen es steht. Solange Dinge wie die Bauernschuhe im Gebrauch sind, können sich diese Bezüge nicht zeigen. Sie sind wohl über den Verweisungszusammenhang der Bauernschuhe in denselben versammelt, die Schuhe tragen eine gesamte auf die Erde verwiesene geschichtliche Welt in sich, dies bleibt dem Träger der Schuhe aber verborgen. Erst das dastehende Bild, hier das Gemälde Vincent van Goghs, macht die Daseinsbezüge sichtbar. Alles Materielle am Werk – die Farbe bei Gemälden, Stein, Holz oder Metall bei Bauten und Skulpturen – gehört der Erde an. Es ist die Grundlage, auf der die durch das Werk aufgestellte Welt entsteht. Gleichzeitig ist an diesem Materiellen etwas Selbstbezügliches, das sich gleich der Erde in sich selbst zurückzieht und dem Verstehen der im Werk aufgestellten Welt entgegenwirkt. Das Werk entbirgt das Sein des Daseins so niemals zur Gänze, immer bleibt am Werk ein dunkler, nicht im Verstehen aufgehender Rest.

Architektur als Werk kann das ebenfalls leisten, wie Heidegger in *Der Ursprung des Kunstwerkes* an einer Sakralarchitektur, dem griechischen Tempel, erläutert. Noch deutlicher als bei dem Paar Bauernschuhe gewinnen die Daseinsbezüge am Tempel eine kosmologische Dimension. Der um ein Götterbildnis errichtete Tempel definiert nicht nur einen begrenzten heiligen Bezirk, er strahlt gleichsam in die Landschaft aus, räumt den Dingen um ihn herum einen auf das Heilige bezogenen Platz ein und orientiert damit auch alles Tun. In *Bauen Wohnen Denken* wird der Tempelbau nur kurz als Werk benannt. Ausführlicher geht Heidegger dort auf die Brücke als profanes Beispiel errichtenden Bauens ein. Von sich aus bahnenden und verbindenden Charakters, rückt Heidegger auch sie über das Geviert in einen kosmologischen Zusammenhang ein. In diesen eingebettet, zeigt sich schließlich noch der Schwarzwaldhof. Seine Anlage folgt den geografischen Gegebenheiten der Erde und klimatischen Bedingungen des Himmels, räumt dem Göttlichen einen Platz der Andacht ein, lässt den Menschen mit im Wohnraum vorgesehenen Kindbett und Totenbaum als Sterblichen wohnen. Als Heidegger über den Schwarzwaldhof schrieb, existierte diese bäuerliche Lebenswelt so nicht mehr; wenn auch darauf hingewiesen werden muss – und bei Heideggers Beschwörung dieser Lebenswelt allzumal –, dass die Nationalsozialisten bäuerliche Wohn- und Siedlungsformen im Rahmen ihrer gleichermaßen völkischen und expansiven Geopolitik förderten und strategisch einzusetzen versuchten.[35] Schon im neunzehnten Jahrhundert hatte mit den ersten Freilichtdörfern eine Musealisierung vorindustrieller Wohn- und Lebensformen eingesetzt. Aus zeughafter Perspektive ließ sich der Schwarzwaldhof nur noch als vorhandenes Ding oder aus werkhafter lediglich als entgegenstehender Gegenstand betrachten. (Abb. 3)

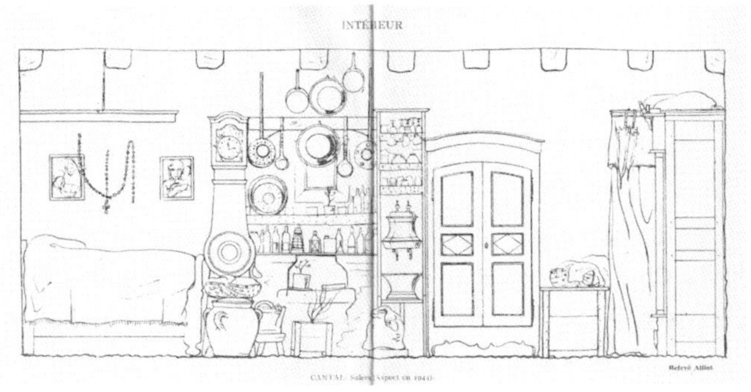

Abb. 3: Aufriss des Interieurs eines Wohnhauses aus der Provinz Salers im Department Cantal, 1944, angefertigt im Rahmen von am Musée des Arts et Traditions Populaires angesiedelten Studien zu traditionellen Wohn- und Lebensformen in der französischen Provinz

Auslegungen des Wohnens. Analysen des Architekturgebrauchs und ihre Methoden

Am Pariser *Musée des Arts et Traditions Populaires*, einer 1937 erfolgten Ausgründung der Abteilung französische Alltagskultur aus dem *Musée de l'homme*, wurden während des Zweiten Weltkrieges mehrere Studien zu Wohn- und Lebensformen in der französischen Provinz durchgeführt. An den sogenannten *Chantiers Intellectuels* waren Ethnografen, Historiker und Architekten beteiligt. Sie hatten die vernakulare Architektur, die Wohnungseinrichtung sowie das traditionelle Handwerk zu ihrem Gegenstand.[36] Anlass der Studie war, dass durch die technischen und gesellschaftlichen Entwicklungen seit dem neunzehnten Jahrhundert nach den Städten auch auf dem Land zusehends gesamte Lebenswelten verschwanden. Wie akut ihre Sicherung und Überlieferung durch Dokumentation erschien, verdeutlicht Georges-Henri Rivière im Katalog, der anlässlich einer Ausstellung exemplarischer Gebrauchsdinge aus den ländlichen Haushalten im Jahr 1953 herausgegeben wurde: „Die Verbesserung der Kommunikation, die Entwicklung der Ernährungsweisen, die Freude am Komfort, das Auftauchen neuer Materialien, die fortschreitende Ersetzung der menschlichen Antriebskraft durch die Maschine, die Unterrichtung, die Verbreitung der jüngsten Haushaltstechniken mit Hilfe des Drucks, der Ausstellungen und des Radios sind lauter Faktoren, die dazu beigetragen haben, die ökonomischen und sozialen Bedingungen der häuslichen Wohnstätte radikal zu erneuern. Es ist höchste Zeit für den Historiker, für den Ethnografen, für den Folkloristen, einen im Verschwinden begriffenen Zustand zu studieren, höchste Zeit für den Museografen, die materiellen Monumente davon zusammenzutragen.“[37]

An diesem groß angelegten Survey wirkte auch Henri Lefebvre in verschiedenen Gemeinden der Pyrenäen mit. Innerhalb des Survey kamen die in der Ethnografie ausgearbeiteten Methoden zum Einsatz.[38] Neben der Feststellung und Auswertung der in den Museen und Sammlungen der Provinz vorhandenen Haushaltsdinge, zum Teil durch Fragebogen ermittelt, trat wesentlich die Feldforschung hinzu. Die Dinge wurden gleichsam in ihrer häuslichen Umwelt aufgesucht und mittels Beschreibung, Fotografie und Zeichnung dokumentiert. Jeder an der Feldforschung beteiligte Mitarbeiter hatte zusätzlich seine eigene Arbeit und seine Beobachtungen festzuhalten. Diese ethnografisch ausgerichteten Studien zu historischen Wohn- und Lebensformen nehmen in gewisser Hinsicht die soziologischen und architekturtheoretischen Studien zum Gebrauch von Architektur aus den 1960er-Jahren vorweg. Bezeichnenderweise entstand die eingangs erwähnte Studie zum Einfamilienhaus unter der Leitung Henri Lefebvres am *Institut de Sociologie Urbaine.* Inwieweit Lefebvre faktisch an ihr mitgearbeitet hat, ist umstritten.[39] Am Ende steuerte er ein Vorwort zu den publizierten Untersuchungsergebnissen bei[40], in dem er sich sowohl mit Gaston Bachelard als auch mit Heidegger auseinandersetzte. Dessen Beiträge zum Wohnen lagen 1958 mit den *Essais et Conférences* in französischer Sprache vor.

In seinem einführenden Kommentar zeichnete Lefebvre den allgemeinen Hintergrund, auf dem sich die Studie zum Einfamilienhaus bewegte. Zunächst stellte er fest, dass das Wohnen in den verschiedensten angewandten und theoretischen Wissenschaften zu einem eigenen Untersuchungsgegenstand geworden war; es vollzog sich offensichtlich nicht mehr stumm und unsichtbar. Diese Wissenschaften teilte er in zwei Lager: das eine, zugleich positivistische und technokratische Lager, hatte das Wohnen als eine biologische Funktion definiert und auf die entsprechenden Bedürfnisse hin zu operationalisieren versucht. Zu ihm zählte Lefebvre einen Großteil der Soziologen, Urbanisten und Architekten, Le Corbusier gehörte namentlich dazu.

Ihre Rezepte ließen sich schnell und kostengünstig im Massenwohnungsbau der Großsiedlungen umsetzen, doch war für Lefebvre damit keineswegs sichergestellt, dass die Bewohner dieser Siedlungen ein zufriedenes, überhaupt ein lebenswertes Leben führen können.[41] Das andere Lager bestritten die Historiker und Philosophen. Sie nahmen die entgegengesetzte Position ein, wandten sich zeitgleich mit der Verbreitung standardisierten Massenwohnungsbaus verschwundenen Wohn- und Siedlungsformen zu, um dort Vergessenes aufzuspüren, oder hatten wie Heidegger aus dem Wohnen einen unhintergehbaren Grundzug menschlichen Daseins gemacht.[42] Lefebvre griff insbesondere Heideggers Adaptation von Hölderlins Versen „Voll Verdienst, doch dichterisch, wohnet der Mensch auf dieser Erde“ auf: Wohnen als Grundzug des Menschseins gründete darüber selbst noch einmal in einer Erde und Himmel vor jedem Bauen bereits durchmessenden Sprache der Dichtung.[43] Doch auch Bachelard und Heidegger, obschon sie dem Wohnen eine tiefere Dimension gegeben hatten, ließen sich für Lefebvre nicht auf das Wohnen im konkreten „Hier und Jetzt“ anwenden: Bachelard nicht, weil das Haus als Integrationsmodell „für das Denken, die Erinnerungen, die Träume“, das Haus als „Körper und Seele“ verschwunden sei und mit ihm die Kenntnisse und Fertigkeiten, es zu bauen[44]; Heidegger nicht, da nach ihm ein dichterisches Wohnen in Zeiten entfesselter Technik nicht mehr denkbar erschien. Damit hatte sich die Frage nach dem Wohnen in der Gegenwart und für die Zukunft von philosophischer Seite aus erledigt. Aber gerade aus der Gegenwart heraus blieb zu verstehen, was Wohnen bedeutet, um daraufhin bauen zu können. Für Lefebvre stellte die Kollektivarbeit über das Einfamilienhaus genau das dar: den Versuch, das Wohnen als anthropologische Tatsache *und* soziale Praxis aufzudecken, die sich mit den Produktionsbedingungen historisch wandelt.

Dieses Wohnen wurde in der soziologischen Studie am Einfamilienhaus untersucht. Dass die Wahl auf das Einfamilienhaus gefallen war, rührte aus der in den 1950er-Jahren deutlich gewordenen Diskrepanz zwischen der in den Nachkriegsjahren vonseiten der Architektur und des Staates verhängten Politik der Großsiedlung, das heißt kollektiver Wohnformen, und der weithin gelebten und vielfach erstrebten Praxis des Wohnens im individuellen Eigenheim. Daran hatten offensichtlich auch die neuen technischen Einrichtungen der Großsiedlungen, die einen höheren Hygienestandard und mehr Wohnkomfort bieten sollten, nichts ändern können. So ungeordnet es sich an den alten Stadträndern seit dem späten neunzehnten Jahrhundert auch ausgebreitet hatte und so sehr es der Selbstbauweise mit den ihr eigenen Mängeln verhaftet blieb, das kleinbürgerliche Einfamilienhaus mit Garten galt der Mehrheit der Franzosen als ideale Wohn- und Lebensform. Diese Idealisierung ließ die Autoren der Studie vom Einfamilienhaus als einer Utopie sprechen – Utopie durchaus im Sinne eines ideologischen Überbaus, der sich negativ auf die Akzeptanz und Durchsetzung aller anderen Wohnformen, insbesondere der kollektiven in den Großsiedlungen, auswirkte. Beabsichtigte die Studie zunächst, diese ideologischen Zusammenhänge historisch aufzuklären, indem sie über empirische Bewohnerbefragungen hinaus die Wohnverhältnisse und -diskurse des neunzehnten und zwanzigsten Jahrhunderts aufarbeitete, dann offenbarte die Praxis des Wohnens, dass das Einfamilienhaus jenseits aller Ideologien etwas erlaubte, das die standardisierte Wohneinheit in der Großsiedlung nicht in derselben Weise ermöglichte.

Dazu zählte eine Reihe räumlicher Markierungen, welche auf dem Hintergrund zoologischer Studien als Territorialisierungsstrategien interpretiert wurden. „Der Tendenz nach wenig sozialisierte Manifestationen“,[45] wurden sie als Triebe *(pulsions)* verstanden, ausgeführt von einem gleichsam naturhaften Wesen Mensch, das sich dergestalt die Umwelt aneignet.[46] Solche Markierungen, allen voran die Einfriedung von Räumen *(clôture)*, im weiteren Sinne auch das Schaffen von Ecken als Rückzugsorten *(familiarisation)*, überhaupt das Einrichten von Räumen durch die Anordnung von Objekten *(aménagement)* sowie ihre Pflege, das heißt das Sauberhalten bestimmter Räume im Gegensatz zu anderen *(entretien)*, machten das ‚Es‘ des Einfamilienhauses („le ‚ça‘ du pavillon“) aus. Gemäß tiefenpsychologischem Modell waren hier auch Pathologien angesiedelt wie der „fétichisme du marquage“,[47] ablesbar an mit Figuren und anderen Dekorationsobjekten vollgestellten Gärten. Auf einer zweiten Ebene, der des ‚Ich‘ („le ‚moi‘ du pavillon“), sollte es zu einer Projektion sozialer Beziehungen auf die räumlichen Markierungen kommen. Das Schließen beziehungsweise Öffnen von Räumen zeigte sich darüber als Regelung sozialer Beziehungen zwischen einem Innen und einem

Abb. 4: Figuratives im Außenbereich. Dekoration eines Balkons als Markierung und Einrichtung eines Raumes, wodurch das Innen der Wohnung zugleich mit dem Außen in eine räumliche und symbolische Beziehung gesetzt wird, entnommen der soziologischen Studie zum Einfamilienhaus von Henri Raymond, Nicole Haumont, Marie-Geneviève Dezès, Antoine Haumont aus den Jahren 1964–1965.

Außen der Behausung. Erst auf der dritten Ebene des „Über-Ich" („le ‚sur-moi' du pavillon") kamen Ideologien zum Tragen. Auf ihr nahm das Schließen von Räumen die Bedeutung einer Sicherung und Verteidigung des Privateigentums an. (Abb. 4)

Die Differenzierung in diese „Niveaus" erfolgte bereits auf einer begrifflichen Metaebene, auf der das empirische Material geordnet und analysiert wurde. Das Material selbst war über Befragungen der Bewohner hauptsächlich von Einfamilienhäusern, aber auch von Eigentumswohnungen und Mietwohnungen aus dem sozialen Wohnungsbau gewonnen worden.[48] Wie Lefebvre in seinem Vorwort bekannte, war die größte Herausforderung der Studie eine methodologische. Denn mit welchen Verfahren sollte etwas wie das Wohnen untersucht werden, dessen Totalität sich nicht einholen ließ, dessen grundlegende Bedeutung für das menschliche Sein auch für Lefebvre etwas nicht Greifbares an sich hatte? Er ging hierbei von der Annahme aus, dass es zwei Teilsysteme sind, in denen sich das Wohnen vor allem ausdrückt und entsprechend aufgesucht werden muss: in dem Teilsystem der Dinge einschließlich der Architektur und in dem der Sprache. Problematisch erwies sich die Inkongruenz beider Systeme. Dinge und Wörter trennt eine unüberbrückbare Kluft, und beide Systeme folgen eigenen Gesetzen. Etwas ist an den Dingen, das nicht Sprache werden kann, und etwas an der Sprache, das sich nicht in derselben Weise durch Dinge aussagen lässt. Dennoch verweisen beide Systeme aufeinander. Insofern war das Sprechen über das Wohnen durch die Dinge des Wohnens zu referenzieren und umgekehrt: Jede Befragung der Bewohner sollte durch detaillierte Beschreibungen der Häuser und ihrer Inneneinrichtung, der Kleidung und des Verhaltens der Bewohner ergänzt werden sowie durch Fotografien der verschiedenen Räume und privaten Ecken, der Umschließungen und Fassaden. Das erinnert deutlich an die ethnografischen Methoden, die in den *Chantiers Intellectuels* Verwendung gefunden hatten.

Das Kernstück der Studie blieben trotzdem die Befragungen. Hatten sich innerhalb der Soziologie empirische Erhebungen anhand vorgefertigter Fragebogen bereits fest etabliert, erschien dieses Verfahren in Bezug auf das Wohnen zu formalistisch und restriktiv. Für quantitative Erhebungen noch geeignet, konnten diese Fragebogen für einen qualitativen Untersuchungsgegenstand wie das Wohnen nichts leisten. Sie wurden durch ungelenkte Interviews ersetzt, die der Sprache des Wohnens freien Raum geben sollten sich zu artikulieren. Die einzige Aufforderung an die Befragten zu Beginn der Gespräche bestand darin, über die eigene Wohnung zu sprechen. Nachdem allerdings deutlich geworden war, dass die Befragten gerade über das nicht sprachen, was die Forschergruppe besonders interessierte, wurde diese Initialfrage am Ende der Interviews um die folgenden ergänzt: „Könnten Sie mir sagen, welches der privateste Raum ist?", „Was haben Sie gemacht, um ihn intimer zu machen?"[49] Das Innerste des Wohnens wollte sich nicht so leicht „lichten" lassen.

Die Interviews wurden ihrerseits mit den Verfahren der strukturellen Linguistik ausgewertet. Es wurden in den Aussagen Ausdrücke wie „Haus" als Signifikanten isoliert, denen eine Reihe von Bedeutungen, die Signifikate, zugeordnet werden konnten: dem Haus beispielsweise „bei sich" oder „zu Hause sein", „einrichten können", „werken" oder „Ruhe". Ein weiterer methodischer Schritt bestand in der polaren Ordnung der Begriffe und ihrer Bedeutungen, auch er war durch die strukturellen Ansätze in der Linguistik und der Anthropologie begründet. Das Einfamilienhaus mit seinen Bedeutungen wurde so der Mietwohnung mit ihren Bedeutungen gegenübergestellt, Räume, die ordentlich sein mussten, Räumen, die es nicht zu sein hatten, die öffentlichen den privaten Räume, das Vorne des Hauses dem Hinten, das Innen dem Außen mit all den Zwecken und Gebrauchsweisen, die sich an die jeweiligen Räume banden. Beispielsweise:

Vorderseite des Hauses	Hinterseite des Hauses
• sehen – gesehen werden	• nicht sehen – nicht gesehen werden
• öffentlich	• privat
• ästhetisch	• funktional

Auf allen drei Niveaus des Wohnens – dem Raum aneignenden, dem sozialen und dem ideologischen – ging das Wohnen in einer von strukturellen Oppositionen bestimmten Ordnung auf. Es wurde folglich eine Reihe induktiver wie deduktiver Methoden aus unterschiedlichen Wissenschaften aufgeboten, um das stumme und unsichtbare Wohnen zum Sprechen zu bringen. (Abb. 5)
Auf Bewohnerbefragungen anhand ungelenkter Interviews beruhte auch Boudons Studie über *Pessac*.[50] Ihr Schwerpunkt lag weniger auf dem Wohnen an sich als auf den Transformationen der Architektur, die durch das Wohnen als soziale Praxis zustande gekommen waren. Noch deutlicher stand damit der Gebrauch von Architektur im Vordergrund. An die Stelle der linguistisch basierten Auswertung trat eine thematische Analyse der Interviews. Die Interviews wurden daraufhin gelesen, wie die Bewohner die durch den Architekten vorgegebene Aufteilung der Häuser und ihre Lage innerhalb der Siedlung bewerteten und was sie an den Häusern für Änderungen vorgenommen hatten. Die Befragungen wurden um eine Untersuchung der Bau- und Rezeptionsgeschichte *Pessacs* und eine Gruppendiskussion mit Architekten, Innenarchitekten und Bauingenieuren erweitert. Mit Letzterer ging es um ein Expertenwissen, das dem Laienwissen der Bewohner erkenntniskritisch gegenübergestellt werden sollte. Unsystematisch fanden darüber hinaus Zeichnungen Verwendung, die Kinder und Erwachsene unter den Bewohnern von ihren Wohnhäusern angefertigt hatten. Eine ungleich bedeutendere Rolle spielte in Boudons Studie die Fotografie. (Abb. 5) War die Fotografie in der Studie zum Einfamilienhaus eher illustrativ zum Einsatz gekommen, sie wurde als ein zusätzliches visuelles Dokument verwendet, das das Teilsystem der Dinge zu erfassen hatte, ging sie bei Boudon über diese dokumentarische, auf das reine Abbilden bezogene Funktion hinaus. Mit der Gegenüberstellung

(Photographie extraite de S. GIEDION, *Space, Time and Architecture*, Harvard University Press, Cambridge, Mass.)

15. Dans *Space*, *Time and Architecture*, l'historien d'architecture Giedion écrit sur cette photo : « Dans cette œuvre expérimentale des débuts, Le Corbusier joue avec les écrans, les volumes, la lumière, l'ombre et la couleur. Elle devait être suivie peu après de solutions d'une grande maîtrise. »

16. Dans cette bande, pas une « fenêtre en longueur » n'a subsisté, on en voit clairement la trace dans la seconde maison à gauche (type 1).

Abb. 5: Gegenüberstellung einer historischen Aufnahme von Sigfried Giedion der Maisons en quinconce in Pessac und einer im Rahmen von Boudons Studie über Pessac angefertigtem Fotomontage, die in der frontalen Ansicht den reihenweisen Rückbau der Fensterbänder im Obergeschoss dieser Typenhäuser offenlegt.

historischer Ansichten *Pessacs*, welche die Siedlung kurz nach der Fertigstellung als moderne (Gartenstadt-)Architektur monumental wie dynamisch ins Bild gesetzt hatten, und den durch Boudons Team fotografisch dokumentierten Um- und Anbauten an Le Corbusiers Typenhäusern wurde die Fotografie zu einem visuellen Argument.[51] Die beiden Bildkorpora im Anhang der veröffentlichten Studie zeigten nicht nur ein zeitliches Vorher und Nachher, sie kontrastierten einen abstrakten Planungswillen und die konkrete Lebenswirklichkeit, das eine ideale Modell und die Vielzahl seiner möglichen Realisationen. Mehr noch als die Sprache evidentialisierten die Fotografien in Boudons Studie den Gebrauch von Architektur, indem sie ihn unmittelbar sichtbar machten. Die Fotografien leisteten das nicht, weil sie den Gebrauch im Vollzug präsentierten, was das statische Bild der Fotografie schlechterdings nicht kann, sondern weil sie ebenjene Spuren abbildeten, die der Gebrauch am physischen Baukörper hinterlassen hatte: eine Art spontanes Ornament.

Mit den empirischen Studien aus den 1960er-Jahren war das Wohnen zur Sprache gekommen und zum Bild geworden. Sie hatten es explizit zu machen versucht, um das Wohnen in seiner Totalität zu verstehen. Die Untersuchungen des Wohnens beschränkten sich wesentlich darauf, wie sich Wohnen in Architektur als gebautem Raum vollzieht, was zumindest so weit reichte, auch den Campingwagen in den architektonischen Horizont von Behausungen einzubeziehen.[52] Und sie hatten auf ihre Weise demonstriert, dass jedes Wohnen als Praxis, sei es auch noch so sehr dem durchschnittlichen „Man“ verfallen[53], ein schöpferischer Akt ist, der im Übrigen auch den verschiedenen Lebensaltern Rechnung trägt.[54] Im Wohnen waren Werke entstanden, die den Bewohner-Bastlern, die sie im Gebrauch des Wohnzeuges hervorgebracht hatten, vielleicht verborgen blieben. Dem Betrachter aber traten sie als Werke gegenüber, über die sich eine gesamte Lebenswelt eröffnete.

Bibliografie

Behne, Adolf (1927): *Neues Wohnen – neues Bauen*. Leipzig: Hesse und Becker.

Benjamin, Walter (1991): „Die Wiederkehr des Flaneurs" [1935/36, zweite Fassung]. In: Walter Benjamin. *Kritiken und Rezensionen* (= Gesammelte Schriften 3). Frankfurt am Main: Suhrkamp Verlag, S. 194–199.

Benjamin, Walter (1991): „Das Kunstwerk im Zeitalter seiner technischen Reproduzierbarkeit" [1935/36, zweite Fassung]. In: Walter Benjamin. *Nachträge* (= Gesammelte Schriften 7.1). Frankfurt am Main: Suhrkamp Verlag, S. 350–384.

Biella, Burkhard (1998): *Eine Spur ins Wohnen legen. Entwurf einer Philosophie des Wohnens mit Heidegger und über Heidegger hinaus*. Düsseldorf und Bonn: Parerga Verlag.

Böhme, Hartmut (2006): *Fetischismus und Kultur. Eine andere Theorie der Moderne*. Reinbek: Rowohlt Taschenbuch Verlag.

Bernège, Paulette : „La machine à habiter". In: *Mon Chez Moi. La revue d'organisation ménagère*. 15. November 1926, S. 239–243.

Boudon, Philippe (1969): *Pessac de Le Corbusier.* Paris: Dunod.

Canteux, Camille (2014): *Filmer les Grands Ensembles. Villes rêvées, villes introuvables. Une histoire des représentations audiovisuelles des grands ensembles (milieu des années 1930–début des années 1980)*. Paris: Créaphis éditions.

Debord, Guy (1996): *Potlatch. 1954–1957.* Paris: Gallimard Education.

Führ, Eduard (1996): „Praktische Ästhetik". In: *Wolkenkuckucksheim, Internationale Zeitschrift zur Theorie der Architektur.* 1. Jahrgang, Nummer 1, www.cloud-cuckoo.net/openarchive/wolke/deu/Themen/961/fuehr1/kunst.html (30. Januar 2017), ohne Seitenangabe.

Giedion, Sigfried (2000): *Bauen in Frankreich. Bauen in Eisen. Bauen in Eisenbeton* [1928]. Herausgegeben von Sokrates Georgiadis. Berlin: Gebr. Mann Verlag.

Griaule, Marcel (1957): *Méthode de l'ethnographie*. Paris: Presses Universitaires de France.

Haumont, Nicole (2001): *Les pavillonnaires. Étude psychosociologique d'un mode d'habitat* [1966]. Paris: Éditions L'Harmattan.

Heidegger, Martin (2006): *Sein und Zeit* [1926]. 19. Auflage. Tübingen: Max Niemeyer Verlag.

Heidegger, Martin (2003): „Der Ursprung des Kunstwerkes" [1935/36]. In: Martin Heidegger. *Holzwege* (Gesamtausgabe 5). 2. Auflage. Frankfurt am Main: Vittorio Klostermann.

Heidegger, Martin (1954): „Bauen Wohnen Denken" [1951]. In: Martin Heidegger. *Vorträge und Aufsätze*. Pfullingen: Verlag Günther Neske, S. 145–162.

Heidegger, Martin (1954): „... dichterisch wohnet der Mensch ..." [1951]. In: Martin Heidegger. *Vorträge und Aufsätze*. Pfullingen: Verlag Günther Neske, S. 187–204.

Le Corbusier (2016): „Entretien avec les étudiants des écoles d'architecture" [1957]. In: Ders.: *La Charte d'Athènes avec un discours liminaire de Jean Giraudoux suivi de Entretien avec les étudiants des écoles d' architecture*. Paris: Éditions de Minuit, S. 125–188.

Lefebvre, Henri (1969): „Préface". In: Philippe Boudon: *Pessac de Le Corbusier*. Paris: Dunod, S. 9–10.

Lefebvre, Henri (2001): „Préface". In: Henri Raymond u. a.: *L'habitat pavillonnaire* [1966]. 4. Auflage. Paris: Éditions L'Harmattan, S. 7–23.

Poerschke, Ute und Eduard Führ (2012): „Editorial". In: *Wolkenkuckucksheim, Internationale Zeitschrift zur Theorie der Architektur. 17.* Jahrgang, Nummer 32, www.cloud-cuckoo.net/journal1996–2013/inhalt/de/heft/ausgaben/112/1.4%20%20%20Editorial.pdf (30. Januar 2017), S. 5–8.

Pinson, Daniel (1993): *Usage et architecture*. Paris: Éditions L'Harmattan.

Rasmussen, Steen Eiler (1926): „Le Corbusier. Die kommende Baukunst?". In: *Wasmuths Monatshefte für Baukunst und Städtebau.* 10. Jahrgang, Nummer 9, S. 378–393.

Raymond, Henri u. a. (2001): *L'habitat pavillonnaire*. [1966]. 4. Auflage. Paris: L' Harmattan.

Rivière, Georges-Henri und Tardieu, Suzanne (1953): *Objets domestiques des provinces de France dans la vie familiale et les arts ménagers*. Paris: Éditions des Musées nationaux.

Schoper, Tom (2016): *Ein Haus. Werk – Ding – Zeug? Gespräche mit Gion A. Caminada, Hermann Czech, Tom Emerson, Hans Kollhoff, Valerio Olgiati*. Wien: Passagen Verlag.

Stanek, Łukasz (2011): *Henri Lefebvre on Space. Architecture, Urban research, and the Production of Theory*. Minneapolis und London: University of Minnesota Press.

Taut, Bruno (1924): *Die neue Wohnung. Die Frau als Schöpferin*. Leipzig: Klinkhardt und Biermann.

Wagner, Kirsten: „Ornamente des Gebrauchs. Aneignungsformen von Architektur und ihre Aufzeichnung". In: Christoph Baumberger, Christine Neubert und Constanze Petrow (Hrsg.): *Architektur im Gebrauch. Gebaute Umwelt als Lebenswelt*. Berlin 2017, S. 72–103.

Wolkenkuckucksheim, Internationale Zeitschrift zur Theorie der Architektur (1998). 3. Jahrgang, Heft 5, www.cloud-cuckoo.net/openarchive/wolke/deu/Themen/themen982.html (30. Januar 2017).

Anmerkungen

1 Le Corbusier, zit. nach Philippe Boudon, *Pessac de Le Corbusier*, Paris 1969, S. 1.

2 Zur heterogenen Aufnahme Pessacs vgl. Paulette Bernège, „La machine à habiter", in: *Mon Chez Moi. La revue d'organisation ménagère*, 15.11.1926, S. 239–243; Steen Eiler Rasmussen, „Le Corbusier. Die kommende Baukunst?", in: *Wasmuths Monatshefte für Baukunst* 10 (1926) 9, S. 378–393; Sigfried Giedion, *Bauen in Frankreich. Bauen in Eisen. Bauen in Eisenbeton* (1928), hgg. v. Sokrates Georgiadis, Berlin 2000.

3 Guy Debord (Hrsg.): *Potlatch: 1954–1957*, Paris 1996, S. 37.

4 Zur Rezeption der Großsiedlungen im französischen Fernsehen und Film vgl. Camille Canteux, *Filmer les Grands Ensembles. Villes rêvées, villes introuvables. Une histoire des représentations audiovisuelles des grands ensembles (milieu des années 1930 – début des années 1980)*, Paris 2014.

5 Wie die Zusammenarbeit mit Paul-Henry Chombart de Lauwe bekundet, war das Interesse an Le Corbusier auch in der frühen Stadtsoziologie etwas breiter aufgestellt.

6 Vgl. hierzu Le Corbusier, „Entretien avec les étudiants des écoles d'architecture" (1957), in: ders.: *La Charte d'Athènes avec un discours liminaire de Jean Giraudoux suivi de Entretien avec les étudiants des écoles d' architecture*, Reprint, Paris 2016, S. 125–188.

7 Vgl. Henri Lefebvre, „Préface", in: Philippe Boudon, *Pessac de Le Corbusier*, Paris 1969, S. IX-X, hier S. IX.

8 Vgl. hierzu Bruno Taut, *Die neue Wohnung. Die Frau als Schöpferin*, Leipzig 1924; Adolf Behne, *Neues Wohnen – neues Bauen*, Leipzig 1927.

9 Henri Raymond, Nicole Haumont, Marie-Geneviève Dezès, Antoine Haumont, *L'habitat pavillonnaire* (1966), 4. Aufl., Paris 2001.

10 Vgl. hierzu Daniel Pinson, *Usage et architecture*, Paris 1993.

11 Ebd.

12 Eduard Führ, „Praktische Ästhetik", in: *Wolkenkuckucksheim. Internationale Zeitschrift zur Theorie der Architektur* 1 (1996) 1, o. S.; www.cloud-cuckoo.net/openarchive/wolke/deu/Themen/961/fuehr1/kunst.html (30.01.2017).

13 Vgl. „Bau und Wohnung. Eine Auseinandersetzung mit Heideggers Aufsatz ‚Bauen Wohnen Denken'", *Wolkenkuckucksheim. Internationale Zeitschrift zur Theorie der Architektur* 3 (1998) 2, http://www.cloud-cuckoo.net/openarchive/wolke/deu/Themen/themen982.html (30.01.2017).

14 Vgl. Martin Heidegger, *Sein und Zeit* (1926), 19. Aufl., Tübingen 2006, § 15.

15 Ute Poerschke, Eduard H. Führ, „Editorial", in: „Funktion, Zweck, Gebrauch in Architektur und Städtebau", *Wolkenkuckucksheim. Internationale Zeitschrift zur Theorie der Architektur* 17 (2012) 32, o. S. http://www.cloud-cuckoo.net/journal1996-2013/inhalt/de/heft/ausgaben/112/1.4%20%20%20Editorial.pdf (30.01.2017).

16 Sie wurde zuletzt mit Heidegger von Tom Schoper an eine Reihe von Architekten gestellt. Vgl. Tom Schoper, *Ein Haus. Werk – Ding – Zeug? Gespräche mit Gion A. Caminada, Hermann Czech, Tom Emerson, Hans Kollhoff, Valerio Olgiati*, Wien 2016.

17 Poerschke, Führ 2012 (wie Anm. 15).

18 Martin Heidegger, „Bauen Wohnen Denken" (1951), in: ders., *Vorträge und Aufsätze*, Pfullingen 1954, S. 145–162; ders., „ … dichterisch wohnet der Mensch …" (1951), in: ebd., S. 187–204.

19 Vgl. Henri Lefebvre, „Préface", in: Henri Raymond, Nicole Haumont, Marie-Geneviève Dezès, Antoine Haumont, *L'habitat pavillonnaire* (1966), 4. Aufl., Paris 2001, S. 7–23, hier S. 7–8. Benjamin wurde erst im Rahmen einer systematischen Ausarbeitung des Gebrauchsbegriffs in der Architekturtheorie der 1990er-Jahre aufgegriffen. Vgl. Pinson 1993 (wie Anm. 10), S. 9–10.

20 Den Aspekt der Störung macht besonders Heidegger stark.

21 Walter Benjamin, „Das Kunstwerk im Zeitalter seiner technischen Reproduzierbarkeit", (1935/36, zweite Fassung), in: GS VII.1, Frankfurt/M. 1991, S. 350–384, hier S. 380.

22 Ebd., S. 381. Vgl. hierzu auch Walter Benjamin, „Die Wiederkehr des Flaneurs" (1929), in: GS III, Frankfurt/M. 1991, S. 194–199.

23 Benjamin 1935/36 (wie Anm. 21), S. 381.

24 Zu den Dingen bei Heidegger sowie überhaupt zu einer Kultur- und Rezeptionsgeschichte von Dingen in der Moderne vgl. Hartmut Böhme, *Fetischismus*

und Kultur. Eine andere Theorie der Moderne, Reinbek bei Hamburg 2006.

25 Vgl. Heidegger 2006 (wie Anm. 14), § 13 u. 15.

26 Ebd., S. 71.

27 Ebd., S. 73.

28 Ebd., S. 68.

29 So wie die Architektur als die häusliche Umwelt die Dinge und ihren Gebrauch orientiert, ist die Architektur ihrerseits durch das Besorgen der Natur orientiert. Um dienlich zu sein, hat sich das Gebaute beispielsweise an die klimatischen Bedingungen und die Himmelsrichtungen zu halten.

30 Heidegger 2006 (wie Anm. 14), S. 54.

31 Heidegger 1954 (wie Anm. 18), S. 148.

32 Zu Heideggers Begriff des Wohnens vgl. grundlegend Burkhard Biella, *Eine Spur ins Wohnen legen. Entwurf einer Philosophie des Wohnens mit Heidegger und über Heidegger hinaus*, Düsseldorf u. Bonn 1998.

33 Heidegger 1954 (wie Anm. 18), S. 147.

34 Vgl. Martin Heidegger, „Der Ursprung des Kunstwerkes" (1935/36), in: ders., GA 5, 2. Aufl., Frankfurt/M. 2003.

35 Vgl. hierzu exemplarisch das 7. Planungsheft zur *Siedlungsgestaltung aus Volk, Raum und Landschaft*, hgg. vom Reichsheimstättenamt der deutschen Arbeitsfront, Berlin 1941.

36 Aus dem entsprechenden Survey gingen 14 000 Einzeldarstellungen vor Ort studierter Möbel sowie ein bebildeter Katalog mit Haushaltsobjekten aus den zahlreichen Museen und Sammlungen der ländlichen Gemeinden hervor. Vgl. Georges-Henri Rivière u. Suzanne Tardieu, *Objets domestiques des provinces de France dans la vie familiale et les arts ménagers*, Paris 1953.

37 Georges-Henri Rivière, „Lettre au Directeur des Musées de France", in: Georges-Henri Rivière u. Suzanne Tardieu 1953 (wie Anm. 36), S. 3–5, hier S. 3.

38 Vgl. hierzu im Überblick Marcel Griaule, *Méthode de l'ethnographie*, Paris 1957.

39 Vgl. Łukasz Stanek, *Henri Lefebvre on Space. Architecture, Urban research, and the Production of Theory*, Minneapolis u. London 2011, S. 20.

40 Auch in der Studie Philippe Boudons über Pessac ist Lefebvre mit einem Vorwort vertreten.

41 Vgl. Lefebvre 2001 (wie Anm. 19), S. 8.

42 Ebd., S. 7–8.

43 Vgl. Heidegger 1954 (wie Anm. 18), S. 187–204.

44 Vgl. Lefebvre 2001 (wie Anm. 19), S. 8.

45 Raymond, Haumont, Dezès, Haumont 2001 (wie Anm. 9), S. 57.

46 Ebd., S. 68, vgl. 66.

47 Ebd., S. 67.

48 Es wurden 300 Befragungen durchgeführt, von diesen waren 265 verwendbar, die sich wie folgt aufteilten: 195 auf Einfamilienhäuser, 70 auf Wohnungen, davon 47 auf Sozialwohnungen und 23 auf Eigentumswohnungen. Die Befragungen dauerten im Schnitt 1,5 Stunden und wurden mit dem Tonbandgerät aufgezeichnet und im Anschluss vollständig transkribiert. Vgl. Nicole Haumont, *Les pavillonnaires. Étude psychosociologique d'un mode d'habitat* (1966), Paris 2001, S. 13–14.

49 Haumont 2001 (wie Anm. 48), S. 14.

50 Von 174 Bewohnern konnten 40 befragt werden, die Interviews dauerten durchschnittlich 1,5 Stunden, wurden mit dem Tonband aufgezeichnet und anschließend transkribiert. Vgl. Boudon 1969 (wie Anm. 1), S. 46.

51 Vgl. dazu Kirsten Wagner, „Ornamente des Gebrauchs. Aneignungsformen von Architektur und ihre Aufzeichnung", in: Christoph Baumberger, Christine Neubert, Constanze Petrow (Hrsg.):, *Architektur im Gebrauch. Gebaute Umwelt als Lebenswelt*, Berlin 2017, S. 72–103.

52 Vgl. die entsprechenden Bildbeispiele bei Haumont 2001 (wie Anm. 48).

53 Vgl. hierzu noch einmal Heidegger 2006 (wie Anm. 14), § 27.

54 Zumal gerade solche Räume und Häuser favorisiert wurden, die sich den verschiedenen Phasen des Lebens von der Kindheit bis zum Alter anpassen ließen.

Autoren

Hannes Böhringer studierte Philosophie und Geschichte in Münster, Heidelberg und Bochum; 1975 Promotion und 1984 Habilitation. Ab 1986 war Böhringer Professor für Philosophie an der Freien Universität Berlin, ab 1989 an der Gesamthochschule Kassel (heute Universität Kassel) und von 1995 bis 2012 an der Hochschule für Bildende Künste Braunschweig. Gastprofessuren führten ihn nach Budapest, Paris und Madison (Wisconsin). Von 1986 bis 1990 war er Mitherausgeber der Zeitschrift *Daidalos*. 2009 erhielt er den Moholy-Nagy-Preis der Moholy-Nagy University of Art and Design, Budapest.

Gerd de Bruyn studierte Literatur- und Musikwissenschaft sowie Architektur in Frankfurt am Main; 1995 Promotion in Soziologie. 1984 gründete er mit Berthold Reßler und Robert March das Architekturteam AAM. Von 1989 bis 1992 war er Chefredakteur der Zeitschrift *Baukultur*; hiernach leitete er die Zukunftswerkstatt *Wohnen* und übernahm 1997 eine Vertretungsprofessor für Architektur- und Städtebautheorie an der Kunsthochschule Berlin-Weißensee. Seit 2001 lehrt er Architekturtheorie und konzeptionelles Entwerfen an der Universität Stuttgart und ist Direktor des Instituts für Grundlagen moderner Architektur und Entwerfen (Igma).

Claus Dreyer studierte Philosophie, Germanistik, Kunstgeschichte und Kunsterziehung in Marburg, Berlin und Stuttgart; 1979 Promotion. Von 1982 bis 2009 war Dreyer Professor für Grundlagen des Gestaltens und Gestaltungstheorie an der Hochschule Ostwestfalen-Lippe in Detmold. Als Gastdozent war er von 1993 bis 2008 an der Opernabteilung der Hochschule für Musik in Detmold tätig. Er ist seit 1982 Mitglied im wissenschaftlichen Beirat der *Deutschen Gesellschaft für Semiotik* und der *Zeitschrift für Semiotik*.

Sebastian Feldhusen absolvierte eine Berufsausbildung als Landschaftsgärtner in Kiel, studierte Freiraumplanung in Osnabrück und Architekturvermittlung in Cottbus. Er war wissenschaftlicher Mitarbeiter an der Hochschule Osnabrück, seit 2013 ist er dieses an der Technischen Universität Berlin. Seit 2009 ist er freiberuflich in der Landschaftsarchitektur und Architekturtheorie tätig, seit 2017 unter *Feldhusen Landschaftsarchitektur*. Er ist Geschäftsführender Redakteur von *Wolkenkuckucksheim, Internationale Zeitschrift zur Theorie der Architektur* und arbeitet an einer Dissertation zur räumlichen Qualität von Architektur und Landschaftsarchitektur.

Eduard Führ geboren 1947, studierte Kunstgeschichte, Philosophie und Soziologie in Bochum und Bonn; 1979 Promotion, 1989 Habilitation. Führ arbeitete nach der Promotion als Denkmalpfleger. Von 1981 bis 1990 war er wissenschaftlicher Mitarbeiter an der Hochschule der Künste Berlin (heute Universität der Künste Berlin). Nachdem er 1993 zuerst einen Ruf an die Fachhochschule für Technik in Stuttgart (heute Hochschule Stuttgart) annahm, leitete er 1994 bis 2010 den Lehrstuhl Theorie der Architektur an der Brandenburgischen Technischen Universität Cottbus-Senftenberg. 1996 gründete er *Wolkenkuckucksheim, Internationale Zeitschrift zur Theorie der Architektur*; seither ist er auch deren Mitherausgeber. Er ist Stifter der momus|stiftung, die Aktivitäten zur Förderung der Theorie der Architektur unterstützt.

Jörg H. Gleiter studierte Architektur in Berlin, Venedig und New York; 2002 Promotion, 2007 Habilitation. Nach der Mitarbeit in verschiedenen Architekturbüros war Gleiter wissenschaftlicher Mitarbeiter an der Bauhaus-Universität Weimar. 2003 und 2008 Fellow in Residence am Kolleg Friedrich Nietzsche der Klassik Stiftung Weimarer. Zwischen 2003 und 2008 folgten Gastprofessuren an der Università Internazionale di Venezia, der Waseda University in Tokyo, der Bauhaus-Universität Weimar und der Libera Università di Bolzano. 2008 bis 2012 war Gleiter Professor für Ästhetik an der Libera Università di Bolzano. Seit 2012 ist er Professor für Architekturtheorie an der Technischen Universität Berlin und geschäftsführender Direktor des Instituts für Architektur. 2016 lehrte er als Gastprofessor an der Brown University in Providence (Rhode Island).

Roland Günter studierte Kunstgeschichte in München, promovierte dort 1965 zum Thema *Wand, Fenster und Licht in der spätantik-frühchristlichen Architektur* und habilitierte sich 1986 an der Universität Hamburg. Seit seiner Beschäftigung am Amt für Denkmalpflege im Rheinland in den 1960er-Jahren setzt er sich intensiv mit Industriekultur, insbesondere mit Arbeitersiedlungen und Industriedenkmälern des Ruhrgebiets, auseinander. Von 1971 bis 1999 war er Professor für

Kunst- und Kulturtheorie an der Fachhochschule Bielefeld. Gastprofessuren führten ihn unter anderem nach Marburg und Bochum. Günter arbeitet im Vorstand des Deutschen Werkbunds Nordrhein-Westfalen und als freier Autor.

Achim Hahn studierte Architektur und Städtebau in Aachen und Sozialwissenschaften in Oldenburg; 1987 Promotion; 1993 Habilitation. Von 1981 bis 1984 war Hahn wissenschaftlicher Mitarbeiter an der Universität Oldenburg, von 1985 bis 1995 an der Technischen Universität Berlin. Zwischen 1995 und 1997 folgten Lehraufträge in Oldenburg, Bernburg und Berlin sowie von 1997 bis 2001 eine Professur für Soziologie an der Hochschule Anhalt. Seit 2001 ist Hahn Professor für Architekturtheorie und Architekturkritik an der Technischen Universität Dresden. Er ist Herausgeber von *Ausdruck und Gebrauch – Dresdner wissenschaftliche Halbjahreshefte für Architektur Wohnen Umwelt* sowie von der Buchreihe *Interdisziplinäre ArchitekturWissenschaften* (zusammen mit Karsten Berr). Seit 2012 ist Hahn im Beirat von *Wolkenkuckucksheim, Internationale Zeitschrift zur Theorie der Architektur*. Aktuelle Buchveröffentlichungen: *Architektur und Lebenspraxis*, erschien 2017 im Transcript Verlag.

Karsten Harries received his Ph. D. at Yale University in 1962 and is currently the Howard H. Newman Professor of Philosophy at Yale University, New Haven. He published widely known works on Martin Heidegger, the philosophy of the Renaissance, and aesthetics, especially the philosophy of architecture, such as *The Ethical Function of Architecture* (Cambridge: MIT Press, 1997) and *Die Bayerische Rokokokirche. Das Irrationale und das Sakrale* (Dorfen: Hawel Verlag, 2009). Harries is an editorial board member of *Cloud-Cuckoo-Land. International Journal of Architectural Theory*.

Jürgen Hasse studierte, promovierte und habilitierte sich an der Universität Oldenburg. Nach Lehr- und Forschungstätigkeiten an den Universitäten Oldenburg und Hamburg war er von 1993 bis 2015 Professor für Geografie und ihre Didaktik am Institut für Humangeografie an der Universität Frankfurt am Main. Seine Forschungsarbeiten drehen sich um Mensch-Natur-Verhältnisse, räumliche Vergesellschaftung, phänomenologische Stadtforschung und Ästhetik. Sein neuestes Buch, *Die Aura des Einfachen. Mikrologen räumlichen Erlebens*, erschien 2017 im Alber Verlag.

Alban Janson studierte Architektur in Darmstadt und Karlsruhe sowie Freie Kunst in Frankfurt am Main. Seit 1977 ist Janson als Architekt und Stadtplaner tätig, seit 1989 zusammen mit Sophie Wolfrum. Von 1994 bis 2013 war er Inhaber des Lehrstuhls für Grundlagen der Architektur am Karlsruher Institut für Technologie. Seit 2013 arbeitet er als Freier Künstler in München. Sein neuestes Buch (mit Sophie Wolfrum), *Architektur der Stadt*, erschien 2016 im Karl Krämer Verlag.

Vittorio Magnago Lampugnani studierte Architektur an den Universitäten Rom und Stuttgart und war in der Folge wissenschaftlicher Mitarbeiter an der Universität Stuttgart. 1977 promovierte er an der Universität Stuttgart, 1983 an der Universität Rom. Lampugnani war Berater der IBA Berlin und Herausgeber der Zeitschrift *Domus*. 1990 bis 1995 war er Direktor des Deutschen Architekturmuseums in Frankfurt am Main. Nach Professuren an der Harvard Graduate School of Design und der Städelschule Frankfurt war er 1994 bis 2016 Professor für Geschichte des Städtebaus an der Eidgenössischen Technischen Hochschule Zürich. Seit Herbst 2017 ist er Fellow am Wissenschaftskolleg zu Berlin.

David Leatherbarrow is Professor of Architecture and Chair of the Graduate Group in Architecture at the University of Pennsylvania School of Design, where he has taught since 1984. Prior to that, Leatherbarrow taught theory and design at the Polytechnic of Central London and Cambridge University, England. Books include: *Topographical Stories, Surface Architecture* (with Mohsen Mostafavi), *Uncommon Ground, Roots of Architectural Invention, On Weathering: The Life of Buildings in Time*, and *Masterpieces of Architectural Drawing*.

Robert Miller has been Professor of Architecture and Director of the University of Arizona School of Architecture since 2010. Holding a B.A. in Architecture from Clemson University (1976) and an M.Arch. from Rice University (1979), Miller taught at Clemson University from 1990 to 2010, serving as Professor-in-Residence in Genoa, Italy (1997–1999) and Director of the Clemson Architecture Center in Charleston (2000–2010). Miller was awarded the 2009 ACSA Creative Achievement Award and was named Educator of the Year 2014 by the American Institute of Architects Arizona. He is currently President of AIA-Southern Arizona.

Ákos Moravánszky, geboren in Székesfehérvár (Ungarn), studierte Architektur an der TU Budapest und war danach als Architekt in Budapest tätig. 1980 promovierte er an der TU Wien. 1986–1988 war er Gastforscher am Zentralinstitut für Kunstgeschichte in München als Alexander von Humboldt-Stipendiat. 1989–1991 folgte ein Forschungsaufenthalt am Getty Center for the History of Art and the Humanities in Santa Monica. 1991–1996 lehrte er als Visiting Professor am Massachusetts Institute of Technology. 1996–2016 war er Professor für Architekturtheorie am Institut für Geschichte und Theorie der Eidgenössischen Technischen Hochschule Zürich.

Fritz Neumeyer studierte Architektur in Berlin; im Jahr 1977 Promotion, 1986 Habilatation. Von 1987–1989 war Neumeyer Research Fellow am Getty Center for the History of Arts and the Humanities, Santa Monica, California, von 1989 bis 1992 Professor für Baugeschichte an der Technischen Universität Dortmund. 1992 unterrichtete er als Jean Labatut Professor for Architecture and Urbanism an der Princeton University. Von 1993 bis 2012 leitete Neumeyer das Fachgebiet Architekturtheorie an der Technischen Universität Berlin. Gastprofessuren führten ihn an das Southern Califonia Institute of Architecture in Santa Monica, an die Harvard University in Cambridge (Massachusetts), an die University of Leuven, das Institut d'Humanitats de Barcelona und an die Universidad de Navarra, Pamplona.

Werner Oechslin studierte Mathematik, Kunstgeschichte, Archäologie und Philosophie in Zürich und Rom; 1970 Promotion, 1980 Habilitation. Oechslin lehrte in Lausanne, am MIT in Cambridge, an der Rhode Island School of Design in Providence, der Freien Universität Berlin und der Harvard University in Cambridge. 1980–1985 war er Professor an der Universität Bonn, 1985 an der Ecole d'Architecture in Genf. 1985–2010 war Oechslin Professor für Kunst- und Architekturgeschichte an der Eidgenössischen Technischen Hochschule Zürich und leitete dort von 1986 bis 2006 das Institut für Geschichte und Theorie der Architektur. 1998 gründete er die *Stiftung Bibliothek Werner Oechslin* in Einsiedeln: www.bibliothek-oechslin.ch.

Alberto Pérez-Gómez is the Bronfman Chair of Architectural History at McGill University, where he founded the History and Theory graduate programs. He obtained his undergraduate degree in architecture and engineering in Mexico City and earned his M.A. and Ph.D. at the University of Essex in England. He taught at universities in Mexico City, Houston, Syracuse, and Toronto, at the Architectural Association in London, and was Director of the Carleton University School of Architecture from 1983 to 1986. His latest book, *Attunement* (MIT Press, 2016), examines the issue of atmosphere through phenomenology, cognitive science and language.

Ute Poerschke is Professor of Architecture at the Pennsylvania State University. She is co-principal of *Friedrich Poerschke Zwink Architekten | Stadtplaner* in Munich and co-editor of *Wolkenkuckucksheim | Cloud-Cuckoo-Land*. Her research focuses on functionalism in architecture and the relationship of technology and architecture. Her book *Funktionen und Formen. Architekturtheorie der Moderne* was published by Transcript in 2014, the English version *Architectural Theory of Modernism. Relating Functions and Forms* by Routledge in 2016.

Thomas Sieverts studierte Architektur und Städtebau in Stuttgart, Liverpool und Berlin. Von 1963 bis 1965 war er wissenschaftlicher Mitarbeiter an der Technischen Universität Berlin. Von 1967 bis 1970 war Sieverts Professor für Städtebau an der Hochschule der Künste Berlin (heute Universität der Künste Berlin). Gastprofessuren führten ihn an die Harvard University in Cambridge (Massachusetts) und die University of Nottingham. Von 1981 bis 1999 war Sieverts Professor für Städtebau an der Technischen Universität Darmstadt, 1995 bis 1996 Fellow am Wissenschaftskolleg zu Berlin. 2012 verlieh ihm die Technische Universität Braunschweig die Ehrendoktorwürde. 2014 erhielt Sieverts den Fritz-Schumacher-Preis der Freien Hansestadt Hamburg.

Alexandra Staub is Associate Professor of Architecture at the Pennsylvania State University. She has worked and taught in both Germany and the United States. Her research focuses on how the built environment shapes our understanding of culture; design processes and their social implications, the relationship between gender and the built environment, and ethics in architecture. Her book *Conflicted Identities: Housing and the Politics of Cultural Representation* was published by Routledge in 2015. An edited volume, *Routledge Companion to Modernity, Space and Gender,* will be published in 2018.

Kirsten Wagner ist Professorin für Kulturwissenschaft und Kommunikationswissenschaft am Fachbereich Gestaltung der Fachhochschule Bielefeld. Seit 2015 leitet sie das Forschungsprojekt *Bilder des Wohnens. Architekturen im Bild* des Forschungsschwerpunktes *Erkenntnisformen der Fotografie*. Zuvor war sie wissenschaftliche Mitarbeiterin am Kulturwissenschaftlichen Institut der Humboldt-Universität zu Berlin und im Sonderforschungsbereich 447 *Kulturen des Performativen*. In ihrer Dissertation setzte sie sich mit Formen räumlicher Wissensorganisation auseinander. Aktuelle Arbeitsfelder sind Architekturanthropologie, Ästhetik und Wahrnehmungstheorien.

Bernhard Waldenfels studierte Philosophie, Psychologie, klassische Philologie und Geschichte in Bonn, Innsbruck und München; 1959 Promotion, 1961 Staatexamen und 1967 Habilitation. Nach Studienaufhalten in Paris von 1960 bis 1962, unterrichtete Waldenfels 1966 bis 1967 Griechisch und Latein an einem Privatgymnasium. 1968 bis 1976 lehrte er als Dozent und Professor an der Ludwig-Maximilians-Universität München. Von 1976 bis 1999 war Waldenfels Professor für Philosophie an der Ruhr-Universität Bochum. 2012 verliehen ihm die Albert-Ludwigs-Universität Freiburg und die Universität Rostock die Ehrendoktorwürde.

Abbildungsnachweise

Claus Dreyer

Abb. 1: Norberg-Schulz 1967, S. 224.

Abb. 2: Venturi, Scott Brown, und Izenour 1977 [1972], S. 156.

Abb. 3: Libeskind 1997, S. 58.

Abb. 4–5:Internet.

Abb. 6: Claus Dreyer.

Robert Miller

All graphics by the author, except:

Fig. 1: Jencks 1973, p. 28; Zaera-Polo and Abascal 2016.

Fig. 2: Krauss 1985, p. 282.

Fig. 3: Ibid., p. 283.

Fig. 4: Ibid., p. 284.

Fig. 5: Assembled from images in Krauss 1979, plus Brown 1984, p. 12; and Christo and Jeanne-Claude, *Running Fence*, Photo: Wolfgang Volz, copyright 1976 Christo, from: http://christojeanneclaude.net/projects/running-fence?images=completed (4-1-2017).

Fig. 6: Ibid.

Fig. 12, 13, 14: Assembled with images in Krauss 1979.

Fig. 15: Assembled with images in Krauss 1979 and Christo, Op. Cit.

Ákos Moravánszky

Abb. 1 und 2: Hancock 1857, nach S. 88, 128.

Abb. 3: Semper 1851, Titel.

Abb. 4: Moholy-Nagy 1929, S. 48.

Abb. 5: Grafiker unbekannt, 1937.

Abb. 6: *La Domenica del Corriere*, August 1942.

Sebastian Feldhusen

Abb. 1: Google Inc.: Aufnahme aus Google Earth Pro (1. Juni 2017), bearbeitet.

Abb. 2–6: Sebastian Feldhusen

Abb. 7: Wikimedia Commons: „File: Giotto di Bondone – No. 31 Scenes from the Life of Christ – 15. The Arrest of Christ (Kiss of Judas) – WGA09216 adj. jpg“. In: Wikimedia Commons (Hrsg.): https://commons.wikimedia.org/w/index.php?title=File:Giotto_di_Bondone_-_No._31_Scenes_from_the_Life_of_Christ_-_15._The_Arrest_of_Christ_(Kiss_of_Judas)_-_WGA09216_adj.jpg&oldid=154696785 (1. Juni 2017).

Jörg H. Gleiter

Abb. 1: Borne Türelemente (Hrsg.): Tür *Fila* 5 in Weißlack. www.borne.de/produkte/tuer-fila-5-in-weisslack/ (1. Juni 2017), ohne Seitenangabe.

Abb. 2: Giovanni Battista Piranesi (1761): *Della Magnificenza ed Architettura de'Romani*. Rom, S. 242.

Abb. 3–5: Jörg H. Gleiter

Abb. 6: Wikimedia Commons: „File: Azuma house.jpg“. In: Wikimedia Commons (Hrsg.): https://commons.wikimedia.org/w/index.php?title=File:Azuma_house.JPG&oldid=232245600 (1. Juni 2017).

Vittorio Magnago Lampugnani

Abb. 1: Sammlung von Rodt, Bernisches Historisches Museum, Bern

Abb. 2: Museo di San Marco, Florenz

Abb. 3: Stanislaus von Moos (1987): Venturi, Rauch & Scott Brown. München: Schirmer/Mosel Verlag, S. 18.

Abb. 4: Archiv Instituts für Geschichte und Theorie der Architektur der Eidgenössischen Technischen Hochschule Zürich

Abb. 5: Cinémathèque française, Paris

Jürgen Hasse

Abb. 1: Franz van der Grinten und Thomas Linden (2012) (Hrsg.): Karl Hugo Schmölz. Köln. Architekturfotografien der fünfziger Jahre. München, S. 65.

Abb. 2: Brooklyn Museum, New York

Abb. 3: The Museum of Modern Art, New York

Abb. 4–6: Jürgen Hasse

Abb. 7: Peter Noever (1991) (Hrsg.): Alexander M. Rodtschenko – Warwara F. Stepanowa. Die Zukunft ist unser einziges Ziel. Österreichisches Museum für Angewandte Kunst. München, S. 228.

Kirsten Wagner

Abb. 1: Le Corbusier, *L'art décoratif d'aujourd'hui* (1925), Reprint, Paris 1996, S. 69.

Abb. 2: Nicole Haumont, *Les pavillonnaires. Étude psychosociologique d'un mode d'habitat* (1966), Paris 2001, Bildapparat.

Abb. 3: Georges-Henri Rivière u. Suzanne Tardieu, *Objets domestiques des provinces de France dans la vie familiale et les arts ménagers*, Paris 1953, Bildapparat.

Abb. 4: Nicole Haumont, *Les pavillonnaires. Étude psychosociologique d'un mode d'habitat* (1966), Paris 2001, Bildapparat.

Abb. 5: Philippe Boudon, *Pessac de Le Corbusier*, Paris 1969, Bildapparat.

Index

Abstraction, Abstraktion 26, 54, 114, 116, 146, 171, 238, 243, 356, 364
Ackroyd & Harvey 116
Adorno, Theodor 391
aesthesis 77
Aesthetica, Aesthetics 74–81, 90–95
Alberti, Leon Battista 74, 89, 92–93, 135, 142, 144, 181, 228
Alétheia 395
Ambivalence, Ambivalenz 22
architectura 156, 319
Aristoteles, Aristotle 91, 305, 317, 320, 321, 337, 393
Art history, Kunstgeschichte 10, 15, 40, 55, 203, 236
Aufklärung, Enlightenment 73, 76, 82, 86–89, 161, 228
Aycock, Alice 103

Bachelard, Gaston 19, 276, 424–425
Barcelona Pavilion 110
Baukunst 16, 48–49, 51, 53–55, 73–75, 136, 146, 181, 208, 240, 243, 295, 314–315
Baumeister 218, 295
Baumgarten, Alexander Gottlieb 40, 76, 78
Begriff, concept 12, 73, 91, 114, 116, 150, 151, 158–172, 201, 205, 264, 318, 322, 324, 361, 400, 428
Begriffsgeschichte, conceptual history 158–172
Beschreibung, description 188–195, 301–302, 324, 328, 381–387
Bild, image 12, 15, 20, 88, 167, 203–209, 223, 236, 264, 339–359, 387, 414, 430
Borromini, Francesco 84
Boullée, Étienne-Louis 182
Bramante, Donato 119
Brunelleschi, Filippo 119, 228
Burle Marx, Roberto 116

Cassirer, Ernst 38, 206
Category, Kategorie 99–100, 102, 117
chaosmos 394
Christo and Jeanne-Claude 103–104, 110, 115–116
Cloud-Cuckoo-Land, Wolkenkuckucksheim 12, 16, 437–438
Concept, Begriff 12, 19, 73, 91, 114, 116, 158–172, 137, 205, 236, 264, 361, 400, 428
Conceptual history, Begriffsgeschichte 158–172
Conrads, Ulrich 401
Context, Kontext 19, 27, 62, 91, 92, 108, 137, 162, 165–166, 169, 394

de Beauvoir, Simone 409
Decorated shed 29–30, 74, 78
Denken, thinking 17, 32, 45, 150, 170, 195, 236, 263–266, 296, 320, 342, 361, 381, 387, 390–391
Categorical thinking 99, 105
Critical thinking 391
Iterative thinking 402
Meditative thinking 390–391
Denkmal, memorial 184, 188–203, 212, 236, 243–244, 329, 349, 350, 355
Derrida, Jacques 72, 83–84, 146, 391, 401
Descartes, René 73–74, 84, 276
Description, Beschreibung 188–195, 381–387, 424, 428
Design, Entwerfen 78, 89, 91, 242, 264, 293, 301, 310–311, 321, 382–387, 393, 402–403, 405–406
Deutsche, Rosalyn 398
Diachron, diachrone 18, 162, 283
Diller Scofidio + Renfro 116
Discipline, Disziplin 10–12, 16, 19–20, 76, 101, 107–117, 151–153, 182, 208, 258, 268
Discourse, Diskurs 12, 150, 155, 158, 162–165, 265, 351, 357, 361, 395
Drawing, Zeichnen 104, 113–115, 167, 170, 361–375, 377, 381–383, 387
Duchamp, Marcel 65, 117
Dürrenmatt, Friedrich 376
Dwelling, Wohnen 19, 60–62, 78, 81, 87–88, 133–136, 139–145, 147, 181, 275–288, 292, 299–301, 310–311, 321–322, 325–327, 330–331, 332, 413, 414–416, 420–422, 424–425, 426–429

Earth Art 109 113
Eco, Umberto 119
Eisenman, Peter 78, 84–85, 230
Enlightenment, Aufklärung 73, 76, 82, 86–89, 161, 228
Entwerfen, Design 78, 89, 91, 242, 264, 293, 301, 310–311, 321, 382–387, 393, 402–403, 405–406
Epistemologie, Erkenntnistheorie, epistemology 18, 188–203, 213–214, 270

Erfahrung, Erleben, experience 9, 25–26, 56, 73, 76–77, 135–136, 140, 201–202, 227, 286, 290, 292, 295, 301–302, 311–312, 317, 320, 322, 325–328, 332, 347–348, 363, 377, 387, 394, 406, 416
Ethics, Ethik 85, 93–94, 392–395, 406, 438

Feminism, Feminismus 398
Form 20, 25–33, 41–68, 123–130, 146, 221, 226–229, 246–260, 340–342, 415
Fotografie, Architekturfotografie, photography 103, 212, 234, 236–237, 339–359, 414, 424, 428–430
Foucault, Michel 158, 395
Function, Funktion, functional, funktional Functionalism, Funktionalismus 16, 28–29, 61, 74, 90, 93, 136, 141, 143, 163, 167, 169, 181, 227, 262, 284, 391, 429
Führ, Eduard 10, 12, 96, 158, 206, 207, 288, 299, 332, 336, 415

Gebrauch, use 78, 135, 181, 186, 200, 209, 215, 233, 281, 292, 296, 306, 317, 410–431
Geisteswissenschaft, Humanities 18
Genre 97–117
Getty Museum 111
Giedion, Sigfried 89, 94, 156, 178–185, 400, 430
Goldmann, Nicolaus 74
Grassi, Ernesto 396
Grounded Theory 399
Guattari, Félix 83

Hays, Michael 14, 83, 402
Hegel, Georg Wilhelm Friedrich 40–71, 72, 74, 77
Heidegger, Martin 19, 60–62, 77, 87, 96, 133, 136, 276, 390, 395, 415–416, 418–422, 425, 434–435
Heitzer, Michael 103–104
Henry, Patrick 380
Hermeneutics, Hermeneutik 155, 301, 392–395, 410–433
Heterotopia 96
Heynen, Hilde 404

Idea, Idee 12, 33, 41, 43, 46, 56, 104, 113, 116, 158–164, 254, 321, 357, 376, 383, 391, 397
Image, Bild 12, 15, 20, 88, 167, 203–209, 223, 236, 264, 339–359, 387, 414, 430
Imdahl, Max 15, 20, 203–208
Ikonik 20, 203–212
Indifferenz 22
Ingenieurwissenschaft, engineering science 12, 18, 268
Interpretation 10, 32, 93–94, 110, 160–162, 215, 302, 319, 383, 392

Jencks, Charles 97–98, 159
Johnson, Philip 80, 84

Kant, Immanuel 40, 77, 79, 84, 90
Kategorie, category 99–100, 102, 117
Kerber, Bernhard 15
Kontext, context 19, 27, 62, 91–92, 108, 137, 162, 165–166, 169, 394
Koolhaas, Rem 85, 138, 253, 391
Koselleck, Reinhart 158–175
Krauss, Rosalind 97–119
Krubsacius, Friedrich August 74
Kruft, Hanno-Walter 16
Kunstgeschichte, art history 10, 15, 40, 55, 203, 236

Landscape, Landschaft 56, 99–101, 104–106, 112–113, 242–243, 263–264, 282
Landschaftsarchitektur, landscape architecture 19, 107, 109, 111, 114–116, 208, 235
Language, Sprache 120, 150, 161–162, 167, 171, 188, 201, 206–207, 220, 225, 300, 306, 313, 361, 393, 395, 427, 428, 401, 430
Le Corbusier 61, 67, 112, 145, 153, 156, 376–381, 398, 400, 410–413, 424, 430
Ledoux, Claude-Nicolas 80, 228
Lefebvre, Henri 412–413, 424–427
Leibniz, Gottfried Wilhelm 73, 77, 282
Libeskind, Daniel 31–35, 85, 112
Lin, Maya Ying 102, 118
logos 305, 320, 394

Mallarmé, Stéphane 379
Maria, Walter de 114
Material 17, 42, 47, 67, 92, 120–132, 220–221, 248, 260, 280, 420
McLuhan, Marshall 206
Meier, Richard 111–112
Memorial, Denkmal 118–119, 184, 188–203, 212, 236, 243–244, 329, 349–350, 355
Metapher, metaphor 10, 75, 78, 123, 169, 184, 387
Method, Methode 11, 17, 20, 73–74, 154, 158–172, 188, 203, 246, 309, 321, 343, 351–352, 361–375, 395, 399, 424

Mies van der Rohe, Ludwig 110, 225, 229–230, 235, 400
Miss, Mary 103, 114
Moderne, Modernist movement, modernity 28–29, 126, 128, 133–149, 151, 178–179, 181, 229, 250, 342, 410, 411, 413, 402, 404, 416
Morris, Robert
Müller, Herta 9–10
Müller, Karl Otfried 164
Müller, Michael 16, 180
Müller-Karpe, Hermann 302–305, 324

Nachhaltigkeit, sustainability 145
Naredi-Rainer, Paul von 401
Naturwissenschaft, natural science 18, 311, 352
Nesbitt, Kate 14, 401
Neufert, Ernst 157, 398
Neutralität, neutrality 397–398, 402–407
Newman, Barnett 99
Newman, Oscar 398
Nietzsche, Friedrich 85, 136, 161, 254, 277, 392, 394
Nutzung, use 17, 230, 258, 340, 413

Ortega y Gasset, José 392

Palladio, Andrea 74, 180, 181, 186
Parc de La Villette 111
Perception, Wahrnehmung 67, 99, 188, 206, 213–233, 237, 341–342, 362–363, 377, 393, 401, 406, 414, 417–418
Perrault, Claude 393
Phänomenologie, phenomenology 18–19, 275–287, 307, 343
phronesis 393
Pizan, Christine de 405
Plato, Platon 228, 254, 317, 384
Politik, politics 269, 286, 397–407
Postmoderne, postmodernism 31, 35, 64, 68, 83, 97–99, 224, 258, 391, 403
Poststrukturalismus, poststructuralism 18, 84, 223, 403
Praxis 18, 151, 155, 225, 227, 264, 266, 306, 324, 327, 345, 431

Qualitative Forschung, qualitative research 399, 408, 428

Raum, Räumlichkeit, Space 79, 87, 143, 209–210, 331, 365, 391, 394, 404, 415, 420
Reallabor 268–272
Ricoeur, Paul 394
Rococo, Rokoko 73–75, 438
Rudolph, Paul 79

Saussure, Ferdinand de 159, 167
Schinkel, Karl Friedrich 178, 228
Schopenhauer, Arthur 72
Schreiben, Writing 16, 171, 395, 397
Schwartz, Martha 116
Science, Wissenschaft 10, 18, 73–74, 81, 151, 236, 268, 311, 386, 390
Sculpture, Skulptur 43, 47–48, 51–53, 59, 97–109
Seeing, Sehen 193, 206–209, 296, 317, 341–342, 348, 356, 376–387
Semiotik, semiotics 24–25, 38, 118, 154, 222, 233, 273, 284, 437
Semper, Gottfried 120–126, 130, 165, 178
Site, Ort 92, 102–105, 112, 136, 139–140, 143, 180, 197–199, 203, 246, 256, 276–288, 291, 329, 330, 383–387
SITE 116
Sign, Zeichen 24–39, 42, 50, 159, 213–233, 263, 329
Sinn, sense 76, 153, 209–210, 399
Siza, Alvaro 63, 376–377, 382–387
Sloterdijk, Peter 72
Smithson, Robert 103, 112–115
Social Science, Sozialwissenschaften, Soziologie 10, 15–16, 20, 275, 397, 399, 428
Spanische Treppe 240–241
Spiral Jetty 103–105, 112–115
Sprache, language 120, 150, 161–162, 167, 171, 188, 201, 206–207, 220, 225, 300, 306, 313, 361, 393, 395, 401, 427, 428, 430
Strukturalismus, structuralism 18, 117, 223, 403
Survey, Surveying 376, 382–387
Sustainability, Nachhaltigkeit 145
Symbol 24–39, 41–71, 136, 140, 146, 181, 184, 223–228, 340, 353, 418
Synchron, synchrone 18, 162, 283
Szene, szenisch 234–245, 258, 342–344

Tafuri, Manfredo 391
Taxonomie, taxonomy 117, 169
Technology, Technologie, Technik 18, 63, 66–67, 120–132, 133, 140, 226, 237, 248, 253, 258, 303, 390–391, 423, 425
Tectonics, Tektonik 124, 158, 161, 334, 338
Text 10–11, 18–19, 118, 158–172
theos, thea, theoros 376, 384–385, 389

Thinking, Denken 17, 32, 45, 150, 170, 195, 236, 263–266, 296, 320, 342, 361, 381, 387, 390–391
–, Categorical 99, 105
–, Critical 391
–, Iterative 402
–, Meditative 390–391
Truth, Wahrheit 17, 46, 308–309, 314, 317, 321, 395, 403
Tschumi, Bernard 111
Typologie, typology 20, 137–138, 142, 364

Vico, Giambattista 393
Vitruv, Vitruvius 74, 88, 150–152, 153–156, 163, 215, 218–219, 222, 229–230, 249, 312–319, 398

Wahrheit, truth 17, 46, 308–309, 314, 317, 321, 395, 403
Wahrnehmung, perception 67, 99, 188, 206, 213–233, 237, 341–342, 362–363, 377, 393, 401, 406, 414, 417–418
Waldenfels, Bernhard 15
Walker, Peter 116
Weiss, Paul 79
Wissenschaft, Science 10, 18, 73–74, 81, 151, 236, 268, 311, 386, 390
Wittgenstein, Ludwig 17, 72, 82, 178
Wohnen, dwelling 19, 60–62, 78, 81, 87–88, 133–136, 139–145, 147, 181, 275–288, 292, 299–301, 310–311, 321–322, 325–327, 330–331, 332, 413, 414–416, 420–422, 424–425, 426–429
Wolff, Christian 73–82, 92
Wolkenkuckucksheim, Cloud-Cuckoo-Land 12, 16, 437–438
Word, Wort, key word, Schlüsselwort 28, 158–171
Writing, Schreiben 16, 171, 395, 397

Zeichen, sign 24–39, 42, 50, 159, 213–233, 263, 329
Zeichnen, drawing 104, 113–115, 167, 170, 377, 381–383, 387
Zweckmäßigkeit 20, 55, 58, 167, 318

Bauwelt Fundamente (Auswahl)

1 Ulrich Conrads (Hg.), Programme und Manifeste zur Architektur des 20. Jahrhunderts
2 Le Corbusier, 1922 – Ausblick auf eine Architektur
4 Jane Jacobs, Tod und Leben großer amerikanischer Städte
12 Le Corbusier, 1929 – Feststellungen
16 Kevin Lynch, Das Bild der Stadt
21 Ebenezer Howard, Gartenstädte von morgen (1902)
41 Aldo Rossi, Die Architektur der Stadt
50 Robert Venturi, Komplexität und Widerspruch in der Architektur
53 Robert Venturi / Denise Scott Brown / Steven Izenour, Lernen von Las Vegas
118 Thomas Sieverts, Zwischenstadt
126 Werner Sewing, Bildregie. Architektur zwischen Retrodesign und Eventkultur
127 Jan Pieper, Das Labyrinthische
128 Elisabeth Blum, Schöne neue Stadt.
131 Angelus Eisinger, Die Stadt der Architekten
132 Wilhelm / Jessen-Klingenberg (Hg.), Formationen der Stadt. Camillo Sitte weitergelesen
133 Michael Müller / Franz Dröge, Die ausgestellte Stadt
134 Loic Wacquant, Das Janusgesicht des Ghettos und andere Essays
135 Florian Rötzer, Vom Wildwerden der Städte
136 Ulrich Conrads, Zeit des Labyrinths
137 Friedrich Naumann, Ausstellungsbriefe Berlin, Paris, Dresden, Düsseldorf 1896–1906
138 Undine Giseke / Erika Spiegel (Hg.), Stadtlichtungen.
140 Yildiz / Mattausch (Hg.), Urban Recycling. Migration als Großstadt-Ressource
141 Günther Fischer, Vitruv NEU oder Was ist Architektur?
142 Dieter Hassenpflug, Der urbane Code Chinas
143 Elisabeth Blum / Peter Neitzke (Hg.), Dubai. Stadt aus dem Nichts
144 Michael Wilkens, Architektur als Komposition. Zehn Lektionen zum Entwerfen
145 Gerhard Matzig, Vorsicht Baustelle!
146 Adrian von Buttlar et al., Denkmalpflege statt Attrappenkult
147 Andre Bideau, Architektur und symbolisches Kapitel
148 Jörg Seifert, Stadtbild, Wahrnehmung, Design
149 Steen Eiler Rasmussen, LONDON, The Unique City
150 Dietmar Offenhuber / Carlo Ratti (Hg.), Die Stadt entschlüsseln
151 Harald Kegler, Resilienz
152 Günther Fischer, Architekturtheorie für Architekten
153 Bodenschatz / Sassi / Guerra (Hg.), Urbanism and Dictatorship
154 Dellenbaugh / Kip / Bieniok / Müller / Schwegmann (Hg.), Urban Commons
155 Anja Schwanhäußer (Hg.), Sensing the City. A Companion to Urban Antropology
156 Neil Brenner, Critique of Urbanization: Selected Essays
157 Turit Fröbe, Inszenierung eines Mythos
158 Nikolai Roskamm, Die unbesetzte Stadt
159 Alexander Stumm, Architektonische Konzepte der Rekonstruktion